用年表讀通
中國歷史

雷敦淵、楊士朋◉著

編輯説明

一、本書結合「歷史年表」與「歷史事件敘述」，在「有用」的查詢功能之外，兼顧閱讀歷史「有趣」的一面。

二、全書上起遠古，下迄民國一百年，依朝代順序分為十五章，每章前有一總說。

三、版面上方以「編年體」的方式呈現中國歷史的時序；用年表貫穿全書，標示西元、朝代、帝王年號，大事欄位繫以中國歷史事件，包括朝代興衰、帝王更替、戰役、改革、政爭、變亂、將相人物等。

三、版面下方以「紀事本末體」的形式介紹每個朝代的重要歷史，共列有二百二十餘條，對事件的前因後果、發展脈絡作完整的敘述。每一則的標題清楚，敘事明白，可與年表相呼應。

四、此外，世界史重大事件在年表中直接與中國歷史對照。

五、目次中依朝代詳列個別歷史事件敘述的標題。

六、全書以時間為經，事件為緯，表現中國歷史長河的流動與演變，是一本方便查詢、適合學生與一般大眾閱讀的中國歷史工具書。

目錄

舊石器、新石器時代・傳說時代與三皇五帝 013

夏朝・商朝 027

周朝 039

秦朝 061

漢朝・新・三國

晉朝・五胡十六國 105

南北朝 123

隋朝 147

唐朝 161

五代十國

宋朝

元朝 247

明朝 259

清朝

民國時期

舊石器、新石器時代・傳說時代與三皇五帝

歷史發展的最初端，即有人類開始，以使用石頭來作基本的生活工具，所以我們稱之為石器時代。石器時代又區分為舊石器時代與新石器時代。舊石器時代是以狩獵、採集為生，需要逐水草而群居，人們會製作簡單的生活工具，並有基本的宗教行為；而新石器時代的人類，開始從事農業與畜牧，生活變得穩定，居所也相對可以固定下來，因此有多餘的時間來發展其他文明。

中國信史時代夏朝出現之前，就是新石器時代，也被稱之為傳說時代，靠的是零星散落在各處的記載，抑或是出土的文物，來了解這個時代。據說這個時期三皇五帝已開始統御、教化百姓。伏羲氏教導民眾結網捕魚、發明八卦；神農氏除了嚐遍百草，還發明耕種方法、教導百姓種田；燧人氏則發明鑽木取火。此為三皇。

五帝是指黃帝、顓頊、帝嚳、堯、舜。相傳黃帝先是打敗炎帝、再打敗蚩尤，統一了中原各個部落，並前往泰山舉行封禪，詔告天地，方成為天下的共主。黃帝教導人民生火煮飯，黃帝的嬪妃嫘祖教導人民養蠶取絲、製衣服，以禦寒護體；還有倉頡造字。顓頊即位後，遵循黃帝的政策行事，並親自祭祀天地、祖宗，禁止迷信占卜，並勸課農桑。

顓頊將皇位傳給帝嚳，帝嚳也是勤儉治國、仁愛百姓。帝嚳死後，由大兒子摯繼承帝位。帝摯任用堯作為助手，由於帝摯認為自己無法妥善治理國家，後來就禪位給堯，因為身為助手的堯，以品德聞名天下，很多部落都擁戴他。堯繼帝位後，勤於政事，晚年時則面臨洪水泛濫的問題。

堯於是任命鯀來治水。不料，鯀花了九年時間，還沒有成功，因此堯將之處死。後來堯禪讓給以孝聞名的舜，舜接續著尚未完成的水利問題。舜把治水的任務交代給鯀的兒子大禹。大禹改進他父親的治水方法，將各部族的人團結起來，花了十三年的時間，終於解決水利問題。

這一時期的仁政，是後人理想中的烏托邦世界，事實真相為何，早已無可考據。傳說畢竟不是信史，當然要給後人留下不斷揣摩的空間，信史時代的我們，才能用始終遙不可及的對象，來激勵自己！

距今約（單位：年）	時代	大事
450萬至100萬		阿法南猿出現於東非。
250萬	舊石器時代早期	直立人開始出現。
170萬		元謀人出現。一九六五年在雲南元謀發現化石。中國舊石器時代開始。

「猿人」出現：人類文明的曙光

小時候可能有不少人會問自己的爸爸媽媽：「我是從哪裡來的？」爸媽大概會有各式各樣的答案。如果年齡漸長，問問題的好奇心卻依然不減的話，可能慢慢地就會開始改問像是：人類是哪裡來的？人類究竟何時出現於地球？世界上「第一個人」到底是誰？等等這類的問題。無論是回答盤古還是亞當，終究是我國神話傳說和西方古代宗教的說法；如果真要以科學的角度來看，目前仍無法提出最肯定的回答，但是已經可以縮小到一定的時間範圍了。

怎麼這麼說呢？因為人類可不是一出現在地球上就發明了文字記錄歷史。沒有文字記錄的時代稱為史前時代，只能藉由歷史地質學、古生物學（古人類學）、考古學等學問的輔助，加以推測當時的歷史。從目前的證據顯示，人類出現在地球上的時間不會早於「顯生宙—新生代—第三紀—上新世」（這是地質年代的分類，距今約五百三十萬至一百八十萬年前）；世界各地的舊石器時代起點還有所差異，大致是以各地已出土化石的最早年代來推估。

照這樣來看，今日中國舊石器時代的起點應隨著「元謀人」（出土於雲南省元謀縣）的現身而從距今約一百七十萬年前開始算起，此時的地質年代進入了「更新世」（屬「顯生宙—新生代—第四紀」）。接著是「藍田人」（出土於陝西省藍田縣，距今約一百萬年前）、「北京人」（出土於河北省房山縣周口店，距今約五十萬年前）等等。隨著各地猿人的出現和演化，中華文化也開始露出了曙光。

100萬

藍田人出現。一九六〇年代在陝西省藍田縣一帶發現化石，為目前在亞洲北部所發現到最早的直立人化石。

「北京人」、「山頂洞人」早就不見啦！：出土與失蹤經過

清末民初的時候，西方考古學者的研究觸角伸向了豐饒的中國。有些學者對於傳統上被中國人拿來用藥的「龍骨」和「龍齒」很感興趣，當他們發現龍骨原來就是生物化石之後，更是希望能從中找到人類的化石以瞭解演化的情形。民國七年（一九一八）春，瑞典學者安特生（Johan Gunnar Andersson）踏上河北省房山縣周口店展開初次考察；三年後（一九二一）他的合作者奧地利古生物學家師丹師基（Otto Zdansky）首次掘得人牙，但直到民國十五年（一九二六）他在瑞典整理化石標本時才發現，並由安特生在歡迎瑞典王儲訪華的大會上正式發表。列席的美國古生物學家葛利普（Amadeus William Grabau）當場為化石取了一個小名，這就是大家所熟知的「北京人」。

不過只有幾顆牙齒仍不足以完全說服世人。民國十六年（一九二七），在美國洛克斐勒基金會的資助下，我國的地質調查所與當時北京協和醫學院合作發掘北京人遺址，並於兩年後在地質調查所下成立新生代研究室加以負責。歷經中外多位學者主持後，民國十八年（一九二九）十二月二日，我國學者裴文中找到首具頭蓋骨，震驚中外。人類的歷史不但因此延長到五十萬年，也成為人類是由演化而來的重要證據。隔年發現燒過的木炭、石塊、骨頭等遺跡，經化驗確認為炭；再一年又發現許多石英碎片，經法國考古學家步日耶（Abbe Henri Breuil）考察，認為有人工打擊過的痕跡。我們今日所知北京人已知用火、會敲

距今約（單位：年）	時代	大事
50萬	舊石器時代	北京人出現。一九二一年瑞典學者安特生與奧地利古生物學家師丹師基在河北省房山縣周口店掘得北京人的牙齒；一九二九年我國學者裴文中找到首具頭蓋骨。在北京人遺址發掘出打製石器與用火遺跡。
31萬	舊石器時代中期	早期智人開始出現。

擊製造石器等資訊，就是這樣得來的。民國二十二年（一九三三），裴文中又在北京人遺址附近發現山頂洞人；民國二十五年（一九三六），我國學者賈蘭坡又連續發現三個北京人頭蓋骨，周口店遺址的考古前景真是一片看好。

不料民國二十六年（一九三七）「七七事變」爆發，考古工作於七月九日全面停止並撤回北平；不久北平陷落，但因化石是保存於協和醫學院，該院又屬美國洛克斐勒基金會所有，美日雙方又並未交戰而暫時無安全顧慮。但到民國三十年（一九四一），美日關係日益緊張；約十一月底前後，美國開始撤退其僑民與駐軍。在中美兩國同意下，將北京人和山頂洞人化石裝箱，隨美國海軍陸戰隊撤離，由美方暫代保管。十二月五日，陸戰隊專用鐵路列車駛向秦皇島，準備登上預定在八日抵達的哈里遜總統號郵輪；沒想到七日珍珠港事變爆發，列車旋即被日軍截獲，郵輪又擱淺在上海附近，化石自然沒有被送上船。從此北京人和山頂洞人化石下落不明……。

丁村人：舊石器時代中期的人類代表

丁村人的化石出土於山西省汾河東岸。中國共產黨建政後，民國四十二年（一九五三）、四十三年（一九五四）、六十四年（一九七五）均曾進行發掘，主要掘得相同地層的動物化石、丁村人的牙齒及孩童的頂骨。經過研究後發現，他們的牙齒與先前的北京人和以後的現代人都具有相同的特徵。

從其他出土的動物化石中，可以推測先民們除了狩獵，也從汾河中捕撈漁獲作為食物；他們的石器雖馬壩人出現。一九五八年在廣東省曲江縣馬壩鄉發現化石，屬於早期智人。

然仍以摔砸和碰砸的方式製造，但步驟與石器的種類已漸漸地複雜化，也似乎表示在工具的使用上有開始分工的傾向。

長濱文化：臺灣地區舊石器時代的代表文化

立足於今日中國大陸上人類的「舊石器時代」，大致與地質年代的「顯生宙—新生代—第四紀—更新世」（距今約一百八十萬至一萬年前）相當，此時人類先民們的演化（文化）發展相當緩慢。因為他們必須全力維持生存溫飽，並面對遊蕩各地且會帶來生命威脅的動物，還有惡劣的天候。更新世的地球可不像現在一樣維持著四季的區別，當時的地球處於冰期和間冰期之間；只要處於冰河時期，大地多被雪和冰覆蓋，海平面也隨著水的結冰而下降許多。

人類先民們為了要活下來，除了抵禦嚴寒，還要追尋移動的動物以確保食物來源，這樣的行動造成人類的大遷徙。最近一次的冰河期大致和舊石器時代晚期的時間相近，當時亞洲和美洲相連；亞洲的先民或許是因為追逐鹿群而到達美洲，成為美洲的原住民（距今約二萬年前），也就是許多人所稱的印第安人。

大概就在那時候，大陸和臺灣同樣因為海平面下降而相連在一起，人類先民當中的一部分也遷居到了臺灣，形成臺灣地區舊石器時代的代表文化。民國五十七年（一九六八）三月四日，國立臺灣大學地質學系教授林朝棨（ㄑㄧˋ）在調查臺東縣長濱鄉八仙洞的海蝕洞時，發現新石器時代的遺址，以及舊石器時代文化的可能存在跡象；因此該年年底臺大地質系和考古人類學系合組調查隊，在林朝棨和宋文薰教授的

單位：年
距今約

13萬

12萬

時代大事

尼安德塔人出現於歐洲及中亞。

丁村人出現。一九五三、一九五四、一九七五年於山西省汾河東岸挖掘出化石。

率領下，於民國五十八年（一九六九）一月四日確定發現舊石器時代文化遺址，並由中央研究院歷史語言研究所所長李濟命名為長濱文化。

長濱文化約介於距今五萬至五千年前，出土的器物分為可由人類手掌持握的粗石製器、石質堅硬似刀形的細石製器，和作為捕魚用途的骨角器。分析觀察各器物的特性後，認為長濱文化源於大陸華南地區。由於長濱文化遺址沒有人類化石出土，所以臺灣地區舊石器時代的人類就由後來出土於臺南縣境的「左鎮人」作為代表了。

左鎮人與網狀文化：臺灣地區的舊石器時代

在民國六十年（一九七一）至六十七年（一九七八）之間，我國的學者和業餘化石收藏者、日本學者，陸續採集、辨認出舊石器時代的人類化石，這些化石包含頭部的頂骨、額骨、枕骨、牙齒等部分。由於其來源多為臺南縣左鎮鄉菜寮溪一帶，因此命名為「左鎮人」。

「左鎮人」和「長濱文化」分別為臺灣地區舊石器時代人類與史前文化的代表，兩者之間有沒有關係呢？這實在很難完全確認。因為自長濱文化遺址出土的是石器和骨器，卻沒有人類化石，而採集到左鎮人化石之處則是有人類化石，但沒有其他器物；如果只有年代相近這點特徵來看，的確不容易判斷兩者之間的關聯。

除了長濱文化和左鎮人之外，臺灣其他各地也有舊石器時代的文化出現，但規模較前兩者為小，或是仍有爭議需要釐清。像是「網形文化」（約分布在

4萬至1萬　5萬至5000　5萬

舊石器時代
晚期

晚期智人開始出現。

長濱文化。一九六九年於臺東縣長濱鄉八仙洞發現遺址。

網形文化。一九八三年發現。

臺灣西海岸中北部的丘陵臺地，像是苗栗縣三義鄉鯉魚潭、大湖鄉網形和伯公壟一帶，可能距今約四萬至一萬年前）、屏東縣恆春鎮「鵝鑾鼻第二地點」遺址（民國七十二年〔一九八三〕由臺灣大學人類學系主任李光周發現）、臺東縣成功鎮馬武窟溪北岸「小馬洞穴遺址」（民國七十六年〔一九八七〕由臺灣大學人類學系教授黃士強和臺東縣政府禮俗文物課課長吳敦善發現，大致與長濱文化有關）等等。

雖然出土的證據並不豐富，但可以確認的是：自約距今五萬年前起，隨著長濱文化和左鎮人的出現，臺灣地區的人類歷史也就此展開了。

「北京人」與「山頂洞人」究竟哪裡去了？——段追尋的過程

民國二十二年（一九三三），在河北省房山縣周口店的北京人遺址附近的山頂洞穴，我國學者裴文中（就是第一個北京人頭蓋骨化石的發現者）帶著一批技工開始新一年度的發掘。在這一年當中，陸續找到與北京人不同的人類化石，還伴隨著動物化石、石器、骨器、角器、赤鐵礦粉末等等遺物。

經過分析後大致認為，他們的生存時代約在距今二萬年前，頭骨特徵與現代人已很相近，腦容量也增大了。除此之外，還有較進步的石器製造技術，可能用來縫製獸皮做成衣服的骨針，在獸牙、石珠和貝殼上穿孔當裝飾物，以及可能作為染料和隨葬用的赤鐵礦粉末。從這些跡象可以發現，這個時代的人對於使用石器和骨器等工具更加熟練、更適應環境；而且已有多的心力和智慧注意到「愛美」、「死後的世界」

單位：年

距今約	3萬至2萬	2萬	1萬
時代大事	左鎮人活躍於世。一九七一至一九七八年之間，在臺南縣左鎮鄉採集到化石，包含頂骨、額骨、枕骨、牙齒等。	山頂洞人活躍於世。一九三三年裴文中在河北省房山縣周口店的山頂洞穴發掘到化石；熟練使用工具，有審美與葬俗等觀念。	西亞的「肥沃月彎」一帶開始出現農業，而耶利哥（位於今巴勒斯坦境內約旦河西岸）可能是目前已知最早建立的城市。今日東亞的日本一帶，進入繩紋陶時代。

等求生存之外的事，表示當時的人類可能開始有了「想像力」，人類的演化成就也更向前一步。由於他們和北京人的確不同，所以取了個新的名字：山頂洞人。

民國三十年（一九四一），太平洋戰爭爆發，日本隨即接管美國設於華北的軍事與民間機構，並立即派出軍隊、學者、偵探，在北平、天津、秦皇島一帶搜查北京人和山頂洞人化石的下落，嚴刑逼問協和醫學院的外籍職員，但沒有公布任何結果。抗戰勝利後，我國派學者李濟赴日與盟軍總部接洽追查也沒有線索。隨著兩岸分治，中共和美國的報章媒體與多國學者為化石的下落打了多年筆戰；接著有想要藉此獲取名利的美國商人、聲稱從先夫戰利品內找到化石的神祕黑衣女士、臨死前留下遺言的日本老兵等人陸續登場，但還是無法確認化石的下落。我國國立歷史博物館也沒有缺席，除展覽北京人化石模型外，也宣示北京人的所有權應屬於我國。

許多年過去了，當年參與發掘的中外學者多已去世，化石依然音訊全無。這真是人類文化發展史中，難以彌補的重大損失！北京人和山頂洞人的化石究竟去哪裡了？是被日軍扔進海裡？在日本？在大陸？在臺灣？在美國？是埋在土裡還是被某個不知名的收藏家把玩著？時至今日仍是未解之謎……。

進入新石器時代：特點和遺址分布

隨著冰河時期結束，自距今約一萬年前（約西元前八千年前後）起，地質年代進入「顯生宙—新生代—第四紀—全新世」直到今日（雖然近來有科學家以

1萬至4000

新石器時代／傳說時代、遠古帝王、三皇五帝

新石器時代文化約與傳說時代相當，中國逐漸走出史前時代。位於西亞的兩河流域、北非的埃及則已經進入歷史時代。

9000

人類活動的足跡已抵達至今日南美洲智利一帶。

7000

今日埃及的尼羅河邊形成許多聚落，埃及文明的遠古時代開始。這些聚落逐漸合併成上埃及和下埃及王國。

7000-5000

仰韶文化出現於黃河流域。一九二一年在河南省澠池縣仰韶村發現，又稱彩陶文化。

7000-5200

河姆渡文化出現於長江流域。一九七三至一九七八年在浙江省餘縣姚河姆渡發現。

人類開始大規模改變地形、地貌為由，建議使用「人類世」一詞，不過尚未成為學術界的共識），大約就在此時，人類也進入「新石器時代」，各地文化開始蓬勃發展。

新石器時代有何特別之處嗎？在舊石器時代，人類大致上仍受大自然環境牽制。他們以採集、狩獵、漁撈為生，花在求生存、找食物的時間很多，隨時還要面對天災，沒有太多時間思考其他的事情。可是到了新石器時代，人類找到馴養動物、種植食用作物的方法，畜牧、農耕逐漸興起；有了穩定的食物來源，人類漸漸定居下來，開始影響甚至改變自然環境。人類先民除了改進原先的石器和骨器，還開始燒製陶器，進而使用玉器，後來又找到燒鑄青銅器的方法。除此之外，無論是更緊密的社會組織，或是建築、宗教、城市、文字方面等事物，都是在新石器時代萌芽，因此有人說它是「新石器革命」並不為過。新石器時代的文化發展概況可說是今日人類社會的雛形。

如果再和其他世界古文明相比，中國的新石器時代文化也有其特點。古代的四大文明分別是古美索不達米亞（古巴比倫）、古埃及、古印度和古中國。西亞一帶的文明遺址倚靠著幼發拉底河和底格里斯河，古埃及起源於尼羅河，古印度則與印度河有關，都是沿著大河兩岸發展出來的大河文明。大家原本以為中華文化也是以大河（黃河）流域為起源發展的，可是隨著考古遺跡不斷出土，各地水域附近幾乎都能找到新石器時代的村落和遺物，各聚落之間還有些關聯，這才讓人恍然大悟：原來中華文化的分布範圍一開始就相當廣泛，而且早有交流往來。

單位：年

距今約	時代大事
7000-4700	大坌坑文化出現於臺灣地區。一九五八年在臺北八里大坌坑發現，是至今在臺灣發現到的最早新石器時代文化層。
7000-4600	蘇美人進入兩河流域發展農業、發明楔形文字，文明就此展開。
6000-5500	埃及發展出文字並開始製作木乃伊。
6000-5000	古印度河文明出現。
5500-4000	紅山文化出現於遼河流域。一九三五年在內蒙古赤峰紅山後發現。
5300-4000	良渚文化出現於長江流域。一九三六年在浙江省餘杭縣良渚鎮發現。

新石器時代的文化遺址星羅棋布，難以一一說明，但大致可以做些簡單的分類：

黃河流域：仰韶文化、龍山文化等。

長江流域：河姆渡文化、良渚文化等。

遼河流域：紅山文化。

臺灣地區：大坌坑文化、圓山文化等。

燧人氏是不是北京人？：遠古帝王與新石器時代文化的關聯

在中國的傳說故事中，最常聽到盤古、女媧、有巢氏、燧人氏、伏羲氏、神農氏等創世神話和遠古帝王的故事。其實傳說的帝王還不只這些人，陶淵明〈五柳先生傳〉的最後兩句：「無懷氏之民歟！葛天氏之民歟！」就是其中一例。

在結合大家熟悉的名字與故事，以及像是晉代皇甫謐的《帝王世紀》、唐代司馬貞的《補三皇本紀》等圖書記載後，大致可以列出遠古帝王的可能順序。

第一人當然是盤古，之後應該是天皇氏、地皇氏、人皇氏、五龍氏、燧人氏。

接著進入伏羲氏的世系。依序是太昊伏羲氏、女媧氏、大庭氏、柏皇氏、中央氏、栗陸氏、驪連氏、赫胥氏、尊盧氏、混沌氏、皞英氏、有巢氏、朱襄氏、葛天氏、陰康氏、無懷氏。

再來是炎帝神農氏的世系。相傳神農氏為姜姓，先後順序為炎帝神農氏、帝臨魁、帝承、帝明、帝直、帝釐、帝哀、帝榆罔。神農氏的世系結束後就進入五帝時代了。

民國初年的疑古派學者，對這些傳說中的遠古帝

- 5100：上埃及法老美尼斯統一全埃及。
- 5100-4700：埃及經歷早期王國階段。
- 5000：生活在相當於今日中美洲一帶的人們，開始農業生活。
- 閃族（或稱閃米人）在阿拉伯半島過著游牧生活。
- 5000-4000：龍山文化出現於黃河流域。一九二八年在山東省章丘縣龍山鎮發現。
- 5000-3500：南島語系的臺灣原住民開始活動。
- 臺灣地區進入新石器時代中期，以牛罵頭、牛稠子等地文化為代表。
- 5000-3450：克里特島「邁諾安文明」興起。
- 4700-4200：埃及進入古王國（舊王國）時代。
- 4600-4200：阿卡德人（屬於閃族）建立阿卡德帝國，薩爾貢王為其名主。

王多抱持著懷疑、否定的態度。不過隨著新石器時代的文化遺跡陸續出土，對於這些傳說故事的看法也漸漸改變。如果認為遠古時代確實有這些帝王，在位多少年，在位期間有哪些貢獻政績之類的，當然很難說是或不是。畢竟這些是傳說故事，距離現在早就超過數千年了，要如何證明有沒有這些人呢？

然而如果將這些帝王視為遠古文化進展過程的縮影和代表，倒是相當符合的。比如使用火源的燧人氏不是和北京人很像嗎？煉石補天的女媧氏似乎是母系社會的象徵。用木頭建築房屋的有巢氏、教人漁獵畜牧的伏羲氏，以及教人種五穀和嚐百草的神農氏，這些事蹟不是可以和新石器時代的先民們會建築房屋、會畜牧、會農耕的生活搭配在一起嗎？由於先民們長年沒有文字，只能口耳相傳過去的事蹟，久而久之多少會失真，直到文字發明並且能熟練地使用後，才將遠古的事情追記下來成為傳說故事。這些傳說故事便是近現代考古學興起前，歷代的後人認識遠古祖先們努力發展文化的依據。因此這些傳說故事仍有它們的價值。

舊石器時代和新石器時代很難懂？：用電腦遊戲來介紹

什麼？覺得舊石器、新石器時代的歷史很難懂？那也難怪了，二者都屬於史前時代。史前時代沒有文字，如果再去掉後人追記的傳說，留下來的就只有嚴肅複雜的考古報告了。沒有文字、沒有故事，實在很難將當時發生的事情說清楚，自然不容易提起興趣去瞭解！其實，不妨試著用知名的電腦遊戲和電影來想

單位：年

距今約	時代大事
4600-3500	哈拉帕和摩亨佐．達羅兩地出現城市文明（兩城均在今巴基斯坦境內）。
4500	中美洲墨西哥高原已出現文明。
4500-3500	閃族中開始有幾支族人向外遷徙，包括希伯來人、腓尼基人和亞拉米人等。今日西方的拼音文字淵源於這些遷移的民族。
4200-4100	埃及進入第一中衰期。
4200-3830	蘇美人復興，建立烏爾第三王朝。
4100-3700	埃及開始中王國（封建）時代。
4000	馬雅文明形成。 亞摩利人（屬於閃族）進入美索不達米亞平原，成為後來巴比倫帝國和亞述帝國的先祖。 印歐語族拉丁人移入義大利半島。

像。不過遊戲和電影畢竟不同於歷史，可千萬別混淆了！

玩過微軟公司製作的「世紀帝國」（Age of Empires）嗎？在它的第一代遊戲裡，各個古文明背景分成石器時代（Stone Age）、工具時代（Tool Age）、銅具時代（Bronze Age）和鐵器時代（Iron Age）。石器時代和工具時代應該是刻意分開的，將兩者合在一起才是我們熟知的新石器時代。為什麼呢？遊戲一開始時不是會先看到一個市鎮中心和三個人嗎？這代表新石器時代的聚落中心，是集會和討論公共事務的地方；人類以此為中心向四方探索、擴張，漸漸發展出聚落的社會組織。

不過，從獲取食物的方式來看，一開始的背景又像在舊石器時代，因為人類獲得食物的方式是採集果實、狩獵動物、捕撈漁獲，速度相當緩慢而且充滿危險，這是舊石器時代人類獲得食物的方法。大致上仍受制於自然的力量。

遊戲裡稱要蓋兩個建築（比如穀倉和倉庫），才能從石器時代進入工具時代。到了工具時代可以蓋馬廄，雖然那是製造騎兵軍事單位的地方，但也代表人類會飼養動物；可以蓋農場，表示已經開展農業。人類有了穩定的食物來源，漸漸不再害怕挨餓受凍，也開始改變周遭地形、地貌。森林被砍伐以建築各式房屋，聚落規模漸漸擴大，社會分工也越來越細密；蓋了市場，顯示有商業的需要，聚落之間互有往來。可是聚落的互動不只是和平貿易，也會有軍事衝突，所以人類開始建築城牆，建立同盟；部落、城市和國家就這樣一步步地漸漸形成了。

4698-4184(？)

（有熊氏、軒轅氏）黃帝：居有熊（河南新鄭），代神農部落酋長榆罔成為國主（共主），尊稱黃帝。在涿鹿（河北涿鹿）打敗蚩尤，驅逐葷粥（匈奴）。領域東至海，西至崆峒（甘肅平涼），南至長江，北鄰葷粥。發明指南車，考定星歷，令大撓作甲子紀年。其妻嫘祖教人種桑養蠶。倉頡造象形文字，為中國塊字之始。

（金天氏）少昊：居奄（山東曲阜）。用鳥做官名。

（高陽氏）顓頊：居帝丘（河南濮陽）。

（高辛氏）帝嚳：居亳（河南偃師或商丘）。

臺灣地區的新石器時代中期文化

當中原一帶逐漸從傳說時代走向夏朝時，臺灣地區也進入新石器時代的中期。新石器時代中期的代表有芝山岩文化（臺北市士林區芝山岩）、圓山文化（臺北市士林區圓山）、洞角文化（南投縣濁水溪中游北岸、集集大山西南）、牛罵頭文化（臺中縣清水鎮靈泉里牛罵頭）、牛稠子文化（臺南縣仁德鄉成功村車路墘）、墾丁文化（屏東縣恆春半島西側墾丁一帶）等。

此期的遺址多位於海岸低地或溪流臺地。陶器上繪有細繩紋花紋，所以又稱為（細）繩紋陶文化。各地文化之間也有不同的特色，像是芝山岩文化中的製陶很發達，圓山文化的人類可能有拔牙風俗，牛稠子文化的石器出現來自澎湖的石材，墾丁文化有臺灣地區目前最早的稻米栽培證據等。

「五帝」相繼繼位：中國逐漸從史前時代走向歷史時代了！

在上古傳說時代的諸多帝王中，有三位聖德的君主，稱為「三皇」。他們分別是天皇氏、地皇氏、人皇氏；另一種見解認為，其中兩位是伏羲氏和神農氏，但第三位則有燧人氏、女媧氏、黃帝、祝融等諸多說法。他們和後來的「五帝」合稱「三皇五帝」，而三皇的德行與功勞又高於五帝。

相傳神農氏的世系結束後，繼位的君主依序是黃帝、少昊金天氏、顓頊高陽氏、帝嚳高辛氏、帝摯、帝堯（國號唐）、帝舜（國號虞）。固然多部古書的看法並不一致，但較常聽到的是以當中的黃帝、顓

單位：年
距今約 4000-3500

時代	大事
帝摯（高辛氏）	
唐 帝堯	居平陽（山西臨汾）。
	命崇伯鯀治水，九年不成，殛鯀於羽山。
	堯禪位於舜。
虞 帝舜	居蒲阪（山西永濟）。
	征服三苗。
	命禹治水，四嶽佐之，治水成功。
	命契為司徒、棄為后稷、皋陶為士、益為虞、伯夷為秩宗。
	舜禪位於禹。
	雖然考古資料仍無法確定，但《史記》以「五帝本紀」作為信史的開始。
	中國逐漸從史前時代走向歷史時代。
	圓山文化出現於臺灣地區。
	一八九七年在臺北圓山動物園舊址發現。

頊、帝嚳、堯、舜為五帝。漢代的大史學家司馬遷在撰寫《太史公書》（《史記》）時就採用這個說法，將他旅遊各地的所見所聞，與《春秋》、《國語》等古書記載相配合，寫下其中典雅精緻的部分，以「五帝本紀」之名作為可信歷史的起點。

司馬遷既然寫了五帝，為什麼卻沒寫三皇呢？因為三皇的事蹟還帶些神話色彩，比如伏羲和女媧有人首蛇身的形象，或是在位百餘年等超越了人類壽命極限的說法。而五帝的形象和故事與常人相同，可信度也就提高了。

雖然今日的考古學尚無法為五帝時代提出較有力的佐證，但從周朝（東周的春秋戰國時代）到漢朝以來的口碑與文獻，都認為遠古時的確有五帝。由此可知，在五帝時代，我國歷史漸漸脫離沉默的考古遺址，以及奇異的傳說故事，開始從史前時代走向歷史時代了！

夏朝・商朝

相傳大禹因為治水有功，所以舜將帝位禪讓給他；大禹之後，則是由他的兒子啟贏得了各部族的擁戴，獲得王位。啟在史書上有「夏后」的稱謂，夏朝由啟開始進入了「家天下」的時期。接著是啟的兒子太康繼位，然而太康耽溺於玩樂，所以被外族有窮氏的后羿奪走了權位。爾後有「少康中興」，少康重掌了夏朝的政權，只是再傳位到了孔甲，夏朝與各部族間的關係越來越惡化；到了桀即位時，一個驕奢淫逸、不顧民間疾苦的皇帝，常常出兵討伐其他部族，惹得民怨沸騰。

商是當時的部族之一，其首領商湯決定率眾部向桀開戰，終於推翻了夏朝，建立商朝。和夏朝一樣，決定商朝命運的，是來自各個諸侯及部族的支持，所以商朝君王的最大責任就是隨時保持繼續成為共主的實力。然而，並非每位君主都是生來即是賢能的，例如：太甲便有被放逐與復位的經歷。而自盤更遷殷之後，商朝的社會發展逐漸穩定；武丁在位期間，商朝國力便達到鼎盛；直至最後的君王帝辛，也就是紂王，因為連年用兵、廣建宮室，才受到諸侯王姬發的舉兵討伐而結束國祚。

商人重視祭祀、講究尊敬祖先，是對萬物都有信仰的自然崇拜；遇到需要抉擇的事情時，商人會使用占卜，甲骨文是這個時期的記錄文字，工藝作品則是青銅器。

夏朝的國祚自西元前約二一八三年（？）至西元前約一七五一年（？），起自禹，終於桀；商朝的國祚自西元前約一七五一年（？）至西元前約一一一一年（？），起自商湯，終於商紂王。夏朝首都不固定，但大致都在現今河南省；商朝首都先是定於亳，後經多次遷徙，最後一個君主紂王則是立都朝歌（位於河南省）。

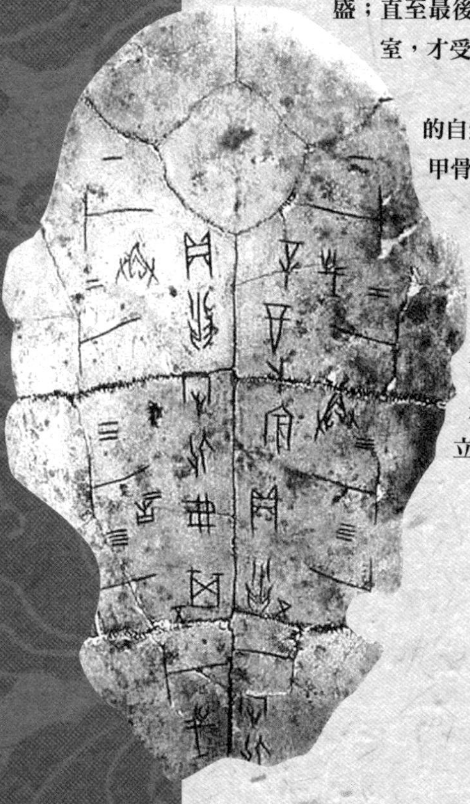

單位：年

約西元前	朝代	帝王年號	大事
2183-2176(?)	夏	禹	居安邑（山西夏縣）。 大會諸侯於塗山（陝西潼關）。 頒夏曆，鑄九鼎。 東巡會稽（河南伊川）而卒。 禪讓制度至禹去世後結束，但原因並非在禹。
2176-2166(?)		啟	禹之子啟即帝位，家天下制度開始。 有扈氏不服，啟滅有扈氏後地位鞏固。
2166-2138(?)		太康	太康遷居斟尋（河南鞏縣）。 太康沉溺於遊獵，有窮氏后羿掌握大權，史稱太康失國。
2138-2125(?)		仲康	太康卒，弟仲康立。
2125-2097(?)		相	寒浞弒后羿；寒浞使子澆弒相。 相后緡逃往有仍氏，生下遺腹子少康。
2097-2063(?)		（寒浞、澆）	

從「禪讓」到「家天下」：夏朝開國過程

大家對大禹的認識，除了為治水而過家門不入之外，還有禪讓的故事；堯禪讓給舜、舜禪讓給禹，傳賢而不傳子，成為後世的佳話。然而堯、舜可不是光聽到舜、禹有才能，就將天子之位「禪讓」給他們。類似堯在禪讓給舜之前經過的程序，舜即位後任命禹、皋陶（ㄍㄠ 一ㄠ）、益、契（商朝的始祖）、棄（周朝的始祖）等二十二人擔任官職以輔佐舜。其中任命禹之前，舜詢問四嶽（四個部落的酋長）誰能光大堯的事業，四嶽都推薦禹，於是舜任命禹為司空。禹任職期間不但治水成功，而且對外關係良好，使四海之內都感念擁護帝舜。後來舜因為兒子商均並不賢能，便仿效堯命禹代行天子之職。但直到舜過世三年後，眾人在商均和禹之間一面倒地支持禹，禹才順應天意（民意）即位。這樣前前後後經過了二十年。套句現代的話來說，禹是經過二十年的「試用期」才得到「天子」這個位子！

禹即位後認為皋陶很賢能，原本依照前例任用皋陶處理政事，沒想到還沒來得及禪位，皋陶就過世了。後來禹又打算禪讓給益，但因為益輔佐禹的時間不久，加上禹的兒子啟也很賢能，所以禹過世後諸侯都支持啟，啟才即天子之位。自此「禪讓」制度告終，開啟歷朝歷代「家天下」的局面。

啟殺益和啟與有扈氏的戰爭：「家天下」初期的不安

對於啟受到諸侯的擁戴才繼立天子之位，世人原本是深信不疑的，但到了晉武帝太康二年（二八一）

年代	人物／時代	事件
2063-2041(?)	少康	少康在有虞氏（舜的後代）掌管膳食，有田一成，眾一旅，滅了寒浞，史稱少康中興。
2041-2024(?)	杼	少康卒，子杼立。
2024-1998(?)	槐	杼卒，子槐立。
2000	（新石器時代、青銅時代）	二里頭文化出現，是夏朝文化的代表遺址。
2000-1800		馬雅文明形成。 亞摩利人（屬於閃族）進入美索不達米亞平原，成為後來巴比倫帝國和亞述帝國的先祖。 印歐語族拉丁人移入義大利半島。
2000-1500		蘇美人的鳩格米西史詩大約於此時完成。 印歐語族的雅利安人逐漸侵入印度河流域，再到恆河流域；最後取代原有的城市文明，成為當地的新主人。

時，有個名叫不準的人盜了東周戰國時代魏國魏襄王（另一種說法是安釐王）的墓，得到數十車寫在竹簡上的書。其中有紀年十三篇（今日稱這部書為《竹書紀年》），出現許多顛覆人們對夏、商、西周三代歷史的印象，讓人震驚不已。比如夏朝立國的時間比商朝還久，益是因為干預啟的帝位而被啟殺掉等等。

雖然啟取代益為天子的結果沒有改變，禪讓結束和父死子繼家天下制度的開始沒有改變，然而一種說法是和平的，另一種說法卻是血腥的。這或許表示，啟改變禪讓制度的過程並不是當時的人都能接受，也沒有後世認為地那樣順利。

除了啟的接位受到質疑外，在啟即位後，有扈氏表示不服，啟為此親自率軍與有扈氏在「甘」這個地方打了一仗。在開拔出戰之前，啟寫了一篇文章〈甘誓〉（可見《尚書》、《墨子》、《史記》等書），告訴將領們為什麼要討伐有扈氏和作戰時的相關命令。最後啟消滅了有扈氏，而天下諸侯都來朝拜表示順服。從天子之位改為傳子，以及對不服者可以用武力懲罰看來；君主和諸侯之間的關係已有所改變，天子的地位與權力逐漸提高，不再只是原來各族部落的「共主」了。

少康中興：田一成，眾一旅

夏啟過世後，兒子太康即位。他因為沉溺於狩獵的快樂，忘記治理百姓的重責大任，使得國勢衰落，結果被有窮氏后羿驅逐流亡，史稱「太康失國」。太康過世後，弟弟仲康繼位；仲康過世後，仲康的兒子相繼位。

單位：年

約西元前	朝代	帝王年號	大事
1998-1980(?)	夏	芒	槐卒，子芒立。
1980-1964(?)		泄	芒卒，子泄立。
1964-1905(?)		不降	泄卒，子不降立。
1905-1884(?)		扃	不降卒，弟扃立。
1884-1863(?)		廑（胤甲）	扃卒，子廑立。
1863-1832(?)		孔甲	胤甲卒，不降子孔甲立。
1832-1821(?)		皋	孔甲卒，子皋立。

雖然后羿取得政治實權，卻沒有好好處理政事，而是任用寒浞這個會顛倒是非的人，使他有機可乘，殺害后羿奪了有窮氏之位。接著寒浞篡奪夏朝自立為帝，而寒浞的兒子澆（奡（ㄠˋ））先滅了斟灌氏、斟尋氏，然後弒殺帝相；帝相的妻子后緡逃回娘家有仍氏，生下兒子少康。

寒浞奪得帝位後仍是依賴他的詐術，以欺騙的方式治國而不體恤百姓。少康在有仍氏長大，擔任畜牧管理的首長。澆得知後，對少康非常顧忌，派了椒這個人想要找到少康。少康聽到消息就逃到有虞氏（舜的後代），擔任掌管膳食菜餚的官職，有虞氏將兩個女兒嫁給少康，並且給他田「一成」（十里地）、眾「一旅」（五百人）作為復國的基礎。少康不同於后羿、寒浞，他修養自己的德行又廣布恩惠給百姓，終於重新獲得民心和臣子靡的支持。

靡原本為后羿做事，在后羿死後逃到有鬲氏。他集合殘存下來的斟灌氏、斟尋氏人民，起兵殺死寒浞，擁立少康復位。後世就將少康復興夏朝的故事稱為「少康中興」。

夏朝：一個古書上說有，部分學者懷疑其存在的朝代

古代的歷史文獻中，從來沒有懷疑過夏朝的存在，比如：

《詩經．大雅》：「殷鑒不遠，在夏后之世。」

《尚書．召誥》：「我不可不監于有夏，亦不可不監于有殷。」

《論語．八佾》：「子曰：『夏禮吾能言之，杞

年代	帝王	大事
1830-1530		巴比倫帝國在西亞兩河流域立國。下令編纂「漢摩拉比法典」的漢摩拉比王為帝國最著名的國王。
1821-1802(?)	發	皋卒，子發立。
1800-1600		西克索人以外族入主埃及，為古埃及的第二中衰期。
1802-1751(?)	履癸（桀）（末年）	桀居斟尋，建瓊宮瑤臺，行亂政。 伐蒙山有施氏，得妹喜。 會諸侯於有仍，有緡氏叛。 大夫關龍逢直言進諫，被桀所殺。 桀召湯，將他囚於夏臺，不久即釋放。 湯修德，夏桀無道，諸侯皆歸湯。 湯作〈湯誓〉，討伐夏桀，擊敗桀後將其放逐南巢。夏亡。
1751-1738(?)	商 湯（天乙）（元年）	商湯即位，以亳為都城。
?	外丙	商湯子。

不足徵也；……。』」

此外，《春秋左氏傳》記載少康中興，《史記》也立有夏本紀等等都是證明。尤其這些是周朝時的作品，比現代更接近夏朝許多，夏朝的存在怎會是問題呢？

可是到了民國初年，隨著西方考古學的傳入，以及部分學者興起懷疑古史的風氣，夏朝歷史出現了被抹煞的危機。因為夏朝的遺址一直沒有發現。

民國四十八年（一九五九），河南省偃師縣二里頭附近發現新的考古遺址，後來被命名為「二里頭文化」。當中有許多陶器、石器、骨器和玉器，從類型和精緻度可以得知農業、手工業都很發達，社會分工應當更加專業。還有不少青銅器出土，表示中國已進入銅器時代。除此之外，還發掘出宮殿的地基遺址。由於這樣的大建築必須集合許多人力才能進行，似乎也顯示當時領導者已頗有權威。另外在陶器上刻著許多符號，它的意義是什麼，卻不得而知。

雖然從碳十四法檢測遺址，發現二里頭文化與夏朝的時間大約是符合的，夏朝的存在應當不容否認，只是還有許多新舊謎團有待解答。

「湯武革命」的前半段：湯伐桀

夏朝傳至末代君主帝履癸（桀）時，國勢已極衰微，許多諸侯都不願意朝拜桀，或是服從他的命令。夏桀也不去改變自己的修養德行，以重獲民心，反而更加以武力壓榨百姓。夏桀將自己比做太陽，想要顯示自己的重要，沒想到百姓的心聲卻是：「你這太陽什麼時候要滅亡啊？我們都願意和你同歸於盡！」

單位：年

約西元前	朝代	帝王年號	大事
?	商	仲壬	外丙弟。
1738-1727(?)		太甲（太宗）	湯嫡長孫。
1735(?)		四年（?）	太甲被伊尹放逐到桐宮，伊尹代行攝政。
1732(?)		七年（?）	太甲歸亳，伊尹還政於太甲。
1726-1697(?)		沃丁	太甲子。
1697-1672(?)		太庚	沃丁弟。
1672-1655(?)		小甲	太庚子。
1655-1643(?)		雍己	小甲弟。

（「時曰曷喪，予偕汝皆亡。」）

這時東方的諸侯湯是個有德行的領導者，又有賢臣伊臣輔佐，深得百姓擁戴。於是夏桀召喚湯，將湯囚禁在夏臺，過不久再釋放他。因為湯能修德，連各地諸侯也轉而支持他，湯於是正式發動兵力攻伐夏桀。雙方先戰於有娀（ㄙㄨㄥ）之虛，再戰鳴條，夏朝軍隊都戰敗。夏桀被湯流放到南巢，夏朝就此亡國。

桀被放逐後還對人說：「我真後悔沒在夏臺時就殺了湯，不然也不會變成現在這個樣子。」桀後來死在南巢，而擊敗他的湯則取而代之即天子位，商朝也由此開始。

太甲的失位和復位：輔臣伊尹的功勞

太甲是商湯的嫡長孫，在他的叔父帝仲（中）壬後即位為帝。太甲即位後不久，商朝的輔臣伊尹先後寫下〈伊訓〉、〈肆命〉和〈徂（ㄘㄨˊ）后〉三篇文章，藉以說明在處理政治和教化事務時，應當要做些什麼，同時回顧了商湯在位時的法律與制度。

然而太甲在位滿三年下來，昏庸不明、暴虐亂德，是個不遵守商湯所定法制的君主，所以伊尹就把太甲放逐到商湯埋葬地的桐宮。接下來的三年，伊尹代理天子的職務處理國事，並且接待各地來朝拜的諸侯。

太甲住在桐宮的三年裡，深切地悔過反省，因此伊尹又將太甲迎回，歸還政權。復位後的太甲修養德行，各地諸侯都服從商朝的領導，百姓們的生活終於又安定下來。伊尹相當誇獎讚美太甲的改變，於是又

1643-1568(?)	1600-1100	1600-1090	1568-1557(?)	1557-1542(?)	1542-1533(?)	1533-1513(?)	1513-1497(?)
太戊（中宗）			仲丁	外壬	河亶甲	祖乙	祖辛
雍己帝。命伊陟、巫咸、臣扈輔佐，諸侯歸服，是商代良君。	邁錫尼文明。	埃及進入新王國（帝國）時期。	太戊之子。自亳遷於囂（河南滎陽）。	仲丁弟。	外壬弟。自囂遷於相（河南安陽）。	河亶甲之子。自相遷於耿（河南溫縣）。命彭伯、韋伯輔佐，諸侯歸服。	祖乙子。

寫了三篇〈太甲訓〉加以褒揚，稱太甲為太宗。

盤庚遷殷：商朝的都城安定了

商朝到了第十九位帝王盤庚即位時，因為繼承權的問題造成連年爭執，使得商朝聲勢衰弱，很多諸侯都不願意來朝拜服從，局面相當不利。盤庚即位之後，決定遷都。可是自商朝取代夏朝以來，每隔一段時間就遷都的情況已經有五次了，百姓一聽到這消息都埋怨不已，實在不想再搬家了。盤庚就對諸侯大臣們說：「過去先祖成湯和你們的先祖一起平定天下，建立起法律與制度。如果捨棄了這些，如何能夠成就規範品德呢！」就這樣，盤庚帶著大家渡河到殷地定居，並實行商湯的政策法則。百姓從此安定生活，各地諸侯再度朝拜服從，商朝的國勢隨之復興。歷史上也因為這次盤庚遷殷定居的行動，又稱商朝為殷朝或是殷商。

武丁在位：商朝最後的盛世

盤庚之後的小辛、小乙在位時，商朝又衰落了，百姓們都很懷念盤庚在位的美好時代。帝小乙過世後，兒子武丁即位（約西元前一三三九至一二八〇年，或約西元前一二五〇至一一九二年，在位約五十九年）。武丁很想要重振商朝的聲威，卻沒有得到適合的輔佐人才，於是武丁沉默了三年不親自處理政事，而交給底下職位最高的官員，自己則觀察當時的風俗情勢。

有天晚上，武丁夢到有聖人出現，名字為「說」。當他拿夢境裡看到的人像和百官對照時，發現都不符

單位：年

約西元前	朝代	帝王年號	大事
1497-1472(?)	商	沃甲	祖辛弟。居庇（山東魚臺）。
1472-1440(?)		祖丁	祖辛子。
1440-1415(?)		南庚	沃甲子。自庇遷於奄（山東曲阜）。
1415-1398(?)		陽甲	祖丁子。
1398-1370(?)		盤庚	陽甲弟。
1383(?)		十五年（？）	盤庚下令遷都至殷（河南安陽小屯村，屢有司母戊大方鼎、甲骨文等發現，二〇〇六年商代殷墟遺址已成為世界文化遺產）。遷殷前，因人民抱怨，而作〈盤庚〉三篇。殷復興，諸侯來朝。至紂滅亡，未再遷都。

合，可見這位聖人身在民間。武丁派人到處尋找，終於在「傅險」這個地方找到「說」，當時「說」是個在「傅險」修路的囚犯。當「說」被帶到武丁面前時，武丁說就是他。和他交談之後，發現果然是聖人，就用他為相，使得商朝有所轉變。

武丁除了任用賢人外，他還是位常用兵的君主。《易經》記載，他曾經出兵攻伐「鬼方」，經過三年才獲得成功。另外，考古發現他曾以他的妃子婦好為將，四處征戰。在武丁的統治下，文治武功都有所發揚，商朝的聲勢又恢復了。武丁過世後，後人還為他立廟，尊稱為高宗。

武丁在位期間是商朝最後的盛世，隨著武丁過世，之後的幾位繼承者無法守成，商朝日漸衰微。到了帝辛（紂）在位時，終於被周武王攻滅。

商亡周興：商紂對照周文王

帝舜在位的時候，禹（夏朝的始祖）、契（商朝的始祖）、棄（周朝的始祖）同朝為官，與三人相關的部族（國）是同時存在的。當夏朝衰落時，商朝取而代之；當商朝衰落難以恢復時，周朝也就日漸興起了。

商朝最後一位帝王帝辛（紂），是個非常聰明、反應快、力大無窮的人，自以為所有的人都比不過他。他還喜歡飲酒作樂，並沉迷於女色，尤其對妲己言聽計從。商朝的風俗是尊崇天神、地祇、人鬼（祖先），他卻對鬼神相當不尊重。因為紂老是在沙丘的花園裡玩樂，索性就在池子裡裝滿酒，到處懸掛著肉，還要男男女女裸體嬉鬧，徹夜喝酒。「酒池肉林」的成語就是這樣來的，形容毫無節制地縱欲浪

1370

埃及法老阿蒙霍特普四世（又稱阿肯那頓、易克那唐）繼位後企圖改變國家原來的宗教內涵，轉為只尊崇太陽神的一神信仰。但他死後一切規範依然照舊。

1370-1349(?)

小辛

盤庚弟。

1349-1339(?)

小乙

小辛弟。

1339-1280(?)

武丁（高宗）

小乙子。

1308(？)

三十二年（？）

沉默三年，政事決定於冢宰。舉傅說為相，國大治。攻克鬼方，妻子婦好也曾統兵征戰。在位期間是商朝最後的盛世。

1300-1230

猶太人摩西帶領其族人離開埃及，往巴勒斯坦前進。此即約書（摩西五經、舊約聖經）裡的出埃及記（出谷記、出離之書）。

1200-800

海洋民族移入希臘半島，當地進入荷馬時代。

費。

由於百姓漸漸怨恨不滿，更有諸侯背叛了他，所以紂就加重刑罰，發明用燒灼鐵器烙燙在罪犯身上的「炮格」之刑，藉以嚇阻大家。另外他還發兵征討東夷，雖然商朝與東夷之間的互動變得頻繁，但也損耗不少國力。

紂任命九侯、鄂侯及周的領導者姬昌為輔佐政事的三公，卻又先後殘殺九侯和鄂侯。姬昌聽到消息只敢暗暗嘆氣，沒想到被崇侯虎聽到，立刻向紂報告。紂就將姬昌關在羑里（河南湯陰），相傳姬昌就是在此時將《易》的八卦重新演化成六十四卦的。在周的臣子閎夭等人努力營救下，紂才赦免了姬昌；姬昌還獻出洛水西邊的一塊土地，以請求紂免除炮格之刑。紂不但同意了，還賜給姬昌弓、矢、斧、鉞，象徵賦予征伐的權利，封他為「西伯」（西方諸侯首領）。此後紂改用擅長阿諛奉承的費中，和很會說別人壞話的惡來（秦朝遠祖之一），使得商朝的百姓和諸侯對他越來越疏遠了。

反觀西伯回到周後，沉默地修養德行，使得許多諸侯都轉而投向西伯。隨著西伯的勢力壯大，紂的權勢相對有所減弱。然而，無論是王子比干還是臣子祖伊向紂勸諫，紂都聽不進去。西伯連續攻伐飢（耆）、邘、崇侯虎等國，再將都城從岐下遷移到豐，慢慢增強與商抗衡的實力。可是西伯卻在此時過世了，諡號「周文王」。雖然他沒有親見周取代商的那一刻，但堅實的基礎已經奠定，商亡周興的時刻將要到來。

單位：年

約西元前	朝代	帝王年號	大事
1200-400	商		中美洲出現奧爾梅克文明。
1280-1273(?)		祖庚	武丁之子。
1273-1240(?)		祖甲（帝甲）	祖庚弟。
1240-1234(?)		廩辛	祖甲之子。
1234-1226(?)		庚丁（康丁）	廩辛弟。
1226-1222(?)		武乙	武乙暴虐無道，犬戎寇邊境。封古公亶父為周侯，賜岐下邑（古公亶父已自豳遷於岐〔陝西岐山〕，改號周）。周王季歷攻西落鬼戎。武乙獵於河渭之間，被暴雷震死。
1222-1209(?)		太丁（文丁、文武丁）	命周王季歷為侯伯。太丁殺季歷。季歷卒，子世昌（文王）繼為西伯。

周武王繼位與首次東伐：爾未知天命

西伯（周文王）去世後，兒子姬發繼位，是為周武王。他任用太公望（呂尚、姜尚，就是大家常聽到的姜子牙）、弟弟周公旦等人輔佐協助，以繼續文王的事業。

周武王在繼位的第九年展開首次東伐，當時周軍載著文王的神主木牌，而武王自稱太子發，表示這次東伐紂是奉文王之命，並不敢專擅文王的功業名義。然而在行軍途中，遇了見自孤竹國遠來投奔的國君之子——伯夷、叔齊，他們攔下周武王的軍隊提出勸諫：「父親過世了沒有安葬，還要發動戰爭，這算是盡孝道嗎？以臣下的身分想要弒殺君上，這是仁的行為嗎？」周武王的左右衛士想要殺掉伯夷、叔齊，但是太公望說：「這是信守道義的人啊！」就將他們扶離隊伍以免遭到傷害。

隨後周武王軍隊抵達會師地點「盟津」，當時已有八百諸侯願意跟隨周武王伐紂，可是周武王卻說：「你們都不知道天命啊！」就要大家各自解散退師了。這看起來相當奇怪，但仔細想想就能明白。雖然紂的昏庸已使商朝陷入危局，但是像紂的叔父比干和箕子、紂的兄長微子啟等賢人仍在商朝，周武王首次出兵就遇上伯夷、叔齊，可見仍有許多仁人志士支持商朝。就算周武王首次東伐就成功，恐怕也不會得到百分之百的民意支持，不如先退兵觀察情勢演變才是上策。

「湯武革命」的後半段：武王伐紂

在周武王首次東伐退兵後，商朝內部也發生相當

年代	紀年	事件
1209-1174(?)	帝乙	帝乙嫁妹於文王。
1174-1111(?)	帝辛（紂）	帝乙之子。
1171(?)	四年（?）	姬昌成為周的領導者，商、周之間實力逐漸消長。紂寵愛妲己，厚賦稅，百姓抱怨，諸侯叛離。重刑辟，有炮格之法，醢九侯，脯鄂侯，囚西伯於羑里（西伯則演八卦），因周臣營救而釋放，使西伯專征伐。剖比干，箕子佯狂，微子出走。西伯伐飢（耆）、邗、崇侯虎等，自岐遷於豐（陝西雩縣）。
1122(?)	五十三年（?）	周武王繼承西伯（文王姬昌）位並準備東伐。以太公望為師，周公旦為輔，曾伐商東至盟津，八百諸侯不期而會，解散退師。
1111(?)	六十四年（?）	商、周二軍交戰於牧野（河南淇縣）。
西周	武王十一年（?）	紂戰敗，逃往鹿臺並自殺，商亡。

大的變化。首先紂的兄長微子啟屢次向紂提出諫言沒有被接受，就和商朝的太師、少師離開商朝逃亡。紂的叔叔比干說：「身為臣子，就算犧牲生命也得要力爭道理。」所以強行向紂提出建言。紂大為震怒說：「我聽說聖人的心是有七孔的。」於是殺害比干，剖開他的身體看看到底有沒有七孔。箕子聽到消息就假裝發瘋，希望能逃過一劫，但是紂沒有放過他，將箕子關了起來。

當商朝的太師和少師帶著祭祀用的樂器逃到周時，周武王覺得商朝的賢人受到迫害，祭祀的制度和器物也已經崩潰，伐商的時機真的到了。因此率領各地諸侯討伐紂的暴行，紂也發兵到牧野準備抵抗周武王的軍隊。商朝的軍隊雖然人數眾多，但都沒有抵抗之心，反而希望周武王的軍隊到來。

周武王十一年二月甲子日，兩軍交戰，商朝的軍隊當然大敗。紂逃往鹿臺，穿上綴有珠寶的衣服投火自殺。周武王隨後砍下紂的頭懸掛在大白旗上，殺了妲己、釋放箕子、修建比干墓……等等，做了許多安撫商民的措施，使得百姓們都很高興。隨後周武王才即天子位，取代商朝治理天下。

桀、紂分別為夏朝、商朝的末代暴君，商湯、周武王先後起兵討伐；《易經》稱為「湯武革命」，是「順乎天而應乎人（順應天理民心）」的行動。《孟子・梁惠王》也說：「聞誅一夫紂矣，未聞弒君也。」（只聽過誅滅紂這個殘暴無道的人，沒聽說過是弒殺君主的行為。）隨著湯武革命的發生，夏朝、商朝皆已走進歷史，接著開啟了中國歷史上享國最久，統領天下時間最長的朝代——周朝。

周朝

周朝分為西周與東周兩個時期。周原本只是商朝的一個封國，後由周武王姬發在牧野一戰打敗商紂王的軍隊後，建立周朝，是為西周的開始。周朝初建時期國內並不安寧，在輔政大臣周公掃蕩「管蔡之亂」、安頓好商朝的遺民後，周朝的天下才大定，出現「成康之治」，進入西周的全盛時期。然後，繼位的君王並非都能勵精圖治，周厲王便因為過於暴戾、貪婪，被人民所放逐，王位的空窗時期則由兩位大臣共掌朝政，史稱「共和時代」。後有周宣王力圖振作，號稱中興，但因晚年對西北戎狄用兵失敗，周朝國力便快速衰退；周幽王的荒淫無道，使人民怨聲載道，幽王後來被入侵的戎狄所殺死，西周於是覆亡。

西周的王都鎬京因為受到戰火的破壞，周平王在諸侯的建議下，東遷雒邑，此為東周的開始。周王室的王權在這個時期受到諸侯國的抑制，徒有「天下共主」的虛名，諸侯國之間互相稱霸、各自伸展勢力，前有「春秋五霸」、後有「戰國七雄」。春秋五霸先後為齊桓公、宋襄公、晉文公、秦穆公、楚莊王，霸主是透過戰爭來取得盟主地位，獲勝者有權召開會盟，要求大家公開承認其「霸主」的地位。戰國七雄則為齊、楚、秦、燕、韓、趙、魏等七個諸侯國，戰國時期能夠國勢強盛的先決作為，是先要在國內進行變革，例如魏文侯任用李悝，楚國任用吳起，秦國任用商鞅。戰國七雄的勢力互有消長，在「合縱政策」與「連橫政策」的交鋒下，最後由秦國勝出。

春秋戰國時期是一個諸子百家爭鳴的時代，有政治抱負的人都可以主動去尋覓合適的君王來輔佐，發揮自己所代表的思想特色，更出現所謂的「九流十家」，是中國學術百家爭鳴、開枝散葉的時代。孔子更開創私學，讓教育變得普及，不再是貴族的專利。

周朝的國祚自西元前約一一一一年（？）至西元前二五六年，起自周武王姬發，終於周赧王；其中西元前七七二年至西元前四〇四年，又可稱為春秋時期；西元前四〇三年至西元前二二一年，又可稱為戰國時期。西周首都為鎬京，東周則為雒邑。

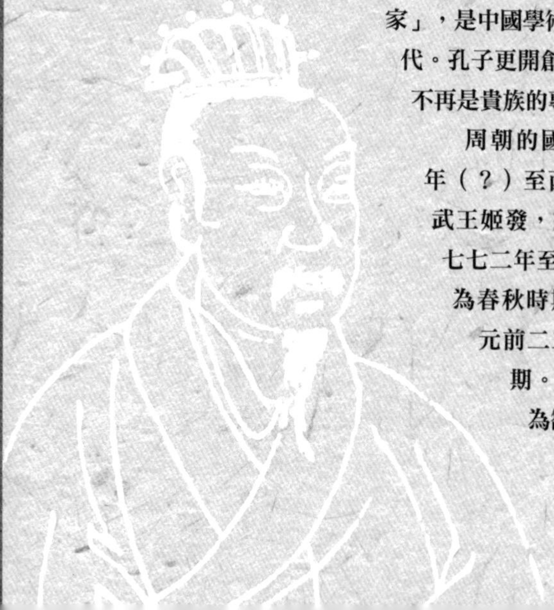

單位：年

約西元前	朝代	帝王年號	大事
1111-1005(?)	西周	武王	自豐遷都於鎬（陝西西安）。武王封先王後裔，並封弟叔鮮於管（河南鄭州）、叔度於蔡（河南上蔡）、叔處於霍（山西平陽），立紂子祿父（武庚）治殷，使管、蔡、霍監視武庚。功臣以師尚父為首封，封於營邱（山東臨淄），封召公奭於燕（河北薊縣），封周公旦於魯（山東曲阜）。孤竹國的伯夷、叔齊以武王伐紂為不義，不食周粟餓死。武王訪箕子，箕子作〈洪範〉，不臣周，封箕子於朝鮮。修繕並封比干之墓。
1104(-1068)(?)		成王 元年（？）	周成王即位，年少，周公攝政。管叔、蔡叔聯合武庚作亂，稱為「管蔡之亂」。周公率軍東征。
1102(?)		三年（？）	周公平 定管蔡之亂，誅武庚、管叔，放逐蔡叔。
1100(?)		四年（？）	封紂庶兄微子啟於宋（河南商邱），治殷遺民。封武王弟康叔於衛（河南淇縣）。
1097(?)		七年（？）	周公還政於成王。營建成周（東都）雒邑（洛陽），以鎬京為宗周。
1090			埃及新王國時期結束，國勢漸衰。

管蔡之亂：周朝初年的政治危機

商朝滅亡後，周武王採取很多安撫商朝遺民的措施，包括殺妲己、釋放箕子、修繕比干之墓、表彰賢人商容的家鄉等等，還封紂的兒子武庚祿父治理商朝遺民，要求他施行盤庚在位時的善政。這些都讓商朝遺民覺得相當滿意。周武王又認為戰事才剛結束，各地尚未完全平定，而另外要求自己的弟弟叔鮮、叔度協助武庚治理商朝故地。

周武王在班師西歸都城鎬京後，分封炎帝、黃帝、帝堯、帝舜、大禹的後世子孫，再分封功臣謀士。首封師尚父（太公望，又稱呂尚、姜尚，就是大家熟知的姜子牙）於齊，接著封弟弟周公旦於魯、宗室召公奭於燕、弟弟叔鮮於管、叔度於蔡等等。

於是周武王即位成為天子，由於覺得德行比不上五帝，所以不再自稱帝而只稱王，而武庚祿父則成為周朝的諸侯。

周武王在位沒有多久就過世了。他的兒子姬誦即位，是為成王。由於周朝才剛平定天下，周公害怕各地諸侯對年輕的成王不服而背叛周朝，因此代替成王處理國事。這反而使管叔、蔡叔懷疑起周公來，在國內不斷散布周公即將對成王不利的消息，使得召公奭也對周公不高興。周公就向太公望、召公奭解釋他為什麼如此不避嫌暫代攝政的理由，又列舉歷位輔佐商朝的名臣表示自己的立場，使得召公奭終於放下心來。

管叔、蔡叔終究聯合了武庚和另一民族淮夷興兵作亂，想要進攻雒邑（相當於今日河南洛陽）。周成王命令周公出兵討伐，經過三年終於誅滅武庚、殺管

年代	王	說明
1067-1042(?)	康王	武王子。
1041-1024(?)	昭王	康王子。
1023-983(?)	穆王	昭王子。
982-967(?)	共王	穆王子。
966-955(?)	懿王	共王子。
954-925(?)	孝王	共王弟。
924-879(?)	夷王	懿王子。
878-842(?)	厲王	厲王以榮夷公為卿士，實行「專利」，國人謗王，王以衛巫監視，殺害批評者。「國人莫敢言，道路以目」。召公進諫，厲王不聽。厲王暴虐，楚雄渠畏懼其伐楚，而去其王號。

叔、放逐蔡叔，然後改立紂的兄長微子啟於宋，以繼續商朝的香火祭祀。除此之外，為了分治商朝遺民，而分封武王的另一位弟弟康叔於衛地。過了二年，淮夷也被平定。各地諸侯都服從周朝的領導，周朝初年不穩的天下局勢終於漸漸地平定下來。隨著成王日漸年長，周公也在成王七年（西元前一〇九七或一〇三五年）還政於成王，自己回到群臣的行列裡，恭謹地聽從成王的號令。

共和元年：從此史書對於年代的記錄沒有中斷

史學發達是中華文化的特色之一，從上古三代開始就有專人負責記載過去發生的事情，這些被保留下來的事情，有一部分逐漸成為歷史。

歷史脫離不了時間，大部分的歷史事件發生時，其年、月、日、時都會被詳細記載。然而有些年代久遠的事件，雖然有內容情節，但卻失載時間（可能是沒有記載、遺失記載，或是記載不清），使得後來的人們無法確認這些事件發生的時間，只能推斷出一段範圍而已。

從現有的文獻史料中能夠得知：到目前為止，歷史事件和發生時間可以完全契合的年代，可以上溯到西周的「共和元年」。為什麼是這一年？漢代大史學家司馬遷在撰寫《太史公書》（《史記》）時，其中有一篇〈十二諸侯年表〉。太史公司馬遷以周朝紀年為基礎，列舉魯、齊、晉、秦、楚、宋、衛、陳、蔡、曹、鄭、燕，再附加吳等十三諸侯的每年大事，表中的起點就是周共和元年。將共和元年與西元曆法對照，得知共和元年與西元前八四一年同年；從此年

單位：年

西元前	朝代	帝王年號	大事
841	西周	共和 元年	厲王出奔彘（山西霍縣）。周公、召公二相行政，暫代被驅逐的周厲王，史稱「共和」。從此年起，史書上記載的年分沒有中斷，中曆與西曆年分可以相互對照。
828		十四年	周宣王即位，共和結束。宣王以周召二公為輔，征討玁狁、淮夷等，四方安定，為宣王中興。
824		宣王 四年	秦仲攻伐西戎，敗死。周宣王召其子莊，統兵七千人，破西戎。
806		二十二年	宣王封弟友於鄭，是為鄭桓公。
797		三十一年	宣王遣兵攻太原戎，不克。
789		三十九年	宣王攻伐申戎，破之。宣王與姜戎交戰，王師戰敗。
779		幽王 三年	幽王納褒姒，並寵之，以烽火戲諸侯，博其一笑。之後諸侯不信，因而不至。

開始，史書對於年代的記錄沒有中斷，直到今日。

可是之前呢？之前的歷史事件有辦法得知它們的發生時間嗎？長期以來，國內在列舉從黃帝到共和元年之間的年代畫分方式時，所採用的傳統說法，是將夏朝定於西元前二一八三至一七五二年之間，商朝則定於西元前一七五一至一一一一年之間等等。

一九九六年大陸召集橫跨歷史學、考古學、古文字學、天文學、測年技術等學科的專家學者，進行為期四年多的「夏商周斷代工程」研究計畫。在分析大量的甲骨、青銅器、天文現象等線索後，大致得出夏朝是介於西元前二〇七〇至一六〇〇年之間，商朝是介於西元前一六〇〇至一〇四六年之間等結論，並且出版成果報告簡本。因為各界的質疑聲浪不斷，所以後來沒有出版完整本的報告，只能算是當代大陸地區學界對這項議題的看法之一。

由於現在仍然沒有確定的結論，因此在講共和元年以前發生的史事時，對於這些事件的發生年代，還是得要加上一個問號「？」，表示仍有爭議尚未釐清。

周幽王被犬戎所殺：都於鎬京的西周時期結束了

相傳夏朝走向衰落的時候，有兩條神龍飛到夏朝的宮廷裡，對夏帝表明牠們是褒國的前代國君。夏帝將牠們的「龍漦」（ㄌㄧˊ，龍所吐出的唾液口水，代表牠們的精氣）裝進木櫃藏著，一直都沒人敢打開它。直到周厲王末年時，才把木櫃打開，一開龍漦就流到庭院裡沒辦法清除。後來龍漦變成「玄黿」（蜥蜴）跑到後宮，結果被一個小宮女踏到，等到周宣王

776 **六年** 古希臘首屆奧林匹亞運動會在奧林匹亞山舉行。每四年一次，成為當時計算古希臘年代的方式，稱「奧林匹亞紀年」（約至羅馬帝國狄奧多西一世皇帝在位時被禁）。

774 **八年** 幽王廢申后與太子宜臼，立褒姒為后、其子伯服為太子。

771 **十一年** 申侯（宜臼外祖父）聯合繒與犬戎大破鎬京，殺幽王，擄褒姒。西周時期結束。諸侯立太子宜臼為平王。

770 **東周** **平王** **元年** 周平王即位後東遷雒邑，由晉文侯、秦襄公、鄭武公、衛武公等護送。東周時期開始。平王以岐之西地賜秦，秦列諸侯。周東遷仰賴晉鄭二國，以鄭伯為王卿士。

753 **十八年** 羅馬城初建於義大利半島中部臺伯河畔，羅馬進入王政時期。

在位時，她竟然就懷孕生女了。小宮女沒有嫁人卻會懷孕，讓她感到相當害怕，所以將女嬰丟棄。女嬰被一對夫妻發現，將她帶到褒國撫養長大。

後來周幽王討伐褒國，褒國人請求送這個女孩到王廷服侍周幽王，以當作贖罪。因為女孩來自褒國，褒國又與夏朝同姓姒，所以就稱她為褒姒。

周幽王三年（西元前七七九年），幽王到後宮時發現褒姒，此後備受寵愛。當時幽王的皇后是申國侯爵的女兒，生下了嫡長子宜臼並立為太子。後來褒姒為幽王生下兒子伯服，由於喜愛褒姒的緣故，幽王就廢后廢太子，改以褒姒為皇后，伯服為太子。周朝的太史伯陽因為讀過史料，知道褒姒的來歷，直說：「（周朝的）禍患已經造成，毫無辦法了！」

當時周朝設有燧燧（烽火臺）和大鼓，如果發現有敵人進攻侵略時，就點燃烽火召集各諸侯的軍隊以保衛周朝。由於褒姒不喜歡笑，周幽王用盡千方百計都無法搏得她一笑，於是發出假警報，引誘諸侯軍隊趕來。褒姒看到各軍集結卻發現沒有敵人時的情景，終於大笑起來。幽王相當高興，之後又好幾次舉烽火召集諸侯，久而久之就失去了對諸侯的信用，諸侯也慢慢地不派兵來了。

由於周幽王任用虢石父這個很會巴結奉承又貪財好利的人，作為處理政事的卿，國人都相當埋怨。加上幽王廢申后和太子的事情，使得他的「前岳父」申侯大怒，終於在周幽王十一年（西元前七七一年）與繒國和西方的犬戎聯合起來，進攻周朝。此時周幽王再舉烽火想要徵調諸侯兵平亂，卻沒有任何軍隊趕來。就這樣，入侵的犬戎在驪山下殺害周幽王，俘虜

單位：年

西元前	朝代	帝王年號	大事
724	東周	四十七年	晉國發生曲沃之亂。晉曲沃莊伯殺晉孝侯，晉國大夫將莊伯逐回曲沃，立鄂侯（孝侯子）為國君。
722	春秋時代／東周	四十九年	孔子修《春秋》以此年（魯隱公元年）為紀年起點。「春秋時代」開始。鄭伯克段於鄢。亞述帝國擊滅以色列王國。
707		桓王 十三年	周桓王與鄭莊公有爭端，桓王率軍伐鄭，雙方交戰於繻葛（河南長葛），鄭軍射箭中桓王肩膀。
686		莊王 十一年	齊國內亂，管仲奉公子糾奔魯國，鮑叔牙奉公子小白奔莒。
685		十二年	齊公子小白自莒先入齊即位，是為齊桓公。任管仲為相，齊強。
681		釐王（僖王）元年	魯將曹沫劫盟，迫齊桓公還侵占魯國之地。
679		三年	齊、宋、陳、衛、鄭會於鄄（山東鄄城）。齊桓公的霸業始於此年（魯莊公十五年），「春秋五霸」陸續登上歷史的舞臺。

褒姒，將財物掠奪一空後離去。隨著幽王被殺，歷史上所稱建都於鎬京的西周時期便結束了。

周平王率眾東遷：都於雒邑的東周時期開始了

周幽王被犬戎殺害後，諸侯們就跟著申侯擁立原來的太子，也就是申侯的外孫宜臼為周王，以繼續周朝的香火祭祀，是為周平王。由於當時的犬戎實力強大，周平王即位後為了避開犬戎，只好率眾東遷至雒邑。歷史上就稱建都於鎬京的周為西周，周平王遷都雒邑後的時期為東周。周平王在位期間，周王室逐漸衰微，失去指揮控制諸侯的威望與力量，各地諸侯開始強併弱，大欺小，齊、楚、秦、晉日漸變得強大，政事與號令也漸漸改由這些雄踞一方的霸主所控制發布。遷都後的周朝展現出與遷都前截然不同的風貌。

禮崩樂壞的春秋時代：「孔子成春秋，而亂臣賊子懼！」

東周自周平王元年（西元前七七〇年）東遷雒邑起，至周赧王五十九年（西元前二五六年）時被秦國所滅，如再加上接納流民，繼續奉祀周朝先祖達七年之久的東周君，則可延至西元前二四九年為止。雖然有些人會以「春秋時代」加「戰國時代」等於「東周」的方式來看待這段時期的歷史，但是實際上這三個詞所指的時間範圍是不完全銜接與相同的。

「春秋時代」之名取自於孔子私自編修的史書《春秋》。《春秋》一書是孔子晚年結束周遊列國的旅程，回到魯國後所編寫的。由於他所依據的是魯國的史書，所以在記錄年代時依據的是，上自魯隱公元

672 惠王 五年 晉獻公攻打驪戎，得驪姬。

659 十八年 秦穆公時代開始，重用蹇叔、百里奚與其子孟明視，國力日強。

658 十九年 晉獻公用荀息之計，「假虞滅虢」，以擴大疆域。

655 二十三年 晉滅虢還，然後滅虞。

651 襄王 元年 齊、魯、宋、衛、鄭、許、曹等國大會於葵丘（河南蘭考），周天子派遣使者參加。晉獻公死，子奚齊立。大夫里克殺奚齊，荀息立奚齊弟卓子，里克殺卓子。秦以兵護送晉公子夷吾回國，是為晉惠公。

645 七年 管仲卒（齊桓公四十一年），死前推薦鮑叔，桓公未任用，而用易牙、開方、豎刁，齊政益亂。

638 十四年 宋襄公欲繼齊桓公為中原盟主。在楚、宋的泓水之戰中，宋襄公待楚軍渡河列好陣勢後才出戰，大敗受傷，一年後忍恨而死。

年（周平王四十九年（西元前七二二年））起，下至魯哀公十四年（周敬王三十九年（西元前四八一年））止，共十二公在位時的紀年。

夫子身處的春秋時代是周天子地位下降，諸侯做事常常超越了原本應遵守的身分與職務範圍，社會秩序、倫理道德等價值都受到衝擊，一個「禮崩樂壞」的時代。取而代之的是不當的言論和殘暴的行為，臣子弒殺國君、兒子弒殺父親的倫理悲劇時有所聞。夫子感到相當憂慮畏懼，因而決定作《春秋》。然而夫子編寫的《春秋》和其他的史書有許多不同之處。

首先編修史書是史官的職責，但夫子卻自行編寫《春秋》；再來像是《春秋》在記事時已不限於魯國境內，有不少事情是和齊桓公、晉文公等霸主的功業有關。雖然夫子以原來的魯國史書內容為基礎，但在用字遣詞上卻有獨到的考量標準，隱含著褒貶評價與道理。

對天下事是非善惡的評價議論，其實是天子的權利與職責；加上孔子又不是史官，表示孔子私修《春秋》的舉動已經越過了他的身分地位，做了不應該做的事。所以書成之後，孔子才會說：「知我者其惟春秋乎！罪我者其惟春秋乎！」（後世能夠瞭解我，知道我的理念的，大概是因為這部《春秋》吧！指責我不該擅自去做只有天子才能做的事情，踰越了自己本分的，大概也是因為這部《春秋》吧！）

無論後世的評價如何，孔子首開私人修史的先例，在記錄、保存過去歷史事件發生的經過外，還蘊含著懲惡勸善的義法，這些都成為中國史學發展的特色之一。

單位：年

西元前	朝代	帝王年號	大事
636	東周	十六年	晉公子重耳歷經流亡至楚，後秦穆公送他回晉嗣位，是為晉文公。
632		二十年	楚成王攻宋，晉文公與齊、秦聯軍救宋，與楚戰於城濮（山東濮縣），並依約定「退避三舍」，楚軍敗。晉、齊、魯、宋、鄭、蔡、莒、衛，在踐土（河南原陽）會盟。晉文公稱霸。
630		二十二年	晉文公與秦穆公圍攻鄭國，鄭派燭之武說服了秦穆公退兵，晉軍亦退，史稱「燭之武退秦師」。
627		二十五年	鄭國商人弦高在滑國遇秦師，假借鄭使者的名義，犒勞前來偷襲的秦軍，並派人通知鄭國。秦知鄭有備，滅滑而還。晉國與姜戎在崤山埋伏，大敗秦軍。
625		二十七年	秦穆公三十五年，孟明視攻晉欲報崤之役，敗於晉。
623		二十九年	秦穆公（三十七年）用大臣由余之計，攻伐西戎大勝，稱霸西戎。

春秋霸主出現與齊桓公的霸業：「天下無道，則禮樂征伐自諸侯出。」

西周是「天下有道，則禮樂征伐自天子出」的時代。無論是封建制度還是宗法制度，周天子都是居於最崇高的地位。由於歷任周王施政時能從「公」的角度考量事情，依王道仁義治理天下，不以一己之「私」為優先，所以政治清明，凡事都上軌道。在這樣的背景下，無論是制定禮樂，還是對外征伐等大事，都由天子作主，諸侯們也願意服從周天子的領導。直到西周晚期，周天子施政逐漸不依王道，開始以私廢公，對天下諸侯的號召力便逐漸減弱。

到了東周開始後，進入了「天下無道，則禮樂征伐自諸侯出」的時期。雖然周天子依然存在，沒有立刻被任何勢力取而代之，諸侯們仍承認周天子是天下共主。不過原來由周天子作主的禮樂征伐之事，都無力再繼續親自執行，變成只是「名義」上的共主了。

天下秩序仍然需要維持，諸侯當中勢力比較強大的，便逐漸成為各國之間的霸主（領導者）。由於霸主也是各諸侯國中的一國，不是原本更崇高的周天子，所以在處理事情的時候容易想到「私」的一面，而不一定能從全局思考。兩者間仍是不同的。

春秋時期先後出現五位霸主，依序是齊桓公、宋襄公、晉文公、秦穆公、楚莊王，也有說法認為是齊桓公、晉文公、楚莊王、吳王闔閭、越王句踐。

無論是哪種說法，齊國都是五霸之一。齊國傳到桓公在位時，以管仲、鮑叔牙等人整治齊國政事，又發展軍事組織和魚鹽之利來照顧貧窮、任用賢人，

606 定王 元年 楚莊王（八年）伐陸渾之戎，周命王孫滿勞楚王，楚王問鼎大小與輕重，有意「問鼎中原」，滿對曰：「在德不在鼎。」
亞述帝國亡於新巴比倫帝國（迦爾底亞帝國，一說為西元前六〇五年）。

597 十年 楚國圍攻鄭國，鄭伯肉袒牽羊謝罪請降。
楚國與晉國交戰於邲，楚大勝。

594 十三年 梭倫開始在雅典進行政治改革。

587 二十年 魯成公拜訪晉君，晉景公不禮。

586 二十一年 新巴比倫帝國（迦爾底亞帝國）在尼布甲尼撒王率領下，擊滅猶大王國，並且強迫希伯來人（猶太人）移居巴比倫，是為「巴比倫之囚」。

584 簡王 二年 巫臣從晉使吳，教吳車戰，吳國興起。吳攻楚國，讓楚國的子重、子反「一歲七奔命」。

582 四年 鄭成公前往晉國，被懷疑親近楚國，而遭扣留。
秦桓公與外族白狄侵犯晉國。

齊國的百姓都感到很滿意。齊桓公五年（周釐王元年（西元前六八一年））出兵伐魯，面臨戰敗的魯國提議獻地求和，齊桓公也表示同意，兩國會盟訂約。沒想到魯將曹沫持匕首挾持齊桓公，要求歸還已占領的魯國土地。齊桓公答應了，曹沫才放下匕首，回到面向北方的臣子位置。後來齊桓公想反悔，但管仲力勸桓公要講信用，所以最後還是歸還了土地。各諸侯國聽到消息，都覺得齊國是可以相信而且想要歸附的國家。也由於諸侯們認為齊國可信，兩年後齊桓公與多位諸侯在「甄」地集會時，方能成為諸侯間的霸主。「春秋五霸」的霸業便陸續展開。

華元國際和平運動：同恤災厄，備救凶患

齊國的霸業讓其他諸侯王有了學習的對象，原來權力不僅可以對內駕御臣民，更可以對外統御各國。國際間的爭霸，往往是大國之間的事情，受苦的就是那些常被作為緩衝劑、籌碼或是犧牲品的小國家，例如宋國。宋國夾在晉國與楚國之間，當時宋國大夫華元恰好與晉國的大夫欒武子、楚國的令尹子重，都有不錯的交情，因此便出面奔走晉國與楚國之間，希望能促成雙方的友好相處。

當時晉國對楚國的爭霸，雖然有幾分優勢，但是晉國出面干涉魯國與齊國之間的土地問題，不只對魯國不尊重，也引起一些小國的不滿；又鄭成公前來晉國拜訪，晉國居然懷疑他親近楚國，所以扣留了鄭成公，這件事情自然不見容於國際社會。與此同時，西邊的秦桓公與外族白狄，也趁機侵犯晉國。如果能暫時停止與楚國之間的爭勢，晉國當然願意喘一口氣。

單位：年

西元前	朝代	帝王年號	大事
579	東周	七年	宋國華元成功聯合晉、楚，會盟於宋西門之外，約互不加兵、彼此援助，為第一次諸侯弭兵。
575		十一年	晉、楚發生鄢陵之戰，晉勝。
551		靈王 二十一年	孔子出生（魯襄公二十二年），一生從政、教育、編書。弟子約三千人，成為萬世師表。
550		二十二年	居魯士併吞米堤王國，建立波斯帝國。
546		二十六年	宋國大夫向戌提倡弭兵之議，約合晉、楚、齊、秦等十四國於宋再次結盟。
538		景王 七年	新巴比倫帝國被波斯帝國擊滅，兩河流域的獨立政治地位告終，而猶太人也結束巴比倫之囚。
522		二十三年	楚殺伍奢父子，伍員（子胥）逃至吳國，為其謀而致霸業。

而楚國本身也必須面對國內權臣的意見分裂，加諸鄰居吳國的迅速崛起，還奪走原本臣屬於楚國的蠻夷小國，楚國大臣們為了維護國家利益而疲於奔命在這些小國中，如果可以暫緩與晉國的爭勢，自然也是一件好事。

於是乎，華元的安排很快獲得晉楚雙方的正面回應。周簡王七年（西元前五七九年），雙方代表人物是晉國的大夫士燮與楚國的公子罷、許偃，會盟地點就在宋國的西門外。本次簽訂的合約是希望晉楚兩國可以「好惡同之，同恤災危，備救凶患」，即喜歡與討厭的都一樣，大家有同樣憐恤危難的心情，隨時準備救援災禍；倘若遇到有他國危害盟約一方，另一方必定出兵協助；希望雙方能做到「交贄往來，道路無壅」，兩國使者往來的道路沒有阻礙，這是比喻兩國的溝通能毫無障礙。最後盟約上議定，如果有違背約定者：「明神殛之，俾墜其師，無克胙國。」違背盟約者，會受到神靈的殲滅，使他的軍隊瓦解、無法保衛國家。

然而，晉楚兩國長期的糾葛，想要透一紙盟約便化敵為友，根本就是天方夜譚，會盟能夠成功，只能說雙方都想要休息一下。果真不到幾年光景就毀約了，晉楚兩國發生「鄢陵之戰」。這次戰敗的楚國無力再角逐中原霸主，戰勝的晉國也因為內部的政治鬥爭而無暇他顧。事實上，春秋幾個大國的持續爭霸，遲遲難分勝負，作為盟國的小國們也必須隨時聽候號令，因此在三十多年後，各國都強烈要求停戰。周靈王二十六年（西元前五四六年），宋國大夫向戌再度發起弭兵之會，這次有十四個國家參與。經此之後，

515 敬王 五年 吳王僚十二年，公子光設宴，遣專諸刺殺僚王。光自立，是為吳王闔閭。

509 十一年 羅馬的國王被推翻，進入共和時期。

506 十四年 吳王闔閭用伍子胥為謀主、孫武為將，率師大舉攻楚，在柏舉（湖北麻城）破楚軍，入楚都郢。

500 二十年 齊、魯兩國進行夾谷之會，孔子相魯。齊人欲劫魯定公，被孔子斥退。

印度佛教約在此時前後逐漸形成，由佛陀釋迦牟尼（原名悉達多．喬達摩，在世期間不超過西元前五六七至四八三年間的範圍）所提倡。

497 二十三年 孔子離開魯國，前往衛國，開始周遊列國。

496 二十四年 吳王闔閭得知越王允常卒，興兵攻越，戰敗而死。

晉國與楚國維持了四十多年未啟戰端。

句踐復國：十年生聚，十年教訓

越王允常在位時，與吳王闔閭因戰爭而結下仇怨，吳王闔閭因此喪命，這個仇怨便延續到他們的下一代。周敬王二十六年（西元前四九四年），吳王夫差為自己的父親報仇，發兵大敗句踐，將他困在會稽山。句踐聽從越國大夫范蠡的建議，派文種去向吳王夫差求和，並且謙卑地給夫差作奴僕，甚至親嚐糞便，騙取了夫差的信任。三年後，句踐被釋放。句踐回國後便發憤圖強，在座旁懸掛一個苦膽，不時嚐一嚐苦膽，以惕勵自己不要忘記會稽之恥。

越國的如意算盤是，結交齊國、楚國、晉國，而且對吳國更加恭順，目的在於讓吳國對越國疏於防範。而吳王夫差也因為覺得越國沒有威脅性，所以先去攻打齊國，還打了勝仗，這下可更得意了。越國大夫文種看到吳王的志得意滿，便向吳國借糧，探探吳王對越國是否真有芥蒂。吳王果真借糧給越國，越國因此非常高興。只有吳國的大臣伍子胥深知越王句踐的復仇心切，雖然屢次勸戒吳王要小心，但吳王根本聽不進去。更可悲的是，吳王受到太宰伯嚭的矇騙與離間，賜了一把寶劍讓伍子胥自殺。

伍子胥死後三年，范蠡勸阻句踐還不能對吳國發兵，直到周敬王三十八年（西元前四八二年），吳王率領精兵前去黃池與諸侯會盟，吳國內部空虛，范蠡便鼓勵句踐發兵攻打吳國，還殺死了吳國的太子。吳王雖然在會盟的同時得到吳軍潰敗的消息，仍堅持簽完盟約之後，再去向越國求和。句踐自知目前實力不

單位：年

西元前	朝代	帝王年號	大事
494	東周	二十六年	吳王夫差攻越國，在夫椒（浙江紹興）打敗越軍，逼得越王句踐使人求和。夫差同意，伍子胥力諫，吳王不聽。句踐在大夫范蠡與文種輔佐下，臥薪嘗膽，卑身事夫差。 羅馬百姓藉由撤出羅馬城的強烈手段，逼迫貴族讓步，同意百姓推選「護民官」（或稱保民官）以監督官員。
490		三十年	波希戰爭（廣義而言是介於西元前五〇〇至四九〇年間，雙方之多次衝突，包括著名的「馬拉松之役」），結果波斯帝國敗。
486		三十四年	吳國開鑿邗溝，溝通江、淮水道。
484		三十六年	吳王夫差賜伍子胥劍，令自殺。 西方「史學之父」希羅多德生（約西元前四八四至四二五年間）。在世時撰寫之《歷史》（《波希戰爭史》）是西方史學的經典名著。
482		三十八年	吳王夫差與諸侯會盟於黃池，吳、晉爭歃血先後。 越王句踐乘機引兵攻入吳都，吳請和。

足，所以答應與吳國和解。

過了幾年，越國再次對吳國發動戰爭，吳國早已因連年的征伐而疲憊不堪，根本抵抗不了越國大軍，因此越軍勢如破竹，不僅在吳國境內圍困了吳軍三年，又將吳王圍困在姑蘇。周元王三年（西元前四七三年），越國正式攻下吳國，夫差兵敗自殺。句踐隨後北上到徐州參與盟會，並向周王室納貢，獲得正式的霸主地位。這是句踐花了二十年工夫所換得的成果。

七雄並立的戰國時代開始：韓、趙、魏「三家分晉」

「戰國時代」的名稱，源自漢代劉向所輯的《戰國策》一書，內容依國別分為西東周、秦、楚、燕、齊、趙、魏、韓、宋、衛、中山十二策。一般來說，大家所熟知的戰國時代開始時間，是依宋代史家司馬光《資治通鑑》首卷的紀年：周威烈王二十三年（西元前四〇三年）為起點。這一年最重要的大事就是韓、趙、魏被周天子任命為諸侯。

韓、趙、魏三國的先祖原本都是晉國的卿大夫。春秋時代晉國國勢強盛，尤其晉文公更是春秋五霸之一，但約到春秋晚期晉平公在位時，漸漸顯露衰落跡象。當時晉國之下有六家卿大夫，分別是韓、趙、魏、范、智、中行六氏，因為他們的勢力不斷增長，而開始威脅到晉公室的地位。晉出公十七年（周貞定王十一年（西元前四五八年）），智伯和韓、趙、魏三家共同瓜分范氏和中行氏的土地，使得晉出公大怒，請齊魯二國派兵共伐四卿，沒想到竟反被擊敗，

481 三十九年 傳《春秋》絕筆於本年春。齊國田常殺其君簡公，田氏專政。

480 四十年 波希戰爭再起（廣義而言介於西元前四八〇至四四九年間，雙方多次衝突，包括著名「溫泉關之役」——電影《三百壯士》發生場景），結果波斯帝國又敗。

479 四十一年 孔子逝世，享年七十三，魯哀公作誄文悼念孔子。

478 四十二年 希臘各城邦在雅典領導下組成同盟，是為「提洛同盟」。

473 元王 三年 句踐再度大舉出兵攻吳，吳大敗，夫差自殺，吳國亡。句踐與齊、晉諸侯會於徐州。范蠡以為越王可共患難，不可共安樂而離去。

469 七年 「希臘三哲」之蘇格拉底生（至西元前三九九年）。

晉出公死在逃往齊國的路上。接著戰勝的智伯另立晉哀公並掌握實權，又從韓、趙、魏三家奪得他們原獲得的范氏、中行氏土地，實力最為強大。

晉哀公四年（周貞定王十五年〔西元前四五四年〕），韓康子、趙襄子、魏桓子聯合起來殺害智伯，併吞他的土地。也因為這樣，才會有忠於智伯的刺客豫讓改變自己的容貌，企圖殺掉趙襄子為智伯報仇的故事（也是「士為知己者死」的由來）。

晉哀公過世後，兒子幽公接位。當他在位的時候（約介於周考王二年至周威烈王六年〔西元前四三九至四二〇年間〕），連自己的土地都不保，除了絳、曲沃兩塊地方外，其餘的部分全被韓、趙、魏三家兼併了。原本晉公是三家卿大夫的國君，地位在他們之上，沒想到此時反而倒了過來，得要低聲下氣向他們朝拜才行。

終於到了周威烈王二十三年，周天子提升三家卿大夫的名義地位，讓他們成為諸侯，史稱「三家分晉」。晉國繼續苟延殘喘，直到周安王二十六年（晉靜公二年、魏武侯二十年、韓哀侯元年、趙敬侯十一年〔西元前三七六年〕）終究被韓、趙、魏所滅亡。

以三家分晉作為戰國時代的起點，有其特殊之處。自此之後，原有的燕、齊（三家分晉後不久，齊國也被田氏所篡）、楚、秦加上新興的韓、趙、魏，共七個大國並立稱雄，是謂「戰國七雄」。各國內部鬥爭不斷，國與國間連年征戰，無論各方面都發生了劇烈的變化。

單位：年

西元前	朝代	帝王年號	大事
458	東周	貞定王 十一年	晉出公十七年，智伯和韓、趙、魏瓜分范氏和中行氏的土地。
454		十五年	韓康子、趙襄子、魏桓子聯合殺害智伯，併吞其土地。
450		十九年	羅馬公布「十二表法」。
445		二十四年	魏文侯即位，禮賢下士，以李悝為相，進行改革使魏國強盛。
439 (-420)		考王 二年	晉幽公在位期間，除絳、曲沃，其餘均被韓、趙、魏三家兼併。
431		十年	希臘半島上爆發內戰，即「伯羅奔尼撒戰爭」（至西元前四〇四年）；最後雅典敗於斯巴達之手，提洛同盟被迫解散。
427		十四年	「希臘三哲」之柏拉圖生（至西元前三四七年）。
403	戰國時代／東周	威烈王 二十三年	周威烈王命韓虔（景侯）、魏斯（文侯）、趙籍（烈侯）為諸侯，史稱三家分晉。「戰國時代」開始。

商鞅變法：以「徙木立信」的方式建立威望

要說戰國七雄中的秦國為什麼能夠吞併六國，就不能不提到「商鞅變法」。

商鞅年輕時住在魏國，後來聽到秦孝公徵求能讓秦國強盛、恢復過去秦穆公（春秋五霸之一）時代霸業的人，因此投奔到秦國。商鞅見到秦孝公後，剛開始說些追隨夏、商、西周三代的帝王之道，結果孝公聽得昏昏欲睡；後來改說可以迅速讓國勢轉強，而且能彰顯國君名聲功業的方法，孝公立刻振作起精神，專心到不自覺地前傾身子。在商鞅的游說之下，秦國走上變法之路。

商鞅變法是從改變原有刑罰、家庭、賦稅等制度規範，以及對內注重農業、對外獎勵作戰為方向。包括如有一家有罪而其他九家百姓不告發者，要連帶受處罰，不告發犯法者就被腰斬，獎勵農業而壓抑工商，一戶如有二名以上壯丁而不分家者，要加倍徵收稅賦，在地方私鬥者依情節處罰，有戰功者封爵，秦國貴族的待遇依戰功大小決定等措施。當變法內容正式公布前，商鞅怕百姓不相信自己，於是在國都的南門放了一根三丈高的木頭，告訴大家誰要是能將這木頭搬到北門，就給十金。百姓們覺得奇怪，沒人敢搬動木頭。之後商鞅又將賞金提高到五十金，終於有人決定一試。當他將木頭搬到北門後，商鞅立刻發五十金表示誠信。這就是「徙木立信」成語的由來。

在展示過自己的信用後，商鞅下令實施變法。施行一年下來，數以千計的百姓都覺得不方便，後來甚至連秦孝公的太子都犯了法。商鞅認為法令不能徹底施行，是因為在上位者沒有帶頭遵守，可是太子是

390	安王 十二年	吳起自魏奔楚，楚悼王任命為楚相，明法審令，旨在強兵，使楚國強大。
386	十六年	周安王封齊國田和為諸侯，史稱田氏篡齊。
384	十八年	「希臘三哲」之亞里斯多德生（至西元前三二二年）。
376	二十六年	韓、趙、魏共廢晉靜公，晉亡。
367	顯王 二年	周王畿土地分為東周、西周兩小國。 羅馬通過新法，規定兩位執政官中，必須有一人是百姓。
359	十年	秦孝公三年，商鞅獲秦孝公信任，在秦國實行變法。
353	十六年	魏破趙國邯鄲。齊以田忌為將，孫臏為軍師，採「圍魏救趙」戰術，在桂陵（河南長垣）敗魏軍。
341	二十八年	齊國的田忌、孫臏採取減灶誘敵之計，於馬陵大戰打敗魏軍，俘魏太子申，魏將龐涓自殺。

未來的國君，不能直接處罰，所以就改懲罰太子的老師。一個受了刑，一個臉上被刺字。消息一出，百姓們隔日就更加守法了。這樣過了十年之後，百姓們都轉而稱讚變法。走在秦國的街道上沒人撿拾掉在地上的財物，深山裡沒有盜賊，家家戶戶都能溫飽。百姓們勇於為國家作戰且不敢私鬥，地方的發展越來越好。當初說法令不好後來又改口的百姓，商鞅覺得都是些擾亂搗蛋的人，就全部驅逐到秦國的邊境。從此沒人敢對變法內容批評議論，商鞅的變法也就實施得更為徹底了。

蘇秦與張儀：合眾弱以攻一強？事一強以攻眾弱？都是縱橫家的操盤

戰國時代崛起的縱橫家，是靠機智與口才來謀生的專家，沙盤推演的都是國際局勢與國家利益。這個時期有兩種外交操盤方式。一是採取「合眾弱以攻一強」的合縱政策，這是蘇秦所主張；另一是連橫政策，採取「事一強以攻眾弱」，這是張儀所主張。從當時的局勢來看，合縱政策的目標可以是齊國，也可以是秦國；連橫政策可以秦國為中心，也可以齊國為中心，端賴縱橫家對國際情勢的掌握，以及所事奉君王的利益在哪裡。

蘇秦年輕時，曾壯志滿懷地去拜訪剛繼位的秦惠王，無奈秦惠王剛斬殺了商鞅，對於蘇秦這位也是外來客的建議，根本沒有什麼興趣。所以蘇秦便轉到燕國，獲得燕王的賞識後，開始積極游說六國，共同對抗秦國。《史記．蘇秦列傳》對於這段游說過程有精采的紀錄。蘇秦很快地當上六個國家的宰相，因為大

單位：年

西元前	朝代	帝王年號	大事
338	東周	三十一年	馬其頓王國國王腓力二世擊敗希臘城邦聯軍，各城邦的自由地位宣告落幕。
336		三十三年	馬其頓王國之王位由亞歷山大繼承。他在位期間陸續征服埃及、西亞、波斯等地，建立橫跨亞、非、歐三洲的亞歷山大帝國，是為亞歷山大大帝。
334		三十五年	魏惠王採惠施的聯齊主張，與齊威王相會於徐州（山東滕縣），互尊為王，史稱「會徐州相王」。
328		四十一年	張儀被任命為秦國相，推動連橫，讓六國割地妥協以事秦國。
323		四十六年	亞歷山大大帝過世，帝國也很快分裂為三，但接下來的三百多年，希臘、西亞、埃及等地的文化相互融合，形成「泛希臘（希臘化）文化」（約至西元前三〇年前後），促進東西方之間的文化交流。科學家歐幾里德生（一說生於西元前三二五年），他是泛希臘時代的科學家代表之一，重要著作是《幾何原本》。

夥需要聯合對抗越來越強大的秦國，蘇秦果真是「以三寸之舌為帝王師」。然而，各國原本就是利益的結合，當蘇秦因為被懷疑是燕國間諜而被齊王殺死後，合縱聯盟也不復存在了。

《史記．張儀列傳》記載，張儀之所以擔任秦國的客卿，是出自蘇秦的陰謀。原來，蘇秦認為將六國聯合起來只是一種表面功夫，要維持合縱聯盟的張力，需要靠秦國國勢強大的威嚇。蘇秦看好張儀可以將秦國輔佐強大，所以激怒張儀，讓他前去投靠秦王。這段記載增添戰國時期外交場上的戲劇性。

張儀確實為秦惠王所重用（周顯王四十一年〔西元前三二八年〕）。張儀採取連橫政策，分別規勸六國和秦國交好，並從中展開分化各國對彼此的信任，以達各個擊破。只是，周赧王四年（西元前三一一年），當張儀好不容易讓各國向秦國輸誠時，秦惠王卻死了。接著登基的秦武王並不喜歡張儀，張儀只好離開秦國，而連橫政策自然也維持不下去。張儀最後死在魏國。

呂不韋的抬轎藝術：吾門待子門而大

呂不韋原本只是個商人，而且對貨物有獨到的選擇，所以能夠「販賤賣貴」而創造出「家累千金」的成果。這樣奇準的眼光，加上對市場的嗅覺，呂不韋發揮在政治謀略上，可說是淋漓盡致。

呂不韋前往趙國邯鄲做生意時，認識了子楚。子楚當時是秦國安排在趙國的人質，雖然他的父親安國君是現任的秦國太子，但由於子楚只是庶出，因此子楚在趙國的生活日用並不富足。然而呂不韋看到

318 慎靚王 三年 公孫衍發動魏、趙、韓、燕、楚五國合縱攻秦，失利而返。燕王噲將君位讓給相國子之。

314 赧王 元年 燕國子之殺太子平、市被。齊宣王乘燕內亂，遣匡章攻燕，五十日取燕，並殺子之與噲。燕人反抗，齊國退兵。趙國送燕公子職回國即位，是為燕昭王。

307 八年 趙武靈王令胡服騎射。

299 十六年 楚懷王被騙入秦，遭到扣留。楚太子橫即位，是為頃襄王。當初屈原曾諫懷王，但王未聽。頃襄王初年，屈原被讒流放。齊國孟嘗君入秦為相，遭到軟禁，以雞鳴狗盜方式逃脫。

298 十七年 孟嘗君逃回齊國。趙惠王以弟趙勝為相，封平原君，他與齊孟嘗君、魏信陵君、楚春申君，號稱戰國四公子，各自有門客三千多人。

288 二十七年 蘇秦游說五國合縱反秦，雖未有戰爭，已迫使秦國廢帝號。南北聯合抗秦稱合縱。

「未來」的子楚，是很不一般的，他認為子楚「奇貨可居」，就像一個稀有的貨品，可以囤居，再高價售出。呂不韋很快地結交了子楚，並且向子楚保證可以光大他的門庭。

呂不韋開始金援子楚，任他日常用度，還可以與人交遊。此外，呂不韋知道安國君寵愛的華陽夫人並沒有兒子，因此呂不韋積極地向華陽夫人推薦，如果安國君繼任王位，讓子楚當上太子，那麼華陽夫人可保一生衣食無虞。華陽夫人認為很有道理，因此在安國君的同意下，立了子楚為嫡嗣，並且安排呂不韋來輔佐他。子楚的身價因此水漲船高，不可同日而語。

子楚看上了呂不韋的姬妾趙姬，因此請求割愛。呂不韋為了「囤貨」，於是隱瞞趙姬已經懷有身孕的事實，把她獻給了子楚。趙姬後來產下了一個兒子，取名曰政。秦昭（襄）王五十年（西元前二五七年），子楚回到秦國；秦昭（襄）王在位五十六年後過世，安國君繼任為王，華陽夫人為王后，子楚便是太子。不料，秦王在位一年即死，子楚順理成章繼位，是為秦莊襄王，而呂不韋則被封為丞相。秦莊襄王在位也僅僅三年，太子政繼立為秦王，尊奉呂不韋為相國，號稱「仲父」。呂不韋不僅光大了子楚的門庭，更是光大了自己的門庭。

周朝的最後結局：猶如風中殘燭的赧王

周朝自平王東遷後不但地位下降、影響力大減，連直接控制的王畿面積也因為分封和諸侯國的侵占而越來越小。到了春秋戰國之際，王畿土地又逐漸可分成東周、西周兩部分，實力越來越被分化。

單位：年

西元前	朝代	帝王年號	大事
287	東周	二十八年	科學家阿基米德生（至西元前二一二年），他是泛希臘時代的科學家代表之一，在世時的重要成就是發現浮體力學和槓桿原理。
284		三十一年	燕昭王二十八年，以樂毅為上將軍，組織秦、韓、趙、魏聯軍攻齊，破齊都臨淄，僅莒與即墨二城未能攻下。即墨人奉田單為將領抗燕。
279		三十六年	燕昭王卒，惠王立，中齊反間計，以騎劫取代樂毅。齊將田單在即墨破燕，殺騎劫，恢復齊國。秦、趙兩王相會於澠池，藺相如冒死不屈，使趙王不受辱，得封上卿。廉頗不服，藺相如退讓，廉頗負荊請罪而將相和。
278		三十七年	秦白起攻楚，破楚都郢。屈原投汨羅江。
273		四十二年	印度孔雀王朝的阿育王即位（至西元前二三二年）。在位時提倡佛教並向外弘揚佛法。佛教因此逐漸成為東亞一帶的重要宗教，但阿育王過世後，佛教在發源地印度的發展反而逐漸式微。

周朝最後的王是周赧王。「赧」（ㄋㄢˇ）原來的意思是指害羞慚愧而臉紅，可見當時的周朝已猶如風中殘燭一般虛弱了。他在位的時候，東西周土地分治，各有西周君和東周君治理，赧王從東周這邊的土地遷都到西周那邊去。

此時的周朝為了要在戰國七雄的夾縫下求生存，只能運用外交手段，從七雄間互動關係的好壞著手，以盡力避免被攻擊。有關這方面的故事詳情，可以從《戰國策》、《史記》等史書中找到不少記載。

周赧王本身的事蹟不是很多，比較有名的故事是有次他曾向人借錢。是的！沒看錯，用現代的話來說就是借錢。當堂堂的周天子竟淪落到得去借錢時，恐怕心中是十分慚愧吧！更糟糕的是他竟然還不出來，債主管他是不是天子，一直向他討債。情急之下，周赧王只好逃到一座高臺裡躲避債主。這就是成語「債臺高築」的由來。看來欠債還錢天經地義，可真是不分古今，不分地位的啊！

周朝既然已經走到這樣的地步，滅亡的那一刻終究到來。

周赧王五十九年（西元前二五六年），秦國出兵攻打韓國，取得陽城、負黍等地方。由於韓國與周朝相鄰，使西周君相當害怕，因此改與其他諸侯合縱串連，要率天下精兵征秦，讓秦國與陽城間失去聯繫。秦昭襄王大怒而派軍攻西周君。西周君跑到秦國，向秦昭襄王叩頭承認自己有罪，將自己統治的三十六座城池與三萬百姓全部交出。秦國接受了西周君的奉獻，將他送回西周地。就在這一年，周赧王和西周君都過世了，百姓紛紛向東逃亡，秦國就將夏、商、周

264 五十一年　羅馬與北非迦太基展開第一次「布匿克戰爭」（至西元前二四一年結束，結果羅馬勝，奪取西西里島）。

260 五十五年　趙國中了秦國范雎的反間計，用只會紙上談兵的趙括取代廉頗。在秦、趙的長平之戰中，秦以白起為將，坑殺趙軍四十萬。

258 五十七年　秦將王齕攻趙都邯鄲，趙平原君赴楚求救，門客毛遂自薦說服了楚王，楚派春申君救趙。魏國則派大將晉鄙救趙。秦出言恫嚇，拔趙後必攻魏。魏王懼，使晉鄙觀望。次年魏信陵君用侯嬴之計，透過魏王寵妃如姬竊得兵符，並讓力士朱亥擊殺晉鄙，然後率軍救趙，大敗秦軍，解邯鄲之圍，稱「竊符救趙」。

257 五十八年　魏信陵君在邯鄲大破秦軍。秦將鄭安平以二萬人降趙。秦國太子之子異人在趙國為人質，得到大商人呂不韋協助，回到秦國。

以來代表國家重器的九座大鼎統統搬走，隱喻秦國將接替周朝領導天下。由於後繼無王，周朝可說已要亡了，只剩東周君在東周地苟延殘喘。七年後，東周君與其他諸侯暗中準備打擊秦國，新立的秦莊襄王得知後，派相國呂不韋殺東周君，完全併吞東周地。自此周朝的國祚與祭祀就完全中止了。

荊軻刺秦王：壯士一去兮不復返

荊軻是衛國人，在衛國沒有找到出路，所以一路往燕國而去。到達燕國時，荊軻結識了擅長擊筑的高漸離，還結交了燕國隱士田光先生。田光知道荊軻不是平庸之輩，所以在一次機遇中，把荊軻推薦給燕國的太子丹，讓荊軻接下刺殺秦王的任務。

燕太子丹想刺殺秦王的原因有兩個：一是秦王嬴政年少時期羈留在趙國，認識了在趙國當人質的燕太子丹，燕太子丹對他很友好，但嬴政被立為秦王後，太子丹到秦國做人質，嬴政卻沒有善待他；第二個原因是秦國到處出兵征伐，燕國也岌岌可危，勢必要阻止戰爭的發生。基於對秦王的仇恨，燕太子丹還保護了秦國的叛將樊於期，讓他居住在燕國。

荊軻認為，執行這個刺殺計畫的先決條件，是必須先見到秦王，所以要有一個吸引秦王願意接見的理由，那就是樊於期的項上人頭以及燕國督亢的地圖。樊於期知道自己的人頭可以解除燕國的危機，便自刎而死。於是荊軻帶著一把鋒利且有毒的匕首，以及燕國的勇士秦舞陽，一同前往。出發當天，眾人都到易水岸邊餞行，高漸離擊筑，荊軻配合著節拍，邊走邊唱道：「風蕭蕭兮易水寒，壯士一去兮不復還！」

單位：年

西元前	朝代	帝王年號	大事
256	東周	五十九年	周王室無法抵抗秦國攻擊（秦昭襄王五十一年），周赧王過世，秦滅西周王畿，百姓向東流亡。
251		秦昭（襄）王 五十六年	蜀守李冰興修都江堰水利工程。
249		秦莊襄王 元年	秦莊襄王（異人）以呂不韋為相國。秦滅東周王畿。
247		三年	秦莊襄王卒，子秦政立，年十三歲。呂不韋專權，號稱仲父。
246		秦王政 元年	韓人鄭國為秦築渠，長三百餘里，灌溉田四萬餘頃，名鄭國渠。
233		十四年	韓公子韓非入秦，李斯害其自殺。
230		十七年	秦滅韓。
228		十九年	秦將王翦破趙軍；秦滅趙。趙公子嘉奔代，稱代王。

秦王知道了這份厚禮，果真在咸陽宮安排了隆重的迎賓儀式。荊軻捧著樊於期的首級，秦舞陽捧著地圖，一前一後地來到大殿臺階前。這時，秦舞陽突然害怕起來，一直發抖，荊軻便上前向秦王謝罪，然後將秦舞陽手上的地圖，獻給了秦王；秦王慢慢地展開地圖，看到一把匕首露了出來。說時遲、那時快，荊軻用左手抓住秦王衣袖，右手握住匕首，直接刺向秦王。但秦王未等荊軻接近，便大驚地從座位上抽身而起。荊軻第一刀沒刺中，便追趕著秦王，秦王也只能繞柱奔跑，徒手抵抗。大殿上的人都慌了，因為有武器的侍衛，如果沒有皇帝的命令，是不可以進到大殿的。

倉促之間，只聽見侍從提醒秦王拔劍。於是秦王拔出寶劍，用力砍向荊軻的左腿，荊軻被砍斷腿，只好奮力舉起匕首刺向秦王，卻只擊中了圓柱。只見秦王連連攻擊，受重傷的荊軻已經無力抵抗，最後被侍衛們殺死。秦王震怒，下令王翦攻打燕國。燕王以為只要殺了太子丹謝罪，就可以免除戰火，但太子丹死了，秦軍並沒有停止攻伐，燕王最後還是賠上自己的性命與國家。

戰國時代結束：六國中最後的齊國被滅

戰國時代後期，秦國凌駕於其他六國之上的形勢已經相當明顯。自秦王嬴政十七年（西元前二三〇年）起，陸續攻滅韓、趙、魏、楚、燕五國。到了秦王政二十六年（齊王田建四十四年〔西元前二二一年〕）時，秦國將目光放向最後的齊國。

齊王建在位初期，由於他的母親君王后相當賢

227 二十年 燕太子丹派荊軻刺秦王，失敗。秦派王翦攻燕，敗燕、代聯軍。

226 二十一年 秦將王翦破燕都薊，迫燕殺死太子丹。燕王喜徙遼東。

225 二十二年 秦將王賁引河水灌魏都大梁；秦滅魏。

223 二十四年 秦將王翦攻入楚都壽春；秦滅楚。

222 二十五年 秦將王賁攻遼東，俘燕王喜；秦滅燕。王賁再攻代，俘代王嘉，代亡。

221 王（始皇）二十六年 秦將王賁南下攻入齊都臨淄，擄齊王田建；秦滅六國中最後的齊國（齊王田建四十四年）。「戰國時代」結束。秦王嬴政改稱皇帝，是為秦始皇。

能，與包括秦國在內的各國關係都維持得不錯。而秦國連年用兵於相鄰的韓、趙、魏、楚及後來的燕國，各國也都忙於抵抗秦國的攻擊，所以齊王建才能在位四十餘年都沒有受到兵災人禍的威脅。但當君王后過世之後，由后勝擔任齊相。后勝接受秦國的行賄，又多派賓客訪問秦國，秦國也多給予重金賄賂，使得賓客們都被秦國收買，為秦國執行反間之計。他們不斷勸說齊王建與秦國友好，不做軍事防禦的準備，也不幫助五國抵抗秦國，所以秦國才能順利地消滅五國。

到了五國皆被滅亡，齊國已經三面與秦國為鄰，這時齊王建與后勝才發兵駐守西方的邊界，但是已經來不及了。秦國派將軍王賁從原來燕國的南部出發，向齊國進攻，齊王建聽從后勝的建議不再抵抗，向秦國投降。當秦國軍隊進入齊國都城臨淄時，百姓們也不敢起而應戰。秦國就將已成俘虜的齊王建遷到「共」這個地方。雖然齊國滅亡了，但齊人都埋怨齊王建，為什麼不早點和其他國家合縱串連抵抗秦國，反而聽信奸臣賓客的說法，才會導致亡國的下場，所以出現這樣的歌謠：「松耶？柏耶？住建共者客耶？」（是松樹嗎？是柏樹嗎？還是與田建一起居住在共城的賓客呢？）藉以對齊王建的識人不明，表達憎恨的情緒。

無論如何，隨著齊國被秦國所滅，戰國時代結束了，由中央朝廷直接統治天下的秦朝揭開新的一幕。

秦朝

秦國的崛起是在西元前七七〇年，秦襄公護送周平王東遷到雒邑，事成之後，被封為諸侯，秦國始列諸侯國。西元前二二一年，結束春秋戰國時代的也是秦國。秦王政統一中國後，認為自己「德兼三皇，功過五帝」，因此自號為「始皇帝」。

秦始皇實施中央集權制度，但設置「三公」以為輔佐。分別是丞相負責國家行政，御史大夫負責監察事務，太尉負責軍事管理。廢除商周時期的分封制度，地方實施郡縣制，天下分為三十六郡，皆歸朝廷管理。秦始皇還興建水利，修築馳道，重建長城、以防止匈奴入侵，更重要的是推行「書同文，車同軌」。秦始皇任用李斯創建「小篆」，文字統一等於讓溝通有了相同的基礎；統一度量衡則有利於社會的經濟發展。

然而在多項重大工程的建樹中，另一黑暗面是役民過度、奢華浪費，例如修建阿房宮。而秦始皇為了統一大業，不惜禁錮思想，採取「焚書坑儒」的手段，影響後代甚鉅。爾後宦官趙高亂政，立秦二世胡亥為帝，然而胡亥為人昏庸，對於朝臣根本沒有駕馭能力，更何況各地紛紛發生揭竿而起的民變。秦二世元年（西元前二〇九年），最先起兵反秦的是陳勝、吳廣，西楚霸王項羽、平民劉邦也都是後繼者。秦二世三年（西元前二〇七年），項羽和秦軍在鉅鹿展開決定性的一役，項羽消滅了秦軍戰鬥主力，「鉅鹿之戰」是歷史上以少勝多的著名戰役之一。

當時趙高見六國起兵作亂，便逼死秦二世，另立子嬰為秦王。子嬰即位的第一件事情，便是殺死趙高。子嬰元年（西元前二〇六年），劉邦殺入關中，子嬰向劉邦投降，秦朝滅亡。後世對秦代文物認識度最高的，當是臨潼出土的秦始皇的兵馬俑。

秦朝的國祚自西元前二二一年至西元前二〇六年，起自秦始皇嬴政，終於秦王子嬰。秦朝首都為咸陽。

單位：年

西元前	朝代	帝王年號	大事
221	秦	秦始皇 二十六年	秦王嬴政改稱皇帝，是為秦始皇。分天下為三十六郡。沒收民間兵器，鑄成銅人置於宮庭。統一度量衡，車同軌，書同文。徙天下十二萬富豪至咸陽。
220		二十七年	始皇巡隴西。修築馳道。
219		二十八年	始皇東巡，在泰山封禪，刻石頌德。遣方士徐市（徐福）與童男童女入海求仙藥。
218		二十九年	始皇東巡。張良狙擊始皇於博浪沙（河南原陽），未中。羅馬與迦太基展開第二次「布匿克戰爭」（至西元前二〇一年結束），結果羅馬再勝。迦太基喪失海軍、賠款、名將漢尼拔自殺，喪失海外領地。
216		三十一年	令黔首（百姓）自實田（自行陳報土地）。
215		三十二年	命將軍蒙恬率軍三十萬北攻匈奴。

秦「王」嬴政改稱「皇帝」：皇帝之名與制度的開始

當秦王政滅亡六國之後，認為自己的功勞事業超越了過去的歷代君主，如果不改變「王」的名號，實在無法彰顯成就，所以要臣子們討論新的帝號名稱。

丞相王綰（ㄨㄢˇ）、御史大夫馮劫、廷尉李斯等人說：「過去五帝時代據有地方千里，可是之外範圍的諸侯有些服從命令，有些則不服從，連天子都無法約束。現在陛下舉兵平定天下，設立郡縣，法令統一，這是上古以來所沒有的，連五帝都達不到。臣等與博士們討論後認為上古有天皇、有地皇、有泰皇（人皇），而泰皇是最尊貴的。所以臣等冒死呈上尊號，將王改稱『泰皇』，命稱為『制』（與制度有關的指示），令稱為『詔』（對外宣布的指示），天子自稱為『朕』。」秦王政說：「去掉『泰』而保留『皇』字，採用上古『帝』字，稱為『皇帝』。其他的就照你們的意見。」隨後發布正式的「制」以表示同意。

再來，又追尊他的父親秦莊襄王為太上皇，又下制說：「朕曾聽說上古時代對天子只有號而沒有諡，後來才出現在世時有號，死後再以生平事蹟賦予諡。這樣的話就變成兒子評價父親，臣子議論先君的行為。這是沒有意義的，朕不願這麼做，從此以後去除諡法。朕是始皇帝，後代以序數計次，從二世、三世一直到千萬世，直到無窮無盡。」「皇帝」這個詞和歷史上的第一位皇帝——秦始皇（帝）就這樣躍然於歷史上了。

接著在這一年之中，秦始皇又採取不少後續

211 212 213 214

三十三年 開鑿靈渠，連接湘江和灕江。進兵取嶺南地，設置南海（廣東廣州）、桂林（廣西桂平）、象（廣西崇左）三郡。蒙恬擊敗匈奴，收河南地（黃河河套），置九原郡。為了防止匈奴南下，建造長城，連接原秦、趙、燕國長城，西起臨洮（甘肅岷縣），東至遼東，世稱「萬里長城」。

三十四年 採丞相李斯建議，禁私學，下焚書令，燒秦紀以外的列國史籍，焚毀儒家經典與諸子百家著述，《詩》、《書》、百家語限博士官保有，醫藥、卜筮、種樹之書不燒。

三十五年 發隱宮（受宮刑者）、徒刑者七十多萬人，建造阿房宮與驪山陵。坑殺儒生四百六十餘人於咸陽。長子扶蘇勸諫，秦始皇大怒，使至上郡監蒙恬軍。

三十六年 劉邦為沛縣亭長送徒驪山，沿路中徒多有逃亡，便率壯士逃亡山澤之間。

措施，像是接受「五德終始」的說法、將天下分成三十六郡直接治理、沒收天下兵器鑄成銅人置於宮廷、統一度量衡單位、車同軌、書同文、遷徙各地富豪共十二萬人到都城咸陽、在咸陽仿造六國宮室建築的形式等等。這些秦朝初滅亡六國後所採取的治理政策，部分對秦朝的興衰，部分對後世中華文化的發展都帶來了深刻的影響。

秦朝的滅亡與混亂局面：嬴秦氏，始兼併；傳二世，楚漢爭

秦始皇過世後，少子胡亥在李斯和宦官趙高的扶助下即位，是為二世皇帝。由於秦朝的統治日益苛刻，黔首（百姓）們終於受不了，陸續起兵抗秦。最初是由陳勝（涉）、吳廣首先發難但旋即失敗。接著六國遺民也紛紛擁立原六國王室之後，聲勢浩大。

在秦朝內部，二世皇帝由於聽信趙高的話而與群臣隔絕。趙高以高壓手段控制朝廷，不但連李斯也被殺害，還用「指鹿為馬」的方式迷惑皇帝。既然朝中沉默不語的人才能活下來，正直敢言的則多被殺害，二世皇帝自然不知天下劇變。直到東方的六國軍隊逐漸逼近，二世皇帝驚覺不對而責備趙高誤事。趙高感到害怕，就派兵逼迫二世皇帝自殺。

趙高召集諸大臣公子，公布已經殺害二世皇帝，又說因為過去秦始皇統一天下所以稱帝，可是當六國恢復後，秦的疆域變小了，不適合稱帝，應該要回復王的名號。接著準備擁立二世皇帝的姪兒子嬰為王。子嬰與他的兩個兒子在討論此事時，認為或許有被趙高殺害的可能，所以子嬰詐稱生病不能前往祖廟即

單位：年

西元前	朝代	帝王年號	大事
210	秦	三十七年	始皇南巡，西還，在沙丘（河北廣宗）病死。 趙高、李斯祕不發喪，矯詔立少子胡亥為太子，賜扶蘇、蒙恬死。至咸陽發喪，胡亥即位，為秦二世。 此年，始皇渡錢塘江時，項羽前往觀看，說：「彼可取而代也。」
209		秦二世 元年	陳勝（涉）、吳廣在蘄縣大澤鄉（安徽宿縣）起義，攻占陳，號「張楚」。 項梁、項羽在吳（江蘇蘇州）起義。 劉邦起兵於沛（江蘇沛縣），號「沛公」。
208		二年	吳廣、陳勝被殺，秦軍收復陳。 項羽、劉邦等擁立楚懷王孫心為王，仍號「楚懷王」。 趙高誣李斯謀反，李斯被腰斬滅族。趙高為丞相。 懷王立宋義為上將軍，項羽為次將、范增為末將；遣劉邦伐秦，與諸將約定「先入關中者王之」。

位，以引誘趙高現身。果然趙高主動來找子嬰詢問病情，子嬰立即與下屬誅殺趙高，再將趙高的家族全部殺害。隨後子嬰才即秦王之位。

子嬰當上秦王不過四十六日，楚將沛公劉邦就擊敗秦軍進入武關，到壩上紮營，同時派人聯絡秦王子嬰，希望他能投降。秦王子嬰知道大勢已去，就在脖子上放著繩子，坐著白馬素車，到了咸陽東北的軹道亭旁。他捧上天子玉璽，向沛公劉邦投降，秦朝就此滅亡。

沛公受降後進入咸陽，封閉秦朝的宮室府庫，與地方父老「約法三章」：「殺人者死，傷人及盜者抵罪。」之後便離開咸陽回到壩上。大約一個多月後，以楚將項羽為首的各諸侯國聯軍抵達。項羽不但殺害子嬰和秦朝宗室貴族，還屠殺咸陽城內的人民、焚燒宮室、擄掠百姓，將劫來的珍奇異寶平分給各諸侯。接著將秦地一分為三，而項羽自立為西楚霸王，握有實質號令天下分封諸侯的權力，至於沛公劉邦則被封為漢王。可是因為項羽在分封過程中不盡公平，引起各諸侯不滿繼而引發亂事。經過數年相鬥後，逐漸形成楚（項羽）漢（劉邦）相爭的對立局面。

楚漢相爭：楚河漢界，中分天下

先攻進咸陽的雖然是劉邦，但項羽豈能容下這個威脅，西元前二〇六年，一場鴻門宴、一場項莊舞劍，拆穿兩幫人馬的假象。劉邦逃離暗殺現場後、立即示弱，帶著人馬前往自己的封地，漢中、巴、蜀一帶，並在進入南鄭時，順便燒毀進入巴蜀的棧道，以示自己沒有東進的野心，項羽這才班師回到彭城。

207			三年 項羽殺宋義，為上將軍，領兵渡河，破釜沉舟，在鉅鹿（河北平鄉）大破秦將章邯所率領的秦軍主力。 秦丞相趙高殺秦二世，立子嬰。子嬰殺趙高。 劉邦入武關，進擊秦兵至藍田，秦兵敗。
206	秦	秦王子嬰 元年	沛公劉邦入關，秦王子嬰投降，秦亡。
	楚／漢	霸王（項羽） 元年	劉邦還軍壩上，與關中父老約法三章。 項羽破函谷關，至鴻門，與劉邦相會，未聽軍師范增建議而放走劉邦。 項羽入咸陽，殺子嬰，燒宮室。 項羽佯尊懷王為義帝，自立為西楚霸王，都彭城，分封十八諸侯王，劉邦則被封為漢王。 分關中地，封秦三降將，章邯為雍王、司馬欣為塞王、董翳為翟王。
		漢王（高祖） 元年	劉邦以蕭何為相，韓信為大將，還定關中，聽張良、韓信建議，燒入巴蜀棧道，表示無意東歸，之後暗度陳倉，定三秦。 田榮自立為齊王。 冒頓單于擊東胡、月氏、樓煩。 趙佗自立為南越武王。

項羽的計畫是，讓秦三位降將章邯、司馬欣、董翳分別在關中地區為王（雍王、塞王、翟王），稱「三秦」，企圖將劉邦困在巴蜀一帶。但是，田榮因為不服分封結果，所以在齊地起兵叛楚，項羽當然發兵處理。劉邦認為項羽無暇西顧，便採取張良、韓信的計策「明修棧道，暗度陳倉」，迅雷不及掩耳地打敗三秦。劉邦占據關中大部分地區後，項羽的大軍還膠著齊地，劉邦見機不可失，立刻集合各路人馬約有五十多萬人，向東攻取彭城。劉邦大勝、順利進入彭城。

項羽得知彭城失陷後，立即率領精銳將士三萬人，一路從齊地回轉南下，隔天便乘劉備疏於防範時，發動進攻，殲滅漢軍數十萬人，收復彭城。這就是歷史上以少勝多的著名戰例——彭城之戰，時值西元前二〇五年。項羽收復彭城後緊追不捨，來到睢水附近，讓漢軍淹死了十餘萬人，導致「睢水為之不流」，足見此役之慘烈。

劉邦狼狽地僅率少數兵力突圍，逃回滎陽，實力大衰。許多諸侯王看到劉邦潰敗，轉而重新投靠項羽。劉邦敗退後，很快地重整旗鼓，並在蕭何、韓信的協助下有效地阻遏楚軍西進的攻勢。這時雙方在滎陽一帶，僵持不下。數次攻防之後，劉邦因為漢軍的糧食短缺，不得不向項羽要求議和，滎陽以西歸漢。項羽的幕僚范增極力反對，所以項羽更是加緊包圍滎陽。劉邦便派陳平去離間項羽和范增之間的關係。項羽果然中計，范增一怒之下選擇離去，病死途中。

接著，劉邦決定分散項羽的兵力，以擺脫漢軍處於挨打的局面，他連絡了幾路大將分頭出擊，果然

單位：年

西元前	朝代	帝王年號	大事
205		霸王（項羽）二年	項羽殺義帝。項羽攻擊齊，殺田榮，毀城焚屋。齊民反抗，項羽連戰不下。
		漢王（高祖）二年	劉邦為帝發喪，討伐項羽。率五十萬大軍攻入彭城，被馳援而來的項羽打敗，漢軍死十餘萬人，為彭城之戰。劉邦退守滎陽，父太公、妻呂氏被楚軍所俘。楚漢兩軍相峙於滎陽。
204		霸王（項羽）三年	英布背楚歸附漢王劉邦。項羽圍劉邦於滎陽。陳平以反間計使項羽懷疑范增，范增離去，
		漢王（高祖）三年	途中病死。
203		霸王（項羽）四年	韓信破楚軍。漢封韓信為齊王。漢封英布為淮南王。
		漢王（高祖）四年	項羽遣武涉游說韓信反漢，三分天下，韓信拒絕。項羽糧盡，與漢議和，以鴻溝為界，西屬漢，東屬楚。項羽東歸。張良、陳平勸漢王不要養虎遺患，便追項羽。

讓急於求戰的項羽，常常打到一半，便得回師解救後方。特別是英布歸順漢軍後，有效牽制了項羽在南方的軍力。項羽由於兵力過於分散，腹背受敵，加諸戰事日久，糧草不濟，劉邦則儘可能採取守勢。

楚（項羽）漢（劉邦）相爭經過數年後，局面已逐漸對楚不利。西楚霸王與漢王四年（西元前二〇三年），楚的兵力減弱、糧食缺乏，漢則完全相反。雙方經過談判，項王同意與漢約定平分天下。楚漢之間以鴻溝為界，以西為漢，以東為楚，這就是「楚河漢界」。（有印象嗎？每個象棋棋盤的分界上寫著這四個字！）兩軍終於休兵。

西楚霸王項羽的敗亡：四面楚歌，無顏見江東父老，最後自刎於烏江

楚漢雙方既然已經訂約，漢王就想帶兵西歸，但漢王底下的名臣張良、陳平勸漢王趁著已有大半土地、諸侯歸附、楚國力衰弱的時候進兵，不然放走了楚，就像是養著老虎會給自己帶來後患（養虎遺患）的情況是一樣的。漢王也接受了。

隔年，漢王追擊項王，又得到齊王韓信、建成侯彭越的幫助。經過一番交戰後，項王被擊敗，退到垓下防守。

此時的項王遭到層層包圍，局勢相當不利。夜晚時分，四面漢軍陣地又傳來楚地歌謠的曲調（四面楚歌），讓項王大吃一驚，覺得楚地難道已盡落入漢的手中嗎？怎麼漢營裡有那麼多楚人呢？後來項王睡不著只好在軍帳裡飲酒。當時常伴隨在項王身旁的，一是美人虞姬，一是駿馬騅。悲傷的項王引吭高歌，虞

202

	霸王（項羽）	五年	項羽在垓下（安徽靈壁）被劉邦包圍，夜晚聽到四面楚歌，突圍而出，自刎於烏江。楚漢相爭結束。
西漢	漢王（高祖）	五年	漢王劉邦即帝位，是為漢高祖。

姬也和了首詩。項王流下了數行眼淚，左右的追隨者均低頭涕泣。

項王騎上了騅，率領最後的騎兵突圍而出。直到破曉時分，漢軍才察覺項王逃走，立刻派兵追趕。經過一陣衝殺後，項王退到烏江邊，烏江亭長準備好一條小船，請項王上船渡江。可是項王認為當年率領的江東子弟沒有一人生還，實在「無顏見江東父老」，所以放棄渡江，還將騅送給亭長，自己下馬與漢軍做最後決戰。

項王在衝殺之中，忽然發現故人老友呂馬童竟也在漢軍之中。呂馬童不敢直視項王，只好對一旁的人說這是項王。項王就說：「聽聞漢懸賞我的頭千金，封地萬戶，我就給你一點功德吧！」於是自刎而死。漢軍為了搶奪他的屍體，竟也自相殘殺起來，犧牲了數十人。

由於項王已死，漢王獲勝，所以諸侯將相聯合請漢王為皇帝。經過三次謙讓後終於接受而即位，劉邦成為歷史上第一位完全出身於平民的天子，建立漢朝，是為漢高祖。歷史又進入了另一個階段。

漢朝·新·三國

張良、韓信之計「明修棧道，暗渡陳倉」，讓劉邦從漢王晉升到漢皇帝。大亂後的漢室主張輕徭薄賦、與民休息，使得漢初社會大定、經濟富裕，開創出「文景之治」。在此良好基礎上，漢武帝之後又將國力推向另一個巔峰。只是常年發兵，「文景之治」累積的財力、物力幾乎耗盡，漢武帝晚年轉而振興經濟，再加上昭、宣二帝的延續，使漢朝國力日益恢復，是為「昭宣中興」。

後繼幾位皇帝卻放縱朝政、沉迷酒色，使外戚王莽乘機篡奪漢室，建立「新朝」。然而王莽施政紊亂，很快就被民變所推翻。漢王室劉秀接手帝位，稱光武帝，為東漢之始。漢光武帝安內攘外，開創「光武中興」的局面；明帝、章帝在位時期，更有「明章之治」，東漢臻至全盛。爾後，皇帝多為年幼即位，外戚與宦官干政，甚至爆發兩次「黨錮之禍」。

政局不安，動搖社會民生，終於引發民變「黃巾之亂」，導致梟雄各自割據一方。先是董卓，後是曹操「挾天子以令諸侯」。官渡之戰，曹操統一了中國北方；赤壁之戰，卻形成曹操、劉備、孫權三分天下的局面。西元二二〇年，漢獻帝被迫「禪位」給曹丕，漢朝告終，三國時代正式來臨。

蜀漢與東吳之間因為荊州的歸屬問題，發生了幾次戰爭，但劉備在夷陵之戰失敗，孫權取回絕大部分的荊州。之後，為了共同對抗曹魏，兩國只好維持合作關係。蜀漢在劉備過世後由諸葛亮獨撐大局，多次北伐曹魏皆未有成效；孫權晚年及其過世之後，東吳內政出現嚴重的分裂。曹魏在曹丕過世之後，司馬氏專權朝政，殺害曹氏家族，剷除異己，為篡奪皇位作準備。三國時代的風雲人物紛紛殞落後，三國鼎立的政治局面逐漸瓦解。

漢武帝時，儒學從諸子百家中脫穎而出，成為治國的最高指導原則；這原本只是帝王心術的一環，卻衍生出所謂的「今古文之爭」。太史令司馬遷將「紀錄」提升為「著述」，創作出中國第一部紀傳體通史《史記》；繼起者班固仿效其體例，撰寫出《漢書》，是中國第一部完整的斷代史。

《史記》的〈貨殖列傳〉儼然宣告用商品貨幣累積財富的時代來臨；漢文帝也主張貴粟，商人可以透過金錢拜爵，以提升社會地位。張騫開通「絲綢之路」，佛教在兩漢之際沿著絲路東傳，本土道教也在東漢末年嶄露頭角。蔡倫提升造紙技術，使文化傳播更容易；張機寫了「眾方之宗、群方之祖」的《傷寒雜病論》；張衡發明世界上第一臺能夠感應地震方位的候風地動儀；《太初曆》首次將二十四節氣編入曆法，陪後人度過一千多年的春夏秋冬。

曹魏的文學風氣極盛，具有剛健的風格，後世稱為「建安風骨」，代表人物有「三曹」父子與「建安七子」。蜀漢出身的陳壽編寫了《三國志》，採取三國並述的方式，發展出新的紀傳體撰史方法。明代羅貫中著有《三國演義》，在三分寫實、七分虛構的前提下，演繹三國爭鋒時期的人物與事件，英雄氣概與智謀躍然紙上。

漢朝的國祚自西元前二〇二年至西元二二〇年，起自漢高祖劉邦，終於漢獻帝劉協。三國時代為西元二二〇年至二八〇年，起自曹丕篡漢立魏，終於西晉消滅東吳。西漢定都長安，東漢定都洛陽；三國時期曹魏立國於許昌，蜀漢立國於成都，東吳立國於建業。

單位：年

西元前	朝代	帝王年號	大事
202	西漢	高祖 五年	漢王劉邦即帝位，是為漢高祖，都洛陽。不久，遷都長安。
201		六年	用陳平之計，以遊雲夢為名，誘捕楚王韓信，降為淮陰侯。封諸功臣為侯；封同姓為王。韓王信降匈奴，匈奴南下晉陽。叔孫通為高祖制定朝儀。
200		七年	行朝儀，無人敢失禮，高祖謂今乃知皇帝之貴。韓王信逃入匈奴。高祖親率軍攻匈奴，被單于冒頓圍於平城（山西大同）白登山七日，用陳平計厚賄單于妻，始得以解圍。
199		八年	匈奴擾北方，採劉敬和親建議。
198		九年	以蕭何為相國。
196		十一年	因陳豨反，自立代王，高祖兵破陳豨。呂后、蕭何以謀反罪，殺韓信。高祖殺彭越。封趙佗為南越王。陸賈經常為高祖說《詩》、《書》，言不能馬上治天下。

呂后的成與敗：中國第一位女性政治家，外戚專權的先驅者

呂雉（西元前二四一至一八〇年）是漢高祖劉邦的皇后，劉邦能一路從平民百姓蛻變為群雄之首，呂后的政治謀略，實不可小覷。漢高祖的寵妾戚夫人曾經哭鬧要改立自己的兒子為太子，呂后卻不慌不忙請出「商山四皓」——德高望重的四位隱士，來做太子的貴賓。「商山四皓」是劉邦多次邀請未果的對象，這便讓劉邦打消撤換太子的念頭，由此也證明了呂后高明的政治手腕。

呂后能臨朝稱制十五年，原因在於他的兒子漢惠帝生性懦弱，加上漢惠帝在位僅七年便過世，呂后接連立了兩個年少的傀儡皇帝，繼續執政。呂后的政治方向大多遵循劉邦的遺訓，任用曹參、王陵、陳平、周勃等開國功臣，並奉行「黃老無為」之治、休養生息。《史記》稱讚這段時期是：「政不出戶，天下晏然；刑罰罕用，罪人是希；民務稼穡，衣食滋殖。」這幾乎是「文景之治」的先鋒了。

匈奴冒頓單于曾藉著漢高祖之死，修書羞辱呂后。內容是說，冒頓單于與呂后都是單身一個人，不如「願以所有，易其所無」。呂后隱忍怒火，以自己已經年老色衰來婉拒，並送給單于許多車馬與美女，平息了這場挑釁。很多歷史學家都稱讚呂后的政治風度。而司馬遷的《史記》將呂后列入記載皇帝的「本紀」體例，《漢書》也沿用，這即是肯定呂后對漢室政治的功勞。

至於呂后為漢朝製造的最大問題就是扶植外戚諸呂的勢力。呂后透過聯姻的方式，讓呂氏與劉氏更加

195 惠帝 十二年 高祖卒，太子劉盈即位，是為漢惠帝，呂后掌政。

194 元年 高祖曾擬立戚夫人子劉如意為太子，呂后懷恨，毒殺趙王如意，殘害戚夫人為「人彘」。惠帝見大哭，不治政事。

193 二年 蕭何卒，曹參繼為相國，舉事無所變更，史稱「蕭規曹隨」。

192 三年 匈奴冒頓致書羞辱呂后，呂后忍辱再度與其和親。

189 六年 以王陵任右丞相，陳平任左丞相。

188 七年 惠帝卒，呂后立養子劉恭為少帝，臨朝稱制。

187 高后 元年 呂后想要封諸呂為王，王陵以高祖生前有「非劉氏而王，天下共擊之」規定而反對，遭罷相。

184 四年 呂后殺少帝，立常山王劉義。

180 八年 呂后卒，周勃、陳平等盡殺諸呂。大臣迎立代王劉恆為帝，是為漢文帝。

緊密，但是並沒有打算將漢朝易姓，純粹是希望娘家也可以共享榮華富貴。然而，當呂后要封呂氏為王，並且分享劉氏宗族的封國時，衝突與對立，便如箭在弦上了。呂后一死，當時呂祿掌控最重要的北軍，周勃、陳平、劉章等人便設計了一齣「酈寄賣友」（因酈寄與呂祿是好友，周勃透過挾持酈寄的父親，讓酈寄騙出呂祿作為交換），逼呂祿交出兵權，接著展開一場宮廷殺戮，諸呂幾乎滅亡。大臣們扶持代王劉恆繼位為漢文帝，原因很單純，因為代王沒有勢力強大的外戚關係，這就是呂氏政權的教訓。

七國之亂：漢室進一步邁向中央集權

漢高祖劉邦立下「非劉氏不王」的規矩，目的在於讓有血親的宗室兄弟能夠在地方上捍衛中央。但是呂后分封諸呂為王，破壞這個約定，導致劉姓諸王的不滿，後來諸呂叛亂平定後，群臣選擇代王劉恆即任為漢文帝。漢文帝是漢高祖庶出，又是諸王所擁立，因此面對各地封國日益擴張的勢力，十分地小心翼翼。漢文帝採取賈誼提出的「眾建諸侯而少其力」，藉由分封諸王子弟，把大國分為幾個小國，使每一封國的地域和力量都變小。而針對淮南王劉長的驕矜不法，袁盎、鼂錯等人都提出了削藩的建議，但是漢文帝不敢貿然實施。

文帝時，吳王劉濞的兒子到長安來玩，與仍是太子的景帝發生衝突，吳王的兒子被棋盤擊斃，吳王自此二十多年稱病不朝。當時諸王因為坐擁封國，權力不小，多少會倚勢作亂。景帝即位後，接受鼂錯提出的削藩政策，首當其衝的有趙王劉遂的常山郡，膠西

單位：年

西元前	朝代	帝王	年號	大事
179	西漢	文帝	前元元年	陸賈使南越，趙陀稱臣。
157			後元七年	文帝卒，太子劉啟即位，是為景帝。文帝臨終囑太子：「即有緩急，周亞夫真可任將兵。」
154		景帝	前元三年	鼂錯建議削藩，吳、楚等七國以「誅鼂錯，清君側」為名，舉兵叛亂，史稱「七國之亂」。景帝殺鼂錯，遣太尉周亞夫率兵平定，吳王劉濞被殺。
150			前元七年	景帝廢太子劉榮為臨江王，立膠東王劉徹為太子。
149			中元元年	羅馬與迦太基展開第三次「布匿克戰爭」（至西元前一四六年結束，結果羅馬全勝，迦太基亡）。
141			後元三年	景帝卒，太子劉徹即位，是為武帝。
140		武帝	建元元年	武帝使用「建元」年號，是首位採用年號的皇帝。詔舉「賢良方正、直言極諫」之士。衛綰建議不任用研究申不害、商鞅、蘇秦、張儀者。以竇嬰為丞相、田蚡為太尉、趙綰為御史大夫、王臧為郎中令。竇嬰等「隆推儒術，貶道家言」。

王劉卬的六縣，楚王劉戊的東海郡，吳王劉濞的會稽等郡。

吳太子事件一直是吳王劉濞的心病，削藩的舉措傳到了諸王耳中，吳王便率先連絡相關諸王，約定以「誅鼂錯，清君側」的口號起兵。景帝三年（西元前一五四年），當朝廷正式的削藩詔令送達吳國時，吳王濞、楚王戊、趙王遂、膠西王卬、濟南王辟光、淄川王賢、膠東王雄渠等，分別起兵。諸王的叛亂遍及關東地區，聲勢浩大。

漢景帝派太尉周亞夫率軍襲擊吳楚軍隊，派酈寄攻擊趙國，欒布襲擊齊地諸叛國，大將軍竇嬰則駐屯滎陽。當時情勢緊急，袁盎建議景帝處死鼂錯，以平息叛變；只是，鼂錯死了，七國之亂並未停止，吳王還自行稱帝，景帝這才方知事情並不單純。好在周亞夫積極求戰，結果吳國軍隊一敗塗地，吳軍中的東越人殺了吳王濞，其他諸王也因兵敗而自殺。匈奴人原本承諾出兵相助，在獲知吳楚兵敗後，也不願意到中原攪局。

漢景帝藉由七國之亂的平定，順勢收回封國的部分土地，並規定王國內的重要官吏必須由中央政府來任命，使漢室邁向中央集權之路又更進一步，亦有助於日後漢武帝「推恩令」（令諸侯推私恩，分封各子弟為列侯）的施行。

漢武帝建元元年：「年號」紀年的開始

唐代學者張守節的《史記正義》上寫著：「孝景以前即位，以一二數年至其終。武帝即位，初有年號，改元以建元為始。」（漢武帝之前的帝王，大都

139 **建元二年** 竇太后不喜儒術。竇嬰、田蚡被免官，趙綰、王臧下獄自殺。

138 **建元三年** 閩越圍東甌，漢遣嚴助救援。張騫首次出使西域，欲招大月氏，中途為匈奴所留。

136 **建元五年** 設置五經博士。

135 **建元六年** 竇太后卒。以田蚡為丞相，排斥黃老、刑名等百家言論。閩越擊南越，漢派王恢等攻閩越。閩越王弟餘善殺王郢降漢。

134 **元光元年** 董仲舒上「天人三策」，建議獨尊儒術。

133 **元光二年** 採王恢建議，設馬邑之謀，誘使匈奴單于入塞，未成功。羅馬護民官格拉古兄弟試圖展開改革，解決社會問題，但分別在西元前一三三、一二一年不敵政治鬥爭而被殺。

130 **元光五年** 陳皇后因巫蠱罪被廢。

只記他們的在位年數，如從元年開始，然後二年、三年，一直寫到結束，如過世、亡國、被篡位等為止。漢武帝即位後開始有了年號，首先採用的名稱是「建元」。）

另一位唐代學者顏師古在註釋漢代史家班固所著的《漢書》時，也說：「自古帝王未有年號，始起於此。」（古代的帝王沒有使用年號，使用年號的起源開始於漢武帝建元元年。）

依據教育部國語辭典的解釋，「年號」的意思是：「君主時代帝王紀元所立的名號。」自漢武帝首創建元年號後，後來的皇帝（包括漢武帝在內）會在在位期間依不同的理由原因改變年號而重新紀年。另外除非情況特殊，否則原任皇帝過世後，接任皇帝繼位後的當年，仍使用原任皇帝使用的年號，直到當年結束，新的一年開始時才會「改元」，使用接任皇帝新訂定的年號。

到了後來，年號在某種程度上可以成為稱呼皇帝的代名詞。我國對於帝王年號的使用，是到清宣統帝愛新覺羅溥儀退位時結束，改以中華民國的國家紀元取而代之。不過因為帝王年號已使用超過二千餘年，所以它也曾影響到鄰國的歷史發展，像是日本至今仍使用皇帝年號就是一例。

漢武帝罷黜百家，提倡經學：漢朝的治國理念與學術風氣為之一變

漢朝自高祖開國到文帝、景帝在位時的施政走向，著重於「掃除煩苛，與民休息」（取消秦朝時過於擾民的苛刻規定，讓百姓們休養生息、安居樂

單位：年

西元前	朝代	帝王年號	大事
129	西漢	元光六年	武帝命衛青等四將軍，分道出擊匈奴。李廣兵敗，衛青獲勝。
127		元朔二年	頒推恩策，藩國勢力日益削弱。匈奴入寇，遣衛青、李息領兵出擊，取河南地（黃河河套一帶），設置朔方、五原郡。
126		元朔三年	張騫首次出使西域結束歸國。途中被匈奴扣留，逃到大宛，至大月氏，歸途又遭匈奴俘，趁內亂逃歸，前後十三年。
124		元朔五年	以公孫弘為丞相。公孫弘議為博士官設置五十名弟子員。
123		元朔六年	大將軍衛青出定襄（內蒙古和林格爾）擊匈奴。霍去病功封冠軍侯；張騫封博望侯。
122		元狩元年	令張騫派使者訪身毒國（印度），使者到達滇國。
121		元狩二年	驃騎將軍霍去病出擊匈奴，至祁連山，大勝。李廣與十倍敵人力戰，因傷亡多而無賞。匈奴昆邪王殺休屠王，率眾降漢。設置武威、酒泉郡。

業）；經過六十多年的努力，終於讓漢朝的國力逐漸成長起來。但從嚮往儒家學術思想的漢武帝即位後，開始改變原有的治國理念，也使漢朝展現出新的風貌。

武帝在建元元年（西元前一四〇年）冬天下詔選舉「賢良方正、直言極諫」之士，並且接受丞相衛綰的建議，不任用研究申不害、商鞅、蘇秦、張儀等學說言論的人為官。相對而言，講授詩、書、禮、易、春秋等五經的學者地位則有所提升。

當時魏其侯竇嬰（漢文帝皇后竇氏的堂姪）、武安侯田蚡（ㄈㄣˊ，漢景帝皇后王氏同母異父之弟）兩人都喜好儒家的學術思想，推舉同好趙綰和王臧分別擔任御史大夫與郎中令的職務。因為這幾人推崇儒術，對道家的評價相對貶低，引起了向來喜好黃老之術的武帝祖母——太皇太后竇氏（漢文帝之后）不高興。建元二年（西元前一三九年）冬天，趙綰向武帝提出不用向太皇太后報告政事的建議，終於使太皇太后大怒，不但免除魏其侯、武安侯的官職，又逮捕趙綰和王臧，最後以兩人在獄中自殺收場。

雖然太皇太后對儒家的態度較不重視，武帝仍於建元五年（西元前一三六年）設置五經博士。建元六年（西元前一三五年）五月，太皇太后過世。之後武帝任命武安侯田蚡為丞相，排斥黃老、刑名等百家言論，延攬文學儒者數百人；尤其學春秋的公孫弘竟能從百姓一路爬到丞相的位子，還被封為平津侯更是當中代表。從此天下讀書人紛紛興起學習五經的風氣，希望藉由瞭解經書的道理而獲得做官的機會。

元朔五年（西元前一二四年），公孫弘建議為博

- **119 元狩四年** 實行鹽鐵專賣。衛青、霍去病出兵擊匈奴。衛青破單于兵；霍去病出代、右北平二千餘里，封狼居胥山。前將軍李廣迷失道，受審訊，氣憤自殺。張騫奉使出烏孫（伊犁河流域），為第二次出使西域。
- **118 元狩五年** 行五銖錢。
- **115 元鼎二年** 張騫自烏孫還，曾遣副使遍行西域各國，「絲綢之路」開通。
- **112 元鼎五年** 南越相呂嘉發動政變，殺南越王、太后與漢使。武帝遣路博德、楊僕等分五路擊南越。從武威、酒泉兩郡畫出張掖、敦煌郡，為河西四郡。
- **111 元鼎六年** 南越降，至番禺（廣州），俘呂嘉等，置南海等九郡。東越王餘善反叛。
- **110 元封元年** 東越人殺餘善、降漢，武帝下令徙民至江淮一帶。置均輸官於郡國，流通貨物；置平準官於京師，平抑物價。

士官設置五十名弟子員；地方官員也得選出符合喜好文學、尊敬長輩等多項條件者，與博士弟子員一起接受學業，一年之後再經過考試篩選擔任官職。這些意見都獲得武帝認可。從此朝廷裡的官員大都成為文質兼備的文學之士，漢朝的學術風氣與治國理念也轉為儒家思想。只是在實際的政治情勢與人物等影響下，漢朝採用的儒術與孔子提倡的理念，似乎已經有些不大一樣了。

漢武帝征伐四方：擴展了漢朝的疆域與對外的影響力

漢武帝即位時還是個十六歲的少年，在位時間長達五十四年。在他的主導之下，漢朝漸漸發揮自高祖開國至文景之治時期，長期培植的國力；向四方展現大漢聲威，也大大地擴展漢朝的疆域。

漢朝發動軍隊南征的時間比北伐匈奴還早。早在建元三年（西元前一三八年），閩越軍圍困東甌（兩國約在今福建省、浙江省一帶），東甌向漢朝告急。武帝派中大夫嚴助發動兵馬救援。建元六年（西元前一三五年），閩越王郢攻打南越，朝廷派軍攻擊閩越。結果漢軍還沒抵達，閩越人已經殺了國王宣告投降，漢軍撤退。元鼎五年（西元前一一二年）南越相呂嘉發動政變，殺害漢朝使者及其王和王太后；武帝再度發兵南征，於隔年平定南越，稍後同時進軍西南夷，均獲得勝利。武帝對這些土地均設置郡縣加以治理。元鼎六年（西元前一一一年）東越（閩越）王餘善反叛，元封元年（西元前一一〇年）東越人殺餘善向漢朝投降，武帝下令將當地居民遷往江淮一帶以防

單位：年

西元前	朝代	帝王年號	大事
109	西漢	元封二年	朝鮮王衛右渠攻殺遼東都尉，武帝募天下罪人充軍，遣楊僕、荀彘進攻朝鮮。
108		元封三年	朝鮮人殺衛右渠後降漢，置樂浪、臨屯、玄菟、真番等四郡。
103		太初二年	李廣利敗還敦煌。
102		太初三年	李廣利率兵（包括有罪者、亡命者、被釋囚徒、惡少年等）出擊大宛，大宛人殺其王毋寡降漢。
100		天漢元年	蘇武送被扣留的匈奴使者北歸，因副使張勝謀殺衛律，事敗，蘇武遭扣留，拒降。匈奴令蘇武居北海（貝加爾湖）牧羊。
99		天漢二年	貳師將軍李廣利擊匈奴右賢王，敗還。李陵自請擊匈奴，因馬匹均歸貳師將軍，率步兵五千人，兵敗降匈奴。太史令司馬遷為他辯護，武帝怒，對司馬遷處以腐刑。

再度叛亂。

對於北方匈奴的強大壓力，武帝在元光二年（西元前一三三年）採納王恢的建議，以王恢、韓安國、李廣等人為將，在馬邑埋下伏兵，想要先引誘匈奴上當，再發動攻擊。這一計雖然沒有成功，但已顯示武帝打算改變漢初以來放低姿態與匈奴和親的政策，準備反守為攻。接下來的數年，進攻匈奴的軍事行動不斷。其中具有代表性的戰役是元朔二年（西元前一二七年）春天，衛青、李息領兵出擊，奪回失去的河南地（黃河河套一帶的土地），設置朔方、五原郡。另外元狩二年（西元前一二一年）驃騎將軍霍去病往隴西方向出擊，多次擊敗匈奴；當年秋天，匈奴昆邪王先殺休屠王，再帶著部眾四萬多人向漢朝投降，漢朝在其原來的土地上設置武威、酒泉郡。元鼎五年（西元前一一二年）再從兩郡中畫出張掖、敦煌郡，這就是河西四郡。

至於進兵東方的行動，則是從元封二年（西元前一〇九年）春天，朝鮮王衛右渠攻殺遼東都尉後開始。武帝募集天下罪人進攻朝鮮；隔年夏天，朝鮮人殺衛右渠後向漢朝投降。武帝在當地設置樂浪、臨屯、玄菟、真番等郡加以治理。

張騫「鑿空」，西域開通：中西交通史的源頭

要說到拓展漢人視野，更進一步認識這個世界的人，就不能不提到張騫。

張騫是漢中人，漢武帝建元年間擔任侍衛的郎官。當時投降漢朝的匈奴人都對漢武帝說到，匈奴曾殺害月氏王，拿他的頭當喝酒的容器；逃脫的月氏人

98 **天漢三年** 初榷酒酤（禁止民間釀酒，由政府官釀、專賣）。

92 **征和元年** 丞相公孫賀逮捕陽陵大俠朱安世。朱安世上書，告公孫敬聲與陽石公主私通，詛咒皇帝。巫蠱案起。

91 **征和二年** 公孫賀父子死於獄中。武帝命江充治巫蠱獄，被冤殺者數萬人。江充誣陷太子劉據巫蠱詛咒武帝。太子發兵誅殺江充，丞相劉屈氂發兵擊太子，太子兵敗自殺。

羅馬內部爆發「社會戰爭」（至西元前八十八年結束）。

90 **征和三年** 匈奴入五原、酒泉，遣李廣利等人分道出擊。宮廷供應部（少府）的內務官（內者令）郭穰告密，指丞相（劉屈氂）夫人與李廣利祝詛武帝。武帝殺劉屈氂夫婦，逮捕李廣利家人，李廣利則是兵敗降匈奴。巫蠱案多為虛構，真相漸白，武帝知太子蒙冤，滅江充三族。

對匈奴相當仇恨，卻一直找不到可以共同出兵打擊匈奴的國家。

漢武帝聽到這情報怎能放過，於是想派遣使節與月氏聯絡。可是要到月氏就得冒險穿越匈奴，所以必須招募願意出使的人，而獲得入選的就是張騫。他率領百餘人一起自隴西出發，可是沒多久就被匈奴抓到了。匈奴君主軍臣單于扣留張騫一行人長達十多年，長到讓張騫在匈奴娶妻生子，可是他手上仍持有代表漢朝的使者符節，心中沒有忘記出使月氏的使命。

隨著匈奴的看守越來越鬆，張騫和部下們終於找到機會逃走，向西走十多天後抵達大宛。大宛的統治者以前就聽聞漢朝很富裕，想要試著接觸卻沒辦法，看到張騫後相當驚喜，就問他要往哪裡去。張騫便請大宛王幫助他們到達大月氏，於是大宛王派人協助翻譯，並引導他們先到康居，再從康居進入大月氏。

然而，當時的大月氏早已成功地讓大夏人臣服於他們。他們得到的新土地既豐饒又少外患，過得相當安樂，而且覺得大月氏距離漢朝十分遙遠，已經沒有報仇的意願了。

張騫努力一年多後沒有結果，只得啟程回國，他想要試著繞道而行以迴避匈奴，沒想到還是被逮到了。他又在匈奴境內待了一年多，直到軍臣單于過世後，匈奴發生內亂，張騫才乘機帶著妻子和另一部下一起回到漢朝。這年是漢武帝元朔三年（西元前一二六年），距離他出發的時間已經有十三年了。

雖然出使大月氏的任務沒有成功，但是張騫向漢武帝報告親身所見，或聽聞的西域各國位置與風土民情，包括大宛、大月氏、大夏、康居等國，也使得漢

單位：年

西元前	朝代	帝王年號	大事
89	西漢	征和四年	武帝下〈輪臺罪己詔〉。
87		後元二年	武帝病重，立弗陵為太子，年八歲（母鉤弋夫人已被武帝賜死）。霍光、金日磾、上官桀受詔輔政。
		昭帝	武帝卒，弗陵即位，是為昭帝。
81		始元六年	詔有司問民疾苦，皆請罷鹽、鐵、酒榷、均輸官。桑弘羊認為不可廢，而有鹽鐵之議。桓寬集論辯為《鹽鐵論》。 蘇武自匈奴歸漢，被扣留十九年。
74		元平元年	昭帝卒，霍光立昌邑王劉賀為帝，賀狂縱無節，不久即廢。立劉詢為帝，是為宣帝。宣帝生長於民間，好學，喜游俠。
73		宣帝 本始元年	當時吏治嚴酷，宣帝知百姓之苦。河南太守黃霸以寬和為名，召為廷尉正。 羅馬奴隸、格鬥士斯巴達克斯號召其他奴隸起兵反抗羅馬壓迫（至西元前七十一年，結果被羅馬軍擊敗。此事拍成電影《萬夫莫敵》。）

朝重新開始經營西南夷。後來張騫又再度前往西域、出使烏孫，雖然還是沒有達成聯外攻擊匈奴的目標，但是已經打開當時漢人的視野，知道還有更遙遠的國度。往後談起中西交通史的源頭時，都不會忘記張騫「鑿空」（開通道路）的首功。

巫蠱之禍：漢武帝晚年的宮廷政變

漢武帝第一次親身遇到巫蠱之術，是皇后陳阿嬌所為，目的在詛咒武帝妃子衛子夫，元光五年（西元前一三〇年），漢武帝選擇廢黜陳皇后，受到這次巫蠱之禍而被牽連誅殺者，大概有三百多人。衛子夫在元朔元年（西元前一二八年）生下太子劉據，方坐上皇后之位。

漢武帝晚年，當時的宰相公孫賀的兒子公孫敬聲，因為擅自動用軍費而入罪。公孫賀為了替兒子贖罪，逮捕了當時漢武帝下詔通緝的陽陵大俠朱安世，其子之罪也因此被赦免。孰料，朱安世在獄中上書，揭發公孫敬聲與陽石公主私通，並在皇帝專用的馳道上行巫蠱之術，詛咒皇帝。

漢武帝晚年性格多猜疑，覺得身旁有人搞鬼，所以自己才會常常生病。漢武帝知道朱安世的控訴後，立刻下詔逮捕公孫賀一家人入獄，時值征和元年（西元前九十二年）。這件事情並沒有因為公孫賀等人死於獄中而結束，反倒被當時深受漢武帝寵信的江充，拿來利用。江充和當時的太子劉據交惡，擔心漢武帝如果撒手而去，太子繼位之後會對自己不利，因此打算藉巫蠱之事來剷除太子。

江充告訴漢武帝，宮中的巫蠱如果不除，皇上

71 本始三年　烏孫昆彌與校尉常惠自西方攻匈奴，匈奴衰竭。匈奴單于親自率領數萬騎攻烏孫，遇大雪人畜多凍死。丁零、烏桓、烏孫乘機攻擊匈奴，匈奴大虛。

66 地節四年　大司馬霍禹（霍光子）等人陰謀廢帝，事敗露，與霍氏連坐被誅滅者數十家。

65 元康元年　龜茲王及夫人來朝。

63 元康三年　（羅馬）凱撒養子屋大維生（至西元十四年）。凱撒與屋大維身處於羅馬共和晚期內戰不斷的時代，像他們這樣有實力的軍事將領逐漸在政治上發揮影響力。

60 神爵二年　匈奴日逐王先賢撣率眾降漢。鄭吉任西域都護，治理烏壘城（新疆輪臺），加強對西域的聯繫，削弱匈奴對各國的控制。羅馬出現第一次「三頭政治」：凱撒、龐培、克拉蘇合稱「前三雄」，共同掌握政治權力。

的病就不會好。因此漢武帝任命江充追查巫蠱的來龍去脈。江充一路從後宮，查到皇后與太子，最後把事先準備好的物證拿出來，誣陷太子行巫蠱之術。劉據一時恐懼，發兵誅殺江充，漢武帝誤以為是太子要造反，便也發兵追捕。太子兵敗逃出，選擇上吊自殺，皇后衛子夫也跟著自殺，史稱「巫蠱之禍」。

這次遭受牽連者，除了皇后、皇太子、皇孫、丞相家族，還有許多公卿大臣，死者可說是數以萬計，嚴重撼動漢帝國的統治階層，這是西漢時期非常重大的歷史事件。後來漢武帝發現事實真相，深感悔恨，便滅了江充三族，建「思子宮」，甚至下了〈輪臺罪己詔〉，深切悔悟自己的過失，時值征和四年（西元前八十九年）。漢武帝罪己的舉措，讓西漢吏治有重整的機會，也開啟日後的「昭宣之治」。

王莽篡漢：從「假皇帝」到「真皇帝」

雖然西漢有「文景之治」、「昭宣之治」等盛世，但到元帝、成帝、哀帝、平帝在位時，已逐漸走向衰落。漢元帝喜好儒術，即位後多任命儒生為宰相，可是處理事情時，常受文辭的含義所拘束，比較優柔寡斷，缺乏果決判斷的能力。

漢成帝在位時，雖然稱得上是太平時代，朝廷氣氛和諧，百官做事也稱職，然而當他還是太子的時候就沉迷於飲酒作樂，當上皇帝後也沒改善。另外他又寵幸皇后趙飛燕（就是「環肥燕瘦」成語裡的「燕瘦」），他的母親（即元帝的皇后）王政君所引進外戚王家的勢力，也開始掌握國家的政令，為後來滅亡西漢埋下伏筆。

單位：年

西元前	朝代	帝王年號	大事
58	西漢	神爵四年	凱撒征高盧。
57		五鳳元年	匈奴因五單于爭立，國中大亂。
56		五鳳二年	匈奴呼韓邪單于破屠耆單于。匈奴內部分裂，貴族多率部降漢。
55		五鳳三年	置西河、北地屬國，以安置匈奴降者。 凱撒征日耳曼與不列顛。
53		甘露元年	匈奴呼韓邪南移，遣子朝漢，郅支也遣子入侍。
51		甘露三年	匈奴呼韓邪單于朝漢。
50		甘露四年	呼韓邪、郅支單于皆遣使朝漢。
49		黃龍元年	匈奴呼韓邪單于朝漢。 宣帝卒，太子奭即位，為元帝。 凱撒開始獨裁羅馬政治。
47		元帝 初元二年	珠崖人民因官吏壓迫，屢次反抗。

漢成帝沒有兒子，繼位的哀帝算是他的姪兒。哀帝目睹成帝時代握有的權力逐漸流失，所以在位時常誅殺大臣想要再加強皇帝的威望。但因為只在位六年就去世，所以成效有限。至於漢平帝也是成帝的姪兒，九歲即位，十四歲就被害死，遑論有何作為。

除了皇帝的權力逐漸下降外，社會上開始出現一種氣氛，認為漢朝立國已久，從一些自然界的異象當中透露出漢朝衰落，應讓出天子之位的訊息。在這樣推波助瀾的效果下，順勢減少了日後王莽乘機篡漢的阻力。

漢元帝的皇后王政君引外戚勢力進入朝廷，總共有九人封侯（加上最後的王莽就成十人），五人先後任大司馬，勢力相當龐大。原本王莽連權力邊緣都沾不上，因為他的父親早逝，來不及封侯，王莽為了進入朝廷，刻意隱瞞實情，以求取好名聲為優先。比如表現自己並不喜好聲色犬馬、勤儉到連妻子都穿著破爛迎接客人、模仿周公的行事作風等等，加上王政君太后年紀大不想處理政事的心態，都讓他的權力逐漸增加。到了弒殺漢平帝、改立兩歲的漢宣帝曾孫孺子劉嬰，然後依著所謂的自然異象，要王政君太后下詔讓他成為「假皇帝」或「攝皇帝」，再剷除少數反對他的武力後，王莽篡奪帝位的結果也就底定了。

西漢孺子初始元年（西元八年），王莽正式宣布即「真」天子位，改國號為「新」，隔年的新年號是「始建國元年」。王政君太后這才發現王莽的真面目，但是為時已晚，西漢就這樣滅亡了。

44 **初元五年** 凱撒在羅馬元老院內遭到刺殺。

43 **永光元年** 呼韓邪北歸單于庭。
羅馬出現第二次「三頭政治」：屋大維、安東尼、雷比達合稱「後三雄」，共同掌握政治權力。

36 **建昭三年** 西域都護甘延壽、副校尉陳湯發兵，破郅支城，殺單于。

33 **竟寧元年** 呼韓邪單于朝漢，願為漢婿。元帝以後宮王嬙（字昭君）賜之。單于號昭君為胡閼氏。元帝卒，太子劉驁即位，是為成帝。以舅王鳳為大司馬等職輔政，外戚王氏得權由此開始。

31 **成帝** **建始二年** 屋大維擊敗安東尼與埃及女王克麗奧佩特拉的聯軍，獨攬羅馬權力。

27 **河平二年** 成帝封王氏五侯。
屋大維接受羅馬元老院所奉「奧古斯都」（至高無上、莊嚴偉大）尊號，自此羅馬進入帝國時期，也展開長達二百餘年的「羅馬和平」（西元前二十七年至西元一八〇年）。

新朝傾覆：王莽「託古改制」，漢宗室起兵反抗

王莽篡漢後所施行的政策，一言以蔽之就是「託古改制」；任何制度規定的改變都要拿出上古三代採行過的措施為藉口，或是引用五經的內容為依據後才施行，彷彿這樣做才是正當合理的舉動。

在政治制度上，他常常更換中央和地方官的官名、等級、薪資及其負責的職務內容，另外將原來封為王的諸侯降為公，其他民族的領導者從王降為侯等。

在財政經濟方面則包括更改幣制、禁止買賣土地奴婢、施行新的國營政策等。王莽廢除了漢武帝時代開始使用的五銖錢，以及他先前下令鑄造的錯刀、契刀，而改用稱為「寶貨」的金、銀、龜、貝、錢、布等六種貨幣。因為「劉」字拆開就是「卯、金、刀」，新朝已經建立了，怎能留下漢朝劉姓的象徵呢？

另外他想效法周代的井田制度，於是將天下田改名「王田」，又將奴婢僕人改稱「私屬」，王田和私屬都是禁止買賣的。如果一家的男丁沒有超過八人，但是田的總數超過當時一井（百畝）者，就要將多出來的田分給九族親屬與鄰里。

始建國二年（西元十年），王莽公布新的國營政策，簡稱「五均六筦（管，國家管理）」。命令地方官在賣鹽、鐵、酒、取用名山大澤的天然物資時都要課稅，又設置平穩物價的五均官；還對百姓開放貸款，如果借一百錢的話每月收三錢利息等。

這些措施施行後造成百姓生活困苦，四方民族率先反叛。歸根究柢，很多政策都太「不切實際」了。

單位：年

西元前	朝代	帝王年號	大事
18	西漢	鴻嘉三年	成帝寵趙飛燕，廢許后。
16		永始元年	封王太后姪王莽為新都侯，王莽當時三十歲。立趙飛燕為皇后。
7		綏和二年	成帝卒，太子劉欣即位，是為哀帝。
4		哀帝 建平三年	耶穌生（約至西元三十年）。在世時於巴勒斯坦一帶闡揚平等博愛、上帝耶和華是世人的唯一真神等理念，並且批評當時的猶太社會。結果遭部分猶太祭司排斥，被釘死於十字架。但他死後，其信仰者不斷向外散布其主張，逐漸形成基督宗教。
西元 1		元壽二年	哀帝卒，中山王劉衎即位，是為平帝。太皇太后王政君臨朝。王莽為大司馬、領尚書事，執掌大權。
西元 約1-1600	金屬器時代／西漢至明		臺灣地區進入金屬器時代，以十三行、蔦松、番仔園、靜浦等地文化為代表。

王莽太沉浸在自己認為的美好世界裡，以為只要死守經書裡的字句再仿造制度，一切就會自行運作得很好。他沒有想到上古三代已成過去，新朝面對的是不同的環境，經書的精神是要活用的。

在饑寒交迫下，許多百姓被迫淪為打劫糧食的盜匪，人們開始思念起漢朝盛世的美好。後來的英雄豪傑在起兵時，紛紛自封為漢朝將領甚至是宗室後裔，以為凝聚人心的力量。地皇三年（西元二十二年），王莽終於醒悟，下令取消先前所有的擾民政策，不過已經來不及了。當年十月，漢高祖劉邦九世孫劉縯和弟弟劉秀集結數千人反抗。新朝的末日漸漸接近……。

綠林兵起兵綠林山：新朝被一群綠林兵給打倒了！

新朝地皇四年（西元二十三年），在王莽的不當施政下，原本取代西漢想要開創一番新氣象的「新朝」變得破敗不堪，毫無一絲「新」氣息。人心思漢的氣氛反而逐漸擴散開來。

當時南方的饑民湧入濕地沼澤，想要挖掘鳧茈（ㄈㄨˊ ㄘˊ，即荸薺）來吃，但也出現饑民相互侵占掠奪的狀況。有兩個名為王匡、王鳳的人，因為能處理這些糾紛而被大家推舉為首領，吸引更多人前來投奔。他們後來轉到綠林山（在今湖北省）躲藏，逐漸擴張至七八千人的規模。到了地皇二年（西元二十一年），荊州牧派二萬人攻擊這批由饑民組成的綠林兵，卻被他們擊敗還損失不少物資。

我們在武俠小說或是古裝戲劇裡，看到在山林裡

1 **平帝** **元始元年** 加王莽為安漢公。王莽令太后下詔，除了封爵，均由安漢公與四輔決定。

2 **元始二年** 郡國大旱、大蝗，王莽上書願獻錢百萬、田三十頃，助給貧民。公卿仿效。

5 **元始五年** 王莽加九錫。王莽毒死漢平帝。

6 **王莽居攝元年** 立宣帝玄孫劉嬰為太子，號孺子，年僅二歲。太皇太后命王莽代天子朝政，稱「假皇帝」或「攝皇帝」。安眾侯劉崇起兵反王莽，失敗。

7 **王莽居攝二年** 改貨幣，錯刀、契刀、大錢與五銖錢並行。

8 **王莽居攝三年** **孺子（劉嬰）初始元年** 西漢被外戚王莽篡奪，改國號為新。三輔起兵，趙朋、霍鴻等攻長安，王莽發兵鎮壓。

9 **新帝（王莽）** **始建國元年** 廢孺子嬰，封為定安公。更改官名與爵名。再改貨幣，罷錯刀、契刀與五銖錢，造一小銖錢與大錢並行。改名天下田為「王田」，奴婢為私屬，不得買賣。

搶劫過路客的盜匪或是對抗地方官府的團體，往往自稱或被稱為「綠林」、「綠林大盜」、「綠林好漢」等，當中的典故就是從這裡衍生開來的。

地皇三年（西元二十二年），由於綠林山發生流行疫病，使綠林兵開始到處流竄，並分成「下江兵」、「新市兵」兩股勢力，加上新加入的「平林兵」，逐漸擴張他們的影響範圍。此時原漢朝宗室後裔劉玄投靠平林兵，漢高祖九世孫劉縯與劉秀也起兵加入新市兵和平林兵的陣營。地皇四年（西元二十三年）正月，眾人稱劉玄為更始將軍；三月正式被推舉為皇帝，恢復漢朝國號，建年號為更始。

王莽聽到這消息相當恐懼，因為發兵攻擊更始帝的軍隊接連失敗，他的情緒日益焦躁不安。在六神無主的情況下，王莽還曾接受臣子的建議，率領群臣到祭天地點的南郊放聲號泣痛哭，希望上天能夠垂憐王莽，消滅更始帝的軍隊。一朝的皇帝竟已淪落到如此山窮水盡的田地！

打著更始帝名號的綠林勢力漸漸接近長安（王莽稱為常安）城，新朝與更始帝的決戰時刻也隨之到來。十月初一日，漢軍開始進攻長安。經過三日血戰，至十月初三日傍晚，新朝軍隊終於完全潰敗。王莽在漸臺被商人杜吳殺害，首級被校尉公賓就砍下，還被貪圖賞賜的軍人分屍。

不瞭解民心的王莽，死前還深信上天會眷顧他，抱著象徵「天意」的符命不放，真是至死不悟。難怪「新朝」不過才十五年就被憤怒的百姓推翻了。

單位：年

西元	朝代	帝王年號	大事
10	新	始建國二年	設五均六筦。第三次改貨幣，總稱「寶貨」（金、銀、龜、貝、錢、布）。
12		始建國四年	以洛陽為東都，長安為西都。廢除王田私屬制。
17		天鳳四年	荊州饑荒，王匡、王鳳率飢民起義，聚於綠林山，為「綠林兵」。另有南郡人張霸、江夏羊牧等俱起，皆有萬人。
18		天鳳五年	樊崇起義於莒（山東）。
21		地皇二年	荊州牧發兵攻綠林兵，大敗。
22		地皇三年	樊崇等用紅色塗眉以為區別，而有「赤眉軍」稱號。綠林軍因疾疫分路活動，王常、成丹入南郡，為「下江兵」；王鳳、王匡、張卬北入南陽，為「新市兵」；平林人陳牧、廖湛起義，為「平林兵」。原漢朝宗室劉縯、劉秀兄弟起兵反抗王莽，希望恢復漢朝。與新市兵、平林兵會合。

光武中興：對人「推心置腹」的劉秀恢復漢政權

綠林勢力擁立的漢更始帝劉玄其實是個懦弱、難以控制局面的人。劉縯、劉秀兄弟及其部下雖加入綠林陣營，但威望、戰功都在其他諸將之上，引起更始帝及其他將領的疑慮猜忌，於是在與王莽決戰之前，就利用些小事故誅殺了劉縯。劉秀當時在外與新朝軍隊戰鬥，得到兄長死亡的噩耗，心感哀痛但只能先強忍了下來，在人前表現得好像什麼事也沒發生過的樣子，而在人後獨處時暗自流淚。

新朝覆亡後，更始帝打算遷都洛陽，於是任命劉秀為司隸校尉（如果要和當代的政府組織相類比，接近維持首都治安的警察局長），先前往當地進行相關準備。當時洛陽百姓已經見過多位更始帝派出的將領，可是他們的服裝儀容都很失禮，甚至還有穿女人衣服就遊街的，百姓看到他們不是取笑就是趕快避開。但當雄壯威武、衣著得體的司隸校尉部屬及儀仗開進洛陽城時，百姓都流露出歡欣鼓舞的情緒，還有曾任漢吏的老人家激動地流淚，喃喃說著：「沒有想到今日還能再見到真正代表大漢威嚴的官吏和禮儀啊！」大家對劉秀的好感就這樣建立起來，賢能的人也紛紛投奔到劉秀的麾下。

後來劉秀又渡過黃河慰問各地方州郡的官員，去除新朝苛政，還先後擊敗邯鄲（王郎）、銅馬等割據勢力，逐漸脫離更始帝的控制。當劉秀接受銅馬的投降時對他們相當和善，不過銅馬的首領依然感到不安，於是劉秀就毫不設防地單獨騎馬進入銅馬的營區裡巡視隊伍，投降者看到這樣的情景議論紛紛，都覺得劉秀是「推出自己的赤心放入我們的腹中，這樣真

西元	朝代	帝王	年號	大事
23	新	帝（王莽）	地皇四年	新市、平林諸將立漢宗室劉玄為皇帝，號更始。
	漢	更始帝（劉玄）	更始元年	劉秀、王匡在昆陽（河南葉縣）大破王莽軍。劉玄殺害劉縯。王匡攻洛陽；王莽危急，率領群臣到南郊，告天大哭。長安城為漢軍攻破，王莽被殺，新朝滅亡。
24			更始二年	劉玄自洛陽遷都長安，封諸將十餘人為王。劉玄封劉秀為蕭王。劉秀收降銅馬等部眾。赤眉軍西進關中，秦豐占據黎丘，自稱「楚黎王」。
25	東漢	更始帝（劉玄）	更始三年	赤眉軍進至弘農（河南靈寶），大破更始丞相李松的軍隊。
		建世帝（劉盆子）	建世元年	赤眉軍立劉盆子為皇帝，年號建世，後攻入長安。更始帝向赤眉軍投降，後被赤眉軍所殺。
		光武帝	建武元年	漢朝宗室劉秀即位為帝，是為東漢光武帝，定都洛陽，史稱「光武中興」。
26			建武二年	赤眉軍為劉秀的部將所破。
27			建武三年	赤眉餘部往東，為光武軍所阻。劉盆子與諸將被迫投降。

誠地待人，我們怎能不捨命報效呢？」劉秀的基礎因此更加鞏固，而這也是成語「推心置腹」的由來。

大約在這段時間，更始帝又從洛陽遷都到長安，他每日沉溺於飲酒作樂，朝政混亂。早在綠林起義後不久，還有另一勢力赤眉兵崛起，當初起兵時為了與新朝軍隊有所區別，而將眉毛染成紅色，故得名。赤眉兵以樊崇為首領，流竄於今山東、河南、安徽一帶。就在更始三年（西元二十五年），樊崇另立宗室劉盆子為帝，年號建世，並率赤眉兵攻入長安，更始帝劉玄投降後被殺。同年劉秀也在部屬擁戴下稱帝，即為東漢光武帝。次年，光武帝經過部署，在樊崇領兵離開長安東歸之際，擊敗了赤眉。接下來的十餘年，光武帝不斷遣兵征伐，終於討平所有的割據勢力，完成「光武中興」的大業。

班超出使西域：「不入虎穴，不（焉）得虎子？」

王莽篡漢建立新朝後，由於貶抑匈奴與西域國家的地位，使各國倒向匈奴，中原與西域的交流中斷。直到漢明帝在位時才恢復與西域的往來，也造就班超在西域建功立業。

班超字仲升，是漢朝著名史學家班固的弟弟。漢明帝永平五年（西元六十二年），班超與母親跟著兄長班固來到洛陽。班超因為家境貧窮而在官府做些抄書的工作，以維持家計，日子久了感到很辛苦。有一次他丟下筆嘆氣說：「大丈夫沒有什麼其他志向，就是要效法傅介子（曾出使西域，因誅殺態度反覆的樓蘭國王而被封為義陽侯）、張騫在遙遠的地域建立功業，以獲得賜封侯爵的地位。怎麼可以長久安於做些

單位：年

西元	朝代	帝王年號	大事
29	東漢	建武五年	秦豐降漢，之後被殺，守黎丘將近二年。
30		建武六年	恢復西漢田租三十稅一制。
31		建武七年	因為兵力足，而罷郡國輕車、騎士、材官、樓船士與軍假吏，令還民伍。
35		建武十一年	詔令不得虐待奴婢。之後又多次下令釋放奴婢。
37		建武十三年	全國平定，功臣增邑增封三百六十五人，但多封賞而不用。
39		建武十五年	詔令州郡度田。
40		建武十六年	交趾女子徵側、徵貳反漢。徵側自立為王，九真、日南、合浦響應之。 河南尹張伋與郡守十餘人因度田不實，下獄死。
41		建武十七年	莎車王賢請設西域都護，漢賜印綬予賢，卻又索還，改給大將軍印綬。莎車王不滿，仍以大都護之名，移書諸國。

抄抄寫寫的事情呢？」這就是成語「投筆從戎」的典故。

永平十六年（西元七十三年），漢明帝派兵征伐北匈奴，其中奉車都尉竇固自酒泉出發，擊敗匈奴呼衍王，並將兵力留在伊吾盧城（哈密）駐紮開墾。王莽篡漢後，中原與西域間中斷聯繫長達六十五年，自此終於恢復。

當時班超擔任竇固手下的假司馬且立下戰功，於是竇固派他出使西域。這是班超接觸西域的開始。

班超首站抵達鄯善國（樓蘭）。剛開始鄯善王廣對漢朝使節相當禮敬，後來卻突然變得冷淡，因為匈奴使節也來到鄯善。於是班超召集部屬說：「不入虎穴，不（焉）得虎子。我們現在只能趁夜用火攻擊匈奴，他們不知道我們究竟有多少人，我方必定可以戰勝。到時鄯善也會驚嚇破膽，任務就能獲得成功。」於是眾人乘夜攻擊匈奴紮營的地方，斬下使節的頭，並且奪取代表使者身分的節。

接著班超到達于闐國。于闐王廣德的態度相當怠慢不周到，原來于闐的風俗是聽信巫師的指示。巫師對于闐王說：「神對王接近漢朝感到憤怒。漢朝使節有匹騧（ㄍㄨㄚ）馬（黑嘴的黃馬），要趕快取來祭祀神明。」班超知道了就要巫師親自來取，等到巫師一出現立刻將他斬首。于闐王大為驚恐，就向班超投降。

因為班超接連立下奇功，開展了之後在西域三十多年的事業，達成揚名異域的願望。漢朝與西域間的交流也再度活絡起來。

42 **建武十八年** 伏波將軍馬援破交趾軍，之後徵側、徵貳二人戰敗而死。嶺南平定。

48 **建武二十四年** 馬陵征武陵蠻。匈奴日逐王比自立為南單于，遣使至漢稱臣。南、北匈奴分裂。

49 **建武二十五年** 武陵蠻降。復置烏桓校尉。

51 **建武二十七年** 北匈奴求和親，後又再求，光武帝賜以繒帛。

57 **中元二年** 委奴國派遣使者來漢，光武帝贈「漢委奴國王」印，為中日國家往來之始。光武帝卒，太子劉莊即位，是為明帝。

60 **明帝** **永平三年** 明帝令畫工在南宮雲臺畫功臣二十八將畫像，史稱「雲臺二十八將」。

62 **永平五年** 班超與母親和兄長班固來到洛陽。

蔡侯紙：蔡倫造紙術的突破

南朝梁人周興嗣編寫的《千字文》裡，提到「恬筆倫紙」——「秦朝將領蒙恬發明毛筆，漢朝宦官蔡倫發明紙張」，可見紙是由蔡倫發明的說法早已深入人心。雖然近年來的考古報告中，發現今天大家所稱的紙其實早在蔡倫之前就創造出來了，可是蔡倫的改良之功依然無法磨滅。若是沒有蔡倫的研究，恐怕紙遍布於各地的時間會延後許久。

蔡倫字敬仲，漢明帝永平年間（西元五十八至七十五年）入宮成為宦官，到漢和帝即位後升任中常侍，參與宮內謀畫策略的事務。他是位有才能學識的人，做事時相當慎重，曾經好幾次冒犯皇帝，試圖矯正皇帝的過失。後來蔡倫被擢升為尚方令，職掌製造御用刀劍等器物。到了漢和帝永元九年（西元九十七年），蔡倫還監造祕劍與各項器械，每項器物的品質都是精工堅密，足為後世所效法。

由於古代的圖書都是寫在竹簡上再串編起來，如果是寫在縑帛（質地細薄的絲織品）上的則稱為「紙」。縑帛很貴而竹簡又重，所以蔡倫動起了念頭，想用樹皮、麻頭、敝布和魚網來造紙。

直到漢和帝元興元年（一〇五），蔡倫終於將研究成果向漢和帝報告，獲得皇帝的稱許，也開始使用他所造的紙。因此天下都稱由蔡倫製造的紙為「蔡侯紙」，「紙」經過改良後也漸漸普及於民間了。

漢朝的地球科學家張衡：精準的候風地動儀

張衡字平子，擅長製造精巧的器械，也花了許多時間鑽研天文曆算等方面的學問。他於漢安帝在

單位：年

西元	朝代	帝王年號	大事
64	東漢	永平七年	明帝約在此年派遣蔡愔等前往天竺（印度）求訪佛學。 羅馬皇帝尼祿在位期間，羅馬城發生大火；一說為尼祿下令放火，但他宣稱為基督徒放火，開始迫害基督徒。（此事被拍成電影《暴君焚城錄》。）
67		永平十年	蔡愔與天竺的兩位沙門回到洛陽，之後另建住所，稱白馬寺。
70		永平十三年	猶太人反抗羅馬統治，但遭到鎮壓；耶路撒冷的猶太聖殿也被摧毀，僅剩下「哭牆」。
73		永平十六年	明帝派兵征伐北匈奴，竇固擊敗呼衍王。 竇固遣班超出使西域，至鄯善與于闐等國，重啟中原與西域間的交流。
75		永平十八年	明帝卒，太子劉炟即位，是為章帝。
79		章帝 建初四年	章帝召集儒者在白虎觀議「五經」異同，並親臨裁決，班固奉命將結果編為《白虎通義》。 維蘇威火山爆發，埋沒龐貝城。

位期間擔任太史令（掌管天時星曆的官員），製造了可以觀測天體運行的渾天儀；到漢順帝陽嘉元年（一三二）時，又設計製造可以測報地震的候風地動儀。

候風地動儀是以質地相當好的銅金屬鑄成，直徑有八尺，外型像一座尊（酒器），還有篆文、山龜、鳥獸的裝飾紋路。所有精密的機械零件和裝置奧祕都隱藏在尊裡，外表是看不出來的。我們只能看到候風地動儀的主體有八條口中含著銅丸的龍分別面對八方，底下有八隻張開嘴的蟾蜍準備承接銅丸。

如果發生地震，尊會受到震動，龍口的銅丸便掉下來落入蟾蜍的嘴裡，發出激昂高亢的振動聲，於是知道發生了地震。雖然其中一條龍受到震動掉下銅丸，但其他七座龍首不受影響，從銅丸自何座龍首掉下就能得知發生地震的方向。

自候風地動儀啟用後，將它偵測地震的結果與相關紀錄對照，發現完全符合，這是從有記載以來從沒發生過的事。曾經有一次，龍口丟下銅丸卻沒有感覺到地震，京師的學者都怪它失效。可是幾天後傳遞消息的人趕到京師，報告隴西（今甘肅省內）一帶發生了地震，所有人都為它的巧妙偵測感到佩服。朝廷從此命令史官要將地震發生的方位記錄下來。

候風地動儀是我國最早測定地震的儀器，也是目前已知世界上最早的測定儀器，張衡對地球科學的貢獻卓著。

88 章和二年 章帝卒，太子劉肇即位，是為和帝。明章二帝崇尚儒術，留意吏治，獎勵農桑，在位時政治清明，是東漢的治世，史稱「明章之治」。

和帝即位時年僅十歲，竇太后臨朝，侍中竇憲執政。東漢外戚專權的開始。

89 和帝 永元元年 竇憲、耿秉與南匈奴兵大破北匈奴。

90 永元四年 和帝與宦官鄭眾定議，收竇憲大將軍印綬，改封冠軍侯，待其到封國後，迫其自殺。

94 永元六年 班超發龜茲、鄯善等國兵，攻殺焉耆、尉犁二王。西域五十餘國全納入東漢版圖。

96 永元八年 羅馬帝國進入「五賢帝」時期（至西元一八〇年結束）。

97 永元九年 竇太后卒，追尊梁貴人為太后，梁氏始盛。

西域都護定遠侯班超遣甘英使大秦（羅馬）、條支（伊拉克），到安息（伊朗），臨大海（波斯灣）而返。

蔡倫監造祕劍與各項器械。

兩次「黨錮之禍」：東漢朝廷的賢臣幾乎被迫害一空

「光武中興」之後，接著是漢明帝、漢章帝在位，期間政治、民生等方面都呈現富足安樂的氣象，史稱「明章之治」。但從和帝即位後，東漢因受到外戚、宦官、皇帝之間關係不穩定的影響，而逐漸走向衰落。

到漢桓帝、漢靈帝在位時，政治日益敗壞，朝廷發布的政令竟然是出自於宦官之手。讀書人不願與宦官為伍，開始對當時的政治與人物發表批評議論，形成一股無法忽視的風氣。

當時的太學裡有超過三萬名的太學生，以郭林宗、賈偉節為首，與在朝中為官的李膺、陳蕃、王暢等人彼此交流鼓勵。太學裡還流傳著一句話：「天下楷模李元禮（李膺），不畏強禦陳仲舉（陳蕃），天下俊秀王叔茂（王暢）。」另外還有公族進階、魏齊卿時常不顧危難，發表正直深刻的言論。至於朝廷官員們，沒有不對這些評論敬畏三分的。

那時有個善於從天象推算吉凶的人名為張成，他算出朝廷即將發布赦免的命令，所以要他的兒子先去殺人。擔任司隸校尉的李膺逮住人後沒多久，果然遇到朝廷頒布赦免令。李膺對此感到憤怒，不顧命令還是殺了張成的兒子。由於張成先前曾藉以他的技術與宦官來往，連漢桓帝也曾問過張成問題。於是張成的弟子牢修向朝廷上書，誣告李膺等人與太學生和地方學校的學生結成朋黨，發表誹謗朝廷的言論，有擾亂風俗的嫌疑。

漢桓帝看到後感到震怒。延熹九年（一六六）

單位：年

西元	朝代	帝王年號	大事
102	東漢	永元十四年	班超自西域返回洛陽，不久後過世。 和帝封鄭眾為鄛鄉侯，宦官封侯始於此。
105		元興元年	和帝卒，立少子隆為太子，出生僅百餘日，即位為帝，是為殤帝。鄧太后臨朝。 宦官蔡倫改進造紙術，其所造的紙有「蔡侯紙」之稱。
106		殤帝 延平元年	殤帝卒，立清河王慶之子祜為帝，是為安帝。
115		安帝 元初二年	鄧太后任虞詡為武都太守。虞詡擊退羌軍，招還流亡。
117		元初四年	圖拉真皇帝時代，羅馬帝國領土擴張到最大。
121		建光元年	鄧太后卒，安帝親政。諸宦官與乳母王聖及聖女伯榮用事。 閻皇后兄弟閻顯等任諸卿、校尉，掌管禁兵。

十二月，下令地方郡國逮捕黨人，結果包括李膺在內有二百多人被捕下獄。延熹十年（一六七）六月，漢桓帝在尚書霍諝（ㄒㄩˇ）、城門校尉竇武的請求下，終於同意釋放黨人回到故鄉，同時改年號為永康。這就是「第一次黨錮之禍」。

後來到了漢靈帝建寧二年（一六九）十月，宦官侯覽設法要官員將前司空虞放、長樂少府李膺等人全部牽引成同黨，再次將他們逮捕下獄。包括李膺在內有超過百人全部死在牢裡，隨後數年間還發布相關的牽連措施。這就是「第二次黨錮之禍」。

經過兩次黨錮之禍，東漢的棟樑人才受到相當大的摧殘，朝中幾乎已無賢臣，國運也更加暗淡無光了。

黃巾之亂：亂世即將到來

大約在漢靈帝即位為帝的前後，冀州鉅鹿郡（約在今河北省境內）人張角自稱「大賢良師」，以奉行黃老道為名，開始在地方發展起自己的勢力——「太平道」。由於張角用符水咒語為百姓治病，很多人相信符水有療效，信奉太平道的人便越來越多。

張角又派遣八名弟子到各地傳播相關言論，十多年下來，太平道在東方的青、徐、幽、冀、荊、揚、兗、豫八州的信眾已達數十萬人。於是張角設置三十六「方」，方的意思相當於將軍，是有規模的軍事組織。另外還到處散布「蒼天已死，黃天當立；歲在甲子，天下大吉」的消息，暗示他們即將取漢朝而代之。由於朝廷長期陷入外戚、宦官、讀書人之間的鬥爭中，根本沒有處理張角的問題，使他的勢力不斷

125		延光四年	安帝卒，閻后等立北鄉侯懿為嗣，閻太后臨朝，閻顯為車騎將軍。北鄉侯卒，閻顯與太后謀另立他人。宦官孫程、王康、王國等逼李閏，同立濟陰王劉保，是為順帝。
132	順帝	陽嘉元年	太史令張衡製造候風地動儀，能準確測報地震
144		建康元年	順帝卒，太子劉炳即位，是為沖帝，年僅兩歲。梁太后臨朝。
145	沖帝	永嘉元年	沖帝卒，梁冀立劉纘為帝，是為質帝，年八歲。
146	質帝	本初元年	質帝稱梁冀為「跋扈將軍」，被梁冀毒死。梁冀立蠡吾侯劉志為帝，年十五歲，為桓帝，梁太后仍臨朝。
150	桓帝	和平元年	桓帝親政；梁太后卒。
159		延熹二年	桓帝與宦官單超、唐衡、左悺、徐璜、具瑗定謀同盟，發兵圍梁冀府第，收印綬。梁氏一門被誅，單超等五人同日封侯，世稱「一日五侯」。東漢政權落入宦官手中。

坐大。

漢靈帝光和七年（一八四）二月，張角終於起兵作亂，東方開始陷入混亂。由於太平道人剛開始造反的時候，頭上都包裹著黃色的布，以方便與交戰的漢軍有所區別，因此這批人又稱為「黃巾賊」。黃巾賊所到之處都是燒殺擄掠，但竟然有許多地方響應他們的軍事行動，使朝廷大為震撼。

三月，漢靈帝為了對抗黃巾賊接受宦官的建議，赦免因捲入黨錮之禍而被懲罰的人，以免他們與黃巾賊合作反叛漢朝。接著朝廷派遣北中郎將盧植討伐張角，左中郎將皇甫嵩、右中郎將朱儁攻擊豫州潁川郡（今河南省境內）的黃巾賊。

接下來的八個月，漢軍與黃巾賊陷入混戰。其中皇甫嵩、朱儁在騎都尉曹操的協助下，在長社擊敗黃巾賊波才，而盧植原本已圍困張角，但受到宦官陷害遭到撤職。朝廷改派東中郎將董卓攻打張角，但是無法取勝。直到皇甫嵩和朱儁清除大部分的黃巾勢力後，才展開決戰，完全擊敗張角的主力，平定亂事。

雖然黃巾之亂不到一年就落幕，可是朝廷內部外戚與宦官之間的對立爭鬥逐漸達到最高峰；地方州郡也沒有因黃巾之亂結束而恢復平靜，反而出現更多小規模的變亂。漢朝治理天下的能力與控制力日漸減弱，董卓、曹操等豪傑卻因黃巾之亂開始登上歷史的舞臺。安定的時代一天天消失，亂世即將到來……。

官渡之戰：曹操稱霸北方的重要戰役

漢獻帝劉協是東漢最後一位皇帝，處境相當可憐。出生後母親就被殺害，幼年時黃巾之亂發生，朝

單位：年

西元	朝代	帝王年號	大事
166	東漢	延熹九年	李膺捕殺與宦官交好的方士張成之子，被誣「與太學游士、諸郡生徒……共為部黨，誹訕朝廷」，與杜密、陳寔、范滂等二百餘人下獄。陳蕃因上諫書而被免職。
167		延熹十年 永康元年	霍諝、竇武上書，黨人得到赦免，但禁錮終身，為第一次黨錮之禍。桓帝卒，竇武等立解瀆亭侯劉宏為嗣。
168		靈帝 建寧元年	劉宏即帝位，是為靈帝。
169		建寧二年	宦官大興黨獄，侯覽、曹節等捕殺李膺、虞放、杜密、范滂等百餘人。天下豪傑與飽學之士被宦官指為黨人，六七百人遭禁錮、遷徙，為第二次黨錮之禍。
183		光和六年	鉅鹿人張角密謀起義，傳言：「蒼天已死，黃天當立；歲在甲子，天下大吉。」

廷的統治力開始減弱。接著父親漢靈帝過世（中平六年（一八九）），兄長繼位為帝。不久袁紹殺盡宦官，董卓兵力趁虛而入，廢殺兄長改以劉協為帝。漢獻帝當時不過九歲就已看盡生離死別。

董卓亂政，天下群雄並起，彼此互相攻擊爭奪地盤。接著又有李傕、郭汜（ㄙˋ）之亂，漢獻帝被這些軍閥將領欺負玩弄，在洛陽、長安之間來回流浪，連吃住都成問題，朝廷也早已不像個朝廷了。直到建安元年（一九六）鎮東將軍曹操迎接漢獻帝遷都到許後，生活才得以安定下來。

可是曹操也非真心擁護漢獻帝，而是「挾天子以令諸侯」。他對內控制朝廷政治，對外與各地豪傑爭奪北方霸權，因此逐漸接觸到袁紹的勢力範圍。當時曹操的實力在袁紹之下，於是讓出大將軍的位子，兩人相處一時還算平安。但到他們分別擊敗公孫瓚和呂布後，情勢改觀。

建安五年（二〇〇），左將軍劉備在徐州對抗曹操。袁紹的謀士田豐建議趁機攻許，袁紹沒有接受，直到劉備被擊敗趕來投靠後才決定出兵。田豐認為曹操已有所防備，應從長計議。袁紹不聽。

袁紹先後派出顏良、文醜等大將進攻，結果都被擊殺。戰役結束後，曹軍駐守官渡（約在今河南省中牟縣東北），而袁軍向官渡進軍。因袁軍數量多於曹軍，所以交戰時曹軍只能堅守陣地。雙方僵持一百多天後，袁紹派淳于瓊出發運輸糧草，曹操得知後親率五千兵馬攻擊。

袁紹剛知道淳于瓊遇襲時，便對他的長子袁譚說：「即使曹操獲勝，我打下他的營帳，他還是回不

年份	帝	年號	事件
184		光和七年 中平元年	張角與弟張寶、張梁稱天公、地公、人公將軍，起兵反叛，頭帶黃巾，史稱「黃巾之亂」。 赦免「黨人」。 命盧植討伐張角，皇甫嵩、朱儁攻擊豫州潁川黃巾。 皇甫嵩、朱儁在曹操協助下，大破黃巾賊波才。 盧植圍張角，被宦官誣作戰不力，靈帝以董卓代之。 董卓攻張角，不能勝，皇甫嵩取代之，破張梁、張寶，張角也已死。朱儁出兵，黃巾主力全敗。
189	少帝	中平六年	靈帝卒，皇子劉辯即位，是為少帝，年十四歲。何太后臨朝，何進為大將軍參錄尚書事。
		昭寧元年	何進召董卓殺宦官，張讓、段珪等殺何進，袁紹誅殺宦官。
	獻帝	永漢元年 中平元年	董卓進京，護少帝，後又廢帝，立陳留王劉協為帝，是為獻帝，年九歲。 曹操到陳留，準備起兵。
190		初平元年	關東諸郡起兵討伐董卓，共推袁紹為盟主。 董卓逼獻帝遷都長安，焚燒洛陽宮廟與官府等。
192		初平三年	司徒王允使呂布殺董卓。 董卓部將李傕、郭汜攻進長安。

來的。」於是要高覽、張郃（ㄍㄜˋ）進攻曹營但攻不下來，而他們一聽到淳于瓊戰敗的消息後立刻投降，袁軍完全潰敗。袁紹、袁譚等人帶著少數騎兵逃走。

袁紹在「官渡之戰」失敗後生病，在建安七年（二〇二）夏天病死，反觀曹操在建安六年（二〇一）至十二年（二〇七）之間陸續擊敗袁尚、袁譚、高幹等群雄及外族烏桓。隨著戰果不斷擴大，北方也漸漸被曹操所掌控。

赤壁之戰：決定三分天下的關鍵戰役

漢獻帝建安十三年（二〇八）六月，曹操自任丞相，開始將目光轉向南方，想要將全天下都納入他的掌握。七月，曹操帶兵南攻荊州牧劉表。八月，劉表過世，由最小的兒子劉琮繼任。當時劉琮駐守襄陽，寄居在荊州的劉備等人則在樊。九月，曹操抵達新野，劉琮向曹操投降，而劉備等人往夏口的方向逃亡。

另一方面，討虜將軍孫權聽到劉表過世的消息後，派賓客魯肅前往荊州向劉表的兩個兒子劉琦、劉琮致哀，同時觀察荊州的局勢變化。沒想到魯肅還沒抵達，曹操已經兵臨荊州，劉琮也向曹操投降了。當時劉備想要南渡長江，魯肅轉而與劉備在當陽會面，傳達孫權方面的想法。劉備抵達夏口後，諸葛亮向劉備說：「現在事態緊急，請您下令讓我向孫將軍求救。」於是劉備以諸葛亮為代表前往柴桑拜訪孫權，希望雙方能夠合作，共同對抗曹操。

當時曹操已接收劉表的部隊，聲勢驚人。孫權的

單位：年

西元	朝代	帝王年號	大事
193	東漢	初平四年	羅馬的軍人皇帝時期開始。
195		興平二年	獻帝出長安，流亡至安邑。 孫策渡江南下，孫氏自此始有江東。
196		建安元年	獻帝歸洛陽。 曹操出兵迎獻帝至許（河南許昌），在許屯田。
198		建安三年	曹操攻陷下邳，殺呂布。
199		建安四年	袁紹攻破易京，殺公孫瓚。 袁紹謀攻許，曹操率兵迎紹，進至黎陽，分兵駐守官渡。 劉備據徐州。
200		建安五年	曹操東進打敗劉備，擒關羽。 袁紹進兵黎陽，命顏良攻白馬（河南滑縣）。曹操救白馬，關羽斬顏良。曹操復擊斬袁炤部將文醜。 曹操奇襲烏巢，突擊淳于瓊，燒毀袁紹軍糧草輜重，大敗袁紹，莫定統一北方的基礎，史稱「官渡之戰」。 孫策遇刺死，弟孫權繼承江東。

部屬大多認為應該投降，唯獨周瑜、魯肅力排眾議，認為應該要對曹操作戰；再加上諸葛亮一番對時局的分析，使得原本觀望的孫權，終於決定要戰。隨後他派周瑜、程普、魯肅等人率水軍三萬，跟隨諸葛亮拜見劉備，雙方組成聯軍一起抵抗曹操。

十月，曹操發動水軍向孫權進攻。周瑜和程普分別為左右督，各自率領萬人與劉備一起進兵。曹操與孫、劉聯軍在赤壁（約在今湖北省嘉魚縣東北）遭遇並展開激戰，這就是赫赫有名的「赤壁之戰」。

戰前，周瑜的部將黃蓋觀察到曹軍的船艦都是首尾相連，可以採取火攻。於是周瑜一邊準備適合的戰船，一邊放出黃蓋要投降的假消息給曹操。當戰船靠近曹軍時，黃蓋下令放火。在風勢助威之下，曹軍船艦迅速燃燒，還波及到陸上軍營，曹軍因此大敗。曹操下令將剩下的船隻焚毀向後撤退，途中又有不少士兵死於疾病或是飢餓。劉備和周瑜一路追擊到南郡，曹操只好退回北方，命曹仁、徐晃留在江陵，而樂進則駐守襄陽。

赤壁之戰後，曹操站穩北方，劉備往西南發展，孫權則在東南一帶立足。漢獻帝變成只是天下名義上的共主，三國鼎立的形勢已經隱然成形了。

曹操侵奪漢獻帝權力：東漢的結局

曹操雖然在「赤壁之戰」失敗，可是他在北方權勢不減反增，漢獻帝的處境更加困窘。曹操先擊敗涼州的韓遂與馬超，又在建安十八年（二一三）自立為魏公，建安十九年（二一四）再殺害皇后伏壽和二位皇子，並且幾乎殺光伏氏家族。

201 **建安六年** 曹操敗劉備，劉備投荊州劉表。

202 **建安七年** 袁紹卒，幼子袁尚繼位；袁譚、袁尚兄弟對立。曹操令孫權以子為人質，孫權用周瑜之計拒絕。

203 **建安八年** 袁譚、袁尚互相攻擊，袁譚兵敗，被袁尚圍攻而向曹操求援。孫權平山越，安定東吳。

204 **建安九年** 曹操打敗袁尚，後袁尚走幽州。高幹以并州降曹操。

205 **建安十年** 曹操攻陷南皮，殺袁譚。

206 **建安十一年** 曹操殺高幹，取并州，冀、青、幽、并四州屬曹操，北方統一。袁尚、袁熙兄弟投奔烏桓。

207 **建安十二年** 曹操擊烏桓，在白狼山大勝。袁氏兄弟奔遼東，太守公孫康斬袁尚首獻曹操。劉備三顧茅廬訪諸葛亮。亮陳隆中策，建議取荊、益，結孫權，為劉備所用。

為什麼曹操要殺害皇后？在建安五年（二〇〇）時，曹操曾強勢殺害已懷孕的貴人董氏。伏皇后因此感到恐懼，偷偷寫信給父親伏完，不僅敘述了曹操凶狠的模樣，還請伏完設法剷除曹操。伏完看了信卻不敢行動。這個一直被隱瞞的祕密，竟然在建安十九年洩露開來。曹操非常生氣，逼著漢獻帝廢伏皇后，還要尚書令華歆、御史大夫郗（ㄔ）慮帶兵「闖進」後宮，「捉拿」伏皇后。

伏皇后雖然躲在牆壁夾層中，還是被華歆發現，直接拉著她的手就往外走。當時漢獻帝和郗慮坐在外殿，只見披頭散髮、光著雙腳的伏皇后流著眼淚向漢獻帝訣別，還問：「不能救我，讓我活下來嗎？」受到驚嚇大哭的漢獻帝則回答說：「我也不知道自己可以活到什麼時候！」又回頭對郗慮說：「郗公！天下哪有這樣暴虐殘酷的事啊！」當時漢獻帝左右的人看到這情景都不禁流下淚來。最後伏皇后還是被關進暴室（囚禁宮女后妃的地方）害死了。

漢獻帝連自己的妻子都救不了，凸顯出權力已被架空，只擁有一個「皇帝」的空名。

建安二十一年（二一六），曹操自己將魏公的爵位提升為魏王，建立天子旌旗，出警入蹕（出外時可進行道路管制，禁止人車通行）。此時他和真正的皇帝已經沒什麼兩樣了。

建安二十五年（二二〇）正月，曹操病逝，兒子曹丕繼位為魏王。當年三月改年號為延康元年。雖然曹操在世時沒有篡奪漢朝，可是經過這麼多年的計畫與控制，漢獻帝早就只是個傀儡，奪取皇帝寶座不過是時間的問題而已。

單位：年

西元	朝代	帝王年號	大事
208	東漢	建安十三年	曹操自任丞相。 荊州太守劉表卒，子劉琮繼位， 曹操征荊州，劉琮投降。 孫權用魯肅、周瑜之計，聯合劉備；劉備遣諸葛亮見孫權，雙方結盟，共同抵抗曹操。 孫、劉聯軍在赤壁與曹軍展開激戰，周瑜使黃蓋詐降之計，率船靠近曹軍，因風縱火，焚毀曹軍船艦與岸上軍營，曹軍大敗，是為「赤壁之戰」。曹操退回北方。 劉備薦劉表長子劉琦為荊州刺史。劉備取荊州之武陵、長沙、桂陽、零陵四郡（今湖南）。
209		建安十四年	劉琦卒，劉備為荊州牧。 孫權將妹妹嫁給劉備。
210		建安十五年	曹操建銅雀臺。 周瑜卒，魯肅代領兵，孫權借荊州給劉備。
211		建安十六年	曹操遣將出兵，欲分道攻擊漢中張魯。 曹操擊敗涼州的韓遂、馬超。 益州牧劉璋迎劉備入蜀，欲使取漢中以抵抗曹操。

延康元年十月，漢獻帝終究被迫退位。曹丕成為天子，國號仍為魏，是為魏文帝，定新年號為黃初，都洛陽。至於漢獻帝被改封為山陽公，西漢和東漢合計約四百多年的統治，隨著漢獻帝的退位而結束，也開始了分裂並立的三國時代。

劉備的發展與即位稱帝：復興漢室的希望

赤壁之戰的失敗對曹操來說是少見的挫折，但對劉備而言卻是重大的轉機。他漸漸擺脫過去到處流浪或是寄人籬下的日子，開始有比較固定並能壯大的根據地，然後終於可以獨當一面，獲得與曹操、孫權平起平坐的地位。

劉備原本推薦原荊州牧劉表的大兒子劉琦為荊州刺史，可是建安十四年（二〇九）劉琦就病死了，於是劉備接受大家的擁戴成為荊州牧。孫權對劉備勢力的增加感到有些畏懼，而將妹妹嫁給他，希望兩邊關係能更鞏固。

到了建安十六年（二一一），益州牧劉璋聽說曹操打算派兵進攻以漢中為基地的張魯，心中相當恐懼。劉璋的屬下張松建議，可以找劉備幫忙。後來雙方正式會面，張松勸劉備乘機襲擊劉璋，劉備因不忍心而沒有動手。建安十七年（二一二），張松的哥哥張肅擔心自己日後會受到牽連，就將張松的計畫向劉璋報告。劉璋於是殺了張松，又下令各關口要塞戒備。劉備大怒而展開攻擊，至建安十九年（二一四）時，終於包圍了成都。雖然劉璋可以選擇堅守成都，但劉璋認為益州三年的戰爭都是因他而起，內心相當不安，所以決定開城投降。劉備就這樣取得益州，實

212 建安十七年 劉備在蜀據涪城，與劉璋衝突。

213 建安十八年 曹操為魏公，加九錫。

214 建安十九年 諸葛亮率兵攻益州，劉璋投降。劉備領益州牧，據有巴蜀。伏皇后曾寫信請父伏完計畫謀害曹操，事洩露，伏氏家族幾乎被殺光。

215 建安二十年 曹操取漢中，張魯投降。劉備已得益州，孫權欲取回荊州諸郡，雙方定議以湘水為界，東屬孫權，西屬劉備。孫權攻合肥，被曹將張遼擊退。

216 建安二十一年 曹操進爵為魏王，建立天子旌旗，出警入蹕。

219 建安二十四年 劉備進至定軍山，大將黃忠斬曹操都護將軍夏侯淵。劉備取漢中，自稱漢中王。關羽取襄陽，圍樊城，破曹將于禁、龐德軍。曹操用司馬懿計，助孫權襲關羽。孫權遣呂蒙破江陵，關羽退保麥城，被擒殺。孫權據有全部荊州。

力更增進不少。

建安二十四年（二一九）五月，劉備又取得漢中，並在七月自稱漢中王。可是當劉備回到成都後，孫權利用關羽北伐中原，無法注意後方的機會，去偷襲他，不但殺害關羽，還同時占領荊州土地。失去關羽是劉備這段時期最大的挫折。

延康元年（二二〇），當漢獻帝被迫讓位給魏王曹丕的消息傳到成都時，有傳聞認為漢獻帝已經遭到殺害。劉備於是公開發布訃聞，為漢獻帝舉辦喪事，並追加「孝愍皇帝」的謚號稱呼。

由於已經沒有在位的漢朝皇帝了，所以偏張軍張裔、治中從事黃權、治中從事楊洪、議曹從事杜瓊、勸學從事尹默、譙周、太傅許靖、安漢將軍麋竺、軍師將軍諸葛亮等人，紛紛勸進劉備繼位為帝，以延續漢朝國祚，完成興復漢室的事業。

因此劉備就在隔年（二二一）四月，在益州成都即位，改年號為章武，是為蜀漢昭烈帝。

三國鼎立的形勢：互有往來與征戰

相較於蜀漢有興復漢室的使命、魏國有一統天下的野心，立足於東南半壁的孫權似乎是以現實為優先考量，為尋求自身利益而在兩國之間遊走著。

蜀漢昭烈帝章武元年（二二一），昭烈帝因孫權先前襲殺關羽憤恨難消，即位稱帝後就調兵遣將，準備東征為關羽報仇。沒想到尚未出發，車騎將軍張飛竟遭屬下殺害。七月，昭烈帝親率各軍伐吳。由於盛怒之下的昭烈帝回絕了孫權的求和，於是孫權也開始準備防禦。次年正月至閏六月間，蜀漢和孫權展開多

單位：年

西元	朝代	帝王年號	大事
220	三國時代／魏	獻帝 建安二十五年 文帝 延康元年 黃初元年	曹操卒。魏王曹丕篡東漢，改國號為魏，為魏文帝，廢獻帝為山陽公，東漢亡。 三國時代開始。
221	三國時代／魏／蜀漢	文帝 黃初二年 昭烈帝 章武元年	漢中王劉備即位為帝，國號維持漢，是為蜀漢昭烈帝，希望再興復漢室。 劉備欲為關羽復仇，親自領兵攻孫權。大將張飛被部下所殺。 孫權向魏國稱臣，被封為吳王。
222	三國時代／魏／蜀漢／吳	文帝 黃初三年 昭烈帝 章武二年 吳王 黃武元年	吳將陸遜在猇亭敗蜀軍，劉備退至白帝城，稱「猇亭（夷陵）之戰」。 孫權自稱吳王，建黃武年號，雖尚未稱帝，形成蜀漢、魏、吳三國鼎立之勢。 魏遣曹休等擊吳。 孫權派使者鄭泉請和，劉備遣宗瑋回應。
223		文帝 黃初四年 後主 建興元年 吳王 黃武二年	魏軍攻濡須，被吳將朱桓打敗。 蜀漢昭烈帝卒，太子劉禪即位，是為後主，封丞相諸葛亮為武鄉侯。亮派鄧芝出使吳國，兩國修好。

次戰鬥，蜀漢軍不幸被孫權部將陸遜等人擊敗，昭烈帝只好向後撤退。

另一方面，自魏文帝即位後，孫權就向魏文帝自稱為魏國下的諸侯藩國，所以魏文帝就在黃初二年（二二一），正式授與吳王的爵位給孫權。孫權雖然向魏國稱臣，但其實並非真心誠意。魏國於是希望雙方能夠締結正式盟約，並要求孫權派兒子到魏國朝廷任官（做人質），結果遭到孫權婉拒。魏國因此在黃初三年（二二二）開始調動兵馬準備進攻孫權，孫權認為揚州等地的山越民族尚未平定，內部並非團結一致，所以用謙卑的語氣向魏文帝上書，看看有沒有轉圜的餘地。可是魏文帝回信的內容除了表示魏國內部對孫權不信任，還說孫權如果要展現效忠的誠意，就得讓長子孫登到魏國來。孫權沒有接受，戰爭一觸即發。

魏文帝自許昌出發南攻，多支魏軍也同時開拔趕往前線。孫權於是建年號為「黃武」，在接近長江的地方設兵防守魏軍。黃武元年（二二二）十一月至隔年三月，雙方激烈交戰，互有勝負，最後魏軍終於退兵。

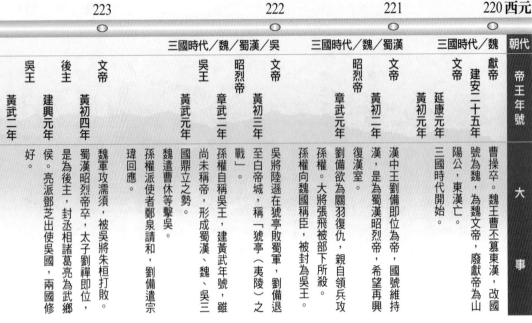

在這段期間，孫權派太中大夫鄭泉為使者，前往白帝城面見蜀漢昭烈帝，請求重修舊好。此舉獲得昭烈帝同意，並由太中大夫宗瑋為代表回訪孫權。不過孫權和魏文帝間的往來互動，卻也沒有立刻斷絕，直到二年後才終止。

孫權原本向魏文帝稱臣，並且接受魏文帝封為吳王。然而當他自己建立黃武年號後，即使沒有立刻正式稱帝，也已經明顯打算自立一方，用外交方式與兩

225	黃初六年 建興三年 黃武四年	諸葛亮平定南中之亂，與孟獲作戰，七擒七縱，孟獲終於降服。
226	黃初七年 建興四年 黃武五年	魏文帝卒，子曹叡繼位，是為明帝。 孫權攻魏江夏郡，又命諸葛謹和張霸困襄陽，皆未成功。
227	明帝 太和元年 後主 建興五年 吳王 黃武六年	諸葛亮兵屯漢中，上〈出師表〉請伐中原。
228	太和二年 建興六年 黃武七年	諸葛亮首次北伐，出祁山，天水、南安、安定三郡叛魏響應。 魏將張郃在街亭之戰敗蜀先鋒馬謖。諸葛亮退兵，斬馬謖。 吳將陸遜在石亭之戰大敗魏將曹休。 諸葛亮第二次北伐，糧盡而還。
229	明帝 太和三年 後主 建興七年 吳大帝 黃龍元年	諸葛亮第三次北伐，取魏二郡。 吳王孫權正式稱帝，改年號黃龍，為吳大帝，並遷都至建業。 蜀派陳震使吳，雙方訂立盟約。

國往來。三國鼎立的形勢到此是完全浮上檯面了。

三國時代最後稱帝的孫權：與蜀、魏維持既緊張又和平的關係

話說吳王孫權黃武二年（二二三）三月，吳魏雙方戰事結束，魏軍撤退。接下來，孫權的部屬勸他稱帝，但被他婉拒。孫權對大家說：「之前我因玄德（蜀漢昭烈帝劉備）往我們西方的邊界（荊州）攻來（為關羽報仇），所以要陸遜部署兵力防禦。當時聽說北方（魏文帝曹丕）想要幫助我們。可是我當時在想，我們有內憂的潛在威脅（在揚州一帶的山越民族）；如果不接受魏國授與的吳王爵位，有可能讓他們感覺受辱，反而促使他們快速發兵攻擊我們。到時蜀漢和魏分別從西方和北方打來，二面受敵，對我來說壓力真的太大太猛烈了，所以才決定壓抑自己，接受魏國的封爵。這是我放低姿態不稱帝的理由，可是各位看來似乎不是很瞭解，所以現在解釋給各位聽。」在孫權說完這段話後，勸進他稱帝的聲音才暫時平息下來。

沒過多久，蜀漢昭烈帝在白帝城過世的消息傳來。當年十一月，蜀漢派尚書郎鄧芝為使者到吳，並帶著馬二百匹、錦布千端和益州特產為禮物。吳也回送境內名產做為答禮。從此雙方的關係回復正常。

至於吳與魏之間則陷入長期緊張和衝突的狀態。魏文帝曾數次率軍南下，可是一到長江邊就又退兵了。黃武五年（二二六），孫權趁魏文帝過世的機會進攻江夏郡，又命諸葛謹和張霸圍困襄陽，但以失敗收場。兩年後吳將陸遜則在石亭大敗魏將曹休。吳魏

單位：年

西元	朝代	帝王年號	大事
230	三國時代／魏／蜀漢／吳	太和四年 建興八年 黃龍二年	吳遣衛溫航海求夷洲（臺灣）。魏曹真攻蜀，因大雨路絕撤退，為諸葛亮與魏的第四次戰爭。
231		太和五年 建興九年 黃龍三年	諸葛亮第四次北伐，用「木牛」（獨輪車）運糧。蜀兵屢勝，終以糧盡退兵。
234		青龍二年 建興十二年 嘉禾三年	諸葛亮第五次北伐，出祁山，以「流馬」運輸，屯武功五丈原，司馬懿與蜀軍對峙。諸葛亮病逝軍中。
235		青龍三年 建興十三年 嘉禾四年	蜀以蔣琬為大將軍、費禕為尚書令。
238		景初二年 延熙元年 赤烏元年	魏司馬懿攻遼東，殺公孫淵。
239		景初三年 延熙二年 赤烏二年	魏明帝卒，太子齊王曹芳繼位，年八歲，司馬懿、曹爽輔政。曹爽用丁謐策，削司馬懿實權。

之間的爭鬥互有勝負。

在內政方面，孫權接受陸遜的建議，讓軍民休息以恢復農業生產，又請諸葛瑾和陸遜對當時的法令規章提供意見，還任命全琮為東安太守，企圖討平山越。

到了黃武八年（二二九）春天，孫權的部下再度勸他即位，這次他終於答應並在四月正式稱帝，改元黃龍，是為吳大帝。蜀漢為求能繼續合作消滅魏國，在考量後仍派衛尉陳震使吳「慶賀」，並且訂立盟約，約好魏國被滅後可平分天下。同年，吳大帝從武昌遷都建業（今南京）。三國從此刻起成為名副其實的三國了。

諸葛亮「鞠躬盡瘁，死而後已」：興復漢室希望破滅

蜀漢在昭烈帝劉備征吳失敗後，受到相當嚴重的打擊，幸虧有丞相諸葛亮在後方穩住局勢，才沒有讓傷害繼續擴大。昭烈帝過世前，將兒子劉禪託付給諸葛亮。諸葛亮怎敢辜負昭烈帝「三顧茅廬」的知遇之恩？毅然接受了昭烈帝的託孤請求。

劉禪即位，是為蜀漢後主，改年號為建興。諸葛亮採取的策略是，先和吳王孫權恢復正常關係，然後出征益州南部，降服當地的少數民族（像是對孟獲「七擒七縱」）以安定後方，接著才專心北伐魏國。建興五年（二二七）諸葛亮兵屯漢中，準備北伐，臨行前上書給後主，這就是大家耳熟能詳的〈出師表〉。諸葛亮「六出祁山」希望能擊滅魏國，可惜建興十二年（二三四）在武功五丈原去世，真的是為蜀

年	魏	蜀	吳	事件
242	齊王 正始三年	後主 延熙五年	吳大帝 赤烏五年	孫權立三子孫和為太子，封四子孫霸為魯王。
246	正始七年	延熙九年	赤烏九年	魏刺史毌丘儉攻高麗，破都城。
248	正始九年	延熙十一年	赤烏十一年	司馬懿稱病不問政事，曹爽獨專朝政。
249	正始十年	延熙十二年	赤烏十二年	司馬懿發動「高平陵之變」，殺曹爽，司馬氏遂專魏國政權。
250	嘉平二年	延熙十三年	赤烏十三年	孫權廢太子為庶人，賜魯王霸死，立少子孫亮為太子。
251	嘉平三年	延熙十四年	太元元年	司馬懿卒，子司馬師續掌大權。

漢「鞠躬盡瘁，死而後已」。

〈出師表〉裡有句「親賢臣、遠小人，此先漢所以興隆也；親小人、遠賢臣，此後漢所以傾頹也。」諸葛亮一語道破西漢為什麼興盛、東漢為什麼衰落的原因，當中「人」占了很大的因素，同時也表達他對後主的期待，希望後主能夠知人善任。諸葛亮過世後，接位的蔣琬、費禕也都盡心輔佐後主，蜀漢得以維持穩定發展的局面。

然而在費禕死後，繼任的大將軍姜維雖然忠於蜀漢，但他連年北伐，也耗損了不少國力。另外後主漸漸寵信宦官黃皓，使黃皓得以影響蜀漢內政。後主終究忘記諸葛亮的叮嚀，也給予魏國侵略的機會。

後主景耀六年（二六三），魏國派鄧艾、鍾會等將領分多路進攻蜀漢；蜀漢則以左右車騎將軍張翼、廖化、輔國大將軍董厥等，抗拒魏國的軍隊。稍後改年號為炎興元年。到了冬天，衛將軍諸葛瞻（諸葛亮之子）在綿竹被鄧艾擊敗遇害，後主只好採用光祿大夫譙周的建議向鄧艾投降。

隔年，後主全家從成都遷往洛陽，被魏元帝封為安樂公。後主在洛陽的生活還真的是過得很「安樂」，達到「樂不思蜀」的境界，完全忘記亡國之痛。諸葛亮在〈出師表〉裡「興復漢室，還於舊都」的願望，到頭來終究是無法實現了。

司馬炎篡位：司馬懿家族有樣學樣

當蜀漢被魏國滅亡後，照理說魏國應該是意氣風發，準備一統天下了。然而，情況卻相反，蜀漢亡國不過才二年，魏國也跟著覆滅了。這樣驚人的發展和

單位：年

朝代：三國時代／魏／蜀漢／吳

西元	帝王年號	大事
252	齊王 嘉平四年 後主 延熙十五年 廢帝 建興元年	吳大帝孫權卒，太子孫亮即位，是為廢帝，年十歲，諸葛恪輔政。 魏分三路伐吳，吳諸葛恪率丁奉破魏東路軍。
253	嘉平五年 延熙十六年 建興二年	吳諸葛恪攻魏，圍合肥，久攻不下而退兵。孫峻利用民怨，刺殺諸葛恪，專吳國政權。
254	嘉平六年 延熙十七年 五鳳元年	司馬師殺魏國大臣，廢魏帝曹芳，立高貴鄉公曹髦為帝。
255	高貴鄉公 正元二年 後主 延熙十八年 廢帝 五鳳二年	魏將毌丘儉起兵，被司馬師鎮壓。司馬師卒，司馬昭續掌權。 蜀將姜維攻魏，於洮水敗魏軍，進圍狄道，兵敗而退。
256	甘露元年 延熙十九年 太平元年	蜀姜維攻魏，與鄧艾在段谷交戰，大敗。

當時魏國國內的司馬懿家族大有關係。

魏明帝在景初三年（二三九）過世前，將太子（齊王）曹芳託付給司馬懿和大將軍曹爽兩人，流著淚的司馬懿跪著叩頭，答應了魏明帝的要求。

太子即位，是為魏廢帝（齊王），改元正始。剛開始曹爽和司馬懿還能合作輔政，後來曹爽聽信權力不應與他人分享的說法，就疏遠了司馬懿。司馬懿發覺後，原本也迴避曹爽以免惹禍上身，可是看到曹爽漸漸沉溺於飲酒作樂的生活中，就轉而在暗地裡計畫奪權。

正始十年（二四九）正月，廢帝前往高平陵祭拜魏明帝，曹爽一同隨行。司馬懿趁著他們都不在京師的機會，發動政變，解除曹爽及其同黨的所有權力，獨攬朝政，不久再將他們全部殺害。雖然司馬懿在兩年後去世，由長子司馬師接任大將軍，但司馬師在嘉平六年（二五四）藉太后令廢了皇帝，改立魏明帝的姪兒曹髦為帝，是為廢帝（高貴鄉公）。一樣是託孤，對照諸葛亮盡心盡力輔佐蜀漢後主，司馬懿的輔政卻出現截然不同的結局。

司馬師在擁立廢帝（高貴鄉公）後不久就過世了，弟弟司馬昭接位大將軍，對魏國朝政的控制越來越緊。甘露三年（二五八），司馬昭任相國且被封為晉公，彷彿當年曹操掌控東漢朝廷時的情景。廢帝也因皇帝權威不斷被削弱，對司馬昭相當憤恨。甘露五年（二六〇），廢帝認為「司馬昭之心，路人所（皆）知也」，不顧勸阻，堅持率僮僕數百人親討司馬昭，結果反被殺害。魏國只好再改立魏明帝的堂弟曹奐即位，是為魏元帝。

257

甘露二年　魏諸葛誕起兵反司馬昭，吳國出兵相助，失敗

延熙二十年

太平二年　姜維出兵攻魏，又遭鄧艾所阻。

258

高貴鄉公　甘露三年　司馬昭平諸葛誕，任相國，被封為晉公。

後主　景耀元年　蜀宦官黃皓專政。

景帝　永安元年　吳國孫綝廢孫亮，立瑯琊王孫休為帝，是為景帝。孫休與丁奉等殺孫綝，奪回政權。

260

甘露五年　曹髦欲剷除司馬昭。賈充命成濟殺曹髦。司馬昭以「大逆不道」之罪誅殺成濟，滅其族。

景耀三年

永安三年　司馬昭立常道鄉公曹奐為元帝。

262

元帝　景元三年　蜀姜維攻魏，又為鄧艾所敗。

後主　景耀五年　後主劉禪寵信黃皓，姜維因曾勸帝殺黃皓，退往沓中避禍。

景帝　永安五年

263

景元四年　魏遣鄧艾、鍾會伐蜀。蜀將諸葛瞻與鄧艾戰於綿竹，敗死。鄧艾入成都，劉禪投降。蜀漢被魏所滅，是三國中最早滅亡的國家。

景耀六年（炎興元年）

永安六年

魏元帝景元五年（二六四），司馬昭的爵位從晉公提升為晉王。咸熙二年（二六五）司馬昭過世，長子司馬炎繼任晉王。此時曹家早已失去抵抗力量，奪位的時機終於成熟。同年十二月，魏元帝被迫退位，司馬炎正式稱帝，改元泰始，是為晉武帝。魏國滅亡，原本鼎立的三國時代也即將畫下句點。

三國時代落幕：蜀魏吳，爭奪天下，西晉漁翁得利

當蜀漢為魏國所滅，魏國又被晉武帝篡奪後，吳國面對的是一個在土地、兵力等各方面都占有優勢的新興晉國，情勢相當不利。

然而吳國內部一直有不安定的隱憂，使它無法全力面對外敵，這樣的狀況從吳大帝孫權在位時就已經出現，其中最受到注意的是皇位繼承人的問題。由於吳大帝的長子、次子都早亡，所以在赤烏五年（二四二）立三子孫和為太子，又封四子孫霸為魯王。可是吳大帝對兩人都很寵愛，造成雙方為爭寵而展開鬥爭。吳大帝索性在赤烏十三年（二五〇）廢了太子，且賜死魯王，改立最年幼的孫亮為太子。兩年後吳大帝去世，太子孫亮即位，改年號為建興，是為吳廢帝。

吳廢帝即位的時候只有十歲，以太傅諸葛恪為主從旁輔政。沒過多久魏國以諸葛誕等將領兵分三路進攻吳國，被諸葛恪擊退。諸葛恪因而輕視魏國的實力，隔年率軍北攻魏國反被擊敗。諸葛恪退兵回吳之後，則被武衛將軍孫峻安排的伏兵刺殺。魏吳兩國在接下來的幾年不斷交戰，孫峻和堂弟孫綝先後成為吳

單位：年

西元	朝代	帝王年號		大事
264		元帝	咸熙元年	魏封司馬昭為晉王。魏封列禪為安樂公。
		末帝	元興元年	孫休卒，孫皓繼位，是為吳末帝。
265	西晉	武帝	泰始元年	司馬昭卒，子司馬炎繼任晉王。司馬炎篡魏，改國號為晉，是為晉武帝。魏國滅亡。
		末帝	甘露元年	
280			太康元年	晉將杜預、王濬等率兵攻吳。
			天紀四年	王濬入建業，孫皓投降，吳亡。

國的主將，而孫綝的個性尤其蠻橫不講理，影響到吳廢帝的權威。吳廢帝原本計畫要誅殺孫綝，卻被孫綝發現而慘遭廢黜。

孫綝接著擁立吳大帝的六子瑯琊王孫休為帝，是為吳景帝，改元永安（二五八）。由於孫綝的權勢很大，態度依然不佳。直到孫綝意圖謀反的消息走漏，吳景帝於是趁著當年「臘八」日，百官都要向皇帝朝拜道賀的機會，命令武士逮捕孫綝繩之以法，這才解除危機。

但安穩的日子沒有過多久，永安六年（二六三）蜀漢被曹魏滅亡；次年吳景帝去世，南方的交阯又有叛亂。吳國面對接踵而來的壞消息感到相當恐懼，希望能有位年長成熟的國君領導他們，於是大臣們改迎原太子孫和的長子烏程侯孫皓為皇帝。

孫皓即位後，很快就露出粗暴驕傲、喜好酒色、任意殺害大臣的真面目，使得人心失望，也給予晉武帝起兵的好機會。吳天紀四年（二八〇），晉將杜預、王濬等率兵攻吳，一路勢如破竹，孫皓只好向晉國投降，原本英雄豪傑並起的三國時代於是落幕。

晉朝．五胡十六國

司馬氏原本是曹魏的謀臣，後來起而與曹魏宗室爭奪政權，由司馬炎篡魏成功，建立晉朝，稱晉武帝，是為西晉的開始。蜀漢在晉朝成立前便被消滅，晉武帝登基後不久，消滅孫吳統一天下，三國時代宣告瓦解。

從曹魏到司馬氏以來，才能比品德更重要，王室、貴族間的驕奢風氣瀰漫，甚至出現一個「何不食肉糜」的晉惠帝。晉惠帝不諳政事，他的妻子賈后便乘機干預朝政，並和司馬氏一族掀起政治屠殺風暴，重創晉朝國力，史稱「八王之亂」。北方外族勢力藉機坐大，紛紛立國稱帝，是為「五胡亂華」，更形成「五胡十六國」與晉朝對峙，最後發生「永嘉之禍」，導致西晉滅亡。

晉朝既已失守華北地區，晉元帝司馬睿便率眾南遷建康，是為東晉。由於北方威脅仍在，東晉朝廷必須倚賴世家大族的支持，而有「王與馬，共天下」的局面。後來的「淝水之戰」，就是世家大族謝安、謝玄率軍力抗前秦苻堅，東晉方得以繼續偏安江南。然而，淝水戰後，朝廷混亂，地方上有「孫恩盧循之亂」，朝廷遣派劉裕平亂。各種亂象接踵而來，劉裕因而累積不少軍功，進而獨攬朝政，最後廢晉恭帝而自立，建國號宋（南朝宋），東晉至此滅亡。

這是一個世族政治的時代，並透過「九品中正制」的官員選拔方法來維持門閥的既得利益。士大夫不願捲入黑暗的政治鬥爭，以及對名節禮法的鄙夷，這時的學術思想由經學轉為玄學，「清談」是指士大夫不談俗事、不談民生，可以拋開現實、遠離政治、暢談空無，「竹林七賢」就是其中的代表。在這種環境下，文學體裁發展出「駢體文」，講究寫作技巧、用辭華麗、雕琢字句等。

儒學的式微，人心對世道的灰心，讓佛教有了盛行的條件；寺院及佛像大量出現，亦帶動了更多元的藝術創作；而道教也不遑多讓，結合了神仙理論、煉丹理論，葛洪的《抱朴子》就是代表。

晉朝的國祚自西元二六五年至四二〇年，起自晉武帝司馬炎，終於東晉恭帝。西晉首都為洛陽，東晉首都為建康（即南京）。

單位：年

西元	朝代	帝王年號	大事
280	西晉	武帝 太康元年	西晉滅吳，統一天下。 頒布經濟、財政制度戶調式。
284		太康五年	尚書左僕射劉毅請廢「九品中正制度」，疏有「上品無寒門，下品無士族」，武帝未接受。 羅馬皇帝戴克里先即位。在位期間試圖重振皇權，嘗試推行四帝共治以維持帝國，並且採取最後一次大規模壓迫基督徒的措施。
290		太熙元年	武帝卒，皇太子司馬衷嗣位，是為惠帝。楊駿（武帝楊皇后之父）輔政。 以劉淵為匈奴五部大都督。
291		惠帝 元康元年	皇后賈南風謀害大臣、太后與諸王，揭開「八王之亂」的序幕。 賈后專權，族兄賈模等人參與政事。
296		元康六年	秦雍一帶的氐、羌族人叛變，推舉氐人齊萬年為帝。晉任命周處為建威將軍，前往鎮壓。 氐人楊茂搜稱王，史稱仇池。
298		元康八年	關中連年饑荒，巴氏首領李特率領流民入蜀。
299		元康九年	江統著〈徙戎論〉。
300		永康元年	賈后矯旨廢殺太子司馬遹。 趙王司馬倫發兵入宮殺賈后，滅其親黨。

「八王之亂」粉墨登場：皇帝領導力不足，皇后忌妒心很重，親戚諸王爭權奪利

對於一個開國沒多久的朝代來說，晉朝的活力比想像中還要虛弱，而且風氣敗壞。君臣們每次宴會吃飯的時候都只是在閒話家常，彼此還比賽誰比較奢侈浪費。大家都忘記了建設國家、造福後世子孫的理想。

其次，晉武帝在位時大封親戚為王並且賦予兵力，期望他們能保衛晉朝，當時卻沒想到，如果有諸侯王對晉朝不忠，反而是一項威脅。

另外，晉武帝因太子司馬衷個性懦弱，一直憂慮他的治國能力；當他為太子選媳婦時，竟選了其貌不揚、醋勁卻很大的賈南風為太子妃，也是一大失策。她曾經親手殺過人，還拿著刀戟丟向已經懷有太子骨肉的妾。妾中了戟，因而導致流產，手段相當凶殘。兩人的不適任是天下皆知，但晉武帝最後仍然沒有換人。以上的問題都沒有解決，為晉朝後來的急速衰落埋下伏筆。

晉武帝過世前想將身後輔佐太子的事交給叔叔汝南王司馬亮，可是卻被深怕失去權力的岳父楊駿擋了下來。晉武帝在等不到汝南王的情況下過世，太子即位，是為晉惠帝，賈南風成為皇后。

晉惠帝的不聰明與糊塗，在歷史上是有名的。當他還是太子的時候，滿朝廷已看透他的無能，等到他當上皇帝，依然毫無長進。有一次他在花園裡聽到蝦蟆的叫聲，便問左右隨從說：「這蝦蟆發出叫聲，是為公？還是為私？」讓人莫名其妙至極。除了愚昧無知，這位皇帝還不知人間疾苦，曾留下了一句「千古

301			永寧元年	趙王司馬倫自立為帝，齊王司馬冏等起兵討趙王。齊王冏、成都王穎、河間王顒、長沙王乂起兵攻趙王，迎惠帝復位。 流民推李特、李流為首起義，攻進成都。
302			太安元年	長沙王乂殺齊王冏。 李特在蜀打敗羅尚兵。
303			太安二年	成都王穎、河間王顒起兵反長沙王乂。 李特入成都外城自稱益州牧，年號建初，後被羅尚所殺，由弟李流帶領眾人。李流卒，由李特子李雄接替領導。
304	西晉	惠帝	永興元年	東海王越攻長沙王乂，乂兵敗被殺。 李雄據成都，稱成都王。
	漢	劉淵	元熙元年	匈奴左賢王劉淵先自稱大單于，不久再改稱漢王，建國號漢。「五胡亂華」的風暴開始侵襲晉朝。
305			永興二年	東海王越起兵討河間王顒。
306	西晉	惠帝	永興三年 光熙元年	成都王穎、河間王顒相繼被殺。 惠帝卒，弟司馬熾即位，是為懷帝，八王之亂結束，共十六年。
	成漢	李雄	晏平元年	李雄稱帝，改元晏平，國號大成，又改漢，史稱成漢。 羅馬皇帝君士坦丁即位。

名言」。由於當時天下荒亂，許多百姓活活餓死，有官員上奏災情，惠帝竟然「異想天開」地問說：「何不食肉糜？」（老百姓為何不吃肉粥呢？）愚憨無能至此，朝政怎不令人堪憂。果然即位沒多久就爆發「八王之亂」，時間幾乎和晉惠帝的在位年數相當。

八王之亂：每一個王都因其掌權的野心被殺

「八王」之間的關係可見章末圖，八個灰色框框代表的就是「八王」。

八王之亂的情節相當複雜，大致從賈后密謀要楚王瑋、汝南王亮殺害楊駿開始。然後賈后為了要獨攬大權，借楚王之刀殺了汝南王，再以擅自殺汝南王為名，下旨殺楚王。接著又殺皇太后，再廢殺愍懷太子司馬遹（ㄩˋ）。

賈后廢殺太子使趙王倫不滿，假借惠帝詔殺害賈后及其黨羽，但他隨後篡位。因此，齊王冏（ㄐㄩㄥˇ）、成都王穎、河間王顒（ㄩㄥˊ）、長沙王乂（ㄧˋ）起兵攻趙王，迎惠帝復位。齊王冏也乘機攬政，似乎自己就是皇帝。

不久長沙王假借皇帝的命令殺齊王，河間王和成都王又攻想要掌權的長沙王，長沙王給東海王越捉住，最後被活活燒死。河間王和成都王緊接著用兵力威脅惠帝，東海王等帶著惠帝親征失敗，惠帝流亡。最後成都王失敗被殺，惠帝在吃餅的時候突然暴斃，也有人說是東海王下的毒手。

惠帝的弟弟司馬熾即位，是為晉懷帝；不久河間王也被殺，八王之亂終於落幕，由東海王獲得最後「勝利」。因為只有他活了下來掌握大權。然而這只

單位：年

西元	朝代	帝王年號	大事
307		懷帝 永嘉元年	命瑯琊王司馬睿為安東將軍，都揚州，鎮建鄴（後改建康）。睿以北方氏族王導為謀主，引用江南氏族顧榮、賀循等人。
308		永嘉二年	王彌入許昌，逼京師，不久敗投劉淵。 漢王劉淵稱帝。
310		永嘉四年	劉淵卒，子劉和繼位。劉聰殺兄和自立。 洛陽城內饑荒。幽、并、司、冀、秦、雍六州發生嚴重蝗災。 東海王越以討伐石勒為名義，從洛陽率大軍東進項城。
311	西晉 漢	懷帝 永嘉五年 劉聰 嘉平元年	東海王越病死項城。 漢劉曜、王彌等人的軍隊攻陷洛陽，殺官吏、士民三萬餘人，晉懷帝被擄至平陽，史稱「永嘉之禍」。劉聰降晉懷帝為會稽公。
313	西晉 漢	懷帝 永嘉七年 愍帝 建興六年 劉聰 嘉平三年	漢主劉聰宴會，命晉懷帝青衣行酒，晉臣見狀多哭。 劉聰殺死晉懷帝。 司馬鄴在長安即位，是為愍帝。 劉曜入關中，攻長安，敗退。 北方南渡大族祖逖請求出兵北伐，瑯琊王司馬睿任祖逖為豫州刺史。祖逖率舊部渡江，中流擊楫而誓。 羅馬帝國君士坦丁大帝頒布米蘭詔書，宣布基督教不再受到迫害，承認為合法的宗教。

是晉朝另一場苦難的開始……。

「五胡亂華」開始：腥風血雨籠罩華北

在晉朝內部忙著爭權奪利的時候，匈奴、鮮卑、羯、氐、羌等五族則是蠢蠢欲動，準備擺脫晉朝對他們的控制。

其實五胡帶給晉朝的潛在威脅早在晉武帝時就顯露徵兆。大約自泰始六年（二七〇）起，北方和西方邊境就不時有五胡族人反叛或劫掠邊境、晉朝派軍征伐，以及匈奴、鮮卑等外族率部眾歸附晉朝的記載。

到了晉惠帝元康六年（二九六），秦雍一帶的氐、羌族人發生叛變。他們推舉氐人齊萬年稱帝並且包圍涇陽（在今甘肅省內）。朝廷為了平定亂事，任命當年為家鄉「除三害」的周處為建威將軍、夏侯駿為安西將軍，在梁王司馬肜（ㄖㄨㄥˊ）的指揮之下征討齊萬年，結果周處不幸壯烈犧牲。雖然晉朝後來還是擊敗齊萬年，但外族屢屢騷擾邊境，引起有識之士的注意。當時的山陰令江統深感應該要事先防範，以杜絕亂源，所以寫了一篇著名文章〈徙戎論〉。內容說明過去各朝代中夷夏之間形勢的演變、為什麼外族部眾逐漸進入中原、為什麼外族時常興兵叛亂等，還有最重要的主張：「徙戎」——將已移入中原的氐羌等外族遷回他們的原居地，以求徹底解決晉朝與外族的對立衝突。可惜江統提出〈徙戎論〉後，晉惠帝沒有採用他的意見，實際上當時的朝廷是在賈后的掌控之中。結果〈徙戎論〉寫成不到十年，「五胡亂華」的慘劇竟然真的發生，讓眾人不得不佩服江統的遠見。

年份	國	帝王	年號	大事
314	西晉	愍帝	建興二年	劉曜等攻長安，不克。
	前涼	張軌／張寔	永安元年	張軌稱涼州牧，史稱前涼。張軌卒，子張寔繼位。
315			建興三年	晉以司馬睿為丞相。司馬睿以王敦為鎮東大將軍。陶侃攻杜弢數年，杜弢戰敗而死。
316	西晉	愍帝	建興四年	晉朝西都長安遭劉曜的軍隊圍困，長安無糧，晉愍帝出城投降，旋即被擄至平陽。西晉亡。
	漢	劉聰	麟嘉元年	
317		愍帝	建興五年	漢主劉聰命愍帝執戟前導、行酒、洗爵、執蓋，晉臣多哭。劉聰殺死愍帝。
		晉王	建武元年	瑯琊王司馬睿在建康稱晉王，企圖延續晉朝國祚，以王導為丞相，王敦（王導兄）為大將軍。王氏子弟多任要職，時人有「王與馬，共天下」之語。
		劉聰	麟嘉二年	
318	東晉	元帝	大興元年	愍帝死訊傳到建康，司馬睿稱帝，為晉元帝。
	漢	劉聰	麟嘉三年	劉聰卒，子劉粲立，之後被殺。劉曜繼帝位。

一般多將五胡在華北一帶建立的許多政權統稱為「五胡十六國」，「十六國」一詞是出自於南北朝時北魏史家崔鴻撰寫的《十六國春秋》，但實際上成立過的政權不只十六國。最早自立建年號的勢力是巴氏人李特，他自稱益州牧，年號建初，約在晉惠帝太安年間（三〇三）；到他的兒子李雄接位後，先稱成都王，後建國號為「成」（或稱成漢、前蜀）。不過對當時晉朝朝政影響最大的不是李特父子，而是匈奴左賢王劉淵。他在晉惠帝建武元年（三〇四）正式起兵，自稱大單于，隨後建國號「漢」，改稱漢王。隨著劉淵稱王並且不斷擴張，「五胡亂華」從疑慮化為事實，對百姓和晉朝都造成傷害。

永嘉之禍（上）：晉懷帝被俘，中原陷入哀鴻遍野

晉懷帝在「八王之亂」即將結束時即位，改年號為永嘉。他是晉武帝的二十五子，晉惠帝的弟弟，朝政由他的族叔東海王司馬越所掌握。至於劉淵則在晉朝陷入八王之亂的危局時乘機坐大，並且在永嘉二年（三〇八）十月於平陽（今山西臨汾一帶）稱帝，國號仍為漢。

永嘉四年（三一〇）的夏天，劉淵病死，他的兒子劉和接位，但劉和旋即被他的弟弟劉聰殺害，劉聰奪位稱帝並繼續向外進攻。到了冬天，京師洛陽出現饑荒，東海王越發出緊急軍事文書，希望徵召天下兵馬救援京師。晉懷帝還交代奉命出發的使者說：「為我帶話給鎮守在外的諸王將領：現在還有得救，再晚就來不及了。」可惜使者是出發了，卻沒有任何援軍抵達洛陽。

單位：年

西元	朝代	帝王年號	大事
319	東晉	元帝 大興二年	劉曜遷都長安。後改國號為趙，史稱前趙。
	前趙	劉曜 光初二年	石勒稱王，以趙為國號，史稱後趙。
	後趙	石勒 元年	
320		大興三年	印度笈多王朝開始，印度進入黃金時期。此期宗教方面，原婆羅門教開始吸收佛教教義與儀式等，漸漸有所改變，日後轉化而成印度教。
321		大興四年	拓跋鬱律斷與晉關係，自立為王。
322		永昌元年	王敦第一次反晉，以討劉隗、刁協為名，出兵陷石頭城（建康西部重鎮），殺周顗、戴淵，自為丞相。之後退武昌，遙制朝政。晉元帝憂憤而卒，太子司馬紹即位，是為明帝。
323		明帝 太寧元年	君士坦丁大帝再次統一羅馬。
324		太寧二年	明帝任王導為大都督，與溫嶠、郗鑒討王敦。王敦第二次反晉，遣王含、錢鳳率兵攻建康。敦病死，含被擊敗。王敦之亂平息。

於是東海王越以討伐漢國的石勒為名義，將麾下四萬甲士全數帶離洛陽。結果洛陽的饑荒狀況一天比一天嚴重，連宮殿內也到處倒臥著已經餓死的人們；治安急速惡化，盜賊橫行。

永嘉五年（三一一）三月，東海王越病死在項城。軍隊在護送他的靈柩歸葬東海的途中，被劉聰所派遣的石勒部隊給追上，晉軍大敗。各級王公與戰士死亡者達十多萬人。從此洛陽周圍再也沒有足以相抗衡的軍事力量。

劉聰認為這是大好良機，命族子劉曜等人率兵進攻。六月，王彌、石勒、劉曜分率的三路部隊逼近洛陽，晉軍完全無法抵擋，最後洛陽被攻破。晉懷帝試圖逃離卻遭俘虜，劉曜等人接著大肆焚毀宮殿、凌辱後宮嬪妃，官吏百姓超過三萬人遇害。這就是史上所稱的「永嘉之禍（亂）」。在此之前，外族似乎還沒有在中原大地上引起過這麼大的災難，更別說是讓皇帝變成階下囚了。

洛陽陷落後，晉懷帝被捉至平陽，被劉聰降為會稽公。永嘉七年（三一三）正月，劉聰舉辦盛大集會，要晉懷帝穿著象徵卑賤身分的青衣，為人一一倒酒。當年跟隨晉懷帝一起到平陽的侍中庾珉（ㄇㄧㄣˊ），看到皇帝受到這樣大的侮辱，不禁放聲大哭，讓劉聰感到非常厭惡。不久之後劉聰就殺害晉懷帝，庾珉等隨侍的大臣也同時遇難。可嘆的是，就算已經到了這樣的地步，悲劇仍還有下一章……。

325			太寧三年	明帝卒，太子司馬衍即位，是為成帝，年五歲。庾太后臨朝，以王導、庾亮等輔政，事決於庾亮。 羅馬帝國君士坦丁大帝召開「大公會議」，以討論基督宗教教義問題。此即「第一次尼西亞大公會議」，確定聖父、聖子、聖靈「三位一體」，結論成為「尼西亞信經」。
326		成帝	咸和元年	石勒令王波典定九流，始立秀才、孝廉試經之制。
327			咸和二年	蘇峻、祖約之亂爆發。
328	東晉	成帝	咸和三年	蘇峻入建康，溫嶠、陶侃起兵勤王，蘇峻兵敗而死，祖約逃後趙。蘇峻、祖約之亂平定。
	前趙	劉曜	光初十一年	後趙石勒破前趙軍，擒劉曜。
	後趙	石勒	太和元年	
329			咸和四年	前趙太子劉熙出兵反攻，失敗被俘。前趙亡。
			光初十二年	
			太和二年	
330	東晉	成帝	咸和五年	石勒自稱大趙天王，行皇帝事；後稱帝，改元建平。 面對經濟惡化、日耳曼人入侵等危局，君士坦丁大帝擇定希臘半島上的拜占庭為帝國東都，並更名為君士坦丁堡（今土耳其大城伊斯坦堡）。
	後趙	石勒	建平元年	

永嘉之禍（下）：長安繼洛陽之後淪陷，晉愍帝「投降」，西晉瓦解

在洛陽被劉曜等人攻破後，秦王司馬鄴（晉惠帝與晉懷帝的姪兒）被擁立為皇太子。永嘉七年，晉懷帝在平陽遇害，皇太子隨即於四月在長安即位，改元建興，是為晉愍帝。當時他僅僅十四歲。

劉聰對晉愍帝即位當然不能放心。建興元年（三一三）至建興三年（三一五）間，劉聰屬下的軍隊曾多次進犯長安。到了建興四年（三一六）八月時，劉曜終於將長安團團包圍。兩個月後，長安的糧食差不多已經吃光，開始出現人吃人的慘況。看到這般情景，晉愍帝知道大勢已去，只能做出不讓將士百姓再繼續受苦的決定。

十一月，晉愍帝派人帶書信給劉曜。他隨後脫了上衣，口中銜著玉璧、坐著羊車、載著棺木，就這樣出了長安城，正式向劉曜「投降」。看到皇帝委屈自己投降求和，群臣號啕大哭，攀住羊車想要握住晉愍帝的手，晉愍帝也控制不住自己的哀傷。連年不斷的戰爭，招來「國破家亡」的下場，怎能不讓人悲憤填膺？

劉曜燒掉棺木，收下玉璧，接受晉愍帝的投降。之後晉愍帝被帶往平陽，被劉聰降為懷安侯。

建興五年（三一七）十一月，劉聰出外狩獵，他要晉愍帝穿著軍服，手持戟做為前導。半路上，地方故老當中有認出皇帝的，都忍不住歔欷啜泣，引起劉聰的嫌惡。後來劉聰舉辦盛大宴會，要晉愍帝倒酒、洗酒杯、協助換衣服，又要晉愍帝手持帝王儀衛用的綢傘。在座的晉臣看到天子竟被使來喚去，做著下人

單位：年

西元	朝代	帝王年號	大事
337	東晉	成帝 咸康三年	慕容皝自稱燕王，史稱前燕。
	前燕	慕容皝 元年	
338	東晉	成帝 咸康四年	拓跋什翼犍即位代王，始用年號，稱建國元年。
	代	拓跋什翼犍 建國元年	
339		咸康五年	輔佐元、明、成三帝的王導卒。
342		咸康八年	晉成帝卒，弟司馬岳繼位為帝，是為康帝。
344		康帝 建元二年	晉康帝卒，子司馬聃即位，是為穆帝，年二歲，褚太后臨朝。
347	東晉	穆帝 永和三年	桓溫率軍入成都，李勢投降，成漢亡。
	成漢	李勢 嘉寧二年	
350	東晉	穆帝 永和六年	冉閔滅石氏，自立為帝，定國號大魏，史稱冉魏。
	冉魏	冉閔 永興元年	晉朝得知中原大亂，命揚州刺史殷浩督五州軍，謀北伐。

僕役在做的事，受著比晉懷帝還要嚴重的侮辱，不禁失聲哭泣。尚書郎辛賓還上前抱著晉愍帝痛哭，劉聰看到辛賓這樣忠於晉愍帝相當憤怒，當場就把他殺了。

十二月，劉聰暗地在晉愍帝的食物裡下毒，晉愍帝吃後感到心悶，想要見侍中許肅。許肅迅速趕到，可是晉愍帝已經說不出話了。許肅問皇帝是否還認得他，只見愍帝握著他的手流下眼淚，許肅想要將皇帝抱到床上，然而晉愍帝已經在他的懷中死去，得年不過十八歲。

在長安淪陷、西晉朝廷崩潰，以及晉愍帝遇害後，「五胡亂華」所帶來的苦難程度達到頂點。晉朝要如何度過這前所未有的危機？

東晉企圖復興：瑯琊王司馬睿在建康稱帝

當長安的西晉朝廷解體時，原本居於中原的士族紛紛南下避難。另一方面在晉朝的皇室和臣子當中，仍有人試圖阻止局面繼續惡化下去，最後由瑯琊王司馬睿成為他們的領導者。

從親屬關係來看，瑯琊王司馬睿是司馬懿的曾孫、晉武帝的堂姪（五等親）、晉惠帝與晉懷帝的再從兄弟（六等親）、晉愍帝的族伯（七等親）。

晉懷帝永嘉元年（三〇七），司馬睿被任命為安東將軍、都督揚州江南諸軍事，以建鄴（即三國時代吳國的都城建業，今南京市）為根據地。原本司馬睿很喜歡喝酒，一旁的王導跟他說喝酒的壞處，勸他要少喝，於是司馬睿要手下倒滿酒杯，再親自倒掉裡面的酒，之後就不再喝了。因為他能任用王導等人才，

年				
351	東晉	穆帝	永和七年	苻健自稱大秦天王，國號秦，史稱前秦。
	前秦	苻健	皇始元年	
353	東晉	穆帝	永和九年	殷浩北伐前秦，大敗。
	前秦	苻健	皇始三年	
354	東晉	穆帝	永和十年	桓溫以殷浩北伐失敗為由，上疏請罷黜殷浩，殷浩被廢為庶人。
	前秦	苻健	皇始四年	東晉大將桓溫第一次北伐，率軍討苻健的前秦政權，於藍田打敗秦軍，後因缺糧退兵。
356			永和十二年	桓溫第二次北伐，打敗羌族首領姚襄，收復洛陽。建議遷都回洛陽，而東晉偏安東南，桓溫退兵南歸。
357	東晉	穆帝	升平元年	姚襄為前秦軍所殺，弟姚萇投降。
	前秦	苻堅	永興元年	秦王苻堅以王猛為尚書。
361		穆帝	升平五年	晉穆帝崩，成帝子司馬丕即位，是為哀帝。
362		哀帝	隆和元年	前燕攻晉洛陽，桓溫前往救援防守，又上疏請遷都洛陽。

以禮對待地方的賢人與名門士族，也能照顧百姓，所以漸漸獲得民心。

永嘉五年（三一一）六月，晉懷帝被擄至平陽，司空荀藩便號召以司馬睿為盟主領袖。司馬睿開始在朝廷中占有重要地位。

晉愍帝即位後，將建鄴改名為建康，以避免因直呼皇帝名諱（愍帝名司馬鄴）而觸犯禁忌。又任命司馬睿為左丞相，建興三年（三一五）再升為丞相，希望他能帶兵救援。

長安陷落後，建興五年（三一七）司馬睿換穿喪服，為晉愍帝落入敵手表示哀痛。他所屬的幕僚及地方官吏一同請司馬睿稱帝，但被多次拒絕；官員們又改請以魏晉以來的舊例稱晉王，司馬睿才同意。於是他在三月於建康改稱晉王，其管轄的境內改年號稱建武。

司馬睿改稱晉王後，開始在建康設置百官、建立宗廟（祭祀晉朝祖先的宮殿）社稷（原指土神與穀神，為帝王所祭拜。宗廟社稷合稱，泛指「國家」），又立長子司馬紹為晉王太子，很有在建康重建朝廷的意味。

當年十二月，晉愍帝在平陽遇害；隔年建武二年（三一八）三月，噩耗傳到建康。百官再次請晉王稱帝，是為晉元帝，改元大興。史上所稱的東晉自此開始，原本「五胡亂華」的情勢，也轉成東晉與「五胡十六國」等政權南北對峙的長期分裂局面。

祖逖北伐：發下「中流擊楫」的誓言

偏安江左，對於王室或隨王室南遷的僑姓世族而

單位：年

西元	朝代	帝王年號	大事
363		興寧元年	桓溫被任命為大司馬、都督中外諸軍事、錄尚書事。
364		興寧二年	桓溫任宰相，兼荊揚二州刺史。
365		興寧三年	哀帝卒，弟司馬奕即位，是為廢帝。
369	東晉	廢帝 太和四年	桓溫第三次北伐，討前燕，燕大都督慕容垂領兵抵抗；前燕與前秦聯兵，桓溫敗歸，淮北收復土地復失。
	前燕	慕容暐 建熙十年	
370	東晉	廢帝 太和五年	秦王苻堅遣兵滅前燕。
	前燕	慕容暐 建熙十一年	
	前秦	苻堅 建元六年	
371		簡文帝 咸安元年	桓溫廢帝，立司馬昱為簡文帝。
372		咸安二年	簡文帝卒，子司馬曜即位，是為孝武帝。
375		孝武帝 寧康三年	日耳曼民族大遷徙。

言，在情感上總是覺得委屈，能夠打回北方、收復失土，一直都是他們的夢想。祖逖是東晉率先北伐的大將，當時瑯琊王司馬睿雖然不反對北伐，但鞏固偏安政權顯然更加重要，所以對於北伐的人力物資並沒有給予太多的支持，反交由祖逖自行去招兵買馬。祖逖懷有壯志，曾經在渡江至中流時，擊打船槳發下「中流擊楫」的誓言：「不能清中原而復濟者，有如大江！」。

祖逖除了自己招募的士兵外，還收服一些擁兵自立的塢堡勢力。靠著這些兵力，祖逖與石虎、石勒有多次的攻防戰，但卻遲遲不見捷報。好在祖逖行軍很有耐心，將領們多半對他很服從，而且祖逖厚待從石勒那邊來歸降的人，因此在團結一心下，祖逖終究成功收復黃河以南地區的土地。

石勒見祖逖勢力強盛，不敢南侵，還開始向祖逖表達友好。祖逖亦與石勒修結和好，禁止邊將進侵後趙，於是邊境暫得和平。但同時祖逖秣馬厲兵，積蓄力量，還是準備向北岸推進。事實上，晉元帝司馬睿也擔心祖逖過大的聲望，於是派遣戴淵為征西將軍，前去監督祖逖。祖逖自然甚為不快。同時，祖逖憂慮權臣王敦和寵臣劉隗等對立，內亂將會爆發，讓北伐難成，因而激憤患病。西元三二一年，祖逖未晉北伐志業，便病死了。次年東晉爆發「王敦之亂」，石勒乘機進攻，原本已收復的黃河以南的土地，於是又被石勒攻占。

桓溫三次北伐：回家的路很遙遠

在南方立足越久，即使真的有機會可以回到北

年份	政權	君主	年號	大事
376	東晉	孝武帝	太元元年	前秦苻堅伐前涼，張天錫投降，前涼亡。
	前涼	張天錫	太清十四年	苻堅乘勢出擊代國，什翼犍逃雲中（內蒙）。前秦趁代國內亂，殺什翼犍兒子寔君，代國亡。
	代	拓跋什翼犍	建國三十九年	前秦統一北方，與東晉以淮水為界，南北對峙。
	前秦	苻堅	建元十二年	
377			太元二年	謝玄被任命為南兗州刺史，籌組新軍。劉牢之為參軍，率領精銳前鋒，人稱「北府兵」。
379	東晉	孝武帝	太元四年	前秦攻淮南，包圍三阿，北府兵救援，一戰告捷，秦兵北退。
	前秦	苻堅	建元十五年	
380			太元五年	羅馬帝國狄奧多西一世皇帝受洗成為基督宗教教徒，之後下令全國接受基督宗教，且以刑罰威脅異教徒。
381			太元六年	羅馬帝國狄奧多西一世皇帝在君士坦丁堡召開第二次大公會議（第一次君士坦丁堡大公會議），修訂並確認尼西亞信經內容，成為「尼西亞——君士坦丁堡信經」。從此基督宗教在羅馬帝國中逐漸被提升至國教地位。

方，也不見得人人都會選擇這一條路。繼祖逖之後的北伐大將就是桓溫。桓溫的發跡是在鎮守荊州時，起兵征伐成漢。當時在大臣們一片不看好的聲浪中，桓溫親自率兵直攻成都，大敗成漢，成漢因而滅亡，時值永和三年（三四七）。桓溫因這一戰而聲名大振，也晉升為征西大將軍。和祖逖一樣的遭遇是，朝廷忌憚桓溫功高後不受控制，所以另外拔擢殷浩，以為抗衡。

永和五年（三四九）後趙的石虎過世，北方陷入奪位的混亂中，桓溫上表希望能率兵北伐，卻始終沒有下文。隔年，朝廷竟然委派殷浩進行北伐，桓溫自然深感不平。孰料，殷浩在隨後的兩年內多次發兵，卻連戰連敗，桓溫趁機表列殷浩的罪行，逼使朝廷罷黜了殷浩。接著桓溫開始規畫北伐戰役，時值永和十年（三五四）。

永和十年二月，桓溫發動第一次北伐，進攻前秦，然而遇到糧食供給無法及時的問題，只好被迫撤兵，撤退時卻遭受前秦軍隊的攻擊，東晉士兵死傷上萬人。永和十二年（三五六），桓溫從江陵發動第二次北伐，這次成功收復故都洛陽。桓溫雖然多次上表、建議朝廷遷都返回到洛陽，卻都不被允許。

隆和元年（三六二），前燕進攻洛陽，桓溫除布下重兵防守之外，亦再度請求遷都洛陽，也建議南遷的士族一起返鄉，但這些僑姓士族早已安逸南方的生活，根本不願意北歸。因此，晉朝王室始終沒有還都洛陽。興寧三年（三六五），晉哀帝過世，桓溫原本預計要出兵討伐前燕之事，只得作罷。與此同時，洛陽卻被前燕攻陷了。

單位：年

西元	朝代	帝王年號	大事
382	東晉	孝武帝 太元七年	前秦命呂光西征。
	前秦	苻堅 建元十八年	
383		太元八年	由謝玄、謝石等將領領軍的晉朝軍隊，在淝水擊敗南下來犯的前秦軍隊，是為「淝水之戰」。
		建元十九年	
384	東晉	孝武帝 太元九年	鮮卑將領慕容垂脫離苻堅，自稱燕王，建立燕國，史稱後燕。
	前秦	苻堅 建元二十年	前秦北地長史慕容泓打敗前秦將軍，自稱濟北王，史稱西燕。
	後燕	慕容垂 燕元元年	羌姚萇在渭北起兵，自稱萬年秦王，史稱後秦。
	西燕	慕容泓 燕興元年	前秦呂光破龜茲，降者三十餘國。
	後秦	姚萇 白雀元年	
385	東晉	孝武帝 太元十年	乞伏國仁自稱大單于，史稱西秦。
	西秦	乞伏國仁 建義元年	後秦俘苻堅，苻堅被殺。
386	東晉	孝武帝 太元十一年	拓跋珪稱代王，重建代國，改稱魏，史稱北魏。
	北魏	拓跋珪 登國元年	呂光自稱涼州牧、酒泉公，史稱後涼。
	後涼	呂光 太安元年	

太和四年（三六九），桓溫為了自己的威望，決定發動第三次北伐。當時桓溫的參軍郗超認為，最好的方式是直攻前燕的首都鄴城，或者是駐兵在黃河、濟水一帶，儲存足夠的糧食物資後，再行進攻。但是桓溫不從。沒想到，前燕與前秦聯手，截斷了桓溫的糧道，桓溫見水戰不可行，便燒船棄甲，選擇從陸路撤退。不幸地，還是受到敵人的追擊，更在譙郡被前秦狠狠擊敗。第三次北伐終究還是失敗了。

淝水之戰：東晉與五胡最關鍵的一場戰役

當晉朝移都建康延續國祚的時候，北方的政權不斷變換，逐漸成為前涼、前燕、代和前秦四強並立的局面，最後由氐族人建立的前秦統一了華北。

前秦皇帝苻堅在統一北方後，向大臣們明確表達想親率大軍攻滅東晉的想法，甚至發下「只要我們的將士都將手上的鞭子丟進長江裡，就能阻斷長江的水流」這樣的豪語。此即成語「投鞭斷流」的由來，比喻軍隊的人數眾多，戰力堅強。

太元八年（建元十九年〔三八三〕）八月，苻堅帶著號稱百萬的前秦軍隊渡過淮河；東晉朝廷派征討都督謝石、冠軍將軍謝玄、輔國將軍謝琰、西中郎將桓伊等將領，發兵八萬人出師抵抗。

十月，苻堅的弟弟苻融攻陷壽春（今安徽省壽縣），苻堅隨後抵達。謝玄、謝石等人則在淝水（在今安徽省境內，屬淮河和巢湖支流）南岸駐軍，阻擋秦軍去路。苻堅和苻融登上壽春城遠眺晉軍，發現晉軍紀律嚴整；再望向附近八公山，竟將山上生長的草木誤認成晉軍。苻堅回頭對苻融說：「他們也是勁

年份	國	帝號	年號	大事
394	東晉	孝武帝	太元十九年	後燕慕容垂大破西燕軍，西燕亡。
	後燕	慕容垂	建興九年	羅馬狄奧多西一世下令禁止任何非基督教活動，基督教成為羅馬帝國國教。
	西燕	慕容永	中興九年	
395	東晉	孝武帝	太元二十年	後燕太子慕容寶攻北魏，相持數月而還。北魏兵尾追，在參合陂突擊，後燕大敗。
	後燕	慕容垂	建興十年	羅馬狄奧多西一世過世前，遺詔將帝國畫成兩半，由兩個兒子分別繼承。帝國從此分裂為二，即東、西羅馬帝國，不再統一。
	北魏	拓跋珪	登國十年	
396	東晉	孝武帝	太元二十一年	北魏進兵中原。
	北魏	道武帝 拓跋珪	皇始元年	晉孝武帝卒，子德宗即位，是為安帝。
397	東晉	安帝	隆安元年	禿髮烏孤稱西平王，史稱南涼。晉朝王恭、殷仲堪作亂。
	南涼	禿髮烏孤	太初元年	沮渠蒙遜起兵反後涼，推段業為建康公，史稱北涼。
	北涼	段業	神璽元年	
398	東晉	安帝	隆安二年	後燕慕容德稱燕王，史稱南燕。晉朝王恭、殷仲堪再起兵，殷仲堪以楊佺期、桓玄為前鋒響應。王恭部將劉牢之倒戈，王恭被殺。
	南燕	慕容德	燕平元年	拓跋珪遷都平城（山西大同），即帝位，是為北魏道武帝。

敵，說什麼兵力很少呢！」心裡開始有點害怕。而這就是成語「草木皆兵」典故的出處。

苻堅派尚書朱序（原本是晉朝官員，因戰敗而向前秦投降）勸告謝石等人投降，朱序卻對謝石說出秦軍內部尚未完全到齊，適合速戰的狀況。於是謝石最後決定要速戰。

由於秦軍列陣於淝水邊，謝石便派遣使者到苻融的軍營裡，提議秦軍稍稍離開淝水邊向後退一些，讓晉軍渡河後再開戰。於是苻融就要秦軍稍稍後退，讓晉軍渡過淝水，並想藉機發動突擊。

沒想到秦軍才剛開始後退，朱序就在隊伍裡大聲喊叫：「戰敗了！」結果秦軍一退不可止，晉軍則在後追擊。晉軍在戰場上擊殺苻融，又射傷苻堅，秦軍嚇到連風吹鶴鳴都以為是晉軍追來了，一刻也不敢停留。「風聲鶴唳」的成語因此誕生，形容人們驚慌恐懼的樣子。

苻堅狼狽地逃回長安，原本被他征服的其他外族乘機反叛，求取復國建國的機會，北方再度陷入混亂。由於東晉戰勝，避免了大江南北全被外族征服的危機，可是東晉因為內部不安定而沒有把握機會北伐，使得東晉與五胡間仍然維持著對峙的局面。

劉裕篡東晉，南朝開始：宋齊繼，梁陳承；為南朝，都金陵（建康）

自晉惠帝太安年間（三〇三）起，匈奴、鮮卑、羯、氐、羌等五族及漢人，分別先後在中原及益州一帶建立政權，這些政權合稱「五胡十六國」。十六國依登場次序先後為：（巴氐）成（後改國號漢，史稱

單位：年

西元	朝代	帝王	年號	大事
399	東晉	安帝	隆安三年	桓玄舉兵殺殷仲堪、楊佺期。孫恩自海島起兵，劉牢之指揮北府軍打敗孫恩，恩逃至海島。
	北魏	道武帝	天興二年	北魏道武帝置五經博士，命郡縣搜羅書籍，匯集平城。
400	東晉	安帝	隆安四年	晉朝廷以桓玄都督八州、八郡，領二州刺史。桓玄據有長江上游。孫恩再起兵，被劉牢之打敗，復逃往海上。
	西涼	李暠	庚子元年	北涼段業以李暠為敦煌太守，不久李暠自稱涼公，史稱西涼。
401			隆安五年	孫恩沿長江至丹徒（鎮江），被劉裕所擊敗，沿海南走。
402			元興元年	桓玄舉兵南下，殺司馬元顯，劉牢之先倒戈，又欲反桓玄，之後自殺。孫恩攻臨海，敗死，妹夫盧循接收其眾。
403			元興二年	桓玄廢安帝，自稱帝，國號楚。南涼與北涼聯攻後涼，後涼亡。
404			元興三年	劉裕起兵討伐桓玄。桓玄挾帝奔走江陵，兵敗被殺。安帝復位。盧循占番禺，自稱平南將軍。
405	東晉	安帝	義熙元年	劉毅擊滅桓玄弟桓振餘部，迎帝還建康，桓玄之亂平定。
	蜀	譙縱	元年	晉朝參軍譙縱率眾入成都，稱成都王，史稱（西）蜀。晉朝權假盧循為廣州刺史。

成漢、蜀或前蜀）、（匈奴）漢（後改國號趙，史稱前趙）、（漢）前涼（有時用晉朝年號，有時獨立建元）、（羯）後趙、（鮮卑）前燕、後燕、南燕（三燕國同有親戚血緣關係）、（氐）前秦、（羌）後秦、（鮮卑）西秦、（氐）後涼、（鮮卑）南涼、（漢、匈奴）北涼（開國者為漢人段業，後被匈奴人沮渠蒙遜奪位）、（漢）西涼、（匈奴）夏、（漢）北燕。

另外有些政權沒有被畫入十六國中，其中著名的包括：（鮮卑）代（南北朝的北魏前身）、（氐）仇池（楊姓，常稱武都王或仇池公，有時自立，有時臣屬東晉或五胡）、（漢）魏（建國者為冉閔，史稱冉魏）、（鮮卑）西燕（與前燕、後燕、南燕有親戚血緣關係）、（漢）後蜀（建國者譙縱原為東晉叛臣，自稱成都王，史稱後蜀）等五個政權。

雖然北方五胡有諸多政權且不斷更換，可是東晉重建朝廷政府後，即使不乏如「聞雞起舞」的祖逖、「陶侃運甓（ㄆㄧˋ）」的陶侃等志士名將，誓師北伐，企圖恢復失土，然而一直無法成功。因為東晉內部也不安定，常有權臣和叛亂對朝廷構成威脅。元帝、明帝時有王敦，成帝時有祖約和蘇峻；穆帝、哀帝時桓溫藉北伐培養實力，甚至能廢黜廢帝，改立簡文帝；孝武帝時則有會稽王司馬道子。

到了安帝時，先有桓玄造反，後遇孫恩、盧循之亂，最後權力落入武將劉裕手中。劉裕以戰功建立聲望和對朝政的影響力，後來又弒殺安帝改立恭帝，再於恭帝元熙二年（四二〇）篡奪帝位，改國號為宋，是為南朝宋武帝。

年代	國	君主	年號	事件
407	東晉	安帝	義熙三年	匈奴赫連勃勃自稱大夏天王，夏始於此。
	夏	赫連勃勃	龍升元年	
	北燕	慕容雲	高雲正始元年	後燕慕容雲自稱天王，史稱北燕。後燕亡。
409	東晉	安帝	義熙五年	北魏道武帝拓跋珪在政變中被殺，子拓跋嗣繼位，是為明元帝。
	北魏	明元帝	永興元年	
410	東晉	安帝	義熙六年	劉裕破廣固，滅南燕。
	南燕	慕容超	太上六年	盧循趁劉裕伐南燕，引兵北上，進逼建康。劉裕救援，率兵南下，屢破循兵，盧循南走。
				西哥德人在首領阿拉列克的率領下進攻羅馬城，羅馬慘遭洗劫。
411			義熙七年	盧循在交州戰敗而死，孫恩、盧循之亂平定。
412	東晉	安帝	義熙八年	西秦乞伏乾歸被殺，乞伏熾磐自稱河南王。
	西秦	乞伏熾磐	永康元年	
417	東晉	安帝	義熙十三年	劉裕軍克長安，滅後秦。劉裕南還。
	後秦	姚泓	永和二年	
418			義熙十四年	劉裕受相國、宋公、九錫之命。劉裕廢殺安帝，另立恭帝。

東晉被劉裕篡位後，南北朝的宋、魏都已經出現。由於三國時代的吳國、東晉，加上南朝（宋、齊、梁、陳）都建都於建康，合稱「六朝」。至於當時的北方仍有十六國的西秦、北涼、西涼、夏、北燕等國有待整合。歷史的長河分成南北兩條，依然看不到交會合流的那一端……。

南北朝的宋、魏兩強對峙：北涼滅亡，「五胡十六國」時代結束

當東晉被南朝宋取代的時候，北方仍有六個國家並立，分別是：

（鮮卑）西秦（約在今甘肅省南部）；

（匈奴）北涼（約在今甘肅省中南部一帶）；

（漢）西涼（約在今甘肅省與新疆省間，以敦煌為都城）；

（匈奴）夏（約在黃河河套一帶）；

（漢）北燕（約在東北南部、遼東半島及部分朝鮮半島）；

（鮮卑）魏（約在山西省、長城一帶）。

前面五國均屬於「五胡十六國」之一。至於魏國，史稱北魏或是後魏，就是南北朝中的北魏。

接下來的十餘年間，有四國陸續滅亡，分別是：西涼（涼州刺史李恂〔ㄒㄩㄣˊ〕）亡於北涼（太祖沮渠蒙遜）（四二一）、西秦（王乞伏幕末）亡於夏（帝赫連定）、夏旋即亡於北魏（四三一）、北燕（昭成帝馮弘）被北魏擊敗（四三六。後來馮弘逃入高麗，兩年後被高麗所殺）。

北方成為北涼與北魏並立的局面。

單位：年

西元	朝代	帝王年號	大事
420	東晉	恭帝 元熙二年	劉裕廢恭帝，篡奪帝位，改國號為宋，是為宋武帝。南朝開始。
	南朝宋	武帝 永初元年	
421	南朝宋	武帝 永初二年	武帝親策試諸州郡秀才、孝廉。
	北涼	沮渠蒙遜 玄始十年	北涼沮渠蒙遜破敦煌，李恂自殺，西涼亡。
	西涼	李恂 永建二年	
431	南朝宋	文帝 元嘉八年	夏赫連定攻西秦，沮渠慕末投降，西秦亡。
	西秦	沮渠慕末 永弘四年	赫連定避北魏西遷，被土谷渾俘虜，夏亡。
	夏	赫連定 勝光四年	
436	南朝宋	文帝 元嘉十三年	宋文帝忌檀道濟威名，將其殺害。
	北魏	太武帝 太延二年	北魏伐北燕，北燕馮弘焚龍城宮殿，逃往高麗，北燕亡。
	北燕	馮弘 太興六年	
439	南朝宋	文帝 元嘉十六年	北魏攻北涼，北涼哀王沮渠茂虔（牧犍）向北魏投降。北涼是「五胡十六國」中最後滅亡的國家。
	北魏	太武帝 太延五年	北魏統一北方。
	北涼	沮渠茂虔 永和七年	汪達爾人在北非原迦太基一帶土地，建立汪達爾王國。

此時北涼的國力沒有比宋、魏強，因此北涼的國君河西哀王沮渠茂虔一邊接受南朝宋授與的官爵，一邊娶了北魏太武帝的妹妹武威公主，成為太武帝的妹婿。換句話說，北涼一方面向宋稱臣，另一方面與魏和親，以做為求取生存的方式。

可是這樣的好日子沒有過多久。北涼河西哀王沮渠茂虔永和七年（南朝宋文帝元嘉十六年、北朝魏太武帝太延五年〔四三九〕），魏太武帝派尚書賀多羅出使北涼，並且觀察其內部狀況。賀多羅回報，北涼表面上好像符合做臣子的禮節，但實際上不是那麼回事。魏太武帝隨即命令官員寫信責備，條列十二罪狀，並且派出軍隊。

沮渠茂虔完全沒料到魏軍會來，急著向另一外族柔然求援。此外又命他的弟弟帶兵抵抗，不料卻被魏軍擊敗。魏軍圍困北涼的都城姑臧，沮渠茂虔沒有辦法，只好率領他的官員向北魏投降。

隨著沮渠茂虔投降，數部史書記載北涼於此年滅亡；也就是說北方在這年由北魏所統一，歷史上南北朝各自發展對立的局面才完全形成。

「八王之亂」中八王與晉朝皇室關係圖

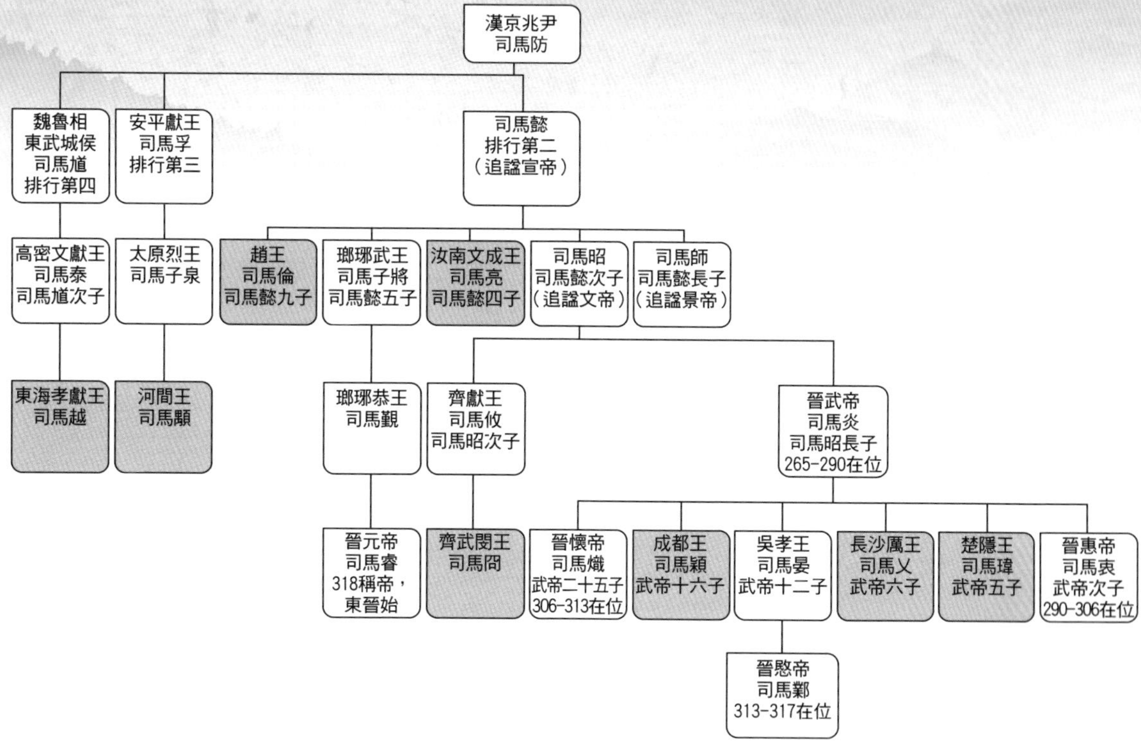

南北朝

劉裕在東晉桓玄之亂時嶄露頭角，最後篡晉而立，建國號宋，是為宋武帝，東晉宣告滅亡，進入史稱「南北朝」的階段；北方當時仍是多頭馬車，後來才由鮮卑拓跋氏的北魏所統一，南北對峙局面方成形。

南朝政權常發生皇室與宗室間的骨肉相殘，野心家多以武力爭奪帝位。劉宋政權雖有「元嘉之治」，還是被蕭道成的「蕭齊」取而代之；蕭齊政權雖然有「永明之治」，仍被梁武帝蕭衍所取代。梁武帝晚年崇信佛法，朝廷綱紀鬆散，所以梁朝先遭「侯景之亂」，後有陳霸先專權，陳霸先最後廢梁敬帝自立，改國號陳，是為陳武帝。

北方的北魏政權在孝文帝時期，藉由漢化運動的推行，使居住洛陽的鮮卑人在文化與生活上都有很大的改善；相較於留守邊區、未曾漢化的鮮卑人，兩者間的差距越來越大，「六鎮之亂」就是這個引爆點，北魏也因此分裂為東魏與西魏。

東魏位居黃河以東、淮水以北，原本是由高歡掌握朝政，後由高洋篡位、建國號齊，史稱北齊；西魏則在黃河以西、秦嶺以北的地區，當時是由宇文泰專權，後由其子宇文覺篡位，是為北周。北周與北齊並存，然北齊國力因為朝政不穩、內耗過多，已經不是北周的對手，後來由北周武帝攻克北齊，北方再度獲得統一。北周皇室的外戚楊堅專權，身負戰功與軍威，輕易地策畫篡位，建立隋朝。南陳則在楊堅即位不久後被消滅。

南北朝對社會階級，世族或寒門，有明確的分際，九品中正制就是當時維護門閥政治的工具。南北朝時期多戰亂，自給自足的莊園經濟是當時的特色；隋唐沿用的均田制，就是來自北魏孝文帝時的規畫。玄學在這個戰亂時期十分受到歡迎，而受佛教的影響，還出現神滅論、神不滅論等觀點，另外還有「志怪小說」的出現，以及描述神仙傳說的文學作品。

南朝的國祚自西元四二〇年至五八九年，起自劉裕建立宋朝，終於陳朝的陳後主（陳叔寶），包含宋、齊、梁、陳等四朝；北朝的國祚自西元四三九年至五八一年，起自北魏的拓跋珪，終於北周的宇文衍，包含北魏、東魏、西魏、北齊、北周等五朝。南朝皆是定都建康；北魏從平城遷都洛陽，東魏與北齊建都於鄴，西魏與北周建都於長安。

單位：年

西元	朝代	帝王	年號	大事
420	東晉	恭帝	元熙二年	東晉　被宋王劉裕篡奪，改國號為宋，是為宋武帝。南朝開始。
	宋	武帝	永初元年	
421	宋	武帝	永初二年	宋武帝親策試諸州郡秀才、孝廉。
	北涼	沮渠蒙遜	玄始十年	北涼沮渠蒙遜破敦煌，李恂自殺，西涼亡。
	西涼	李恂	永建二年	
422	宋	武帝	永初三年	宋武帝卒，太子劉義符即位，是為少帝。
	北魏	明元帝	泰常七年	魏明元帝發兵攻宋，宋命檀道濟率兵抵抗。
423	宋	少帝	景平元年	北涼沮渠蒙遜與吐谷渾王阿柴分別遣使至宋入貢。
	北魏	明元帝	泰常八年	魏明元帝卒，子拓跋燾即位，是為太武帝。
	北涼	沮渠蒙遜	玄始十二年	魏築長城，以防備柔然。魏太武帝崇奉道士寇謙之，設天師道場，道教大盛。

北朝魏前期：小皇帝孝文帝登基之前

南北朝中的北朝魏皇室是鮮卑族人，以拓跋為姓。他們的遠祖約在漢末三國時就已和中原一帶有所接觸往來。晉懷帝永嘉年間，平北將軍劉琨表薦拓跋猗（一）盧為代公；晉愍帝建興年間又提升猗盧爵位為代王，這是北魏前身代國國號的由來，但當時仍向晉朝稱臣。

晉元帝大興四年（三二一），代王拓跋鬱律與晉朝斷絕關係自立為王；傳到代王拓跋涉翼犍（什翼犍）建國三十九年（三七六）時，其國被苻堅軍隊攻破，什翼犍遭到活捉，代國滅亡。

晉孝武帝太元八年（三八三），晉、秦雙方爆發「淝水之戰」，苻堅大敗；原本被前秦征服的各族紛紛獨立建（復）國，什翼犍的孫子拓跋珪也於太元十一年（三八六）春天即代王王位，建元登國；到夏天時改稱魏王，南北朝的北朝開始。不過當時南方仍是東晉，北方的五胡十六國時期也尚未結束。晉安帝隆安二年（魏皇始三年〔三九八〕），正式確定國號為魏，遷都平城（今山西省大同市）並即位稱帝，改元天興，是為北魏道武帝。

北魏道武帝後是明元帝、太武帝。明元帝泰常五年（四二〇），劉裕纂晉。明元帝時，曾修築長城以防禦居於塞外的民族柔然（蠕蠕、芮芮）；到太武帝在位時，又在長城以北加建六座軍事重鎮，簡稱「六鎮」。另外，統一北方、下令坑殺佛教僧侶，以及摧毀佛像，都是太武帝時代的大事。

由於太武帝長年攻擊柔然和南朝宋，以至於損耗國力，所以在他之後的文成帝便改採寬和的政策，讓

424	宋	少帝 景平二年 文帝 元嘉元年	宋少帝嬉遊無度，司空徐羨之等廢殺少帝，迎立劉義隆為文帝。
	北魏	太武帝 始光元年	柔然出兵攻打魏，魏反擊，大勝而還。
425	宋	文帝 元嘉二年	
	北魏	太武帝 始光二年	魏大舉攻柔然，柔然北逃。
426	宋	文帝 元嘉三年	宋文帝宣布徐羨之等人廢殺少帝之罪，將其誅殺。
	北魏	太武帝 始光三年	魏攻夏，大勝而還。
	夏	赫連昌 承光二年	
427	宋	文帝 元嘉四年	魏攻夏，赫連昌出戰大敗。
	北魏	太武帝 始光四年	
	夏	赫連昌 承光三年	
428	宋	文帝 元嘉五年	魏俘虜赫連昌，弟赫連定稱帝。
	北魏	太武帝 神䴥元年	
	夏	赫連定 勝光元年	

百姓獲得休息。文成帝過世後，年僅十二歲的兒子獻文帝即位，可是他只做了六年皇帝就不想再當了，打算將帝位傳給叔叔京兆王拓跋子推。群臣努力勸阻，讓獻文帝打消這個想法，轉而傳位給只有五歲的兒子拓跋宏，自己升為太上皇帝。這位拓跋宏小朋友就是北魏史中最為人熟知的孝文帝。北魏的歷史發展即將到達一個重要的轉捩點。

南朝宋：奪過皇帝寶座約一甲子就拱手讓人

劉裕篡晉前是以累積戰功的方式，來樹立自己的威望。晉安帝在位時遭遇桓玄叛亂、孫恩與盧循造反，劉裕都參與了討伐。接著出兵攻滅五胡十六國的南燕，還對抗企圖東山再起、占據建康的盧循；然後開始剷除其他將領的勢力，再擊滅五胡十六國的後秦。一時之間洛陽、長安二都均回到晉朝版圖，劉裕的權力更是大增。終於他弒殺了安帝，改立恭帝，而下一步就是，讓人暗示恭帝禪讓帝位給自己，恭帝也只能答應。然而為了斬草除根，劉裕最後是派兵將毒藥交給恭帝，恭帝不肯喝，士兵便用被子把他悶死。

劉裕即位，是為南朝宋武帝。他在位二年多，還來不及有更深遠的規畫就過世了。長子少帝在位一年多被廢殺，三子劉義隆繼位，是為宋文帝。文帝在位期間，雖然北伐事業以失敗告終，但境內平靜、重視教育，文史發展均有成就。像是裴松之註解《三國志》、劉義慶著《世說新語》都是代表，堪稱南朝宋的太平時代。

可惜文帝最後被長子劉劭弒殺，之後繼位的皇帝們品德不佳，個性殘暴；比如文帝的三子孝武帝，曾

單位：年

西元	朝代	帝王年號	大事
429		元嘉六年	魏大破柔然，可汗西逃。
		神䴥二年	
430	宋	文帝 元嘉七年	宋第一次北伐。遣到彥之等人攻魏。魏採先予後取策略，之後全面出擊收復洛陽，宋軍敗退。
	北魏	太武帝 神䴥三年	魏破夏軍，赫連定走上邽（甘肅天水）。
	夏	赫連定 勝光三年	
431	宋	文帝 元嘉八年	夏赫連定攻西秦，沮渠慕末投降，西秦亡。
	西秦	沮渠慕末 永弘四年	赫連定避北魏西遷，被土谷渾俘虜，夏亡。
	夏	赫連定 勝光四年	
435	宋	文帝 元嘉十二年	北燕向宋稱藩奉貢。
	北燕	馮弘 太興五年	
436	宋	文帝 元嘉十三年	宋文帝忌檀道濟威名，將其殺害。
	北魏	太武帝 太延二年	北魏伐北燕，北燕馮弘焚龍城宮殿，逃往高麗，北燕亡。
	北燕	馮弘 太興六年	

說自己的爺爺武帝是個鄉下人；其子前廢帝的母親病重時，想要看到兒子，前廢帝竟說房裡有鬼不能去，言語行為不孝。文帝十一子明帝在位時，相當猜忌自己的弟弟們，出兵北伐又失敗，反被北魏奪去淮河以北的土地，國土削減；其子後廢帝則喜歡凌虐殺害大臣百姓。這些例子不勝枚舉，使得人人自危，也促成蕭道成的崛起。

蕭道成原是南朝宋的武將，明帝以後有數起叛亂，他都曾接受命令出兵討伐。由於功勞漸多，明帝、後廢帝對他不是很放心。蕭道成的身材很胖，有一次他在家裡露著肚子睡覺被後廢帝看到，立刻下令綁起來並在肚子上畫靶，準備要用箭射。一旁大臣趕快說：「這樣好的活靶射一箭就會死，以後就不能再射了，不如改用骨製的箭頭吧！（可以一射再射）」後廢帝覺得也有道理就改換箭頭，一箭正中紅心（蕭道成的肚臍）。後廢帝丟下弓大笑說：「這箭射得如何啊？」蕭道成真是死裡逃生。

後來蕭道成策畫發動政變，弒殺後廢帝，改立順帝並掌握大權。忠於宋的臣子們試圖反攻失敗，蕭道成於是篡宋稱帝，改國號為齊，是為齊高帝。結束了南朝宋約一甲子的壽命。

北魏孝文帝的漢化政策（上）：遷都洛陽、革衣服之制

北魏孝文帝即位時只有五歲，和他最親近的人除了成為太上皇帝的父親獻文帝之外，另外一位則是從小撫養他的文成帝皇后——文明太后馮氏（她並非獻文帝的生母，和孝文帝間其實沒有血緣關係，但這似

年份	國別	帝王	年號	大事
439	宋	文帝	元嘉十六年	北魏攻北涼，北涼哀王沮渠茂虔（牧犍）向北魏投降。北涼是「五胡十六國」中最後滅亡的國家。
	北魏	太武帝	太延五年	北魏統一北方。
	北涼	沮渠茂虔	永和七年	汪達爾人在北非原迦太基一帶土地，建立汪達爾王國。
440	宋	文帝	元嘉十七年	道士寇謙之向魏太武帝獻《神書》，魏因此改元「太平真君」。
	北魏	太武帝	太延六年	
444			元嘉二十一年 太平真君五年	魏禁止私養沙門、師巫於家，違者皆處死。
445			元嘉二十二年 太平真君六年	魏攻吐谷渾，殺其王，占據其地。 因鄯善封閉魏到西域的交通，魏出兵攻打鄯善，其王投降，西域復通。
446			元嘉二十三年 太平真君七年	魏太武帝禁佛教，焚經像，毀佛寺，坑殺僧人。
448			元嘉二十五年 太平真君九年	魏出兵攻破焉耆，焉耆王奔龜茲。魏攻龜茲。
449			元嘉二十六年 太平真君十年	魏攻柔然，可汗敗走，魏大掠民畜，柔然自此衰弱。

乎沒有影響孝文帝對她的孝心）。

五年後，延興六年（四七六）時，獻文帝突然過世，文明太后升為太皇太后並且臨朝聽政，孝文帝改元承明，隔年再改為太和。一般認為由於文明太后出身漢人的背景，對孝文帝後來進行漢化行動應該有所影響。

太和十四年（四九〇），文明太皇太后過世，孝文帝終於親政。在守喪期結束後，太和十七年（四九三）八月，孝文帝以南伐南朝齊為名，發動步兵騎兵約三十餘萬人，從都城平城浩浩蕩蕩地出發。走了一個多月，全軍終於抵達洛陽。在經過數天休息後，孝文帝身著軍裝，騎馬執鞭，精神奕奕準備再往南走。此時群臣向孝文帝行將額頭觸碰到地上的重禮，懇請他停止南伐，獲得孝文帝同意。他藉由這機會正式將都城遷到洛陽，他想要進行的漢化政策也隨之逐步展開。

太和十八年（四九四）十二月，孝文帝下詔「革衣服之制」——變更衣服的制度規定（讓鮮卑人改穿漢人的服飾）。

然而如果要所有的百姓們在幾年內，統一原本國內日常生活中穿著的服飾樣式，其實是不大容易的，畢竟不同的民族風俗和生活習慣不是一朝一夕就能改的。

有一次孝文帝在接見王公卿士時，對留守京師的官員加以責備。孝文帝說：「昨天看見有婦女身上穿著的服裝，仍然是夾領小袖（短袖）的款式。……，你們為什麼要違反先前頒布的詔令？」孝文帝的弟弟咸陽王拓跋禧（元禧）回答：「違背旨意的罪責，的

單位：年

西元	朝代	帝王年號	大事
450		元嘉二十七年 太平真君十一年	魏太武帝率大軍攻宋，之後退軍。 宋第二次北伐。遣王玄謨大舉攻魏，魏軍渡河南下，聲勢浩大，懾退王玄謨，宋軍損失慘重。魏軍揚言渡江，建康大震。宋文帝登石頭城北望，後悔殺檀道濟。 魏發生國史之獄。崔浩因修史直書拓跋氏先世事實，被控「暴揚國惡」，被太武帝誅殺。
451		元嘉二十八年 太平真君十二年	魏兵北退。魏此次攻宋，所到之處皆成赤地，魏軍也死傷過半。 魏將俘虜的宋民置於京畿一帶。 在西方被號稱為「上帝之鞭」的匈奴王阿提拉和西羅馬帝國加西哥德之聯軍交戰，是為「沙隆之役」（或稱卡塔勞尼安平原之役，在今日法國境內）。
452		文帝 元嘉二十九年 文成帝 興安元年	魏太武帝遭中常侍宗愛殺害，南安王拓跋余繼位，宗愛專權亂政。拓跋余謀削奪宗愛權勢，反被其殺害。尚書源賀等人殺宗愛，立太武帝孫拓跋濬為文成帝。 魏恢復佛教。 阿提拉王向羅馬進軍途中，遇羅馬主教（教宗）良一世（利奧一世）等人勸阻而撤兵。

確是要負刑罰的。」孝文帝對官員們說：「如果朕有什麼話說得不對，各位當場就應該要提出來，怎麼可以在朕的面前說順從旨意，離開後就不照著朕的意思做？」由此可見，當時距離孝文帝冀望達到的目標，還有漫漫長路要走。

北魏孝文帝的漢化政策（下）：改變鮮卑人的語言

北魏孝文帝繼改變服裝的政策後，開始推行下一步的漢化運動。太和十九年（四九五）六月，孝文帝下詔「不得以北俗之語言於朝廷」——不能在朝廷裡說北方風俗中的語言（禁止在朝廷裡說鮮卑語），如果有違反者就要被免職。

有關改變語言的決定經過，大致可以從孝文帝與弟弟咸陽王拓跋禧的對話中，以及他對大臣李沖表達不滿的心情窺知一二。

孝文帝在接見官員時問大家：「各位希望魏朝能與殷周二代相比美，還是讓漢晉獨攬美名呢？」咸陽王說：「實在希望陛下能超越前代的王者。」

孝文帝：「如果是這樣的話，要做些什麼事才能達到這個目標？是希望修養德行改變風俗？還是維持原來的習慣呢？」咸陽王回答：「應該要改變原有的風俗，以成就日日進步的好名聲。」

孝文帝又問：「是希望在我們這一代改變就好？還是要傳給後代子孫？」咸陽王說：「既然要讓國家長長久久地維持下去，希望能夠傳給後世。」孝文帝：「如果是這樣的話，就必須改革，各位王公官員都應該遵守，不能違背。」

453	元嘉三十年 興安二年	宋文帝欲廢太子劉劭，劉劭殺文帝而自立。 宋武陵王劉駿起兵討伐劉劭，即帝位，是為孝武帝。諸軍殺劉劭。 阿提拉王突然過世，匈奴人對歐洲的威脅大為減除。
455	孝武帝 孝建二年 文成帝 太安元年	宋孝武帝下令裁減王侯車服、器用等的規格，以削弱王侯。
457	大明元年 太安三年	宋行土斷，將雍州諸僑郡縣，三郡并為一郡，流民皆編入戶籍。
458	大明二年 太安四年	宋孝武帝不信任大臣，以戴法興、巢尚之、戴明寶為心腹。 魏攻宋清口，被擊退。
460	大明四年 和平元年	魏開始在平城西武州塞（山西大同西北）鑿雲崗石窟，太和十八年（四九四）完成。
464	大明八年 和平五年	宋孝武帝卒，太子劉子業即位，是為前廢帝。

孝文帝對大臣們說：「自上古以來各部經書的內容中，哪裡有不名實相副而能夠完成的禮節儀式呢？今日想要禁止說北語（鮮卑人說的語言），讓大家都發正音（說漢人說的語言）。三十歲以上的人，說北語的習慣已經很久了，在這倉卒之間或許無法改變；三十歲以下，現在在朝廷裡做官的人，則不可以繼續說北語。如果有違反者，就要降低爵位、免除官職。大家都要深深地警惕。如此慢慢重覆練習，使用語言的習慣風俗就能煥然一新了。……，你們覺得這樣對不對呢？」咸陽王說：「如同聖旨所說的，應該要有所改變。」

孝文帝：「朕曾經與李沖討論過這件事，李沖說：『各地百姓使用的語言那麼多，到底是以誰說的為準？皇帝說的話，就是標準，何必改舊從新呢！』李沖說這話，應該要處死罪。」於是對著李沖說：「你實在辜負了國家。」李沖趕快脫帽向皇帝賠罪認錯。

北魏的全面性改革

北魏孝文帝的漢化政策，可以說是全面性的政經改革，從土地與租調制度（如均田制）、地方行政組織（如三長制，建立鄰、里、黨三級）、官制、教育，到籍貫與姓氏的變更等等，讓北魏發生相當大的變化，鮮卑人越來越沾染華風。整個過程也遭遇不少障礙，其中又以遷都洛陽的阻力最大。

孝文帝是用南伐南朝齊為名義出兵，心裡想的卻是藉此從平城遷都到洛陽；出發前還在群臣面前公開占卜預測出兵的結果，大家都不敢說話。當時只有他

單位：年

西元	朝代	帝王年號	大事
465		前廢帝 景和元年 文成帝 和平六年	宋前廢帝凌辱諸叔父，湘東王劉彧的部下阮佃夫等殺前廢帝，立劉彧為明帝。 魏文成帝卒，子拓跋弘即位，是為獻文帝。
471		明帝 泰始七年 獻文帝 皇興五年 孝文帝 延興元年	十八歲的北魏獻文帝傳位給五歲的兒子拓跋宏，是為北魏孝文帝。
472		明帝 泰豫元年 孝文帝 延興二年	宋明帝劉彧卒，太子劉昱立，為後廢帝，年十歲。袁粲、褚淵輔政，阮佃夫、王道隆掌權。
474		後廢帝 元徽二年 孝文帝 延興四年	宋桂陽王劉休範起兵，右衛將軍蕭道成殺之。蕭道成任中領軍，與袁粲、褚淵等人共執政。
476		元徽四年 延興六年 （承明元年）	魏獻文帝卒，馮太后臨朝稱制。 西羅馬帝國亡於蠻族之手，歐洲歷史進入中古時期，像是封建制度、莊園經濟、基督宗教等特色逐漸成形。

的堂弟任城王拓跋雲公開挑戰，雙方展開激烈辯論，後來孝文帝再召見任城王時，才說出他的想法。原來孝文帝認為北魏興起塞外，雖然以平城為都而且治理這麼大的土地，可是平城的位置靠近北方邊境，是以軍事為主的都城，難以實施文治。而洛陽的位置和歷史都很優越，適合成為併吞南朝、統一天下後的都城。任城王聽完後才轉而支持孝文帝的主張。

還有一次孝文帝接見大臣元贊、陸叡時，表示對於鮮卑人常常說鮮卑人何必要讀書這件事感到惆悵。他希望鮮卑後人們能從讀書中增廣見聞，如果一直住在北方，又遇到不喜歡文化教育的皇帝，恐怕後世子孫就會變成不學無術、沒有專長的人了。

孝文帝即使有理想，在面對戀舊的廣大人心時還是得接受挑戰，其中最嚴重的就是廢太子事件。孝文帝原來的太子拓跋恂（元恂（ㄒㄩㄣˊ））不喜歡讀書寫字，體型又較肥大，他也不喜歡待在天氣比較熱的洛陽，常常想要回到北方平城遊樂。他的老師高道悅經常苦言相勸，反而使太子心懷憤恨。太和二十年（四九六），太子趁孝文帝出外的機會，在某天夜裡打算騎馬回到平城，並且乘機殺了老師，不過因為宮城防守嚴密而沒有成功。隔日尚書陸琇急忙向孝文帝報告，皇帝大驚歎息，但仍完成部分行程後才回到洛陽。孝文帝條列太子的罪狀，再和他的弟弟咸陽王元禧親自杖打太子，打了百餘下後再將太子關起來，並與群臣商議後決定廢黜太子。隔年正月，孝文帝改立次子元恪為太子。

元恪被立為太子不過兩年多，太和二十三年（四九九），孝文帝在指揮抵禦南朝齊的北伐過程中

年份	朝代	帝號	年號	事件
477			元徽五年 太和元年	宋後廢帝忌蕭道成，蕭道成聯合楊玉夫等殺之，立安成王劉準，是為順帝。
479	宋	順帝	昇明三年	南朝宋被齊王蕭道成篡奪，改國號為齊，是為齊高帝。
	齊	高帝	建元元年	
	北魏	孝文帝	太和三年	
482	齊	高帝	建元四年	齊高帝蕭道成卒，太子蕭賾立，是為武帝。
	北魏	孝文帝	太和六年	
485		武帝	永明三年	魏採用李安世建議，施行均田制。
		孝文帝	太和九年	
490			永明八年 太和十四年	魏馮太后卒，孝文帝親政。
493			永明十一年 太和十七年	齊武帝卒，太孫蕭昭業立，是為鬱林王。 魏孝文帝以伐齊為名，率軍臣自平城出發，並遷都洛陽。

去世，享年三十三歲。太子元恪繼位，是為宣武帝。北魏的漢化則繼續進行著……。

南朝齊：立國不過二十三年就壽終正寢

蕭道成篡宋稱帝，是為齊高帝。在他之後由長子蕭賾（ㄗㄜˊ）繼位，是為齊武帝。高帝、武帝在位期間是南朝齊國勢較為強盛的時期。由於父子來自地方，比較能注意民間疾苦，讓百姓脫離南朝宋末年的戰亂以獲得喘息。

武帝個性剛強堅毅，施政以富國勤儉為優先。在位期間恢復學校、獎勵農業、修訂法令，內外局勢漸趨平穩。雖然在位只有十一年，但是期間治安良好、都市繁華熱鬧，百姓生活富足。而且文學盛行，如果要談論文章，大家都會去武帝次子竟陵王蕭子良的王府。其中有八人最負盛名，號稱「八友（竟陵八友）」，武帝的遠房親戚蕭衍就是其中之一。

齊朝的國勢在武帝過世後開始衰落。當初高帝病重時曾告誡武帝：「南朝宋要不是骨肉相殘，其他人（指齊朝）哪能乘他們衰敗的時候取而代之？你要深深警惕。」可是武帝的長子文惠太子長懋早死，武帝過世後，皇太孫廢帝（鬱林王）即位，由武帝的堂弟蕭鸞輔政。蕭鸞迅速奪取權力，在西元四九四年先黜廢帝（鬱林王）改立其弟廢帝（海陵恭王），四個月後再奪位自立，是為齊明帝，改元建武。

明帝在位時對外連年征戰北魏，動用很多軍費人力。對內顧忌到自己的直（旁）系血親不多，而高帝、武帝歷經四代，子孫眾多，因此從還在輔政時就開始大殺諸王，以免他們趁機反撲。由於每次下令殺

單位：年

西元	朝代	帝王年號	大事
494		廢帝（鬱林王）隆昌元年	齊鬱林王即位無道，揮霍無度，被西昌侯蕭鸞廢殺。蕭鸞立新安王蕭昭文，之後廢其為海陵恭王。蕭鸞自立，是為明帝。
		廢帝（海陵恭王）延興元年	魏孝文帝開始推行漢化運動，以改變服裝款式為代表政策。
		明帝 建武元年	洛陽龍門石窟大約在此年前後開始建鑿。
		孝文帝 太和十八年	
495		明帝 建武二年	魏孝文帝開始推行改變語言、籍貫等政策。
		孝文帝 太和十九年	
496		建武三年	魏孝文帝下詔改變鮮卑姓氏。
		太和二十年	魏太子拓跋恂反對遷都，密謀回平城，因而被廢黜。
			西歐墨洛溫王朝法蘭克王國國王克洛維率三千戰士同時受洗，成為基督宗教教徒。從此法蘭克王國與羅馬教會間之關係漸趨密切。
497		建武四年	魏孝文帝改立次子元恪為太子。
		太和二十一年	魏出兵攻齊。齊遣蕭衍等援救。

某王前都要先焚香痛哭，半夜時再派兵包圍王府殺人，所以諸王們只要一聽到明帝焚香的消息，就怕得要命。

明帝過世後，次子廢帝（東昏侯）即位。明帝過世前只交待他：「做事不可以落在人後！」所以東昏侯即位後在任用小人、誅殺臣子等方面的事，做得可真是「稱心如意」。

在朝不保夕的恐懼之下，終於使得包括蕭衍在內的將領起兵反抗，他們擁護東昏侯的弟弟為帝，改元中興，是為齊和帝。接著從長江中游向建康進攻，約經十個月後終於推翻東昏侯的統治。

因為忠於齊朝的宗室王侯、大臣將領已經死得差不多了，所以在戰爭中獲得民心的蕭衍輕鬆取得權力，進而篡位稱帝，改國號為梁，是為南朝梁武帝。

北魏內亂：高歡獲得權力

北魏宣武帝在位時，內部已隱隱顯露危機。原本孝文帝在治理國家時雖然提倡文治，但仍賞罰分明、重視綱紀，要求奉公守法。宣武帝的態度則較孝文帝寬大，不過孝文帝自己到了太和年間對風紀的要求也慢慢地鬆弛下來。

另一方面，北魏在道武帝決定立明元帝為太子時訂下了「子貴母死」規矩，就是效法漢武帝，在立太子時也要殺害太子的生母，以免母親成為太后後干涉朝政或是引入娘家勢力，對皇帝和朝廷的統治造成威脅。不過宣武帝立兒子元詡為太子後，並沒有下令殺死他的生母胡氏。宣武帝過世後，太子即位是為孝明帝；胡氏升格為代替六歲的皇帝處理政事的皇太后，

年份	朝代	帝王年號	大事
498		建武五年 太和二十二年	齊明帝在位期間，殺盡高帝與武帝子孫。 齊明帝卒，太子蕭寶卷即位，是為東昏侯。 魏孝文帝在懸瓠（河南汝南）準備南攻，聞齊明帝死，下詔「禮不伐喪」，引兵而還。
499		廢帝（東昏侯）永元元年 孝文帝 太和二十三年	魏孝文帝回洛陽，見街上有人穿鮮卑服，便責問官員。 魏孝文帝卒，太子元恪繼位，是為宣武帝，北魏的漢化趨勢仍繼續進行。
500		廢帝（東昏侯）永元二年 宣武帝 景明元年	齊蕭衍因東昏侯暴虐昏庸，在襄陽起兵反。
501		永元三年 景明二年	齊蕭衍在江陵擁南康王蕭寶融為帝，是為和帝。 蕭衍進攻建康，圍城，城中發生內變，東昏侯被殺。
502	齊	和帝 中興二年	蕭衍大殺齊之宗室。
	梁	武帝 天監元年	南朝齊被梁王蕭衍篡奪，改國號為梁，是為梁武帝。
	北魏	宣武帝 景明三年	

世人稱為靈太后。

當初道武帝的擔憂竟然成真，胡太后任用的人不能適才適所，賞罰不公，又花大錢在京師興建許多佛寺、佛塔，耗損國庫和民工的力量。而北魏朝廷和北方六鎮間的不和也在此時漸漸浮上檯面。

北魏原來的都城平城靠近六鎮，為防範柔然入侵，對鎮守六鎮的將領人選和軍隊成員非常注意，不是貴族親信子弟還不能擔任相關職務，因為該職務的前途無量。可是孝文帝推行漢化和遷都洛陽後，六鎮的地位逐漸低落；沾染華風的洛陽鮮卑人，和面對柔然強敵、保存較多鮮卑風俗的六鎮鮮卑人之間開始有隔閡，孝文帝尚未顧及到這一層面就去世，後來的皇帝們又沒有好好因應，造成六鎮百姓陸續叛亂。北魏的軍隊剛開始難以抵擋，孝明帝又遭胡太后所害而亡，胡太后改立宗室諸王之子為帝。此時北魏將領爾朱榮擁立孝明帝的叔叔長樂王元子攸為帝，是為孝莊帝；爾朱榮隨後殺害胡太后和幼主，再平定六鎮之亂，掌握了大權。

由於爾朱榮的態度日益跋扈，孝莊帝難以忍受，趁機殺了爾朱榮；爾朱榮的姪兒爾朱兆等人又弒殺孝莊帝，北魏再陷內亂。接下來的二年多，不同勢力先後各自擁立三個皇帝，最後由原爾朱榮的部屬高歡勝出，改立孝明帝的堂弟平陽王元脩（元修）為帝，是為孝武帝。高歡成為獨攬權力的大丞相。

孝文帝過世僅二十五年，北魏開始陷入戰亂；再過了八年，北魏更是走向崩潰的邊緣，一切的變化都來得非常迅速但不突然……。

單位：年

西元	朝代	帝王年號	大事
505	梁 北魏	武帝 天監四年 宣武帝 正始二年	梁武帝攻魏，以臨川王蕭宏為帥，屯洛口，軍容盛大。
506		天監五年 正始三年	梁魏交戰。臨川王畏魏軍，在洛口不前進，又因風雨夜驚，棄軍而逃，梁軍潰散。魏軍乘勝追擊，圍鍾離（安徽鳳陽），梁守將昌義之率三千人，抵擋魏軍。梁遣曹景宗救援。
507		天監六年 正始四年	梁調韋睿救援昌義之，大破魏軍，解鍾離之圍。
509		天監八年 永平二年	魏宣武帝親自講《維摩詰經》。洛陽佛教興盛，寺廟增多。
512		天監十一年 延昌元年	魏宣武帝改祖制，不殺太子之母。

北魏分裂為二：北元魏，分東西；宇文周，與高齊

北魏孝武帝即位，改元太昌，到年底時再改元永興、永熙（五三二）。當時身為大丞相渤海王的高歡，除了擁立孝武帝有功外，大致將注意力集中在攻擊爾朱兆及他的親戚爾朱天光、爾朱度律等人的軍隊。除了為孝莊帝報仇外，也可以增強自己的實力。

永熙二年（五三三）正月，高歡終於擊敗爾朱兆。不過沒有多久，孝武帝和高歡的關係開始惡化，應該是與孝武帝身旁的近臣，像是斛斯椿等人有關。

斛斯椿先前曾投靠過爾朱榮、爾朱度律等人的勢力，當爾朱度律被高歡擊敗後，再轉向高歡的陣營。當他看到高歡以不忠不信為罪名，殺了前來投奔的原爾朱仲遠的部下後，斛斯椿認為自己投奔不同勢力的次數比這些人還多，高歡可能遲早會除掉他。所以他開始在孝武帝面前說些要防範高歡之類的話，而孝武帝也被說動了。之後再加上一些細故，雙方漸漸對立起來。

永熙三年（五三四）正月，高歡領軍攻討外族，孝武帝趁此機會進行布局。五月，以南攻南朝梁為名正式集合軍隊；六月，發密詔給高歡，表示他集合軍隊除了要對南方展示兵威外，另一方面則是防備西方的另一位將領宇文泰，萬一宇文泰叛變時可用以抵抗討伐。孝武帝以這樣的內容測試高歡的反應，可是高歡的回答多為如何部署他的軍隊。這使孝武帝察覺情勢有變，便公布高歡的罪狀，準備討伐，而高歡也帶兵往洛陽的方向進發。

七月，兩軍距離逼近，可是北魏朝廷的內部意見不一，難以團結面對高歡，於是孝武帝和他身邊的大

年份	南朝	北朝	事件
515	天監十四年	延昌四年	魏宣武帝卒，太子元詡立，是為孝明帝，年僅六歲，胡太后臨朝稱制。
516	武帝 天監十五年	孝明帝 熙平元年	魏胡太后篤信佛教，令造永寧寺，增建石窟。
522	普通三年	正光三年	梁武帝篤信佛教，郭祖深上書直陳其弊，請減佛事，梁武帝不採納。
523	普通四年	正光四年	魏懷荒鎮民遭柔然擄掠，請求發糧救濟被拒，而殺鎮將。沃野鎮民聚眾反，諸鎮響應。六鎮之亂由此開始。
524	普通五年	正光五年	梁趁魏發生內亂，派兵伐魏，屢獲勝。
527	武帝 大通元年	孝明帝 孝昌三年	東羅馬帝國查士丁尼大帝即位（至西元五六五年）。在位期間的大事有：西征義大利半島等地，企圖恢復羅馬帝國時期之疆域；召集學者們編纂查士丁尼法典，以及興建聖智大教堂等。

臣將領離開洛陽，西向長安而去。高歡率軍直追到潼關後，認為應該是追不上了，只好在九月回到洛陽。高歡改擁立孝武帝的堂姪驃騎大將軍元善見為帝，是為東魏孝靜帝，改元天平。北魏一分為二。

至於孝武帝到了長安後則受宇文泰保護，可是年底時卻被宇文泰以毒酒弒殺。宇文泰改立孝武帝的堂弟南陽王元寶炬為帝，是為西魏文帝。雖然東魏、西魏仍是鮮卑元氏為皇帝，然而他們的意志已經不能統治整個朝廷了。

府兵制：西魏改革兵制，建立軍隊

當北魏分裂為東、西魏時，東魏在土地資源、軍隊數量、人才素質等方面都優於西魏，西魏必須加以改革讓自己強大起來，才能有效抵抗東魏的進攻。其中一項重要措施為改變兵制，這就是後世所稱的「府兵制」。

西魏時期的府兵制架構是將鮮卑傳統和周朝時天子有六軍的概念，加以融合而成。一般而言，府兵制開始實施的時間是以西魏文帝大統八年（五四二）春三月，西魏設置六軍這件事為基準，不過這並不代表當時的府兵制已經完整成熟，而是還要經過一段時間的蘊釀發展才得以漸漸成形。

西魏府兵制的高階指揮官稱為柱國大將軍，這個官職的起源是北魏孝莊帝為感謝爾朱榮的擁戴而任命的，階級還在丞相之上，在爾朱榮被殺後廢止。直到西魏文帝大統三年（五三七），文帝將宇文泰的官升到柱國大將軍時才又出現。自大統三年到大統十六年（五四八），西魏共有八人擔任這個官職，號稱八柱

單位：年

西元	528	529	530
朝代			
帝王年號	大通二年 武泰元年	武帝 中大通元年 孝莊帝 永安二年	中大通二年 永安三年
大事	魏孝明帝密召爾朱榮兵，欲除胡太后，被胡太后殺害。胡太后立元釗為帝，年三歲。 爾朱榮起兵討伐胡太后，立元子攸為帝，是為孝莊帝。爾朱榮溺殺胡太后與元釗，於河陰（洛陽東北）殺害王公大臣，史稱「河陰之變」。 魏加授爾朱榮柱國大將軍。 魏北海王元顥之前降梁，梁以其為魏王，遣陳慶之護送北還。	梁陳慶之送元顥入洛陽。魏爾朱榮打敗陳慶之，元顥逃亡，之後被殺。 梁武帝捨身同泰寺，群臣以一億萬錢贖「皇帝菩薩」還俗。 基督宗教教士聖本篤創立「本篤會」，並且制定「修道規則」，要求修士做到「貞潔、安貧、服從」三誓言。其影響基督宗教之修行制度直至西元十三世紀。	魏孝莊帝誅殺爾朱榮。 爾朱榮姪兒爾朱兆等人反，立長廣王元曄為帝。爾朱兆入洛陽，殺孝莊帝。

國家。這是將他們比擬為北魏遠祖還在塞外發展時的八個鮮卑部落。可是八人之中，宇文泰的地位最高，管理的是官員將領，而廣陵王元欣是西魏皇親國戚，這兩人是不直接帶軍的，所以實際指揮軍隊的只有六人，則又類似天子六軍的制度了。

至於西魏府兵制大致的編制架構約可參見本章末圖表。

八柱國中，宇文泰掌握西魏實權，他的兒子後來建立北周。李虎是唐高祖李淵的爺爺。獨孤信的女兒們一個是北周明帝的皇后，一個是唐高祖李淵的母親，一個是隋文帝楊堅的皇后。十二大將軍裡的楊忠是隋文帝楊堅的父親。可見北周、隋朝、唐朝的皇室與府兵制的關係有多麼密切。

西魏將住家分成九個等級，只要在中等以上，家裡又有三個男丁者，就選擇當中身強體壯者為府兵。當時的府兵戶籍和一般百姓的戶籍是分開的。平常一月中有十五日值勤，擔任守衛及日夜巡邏警戒的任務；輪調下來後的另十五日，則專心於戰備訓練，不需要負擔額外的勞役。每位府兵只要自備弓、刀各一具，每月檢查一次，至於其他武器裝備，則全部由國家提供。

東魏的滅亡：東魏孝靜帝與高氏父子的關係

當高歡擁立東魏孝靜帝後，北魏一分為二。由於洛陽很靠近兩魏邊界，高歡就安排將都城從洛陽遷到鄴（河南省臨漳縣，今畫入河北省），又以晉陽（今山西省太原市）為面對西魏的前線軍事重鎮。

此時的高歡雖然大權在握，但某種程度上他比過

年份	國	帝王・年號	大事
531		武帝 中大通三年	魏爾朱世隆廢元曄，立廣陵王元恭為帝，是為節閔帝（前廢帝）。
		節閔帝 普泰元年	高歡脫離爾朱氏，之後擁立渤海太守元朗為帝，是為後廢帝。
532		武帝 中大通四年	魏高歡廢元朗，擁立孝明帝的堂弟平陽王元脩，是為孝武帝。高歡掌握實權，任大丞相等職。
		孝武帝 永熙元年	
533		中大通五年	魏高歡擊敗爾朱兆。
		永熙二年	
534	梁	武帝 中大通六年	魏孝武帝討伐高歡不成，往長安奔投宇文泰。高歡立元善見，是為東魏孝靜帝。
	北魏	孝武帝 永熙三年	宇文泰弒殺孝武帝，立南陽王元寶炬，是為西魏文帝。
	東魏	孝靜帝 天平元年	北魏一分為二，東、西魏的實權分別落入高歡、宇文泰手中。
535	梁	武帝 大同元年	西魏宇文泰定新制。
	東魏	孝靜帝 天平二年	
	西魏	文帝 大統元年	

去要低調些，似乎很怕人家說他什麼。

比如孝靜帝天平四年（五三七）六月，高歡到汾陽（今山西省境內）的天池，他在池邊發現一顆石頭，上面隱約寫著「六王三川」四字。高歡於是找行臺郎中陽休之到他住的帳篷，問他這四個字是什麼意思。陽休之用拆字的方式向高歡解說，如果他受天命（稱皇帝）的話，就能統有關右（吞併西魏）。高歡回答他：「現在社會上有事沒事就傳言我要造反，現在聽你這樣說，只怕國內的氣氛會更加紛亂，還是謹慎點別亂說話得好。」這樣地小心似乎確有成效，高歡在世時對少年天子孝靜帝的態度比較恭謹，雙方也少有什麼不愉快，讓高歡得以將注意力放在與西魏的戰爭上，雙方連年戰鬥，互有勝敗。

孝靜帝武定五年（五四七）正月，高歡過世，長子高澄繼任大丞相渤海王。沒過多久高歡的部下侯景就造反，因為他只對高歡服氣，瞧不起高澄。侯景率領所屬軍隊及據有的土地先投靠西魏，不久又轉向梁武帝投降，之後就在南朝梁境內引發了侯景之亂。

高澄嗣位後，孝靜帝的日子變得很難過；這一年孝靜帝二十四歲，高澄二十七歲。孝靜帝在文學、氣質、體力等方面的表現，會讓當時的人們聯想到孝文帝及其統治的時代，這使得高澄對孝靜帝十分防範而且相當不尊重。高澄不但罵孝靜帝「癡人」、「狗腳朕」，還曾讓部屬毆打孝靜帝，君臣分際蕩然無存。

孝靜帝武定七年（五四九），高澄被南朝梁俘虜蘭京刺殺，他的弟弟高洋迅速控制局面，並掌握朝政，隔年見時機成熟，逼孝靜帝禪位給他，東魏就這樣滅亡了。

單位：年

西元	朝代	帝王年號	大事
537		大同三年 天平四年 大統三年	西魏宇文泰在沙苑（陝西大荔）大敗東魏高歡。
542		大同八年 興和四年 大統八年	西魏設置六軍，開始以「府兵制」建立軍隊。
543		大同九年 武定元年 大統九年	東魏高歡與西魏宇文泰戰於邙山（河南洛陽北），各有勝負，之後西魏軍敗走。
547		太清元年 武定五年 大統十三年	東魏高歡卒。 侯景與高歡子高澄有嫌隙，降西魏，之後又降南梁。梁武帝封侯景為河南王。 東魏以高澄為大丞相，孝靜帝不堪其凌辱，密謀殺高澄，事洩露而遭幽禁。 東魏在彭城打敗梁軍，俘貞陽侯蕭淵明。
548		太清二年 武定六年 大統十四年	爆發「侯景之亂」。侯景以誅中領軍朱異為名，起兵叛梁。臨賀王蕭正德幫助侯景。侯景逼入建康，圍宮城。

西魏的滅亡：改革完成，功成身退

南朝是延續晉朝，在政治文化上居於正統地位，而東魏據有的土地富庶，軍隊成員大部分源於原北魏六鎮的勇猛戰士。相較之下，西魏在這些方面都居於劣勢。因此西魏除了改變兵制，重組軍隊之外，在朝廷組織、法律等方面也下了番功夫加以改革。

西魏取材周禮（周官）的內容，效法周朝的制度，再加上秦朝、漢朝的部分規範，以及原來的鮮卑傳統。西魏的地理位置涵蓋周朝的發祥地，又仿效周制，可以提高朝廷上下的自尊心，相信自己的文化水準不輸南朝；另一方面又維持鮮卑傳統保持尚武精神，足以面對東魏（北齊）的挑戰。西魏藉由改革提高了內部的向心力，不過由於宇文泰掌握著很大的權力，所以西魏皇帝沒有辦法在這些改革措施中，擔任最關鍵的角色。

在禮樂道德方面，有尚書右僕射周惠達和職掌禮儀的官員們訂定規範，並得到西魏文帝在朝會奏樂時的稱讚；在法律方面，有尚書蘇綽、戶曹參軍柳敏修訂各種條例，讓百姓都能熟悉內容；而職官制度方面，由尚書右僕射盧辯採古禮制定朝廷禮儀、車馬服飾與用具等，一切頗上軌道。

恭帝三年（五五六）十月，宇文泰過世，三子宇文覺繼任太師、大冢宰。在宇文泰姪兒宇文護向恭帝施壓下，宇文覺被封為周公，並於當年除夕篡西魏。隔日，也就是次年正月初一正式即位，自稱天王，改國號為周。西魏在內部改革完成後功成身退，宇文家與高家在北方的爭霸局面也隨之進入一個新階段。

年份	國別	帝號	年號	大事
549			太清三年	侯景攻破建康。梁武帝憂憤而死，太子蕭綱即位，是為簡文帝。
			武定七年	梁湘東王蕭繹起兵討侯景。
			大統十五年	梁始興太守陳霸先討伐侯景。
				東魏高澄被殺，弟高洋代之。
550	梁	簡文帝	大寶元年	侯景先為相國，封漢王，加稱宇宙大將軍。
	東魏	孝靜帝	武定八年	北朝東魏被齊王高洋篡奪，改國號為齊（北齊），是為齊文宣帝。
	北齊	文宣帝	天保元年	西魏冊封蕭詧為梁王。
	西魏	文帝	大統十六年	
551	梁	簡文帝	大寶二年	侯景先廢後殺簡文帝，立豫章王蕭棟為帝。
	北齊	文宣帝	天保二年	侯景廢蕭棟，自立為帝，國號漢。
	西魏	文帝	大統十七年	西魏文帝卒，子元欽立，是為廢帝。
552		元帝	承聖元年	梁將王僧辯、陳霸先破侯景，侯景東逃，之後被殺。
		文宣帝	天保三年	梁武陵王蕭紀在成都稱帝。梁湘東王蕭繹在江陵即位，是為梁元帝。
		廢帝	元年	齊伐庫莫奚，俘四千人。

侯景之亂：長達三年八個月，梁武帝憂憤而死，南朝衰落

蕭衍篡齊稱帝，是為梁武帝。他三十九歲即位為帝，八十六歲過世，在位四十八年。在位期間大致國勢強盛，文史學術蓬勃發展，如昭明太子蕭統編纂《昭明文選》、劉勰的《文心雕龍》、沈約《宋書》、蕭子顯《南齊書》等都是這時期代表著作。

隨著年齡增長，武帝越來越沉迷於佛教之中，常常發願希望能代替眾生承受種種苦難。他不但在同泰寺講經說法，後來還曾捨身出家，百官捐了一億萬錢才將他贖回朝廷。武帝對佛教的態度已影響到他對政事的判斷。

太清二年（五四八），武帝高齡八十四歲了，而北魏早已分裂成東西二魏。東魏將領侯景向武帝投降，武帝加以接納並任用他北伐東魏，不過遭到失敗。由於武帝姪子貞陽侯蕭淵明被俘，東魏的實際掌權者高澄與武帝的談和過程中，同意送蕭淵明回梁朝。這使侯景大為不安，認為可能會以他做為交換條件，因此起兵造反。這就是「侯景之亂」。

侯景在太清三年（五四九）攻破建康，大肆劫掠，連武帝的食物都受到控制。武帝憂憤成疾，不久過世。太子在侯景的控制下即位，是為簡文帝，後來侯景廢簡文帝，改立昭明太子的孫子為帝，接著再殺簡文帝並且篡位。在這段期間裡，其他宗室諸王忙於內戰和觀望建康局勢，並沒有盡力出兵救援。另一方面，西江都護陳霸先擊滅倒向侯景的廣州刺史元景仲，在反攻的號角之下逐漸崛起。

至於諸王內鬥的結果，由武帝的七子湘東王蕭

單位：年

西元	朝代	帝王年號	大事
554		元帝 承聖三年	西魏宇文泰廢元欽，立齊王元廓，是為恭帝。
		文宣帝 天保五年	西魏宇文泰遣軍攻陷江陵，蕭詧也率軍聯合。
		恭帝 元年	西魏殺梁元帝蕭繹，扶植蕭詧為梁主，居江陵東城。
555		敬帝 紹泰元年	蕭詧在江陵稱帝，為西魏附庸，史稱西梁（後梁）。
		文宣帝 天保六年	北齊立蕭淵明為帝，送其南還。蕭繹子晉安王蕭方智在建康即位，稱梁王。王僧辯、陳霸先等人輔政。
		恭帝 二年	王僧辯迎蕭淵明入建康即位，以蕭方智為太子。陳霸先舉兵襲王僧辯，廢蕭淵明。陳霸先立蕭方智為帝，是為敬帝。突厥滅柔然，成為西方大國。
556	梁	敬帝 紹泰二年	西魏宇文泰卒，三子宇文覺繼之。歲末時，宇文護迫恭帝禪位給周公宇文覺。
	北齊	文宣帝 天保七年	
	西魏	恭帝 三年	

繹獲得勝利，並在西元五五二年（時簡文帝已卒，無皇帝）派江州刺史王僧辯平定侯景之亂，之後在江陵（今湖北省內）即位為帝，是為梁元帝。他不願意回到已經殘破的建康，這給北方強敵很好的機會。承聖三年（五五四），昭明太子三子蕭詧與西魏軍聯合攻破江陵，殺害梁元帝；西魏奪走長江中上游一帶的土地，只留江陵附近給蕭詧，扶植他為帝，是為西梁宣帝。南朝一分為二。

此時已是司空的陳霸先擁立元帝九子晉安王蕭方智為帝，是為梁敬帝，且掌握了大權。到太平二年（五五七）時，陳霸先篡位，改國號為陳，是為陳武帝。梁朝走到盡頭，充其量也只剩下小小的西梁（後梁）了。

北齊與北周：北齊先天條件優於北周，但反被北周攻滅

高歡的次子高洋篡奪東魏，建立齊朝（北齊），改元天保，是為北齊文宣帝。

北齊開國初期聲勢強盛，文宣帝對外遏阻西魏軍的攻勢，而且征討庫莫奚、山胡、契丹、突厥、柔然等外族都能得勝，還試圖影響南朝梁末年的政治局勢，真的是意氣風發。

可是到他在位中期開始，北齊的國勢開始減弱。觀察其遠因，一來朝廷內部從東魏時期以來，便政治風氣不佳，雖然曾有整頓，但文武百官當中廉潔不貪汙的人很少；二來鮮卑人和漢人之間的胡漢關係，有時候是處於緊張狀態的。

再看文宣帝本身，他在志得意滿之餘開始沾染

年份	朝代	帝號	年號	大事
557	梁	敬帝	太平二年	南朝梁被陳王陳霸先篡奪，改國號為陳，是為陳武帝。
	陳	武帝	永定元年	北朝宇文覺篡奪西魏後，改國號為周（北周），自稱天王，後來追諡為周孝閔帝。
	北齊	文宣帝	天保八年	
	北周	孝閔帝	元年	周宇文護廢孝閔帝，立宇文毓，是為明帝。
559	陳	武帝	永定三年	陳武帝卒，姪兒陳蒨即位，是為文帝。
	北齊	文宣帝	天保十年	齊文宣帝高洋卒，子高殷繼位，是為廢帝。
	北周	明帝	武成元年	
560		文帝	天嘉元年	陳實施土斷，讓流亡歸附陳朝的百姓皆入籍。
		廢帝	乾明元年	齊常山王高演廢高殷，自立為帝，是為孝昭帝。
		明帝	武成二年	周宇文護毒殺明帝宇文毓，立毓弟宇文邕，是為武帝。

上酗酒的惡習，行為漸趨狂暴。不僅在朝廷裡殘殺手足、親戚與大臣，回到後宮還亂倫兄嫂；在他之後有好幾任北齊皇帝都有如此惡行，使得政治難以安寧。

文宣帝在位十年後突然暴斃。太子高殷即位不到兩年，他的叔叔常山王高演發動政變，殺害輔佐他的尚書令楊愔等重臣，最後奪位自立。高殷是為廢帝，高演則是孝昭帝。孝昭帝在位不到兩年就死了，死前殺了廢帝，將皇帝大位傳給弟弟長廣王高湛，是為武成帝。五年之內北齊竟連續換了三任皇帝，宮內情勢動盪不安。

武成帝為確保政權能順利傳給自己的兒子，在位僅四年多就傳位給太子高緯，是為齊後主，而武成帝又做了二、三年的太上皇才過世。武成帝和後主兩代寵信和士開、穆提婆、高阿那肱、韓鳳等奸臣，國勢日衰。南朝陳宣帝趁機派軍北伐，連連收復淮河以南的土地。

而此時的北周是宇文泰的四子宇文邕（ㄩㄥ）在位，是為北周武帝。北周在經年累月的準備下，兵力物資都已充足，加上聽聞北齊的內部狀況，使得周武帝心生滅齊之心。

北齊後主武平七年（北朝周武帝建德五年〔五七六〕）冬天，周武帝大舉來攻，一路勢如破竹。北齊的軍事重鎮晉陽失守，後主逃回鄴都。隔年後主傳位給太子高恆，是為幼主，可是北齊朝廷幾乎已經潰散。後主、幼主等人向外逃亡，在齊、陳邊界被周軍捕獲，押回鄴都。周武帝降後主為溫國公，北周順利統一了北方。

單位：年

西元	朝代	帝王年號	大事
561		文帝 天嘉二年	齊孝昭帝高演卒，弟長廣王高湛立，是為武成帝。
		孝昭帝 皇建二年	
		武帝 保定元年	
565		文帝 天嘉六年	齊武成帝高湛傳位給太子高緯，自為太上皇，高緯即位，是為齊後主。
		武成帝 河清四年	
		武帝 保定五年	
566		文帝 天嘉七年	陳文帝陳蒨卒，子陳伯宗立，是為臨海王（廢帝），年十三歲，以安成王陳頊輔政。
		後主 天統二年	
		武帝 天和元年	
568		廢帝 光大二年	陳安成王陳頊廢臨海王（廢帝）陳伯宗。
		後主 天統四年	周隋國公楊忠卒，子楊堅襲爵。
		武帝 天和三年	

北周興亡：從開國、制伏權臣、擴張、到被外戚楊堅篡奪

在西魏恭帝三年（五五六），宇文泰病重，他認為繼承人三子宇文覺只有十五歲，年紀還很輕，所以要自己的姪子宇文護輔佐。宇文泰死後，宇文護就向恭帝施壓退位；宇文覺改國號為周，依周禮只稱天王而不稱帝。

周天王即位後，其他跟著宇文泰打天下的功臣們不滿宇文護年紀和功勞在他們之後，可是卻專制朝政，所以先後兩次想要推翻宇文護，卻都被他破獲。由於天王宇文覺知道第二次的計畫，所以宇文護後來就廢黜並弒殺天王，宇文覺僅在位八個多月。

宇文護接著擁立天王的庶長兄宇文毓為新任天王，這位天王在位的第三年（五五九）正式稱帝，改元武成，是為明帝。不過隔年就被宇文護毒殺，宇文護再擁立天王宇文覺和明帝的弟弟宇文邕為帝，是為武帝。

武帝是位雄才大略卻不多言的皇帝，尤其看到兩位兄長都被堂哥殺害後，行為更是低調。直到天和七年（五七二），終於找到機會誅殺宇文護，奪回實權。親政後的武帝積極準備，數年間調兵遣將西征吐谷渾、東滅北齊、南奪南朝陳原本收回的淮南地，使北周的領土大為擴張。可是他在接下來北伐突厥的途中突然過世。北周局勢大為變化。

武帝的太子宇文贇（ㄩㄣ）繼位，是為宣帝。宣帝的才能德行都遠在武帝之下，繼位沒多久就傳位給長子宇文衍（闡），是為靜帝。而宣帝自稱天元皇帝，還先後立了五位皇后，生活只注重享樂遊戲，很

569

- 宣帝 太建元年：陳安成王陳頊即帝位，是為宣帝。
- 後主 天統五年：齊和士開等奸臣掌權，時人稱「八貴」。
- 武帝 天和四年

570

- 太建二年
- 武平元年
- 天和五年：一般相信，伊斯蘭教先知穆罕默德（穆聖）之出生年不早於此年。

572

- 太建四年
- 武平三年
- 天和七年：周武帝誅殺宇文護。

573

- 太建五年：陳遣吳明徹等人北伐攻齊。
- 武平四年：齊以高阿那肱、穆提婆、韓長鸞共執朝政，號稱「三貴」。
- 建德二年

574

- 太建六年
- 武平五年
- 建德三年：周武帝詔禁佛、道二教，悉毀經像，並令沙門、道士還俗。

575

- 太建七年：陳遣車騎將軍吳明徹攻齊，破齊軍。
- 武平六年
- 建德四年：齊寵臣穆提婆與韓長鸞把持朝政，號稱「二貴」。

576

- 太建八年：周武帝大舉伐齊，破晉陽，齊後主逃鄴都。
- 武平七年
- 建德五年

少提及治國大事。宣帝在位二年多後過世，近臣趁機詐稱遺詔，讓隋國公楊堅擔任輔佐靜帝的主要大臣，專擅朝政。

忠於北周的將領和宗室諸王察覺到楊堅的舉動，企圖推翻楊堅，但都被他一一消滅。接著楊堅在靜帝大定元年（五八一）篡位為帝，改國號為隋，是為隋文帝，改元開皇。隨著隋朝的開國，南方（東晉及南朝）和北方（五胡十六國及北朝）的長期分裂局面終於要走向尾聲。

隋文帝統一天下前的建設：改變官制、修築長城、增強漕運、開通渠道

隋文帝稱帝後採取多項行動，積極治理一手創建的國家。比如即位當天就去除北周仿效周禮建立的職官制度，改採漢、魏以來的規範；在開皇元年（五八一）到七年（五八七）之間，三次派員修築長城以鞏固北方邊防。並於開皇二年（五八二），下詔於龍首山營建新都，年底定新都名為大興城（此即後來唐代的長安城），並於隔年遷入。

開皇三年（五八三），朝廷認為京師糧食的儲備量還不足，商議要增加官倉儲量，以備萬一發生水旱災時可以運用。隋文帝下詔在近水的十三州（約在今山西省、陝西省、河南省一帶）招募運米工人。另外在衛州設置黎陽倉、洛州設置河陽倉、陝州設置常平倉、華州設置廣通倉（在黃河、洛水一帶），藉由水路傳遞轉送穀物，以供給京師的需要。又派遣倉部侍郎韋瓚向民間招募壯丁，並且開出條件：只要能從洛陽出發運米四十石，越過黃河邊的砥柱山，順利到達

單位：年

西元	朝代	帝王年號	大事
577		宣帝 太建九年 幼主 承光元年 武帝 建德六年	齊太子高恆即位，是為幼主。周兵入鄴都，齊王公以下皆投降。後主、幼主逃至濟洲，宣布禪位任城王高湝，再逃至青州，被周軍追獲。 齊任城王高湝被擒，北齊被北周攻滅，北方歸於統一。 陳聞周滅齊，遣吳明徹攻徐州、兗州，欲取黃河以南地。
578	陳 北周	宣帝 太建十年 武帝 建德七年	周援軍至彭城，大敗陳軍，吳明徹被俘。 周武帝宇文邕卒，子宇文贇立，是為宣帝。
579		宣帝 太建十一年 宣帝 大成元年	周宣帝傳位太子宇文衍（闡），是為靜帝，宣帝自稱天元皇帝。 周取陳徐州，江北，淮南皆成為周地。
580		宣帝 太建十二年 靜帝 大象二年	周天元皇帝宇文贇卒，楊堅輔政。 尉遲迥、王謙等人先後起兵討楊堅，皆敗死。
581	陳 北周 隋	宣帝 太建十三年 靜帝 大定元年 文帝 開皇元年	北周被隋王楊堅篡奪，改國號為隋，是為隋文帝。 隋除北周六官。

常平倉的人，就可以免除為國家出征及防守邊疆的任務。

後來由於渭水的淤沙很多，讓採取水路運糧的人們感到苦不堪言。為降低阻礙，開皇四年（五八四），隋文帝命令宇文愷率領治水的工程師與工人開鑿渠道，引入水流貫通渭水與黃河，以方便運糧。這條西起大興城，東至潼關（黃河轉彎處，在今陝西省境內，為軍事要地），全長三百餘里的運河就是鼎鼎大名的「廣通渠」。之後，又在揚州開山陽瀆，也是鑿通運河的行動之一。

由於隋文帝埋首建設，不但在當時厚植隋朝國力，還能造福後代，「開皇之治」的美稱的確是名副其實。

南朝陳：南北朝時代的結束

陳霸先篡梁稱帝，是為陳武帝；此時是南北朝分立以來，南朝處境最不利的一刻。

當南朝梁陷入侯景之亂的危機時，北齊趁機掠奪淮河以南的土地，直接兵臨長江。侯景之亂結束後，西魏又攻破江陵，殺害梁元帝，奪走荊襄及蜀地等長江中上游土地。所以南朝陳時的國土面積是南朝當中最小的。陳武帝開國後還要面臨原梁朝的地方官吏興兵對抗的局面，情勢相當困難。

陳武帝過世後，因為沒有兒子在身邊，所以傳位給姪兒陳蒨，是為陳文帝。除繼續對抗北齊、北周來犯外，對內實施土斷，讓流亡來陳朝定居的百姓戶籍歸入新居地；又採取獎勵農桑、打擊內亂等安定措施。陳文帝過世後，太子即位是為廢帝，不久被自己的叔叔、陳文帝的弟弟安成王陳頊（ㄒㄩˋ）奪位，是

年	朝代	帝王／年號	大事
582	陳	宣帝 太建十四年	陳宣帝卒，太子陳叔寶即位，是為陳後主。
	隋	文帝 開皇二年	隋文帝下詔於龍首山建新都，名大興城。
583	陳	後主 至德元年	隋遷都大興城。
	隋	文帝 開皇三年	隋沿河設置黎陽、河陽、常平、廣通倉，運粟以供長安。
584		至德二年 開皇四年	隋文帝命令宇文愷開鑿廣通渠，以方便從水路運輸糧食到京師大興城。
585		至德三年 開皇五年	西梁主蕭巋卒，太子琮嗣立。
586		至德四年 開皇六年	隋遣十五萬人於朔方以東險要處，增建數十城。
587		禎明元年 開皇七年	隋令諸州歲貢士三人（一般認為此即宣布取消中正官、終止九品官人法之始）。 隋滅西梁，召蕭琮入朝，西梁亡。 隋造戰艦，準備伐陳。
588		禎明二年 開皇八年	隋文帝下詔攻陳。以楊廣、楊素等為元帥，分八路，大舉伐陳。 隋軍將至，陳後主仍歌酒不輟。
589	陳	後主 禎明三年	南朝陳被隋朝軍隊攻滅，匿藏於枯井中的陳後主等人被俘虜、遣送長安。南北朝時代結束，由隋朝統一天下。
	隋	文帝 開皇九年	

為陳宣帝。

陳宣帝在位時，最大的事件就是在太建五年（五七三）派吳明徹北伐北齊，企圖奪回失地。太建五年至七年（五七五）間正是北齊的末年，陳軍勢如破竹，收復被北齊奪去的淮南地。太建九年（五七七），北齊被北周所滅，陳宣帝想要再奪回徐州、兗州一帶的土地，可是這時面對的已是北周的軍隊。太建十年（五七八），吳明徹的北伐軍不敵北周而被俘虜；太建十一年（五七九），周軍向淮南地進攻，又將淮南地拿了回去。陳宣帝損兵折將，北伐事業成為泡影，陳朝的國力更加虛弱。

宣帝過世後，太子陳叔寶即位，是為陳後主。陳後主在文學上享有盛名，但喜好女色，不擅治國，使身旁小人有可乘之機。當時北方已是隋朝，後主禎明元年（隋文帝開皇七年〔五八七〕），隋文帝先廢除西梁；禎明二年（五八八）再派晉王楊廣（後為隋煬帝）、賀若弼、韓擒虎等將領南攻。

禎明三年（五八九）農曆正月初一，原本是新年的歡慶時刻，隋軍就選這天渡過長江，進攻陳朝。正月二十日，陳軍全面潰敗，陳後主被隋軍活捉，陳朝結束。自西晉滅亡以來，南北分裂的對立局面，最後由隋文帝統一。

西魏時期「府兵制」大致編制架構圖

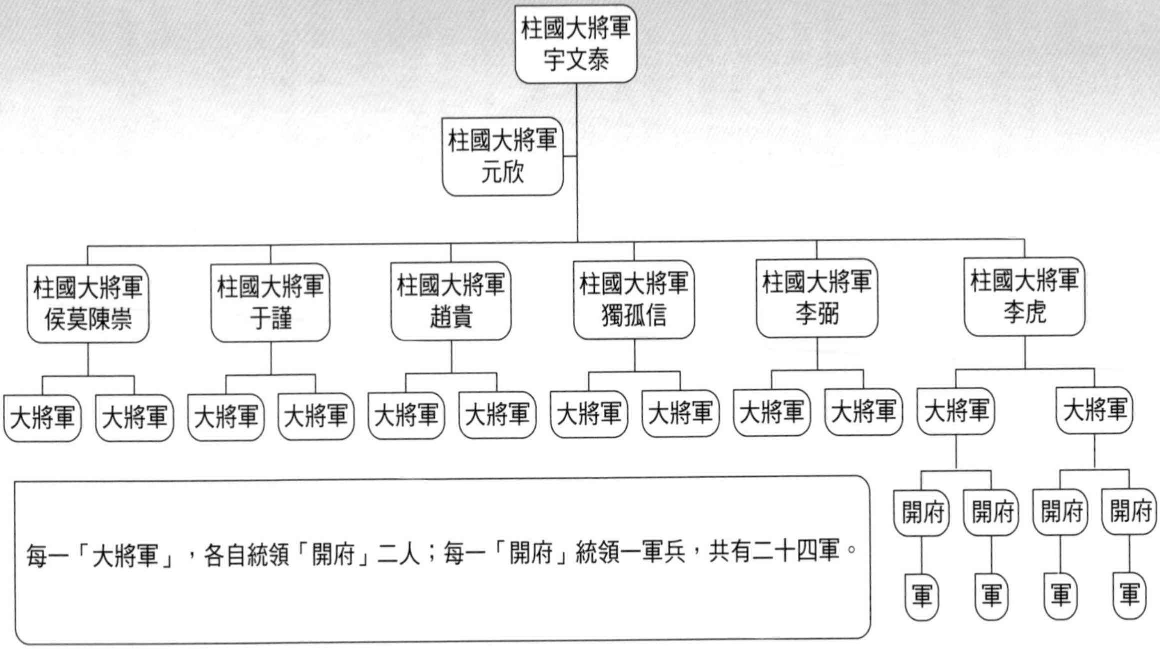

隋朝

楊堅在北周時期以外戚的身分，掌握了當時紛亂的朝政，後來逼迫北周靜帝「禪位」，建立了隋朝，是為隋文帝。隋朝的成立，宣告中國自魏晉南北朝以來三百多年的分裂局面，復歸一統。為了改變過去倚賴世家大族的政權基礎，隋文帝廢除九品中正制，設立科舉制度以選拔人才，讓平民百姓有出仕的機會。文帝也一改過去天下的亂象，勸課農桑，提倡節儉，使得隋朝初期的經濟飛快復甦；另外，開闢漕運，修建廣通渠，加速南北之間的貿易交流。種種得宜的舉措，造就了隋初的「開皇之治」。

隋煬帝即位後，急功近利，荒淫奢侈。他修築長城、經營東都洛陽、修馳大運河等，雖有利於社會經濟，但這些工程也需要龐大的財力、物力，反而加重老百姓的負擔。另外，隋煬帝喜歡四處征討，特別是對高麗就出兵三次，死傷數百萬人，這亦成為民變四起的關鍵因素，當時甚至連朝廷將領也率眾起義，李淵就是其中之一，他也是終結隋朝壽命的真命天子。

隋朝為了提升農力，採取均田制，成年男丁擁有永業田與口分田，永業田不用歸還，口分田則死後歸還官府；另外，在邊境實施屯田制度，由士兵在無戰事時進行耕種，以維持軍隊開支。隋文帝還下令設置官倉與義倉，義倉是百姓使用的糧倉，如果當地有災害，就可直接開倉賑災。隋朝的文學特色是出現許多地方志，記載當地沿革與風俗物產；其中裴矩的《西域圖記》，首創地圖與地方志結合的體例，記錄了西域各國的地理風情、人文風貌。

隋朝的國祚自西元五八一年至六一九年，起自隋文帝楊堅，終於隋恭帝。隋朝立都大興（長安），並另立東都（洛陽）。

單位：年

西元	朝代	帝王年號	大事
581	隋	文帝 開皇元年	北周被隋王楊堅篡奪，改國號為隋，是為隋文帝。
	陳	宣帝 太建十三年	隋除北周六官。
	北周	靜帝 大定元年	
582	隋	文帝 開皇二年	陳宣帝卒，太子陳叔寶即位，是為陳後主。
	陳	宣帝 太建十四年	隋文帝下詔於龍首山建新都，名大興城。
583		文帝 開皇三年	隋遷都大興城。
		後主 至德元年	隋沿河設置黎陽、河陽、常平、廣通倉，運粟以供長安。
584		開皇四年	隋文帝命令宇文愷開鑿廣通渠，以方便從水路運輸糧食到京師大興城。
		至德二年	
585		開皇五年	西梁主蕭巋卒，太子琮嗣立。
		至德三年	

隋煬帝建立東京（東都）洛陽：東方的京城、國都

隋文帝雖然創造開皇之治的盛世，卻也同時埋下衰落的伏筆。文帝是個勤儉的人，勤儉到已經有些吝嗇；而他的皇后獨孤氏重視家教，自己的親戚犯了國法也不會干預，不過她絕不能容忍文帝接近別的嬪妃。

文帝原來的太子是長子楊勇，可是他在勤儉和妻妾這兩件事上不得父母歡心，而他的弟弟晉王楊廣則努力隱藏自己的個性，加以迎合。在楊廣用計和部分臣子的離間下，文帝終於廢黜楊勇，改立楊廣為太子。而楊廣的弟弟蜀王秀也因作風不合文帝的意而被廢，只剩最小的弟弟漢王楊諒鎮守北方邊界，皇室元氣大傷。

仁壽二年（六〇二），獨孤皇后過世，文帝開始親近其他的嬪妃。仁壽四年（六〇四），文帝病重，嬪妃宣華夫人和太子楊廣一起照顧文帝。楊廣趁著宣華夫人出外換衣服時騷擾她，宣華夫人掙脫後向文帝告狀，文帝此時才發現楊廣的真面目，但是已經來不及了。沒過多久文帝突然過世，一般相信是楊廣派人弒殺；楊廣繼位為帝，是為隋煬帝。

煬帝即位沒多久，漢王楊諒隨即舉兵造反。雖然亂事很快就被平定，但煬帝仍以京師距離東方遙遠，難以因應突發狀況為理由，於當年十一月宣布要營建東京（東方的京城、國都，即洛陽城）。大業元年（六〇五）三月，煬帝命令將作大匠（職掌為營建各項與朝廷有關的土木工程）宇文愷等人營建東京。隋代的東京不是直接建立在漢魏時期的洛陽城原址，而是在它的附近建築新城。煬帝為了要讓東京看起來顯現出繁榮富庶的氣派模樣，還要求全天下數萬家富商

586		開皇六年 至德四年	隋遣十五萬人於朔方以東險要處，增建數十城。
587		開皇七年 禎明元年	隋令諸州歲貢士三人（一般認為此即宣布取消中正官、終止九品官人法之始）。 隋滅西梁，召蕭琮入朝，西梁亡。 隋造戰艦，準備伐陳。
588		開皇八年 禎明二年	隋文帝下詔攻陳。以楊廣、楊素等為元帥，分八路，大舉伐陳。 隋軍將至，陳後主仍歌酒不輟。
589	隋 文帝 陳 後主	開皇九年 禎明三年	南朝陳被隋朝軍隊攻滅。南北朝時代結束，由隋朝統一天下。
590	隋 文帝	開皇十年	陳舊地多起事，楊素派兵平定。
592		開皇十二年	以楊素為尚書右僕射，與高熲專掌朝政。

從原居地搬到東京。

大業二年（六〇六）春正月，新的東京終於建成，煬帝在東京處理政事的時間也增加了。比如他在大業三年（六〇七）三月，派羽騎尉朱寬到流求，有些說法認為流求可能是指今日的臺灣；四月下令改州為郡，也就是將文帝時期採取的地方州縣二級制改成郡縣二級制等等，都是在東京下的決定。大業五年（六〇九）春正月，煬帝將東京改名為東都，無論它的名字是什麼，隋代後期洛陽城的政治地位與重要性，確是逐漸提高的。

隋煬帝開鑿通濟渠、邗溝：為了帝王一己的享樂

隋煬帝任命尚書令楊素、納言楊達、將作大匠宇文愷等人營建東京（洛陽）後沒幾天，大業元年（六〇五）三月二十一日，煬帝發動黃河以南各郡縣境內，超過一百萬的男女百姓開鑿通濟渠。從東京附近的西苑引穀水、洛水到黃河，再從板楮（今河南省一帶）引黃河水到淮河，這樣黃河與淮河就能相通了。

不同於隋文帝開鑿廣通渠是為了運輸糧食的實際需要，隋煬帝開鑿通濟渠只是為了自己的享樂。煬帝既然已經是皇帝了，沒有必要繼續隱藏壓抑自己的個性；文帝勤儉治國所累積的大量財富，正好可以留給他過著窮奢極欲的生活。他在發動民力挖掘運河的同時，還派人到江南選取木材，建造包括龍舟、黃龍、赤艦、樓船等在內的數萬艘船。

損耗了百萬人的力量，終於在半年內鑿通通濟渠，也造好了大船。煬帝隨即在八月搭上龍舟到江都（揚州，今江蘇省內）遊玩。煬帝的龍舟彷彿水上宮

單位：年

西元	朝代	帝王年號	大事
593	隋	開皇十三年	詔建仁壽宮，使楊素監修，三年建成，丁夫死者以萬計。 允許突厥突利可汗娶隋朝公主，以分化突利與都藍。 敕廢像遺經悉令雕撰。
597		開皇十七年	突厥突利可汗迎娶隋公主，突厥都藍可汗不前來朝貢。 吐谷渾大亂，可汗世伏被殺，另立其弟伏允。 高麗遣使入隋。 高麗王高湯卒，兒子高元繼立。

殿，而陪同的文武百官在五品以上的乘坐樓船（建有多層還繪有紋飾的大船），九品以上的則乘坐另一種稱為黃蔑的船。數萬艘船下水航行，全長綿延二百多里，所到之處還要準備糧食，吃不完的只好就地掩埋，非常浪費。

煬帝在江都過完冬天，直到隔年農曆三月才啟程北上，想要看看新落成的東京。煬帝回程不坐船了，改從陸路出發。當時正是春季，為了要讓前導的儀仗隊伍看起來更壯盛，展現帝王的氣派，煬帝的屬下何稠和雲定興代表要求地方郡縣提供鳥獸羽毛。這些新採的鳥羽、獸毛被妝點在各式旗幟、大傘等器物上，的確讓它們看起來更美麗。可是為了煬帝一人的欲望，百姓到處捕捉動物，只要是可用的全部一網打盡，使得原本應該是生氣蓬勃的江南大地，變成一片死寂。煬帝的旅程一路風風光光，付出的代價卻是自然生態受到嚴重破壞。

除了通濟渠外，煬帝還發動淮南的軍隊十多萬人開鑿邗（ㄏㄢˊ）溝，貫通淮河與長江。邗溝全長三百多里，寬四十步（這裡的里和步是古代長度單位，不是指現代的公里和一腳步的長度），也是煬帝南遊經過的路線之一。

隋煬帝設進士科：改變為國選拔人才的方式

兩漢任用官吏採取選舉制（鄉舉里選），由皇帝詔舉賢良、地方察舉孝廉，以德行做為選擇人才的標準。到曹丕篡漢前夕，尚書陳群加以改變，制定九品官人（九品中正）法，將評定人才等級的權力置於中正官之手，成為三國兩晉南北朝時期任用官吏的主要方式。

598 開皇十八年 高麗王侵擾遼西。文帝命漢王楊諒等人率軍攻高麗，因糧運不繼，又遇大風、疾疫，被迫撤退而還。

599 開皇十九年 都藍與達頭可汗破突利可汗。突利南入長安。隋高熲等人破都藍，楊素等人破達頭。隋立突利可汗為意利珍豆啟民可汗。達頭自立為步迦可汗（西突厥）。

600 開皇二十年 楊素、史萬歲等分別領兵出塞，擊敗西突厥步迦可汗。楊廣與宇文述、楊素等人勾結，得到孤獨后歡心，構陷太子楊勇。文帝聽信讒言，廢太子楊勇。立楊廣為太子。

601 仁壽元年 楊素等大破步迦可汗，漠南自此不受突厥攻掠。

602 仁壽二年 獨孤皇后卒。

九品官人法實施之後並非沒有批評的聲音。像是晉武帝時，尚書左僕射劉毅認為其中有八項缺失，所以向皇帝建議罷除中正官，廢九品官人法。這些缺點大致指向中正官的權力過大，可是約束的力量卻不夠，讓不肖的中正官得以擅自操縱人才品級的評定，繼而影響朝政。在眾多對於九品官人法的批評中，最為人熟知的「上品無寒門，下品無勢族」就是出於劉毅的筆下。

一般相信，取消中正官、終止九品官人法應該是在隋文帝開皇年間（五八一至六〇〇）發生的。唐代中葉史家杜佑所撰寫，專門記載禮樂法令等典章制度的史書《通典》裡就有相關的內容。

至於科舉制度，尤其是設置進士科，以考試做為選拔人才主要方式的時間，應該是在隋煬帝大業年間（六〇五至六一八）開始的。比如唐代宗寶應二年（七六三）禮部侍郎楊綰向皇帝提出奏疏，報告當時選拔制度的弊端缺點及改進建議時，就提到設置進士科是從隋煬帝開始的。然而唐朝和五代時期的史書與筆記小說，甚至是宋代史家司馬光的《資治通鑑》，都沒有記載隋煬帝究竟是在哪一年創設進士科的。

今日認為隋煬帝於大業二年（六〇六）設置進士科的說法，應該是來自於南宋大儒朱熹所著的《資治通鑑綱目》。朱熹將這件事列於大業二年六月，可是朱熹增補此事時沒有列舉相關史料來源，大家都不清楚他列在六月的依據到底是什麼。因此後來清聖祖愛新覺羅玄燁於《御批歷代通鑑輯覽》裡，就對這件事提出質疑，並將建立進士科這件事改列在大業二年之末，作為附記補充的事件。

單位：年

西元	朝代	帝王年號	大事
603	隋	仁壽三年	突厥步迦可汗部大亂，十餘部叛，歸附啟民可汗。步迦可汗逃往吐谷渾。
604		仁壽四年	隋文帝在仁壽宮遭太子楊廣殺害。太子楊廣即位，是為隋煬帝。煬帝殺故太子楊勇。楊諒在晉陽起兵，被楊素所敗，遭幽禁而死。煬帝奪取帝位後，開始進行營建東京（東都）洛陽的計畫。
605		煬帝 大業元年	煬帝命宇文愷營建東都洛陽，蒐羅南北奇材異石，運至洛陽。又遷徙數萬富商至東京。煬帝為方便遊覽江南，發動民力開鑿通濟渠（黃河與淮河之間運河）、邗溝（淮河與長江之間運河）。煬帝坐龍船至江都，船隊長達二百餘里。建離宮四十餘所；派人到江南造龍舟等數萬艘。在東京建造西苑，極其華麗。

雖然現存史料的內容相當有限，但是罷中正官、停止九品官人法發生於隋文帝開皇年間，以及進士科是在隋煬帝大業年間開始的說法，已經為多數人所熟悉了。

永濟渠的軍事用途：窺見與朝鮮的關係

隋煬帝大業四年（六〇八）春正月初一日，煬帝下詔發動黃河以北各郡縣的百餘萬男女百姓開鑿永濟渠。永濟渠引沁水（沁河，今山西省內）的水流，向南可到黃河，向北能通到涿郡（約今北京市一帶），貫通了黃河與海河水系（大部分範圍在今河北省境內）。

隋煬帝開鑿永濟渠的目的應與軍事用途有關，提到軍事就得說說當時隋朝與高麗之間的關係。

今日在朝鮮半島境內流傳著檀君開國的神話故事（南韓曾將相關內容改編成電視劇《太王四神記》），至於我國史書的記載顯示，中原與朝鮮半島間的關係，目前可追溯到商末周初：商朝滅亡後，周武王封紂的叔叔箕子於朝鮮。一來表示最晚到周初時中原就已經知道朝鮮地區的存在；二來朝鮮位置遙遠，表示武王面對箕子時不使用君對臣的禮節，也就是不將箕子視為周朝的臣子。這是對賢人箕子相當大的尊重。至於箕子朝鮮和檀君朝鮮的關係，則還需要繼續探討。

西漢初年，燕人衛滿在朝鮮自立為王，稱衛氏朝鮮；傳到他的孫子衛右渠時被漢武帝所滅，武帝在半島北部建立樂浪、臨屯、玄菟、真番四郡。至於國境之外則有夫餘、辰等國家與部族。大約在西漢末年，高句驪（高句麗、高麗）建國於朝鮮半島北部，它的開國國王的確是改編成南韓電視劇的主角「朱蒙」，

606

大業二年 東京洛陽城建造完成。

煬帝自江都北還；陳法駕，千乘萬騎入東京。

建造洛口倉與回洛倉。

煬帝在位期間設立進士科，科舉制度逐漸成為隋朝以後各代選拔人才、任用官吏的主要方式。

607

大業三年 派遣朱寬入海求訪異俗，到流求（可能為臺灣）而返。

改州為郡。

征發河北丁男鑿太行山，以通馳道。

煬帝北巡至榆林，宴突厥啟民可汗及其部落。此巡費時半年。

征發丁男築長城，西起榆林，東到紫河（渾河）。

煬帝欲高麗王高元親來朝見，高元未來。

608

大業四年 煬帝下令開鑿隱含軍事用途的永濟渠；引沁水，南到黃河，北到涿郡。

日本遣使到隋。煬帝命裴世清陪送日使返國。

煬帝出塞巡長城。

吐谷渾被鐵勒所破，降隋不成而西走。隋取其地。

以高為姓氏。隨著東漢以後中原長期陷入混亂，南北朝時的北朝東方邊界已經退到遼東半島以西，而此時的高麗則相當強盛。

隋文帝建國後，雙方關係剛開始很密切，高麗王高湯常常派遣使者到隋朝。但當隋朝統一天下後，高湯心生畏懼，開始練兵存糧，做好防守的準備。開皇十七年（五九七）高湯去世，兒子高元繼立，隔年率一萬多騎兵進犯隋朝邊界。隋文帝大怒，派漢王楊諒東征，但因軍中發生傳染病疫情只好退兵。

隋煬帝大業三年（六〇七），煬帝要高元親自來覲見他，行臣子的禮節，可是高元沒有來。隋煬帝在次年興築永濟渠，加強北方的水陸運輸，以便為後來東征高麗時，後方能夠順利地運兵運糧。

江南河：隋煬帝最後下令開鑿的運河

隋煬帝大業六年（六一〇），煬帝想要到會稽（今浙江省紹興縣境內）而下令挖鑿江南河。江南河起自京口（今江蘇省鎮江市），終至餘杭（今浙江省杭州市附近）；全長八百多里，寬十多丈，河上可航行龍舟。長江水系和錢塘江水系也因江南河的開鑿而貫通了。

隋煬帝三征高麗：隋朝元氣大傷

隋煬帝大業七年（六一一）二月，煬帝已經在江都待了快一年，終於決定北上。他坐上他的龍舟經過邗溝、通濟渠到達黃河。可是他這次的目的地不是東都洛陽，更不是京師大興（長安），而是再進入永濟渠轉往涿郡，準備將東征高麗的念頭化成事實。他花

單位：年

西元	朝代	帝王年號	大事
609	隋	大業五年	改東京為東都。 詔天下均田。 煬帝西巡到浩亹川（大通河），出兵攻吐谷渾，可汗伏允逃遁。 煬帝西巡至燕支山（甘肅武威），高昌王等來朝見。
610		大業六年	張鎮周、陳稜率兵自義安（廣東潮州）出海至流求，以萬餘人回。 煬帝再次遊江都。 煬帝想要東巡會稽，下令開鑿江南河，自京口至餘杭，通長江與錢塘江水系。
611		大業七年	煬帝集結兵力至涿郡，準備東征高麗。 水旱災荒，天下騷動，百姓困頓，山東、河北、河南各地有民變。

了幾乎一整年的時間召集兵馬、儲備軍糧。到了年底時，道路上都是戰士和後方運輸人員的熱鬧嘈雜聲，從早到晚都沒有安靜下來過。

大業八年（六一二）春正月初一日，隋軍終於全數集結完畢，全軍竟高達一百一十三萬三千八百人，對外號稱二百萬人，後方的補給人員總數還是前方軍隊的一倍多。初三日隋軍開拔，分左右二軍，以十二路出擊。從首批部隊出發到全數離開涿郡竟花了四十天，隋軍的規模龐大可見一般。

可是隋軍從三月打到九月，前進速度卻相當緩慢，因為前線的將領們要怎麼打，竟然得先回報給煬帝決定後才能進行，一來一往之間耽誤許多軍機。可是煬帝非但不瞭解還責備將領們不會打仗。最後隋軍終於大敗，全軍撤退回到東都。

大業九年（六一三）正月，煬帝又徵集現役軍隊，還召募平民百姓，要他們往涿郡會合。此時地方上已經出現到處劫掠的盜賊，煬帝依然在二月再度東征高麗，直到後方的禮部尚書楊玄感在六月起兵造反，並逼近東都，兵部侍郎斛斯政又叛逃高麗時，才只好班師撤退。

大業十年（六一四）二月，煬帝再次召集群臣開會商討三征高麗的事，有好幾天沒人敢發表意見。二月二十三日，下詔三征高麗。隋軍兩次東征雖不成功，但已給高麗相當壓力。七月二十八日，高麗派使者向隋朝投降，還將叛逃的斛斯政押還隋朝。煬帝相當高興，終於在八月班師回朝。

隋煬帝三次大動干戈東征高麗，只是想要高麗王高元來朝見他，行臣子的禮節。可是最後高元終究沒有

612

大業八年 隋軍自涿郡出發攻高麗，二十四軍，號稱兩百萬。
煬帝渡遼水（遼河），圍遼東城（遼寧遼陽）。
宇文述等渡鴨綠江，近平壤，不利而返。之後宇文述等至遼東城下，損兵三十多萬。煬帝下詔退兵。
大旱，爆發疫情，太行山以東尤其嚴重。

613

大業九年 煬帝再集結兵力至涿郡，並募民為「驍果」。
煬帝再渡遼水擊高麗，諸將攻遼東城，宇文述進平壤。
禮部尚書楊玄感（楊素之子）起兵反隋，進攻東都，不克。煬帝聞訊，罷征高麗，退兵而還。
楊玄感解洛陽圍，攻弘農不克，敗死。反隋義師續起。

到隋朝，而隋朝在煬帝只求滿足自己欲望，不顧國家百姓的情況下，早已將開皇之治時累積的財富損耗殆盡。百姓們為求生存紛紛造反，隋朝的末日漸漸逼近了。

隋朝即將瓦解：群雄角逐天下，李淵直搗京師

南北方統一後，神州大地好不容易獲得近二十年的和平，可惜到隋煬帝大業晚年時戰亂再起，範圍幾乎瀰漫全國。

大約從大業六年（六一〇）之後，隋朝開始有零星盜賊出現；大業七年（六一一）煬帝首次東征高麗前夕，煬帝徵召大軍和運輸人員，這些人當中有些受不了的，就偷偷逃走變成強盜，煬帝下令追捕而且可以當場斬殺。

大業八年（六一二）東征高麗失敗，而後方又發生大旱災，流行性傳染病盛行；太行山以東一帶的災情尤其嚴重，有許多百姓死亡。可是煬帝卻在這年祕密下詔江淮以南的地方郡縣，每年都要尋找資質端莊、美麗的未成年少女送入後宮。身陷苦難的老百姓和窮奢極欲的煬帝個人，形成強烈的對比。

大業九年（六一三），當煬帝滿腦子只想著東征高麗的時候，百姓們為求生存只好淪落成盜匪或是起兵造反，叛亂風潮一發不可收拾。禮部尚書楊玄感的反叛雖然很快就被平定，可是他是煬帝親信楊素之子，又是朝廷官員，連朝廷命官都帶頭造反，對隋朝的震撼不可謂不大。原本一些地方叛亂多為烏合之眾的盜匪，可是經過數年發展後，稱王稱帝的人越來越多。群雄並起、各據一方的情況逐漸成形。

大業十一年（六一五），煬帝往北方邊界巡視，

單位：年

西元	朝代	帝王年號	大事
614	隋	大業十年	第三次征兵攻打高麗。煬帝前往涿郡，沿路士兵多逃亡，無法禁止。將軍來護兒從登（山東蓬萊）、萊（山東掖縣）渡海至卑沙城（大連東北），破高麗兵。高麗王高元遣使求和，隋煬帝藉機罷兵。 扶風唐弼稱王，以李弘芝為帝。 延安劉迦論自稱皇王。 離石胡劉苗王自稱天子。
615		大業十一年	上谷王須拔自稱「漫天王」；魏刀兒自稱「歷山飛」，各自有眾十餘萬人。 隋任李淵為山西、河東撫慰大使，鎮壓反隋起義軍。 煬帝北巡，到雁門（山西代縣），遭突厥始畢可汗所圍。援軍抵達後，始畢可汗解圍而去。 煬帝詔江南再造龍舟，且較之前更加壯麗。

遭突厥始畢可汗親率數十萬大軍突襲；煬帝匆匆躲到雁門（今山西省境內），突厥軍包圍雁門約一個月後才離去。脫險後的煬帝不再回到京師，而是先去東都洛陽，隔年再往江都，從此留在當地不再北返。

大業十三年（六一七）五月，太原留守李淵起兵，並在十一月攻入京師。幾天後，李淵擁立煬帝的孫子代王楊侑（ㄧㄡˋ）為帝，是為隋恭帝，改元義寧。恭帝（代王）遙尊他的祖父煬帝為太上皇，至於李淵則成為大丞相、唐王，掌握實質權力。隋朝朝廷一分為二。

當隋末群雄極力擴大地盤，甚至相互爭奪的時候，李淵則從太原起兵，以京師為目標、根據地，顯露出他想取代隋朝的念頭。

隋朝走向末路：隋煬帝在江都被弒殺

隋煬帝大業十二年（六一六）七月，煬帝從東都啟程前往江都，並命令越王楊侗、太府卿元文都等人留守。有個擔任奉信郎的小官崔民象認為盜賊充斥各地，所以在建國門向煬帝報告，此時不適合前往外地。煬帝聽到大為震怒，下令砍了他的頭，再繼續前進。過了幾天，一行人到了汜水（河南省內，黃河支流之一），又有一個奉信郎王愛仁以盜賊的聲勢越來越大為由，勸請煬帝回到京師（大興），煬帝還是生氣，也把他的頭給砍掉，再繼續南下的行程。

從煬帝啟程前往江都開始，大約一年半的時間裡，就有林士弘、杜伏威、竇建德、徐圓朗、梁師都、劉武周、李密、翟讓、薛舉、李軌、元寶藏、李文相、楊世洛、蕭銑、董景珍、甄寶車等數十人興兵

616

大業十二年 煬帝在毗陵（江蘇常州）建造宮苑，較東都西苑更為奇麗。

煬帝再次前往江都，命子越王侗留守東都。

隋以李淵為太原留守。

林士弘自稱皇帝，國號楚。

617

煬帝

大業十三年 杜伏威敗隋陳稜軍，自稱總管。

竇建德稱長樂王。

恭帝（代王）

義寧元年 徐圓朗據琅邪（山東臨沂）以西，北至東平（山東鄆城）。

梁師都稱梁帝。

劉武周自稱天子，國號定揚。

瓦崗軍李密、翟讓攻陷興洛倉，開倉濟民。翟讓推李密為首，稱魏公。

郭子和稱永樂王。

薛舉稱秦帝。

李軌稱河西大涼王。

蕭銑稱梁王。

太原留守李淵與子李世民等人起兵反隋，並求助於突厥，引兵西進。

李淵攻入京師，與民約法十二條，廢除隋朝苛禁，並擁立代王楊侑，是為恭帝，遙尊煬帝為太上皇。李淵成為大丞相、唐王，掌握朝政。

作亂或是背叛隋朝。這還不包括前面三、四年已經反叛隋朝的勢力，以及從太原起兵的李淵。他們各據一方，有的只是打家劫舍，有的則想吞併天下。隋朝朝廷的號令已經無法有效地通行全國，而隋軍和這些勢力戰鬥互有勝敗，也不再具有壓制的力量與優勢。

大業十三年（六一七）九月，煬帝尋求江都當地百姓的女兒和寡婦，將她們許配給遠離家庭、與煬帝一起到江都的將士們；到了十一月，又下令在丹陽郡（約今南京市一帶）建築宮殿，似乎顯示煬帝已有長留江都，不想北返的打算。

大業十四年（恭帝〔代王〕義寧二年〔六一八〕）三月，煬帝身邊的右屯衛將軍宇文化及、武賁郎將司馬德戡、監門直閣裴虔通、將作少監宇文智及等眾多文武官員也背叛了煬帝。他們帶著軍隊進犯後宮，煬帝在溫室遭到弒殺，時年五十歲。蕭皇后命令宮女除去床上的竹蓆後當成棺材草草埋葬，後來宇文化及又將棺木挖出來；右禦衛將軍陳稜將它放置在成象殿，重新舉行葬禮。之後煬帝被葬於吳公臺，唐朝平定江南後再改葬到雷塘（均在江都附近）。

隋煬帝的一生落幕了，隋朝的國運也隨他之死而成為風中殘燭，即將到達熄滅的時刻。

李淵建立唐朝與隋朝的最後掙扎：唐高祖，起義師；除隋亂，創國基

宇文化及等人弒殺隋煬帝後，改立他的姪兒秦王楊浩為帝。接著他們離開江都想要回到北方。由於宇文化及的行事作風和煬帝相差不多，原本和他一起推翻煬帝的司馬德勘等人想要再次發動政變，這次宇文

單位：年

西元 618

朝代	帝王年號	大事
隋	煬帝 大業十四年 恭帝（代王） 義寧二年 恭帝（越王） 皇泰元年	煬帝見中原大亂，無心北返，因部屬宇文化及等人作亂而被弒殺於江都。宇文化及改立煬帝姪兒秦王楊浩為帝，之後再行毒殺，篡位稱帝，國號許。 隋恭帝（代王）退位；唐王李淵稱帝，改國號為唐。立世子建成為皇太子，趙公世民為秦王，齊公元吉為齊王。
唐	高祖 武德元年	多位隋東都（洛陽）留守官共同擁立越王楊侗為帝，是為隋恭帝（越王）。 沈法興自稱江南道大總管。 梁蕭銑即皇帝位。 唐封李軌為涼王，之後李軌即皇帝位。 隋恭帝（越王）封杜伏威為楚王。 朱粲自稱楚帝。 竇建德改國號夏。 高開道自稱燕王。

化及可不能又讓他們得逞，立刻將他們全部殺害。

至於京師方面，在隋煬帝被殺十二天後，掌握京師朝政的唐王李淵，逐漸加速他的篡位過程。隋恭帝（代王）義寧二年（六一八）三月，李淵的地位被提升到在諸侯王之上；五月，李淵的車馬服飾再被提升到和天子相當的等級；約半個月後，恭帝下詔退位。李淵正式稱帝，改國號為唐，改年號為武德，是為唐高祖。隋恭帝（代王）的朝廷完全瓦解。

接著再看東都。當時煬帝的另一位孫子越王楊侗和金紫光祿大夫段達、太府卿元文都等人，一起留守東都。隨著煬帝遇害、恭帝退位，元文都等人認為越王與煬帝的親緣關係最近，因此他們共同擁立越王稱帝，是為隋恭帝（越王），改元皇泰。

當時恭帝（越王）朝廷裡有段達、王世充、元文都、盧楚、皇甫無逸、郭文懿、趙長文等七人分居要職，可說是朝廷裡的重臣，洛陽人稱他們為「七貴」。

過沒多久，宇文化及一行人已經到了彭城（約今江蘇省徐州市一帶）。恭帝感到害怕，派遣使者招撫拉攏另外一個以李密為首的割據勢力。李密得到消息後向恭帝投降，恭帝非常高興，隨即任命李密為太尉、尚書令、魏國公，要他抵抗繼續北上的宇文化及等人。

向東出兵的李密成功地打擊了宇文化及的軍隊，使其實力日益衰弱。宇文化及知道自己終將失敗，乾脆就在魏縣（約今河南省北部）毒殺了楊浩，過過做皇帝的乾癮。大約在四個多月後，就被隋末群雄之一的竇建德所殺。

此時隋朝的朝廷在東都苟延殘喘，唐朝雖已開國，但也只能算是眾多逐鹿中原、爭奪天下的群雄之

619

隋	恭帝（越王）	皇泰二年	隋恭帝（越王）命王世充為相國，進爵鄭王，加九錫。 王世充在洛陽稱帝，國號鄭。
唐	高祖	武德二年	隋恭帝（越王）遭王世充逼迫退位，隋亡。 唐封徐圓朗為魯國公。 沈法興稱梁王。 李子通即皇帝位，國號吳。

一，形勢是那麼地混沌不明……。

隋朝滅亡：群雄並起競逐天下

隋恭帝（越王）雖然靠著李密的阻擋，沒讓宇文化及往東都的方向逼近，可是外患易解，內憂難防。「七貴」之間的關係相當不合，有偷偷想要打倒對方的打算。不久元文都、盧楚、郭文懿、趙長文四人被王世充所殺，皇甫無逸逃到長安，段達則選擇投向王世充的陣營。從此王世充的聲勢逐漸增長，而恭帝的權力也相對趨於衰弱。

後來王世充與李密相爭獲勝，越來越多人轉而擁護他，於是他立自己為鄭王以獨攬朝政，恭帝也沒有辦法制止。接著大臣段達、雲定興等十人晉見恭帝，嘴巴上是說請恭帝效法堯、舜禪讓的故事，將帝位傳給王世充，這等於是逼恭帝退位，因此恭帝非常生氣。他指責這些人在隋朝朝廷做官，怎麼會突然說出這種話？

只是恭帝氣憤之餘，臉上卻也流露出恐懼的表情，身旁的侍衛在這樣的氣氛下，沒有一個不緊張到流汗的。後來恭帝退朝看到母親劉太后，只能對著她哭泣，一點反制的辦法也沒有。王世充再換人向恭帝傳話，表示當今四海之內並不太平，需要有年長的君主領導（恭帝當時只有十多歲），等到天下安定後，一定擁護恭帝恢復帝位。恭帝迫不得已，只得在皇泰二年（六一九）四月下詔退位，隋朝至此滅亡。

隋朝雖然亡了，可是群雄割據的局面依然存在。除了唐（高祖）李淵（年號武德）外，還有（楚、吳）李子通（年號明政）、（楚）朱粲（年號昌達）、（楚）林士弘（年號太平）、長樂王竇建德（年號五鳳）、（梁）梁師都（年號永隆）、（定揚）劉武周（年號天興）、（涼）李軌（年號安樂）、（梁）蕭銑（年號鳳鳴）、（鄭）王世充（年號開明）、梁王沈法興（年號延康）自立稱帝稱王，以及像孟海公、王薄、杜伏威、徐圓朗、燕王高開道等許多較小的勢力各據一方。雖然這段時間豪傑爭霸的故事成為後來小說戲曲、詩詞歌賦的材料來源，讓不少人津津樂道，但當時造成生靈塗炭、百姓流離失所的狀況也是事實。想要再次恢復和平富庶，人民安居樂業的繁榮景象，還有一段漫漫長路要走。

唐朝

李淵其實深受隋朝重用，若不是隋煬帝過於奢華無度、敗壞朝綱，李淵不見得會起兵造反。李淵稱帝建國號唐，封長子建成為太子。然而，次子世民南征北討，為大唐掃蕩群雄，軍功斐然，撼動了建成的太子地位。一場「玄武門之變」，李世民殺了自己的兄弟，登上帝位，是為唐太宗。

李世民是個懂得用人、勵精圖治、且從諫如流的好皇帝，開創出「貞觀之治」，貞觀年間社會有序，經濟穩定發展。唐高宗繼位後，皇后武則天干政，最後直接改國號為「周」，成為中國歷史上唯一的女皇帝。武則天的統治成果，史家咸認為有延續貞觀之治的成果，甚至更為輝煌。眾臣在武則天晚年趁機迎回李唐政權，才有唐玄宗李隆基的治功，唐朝進入全盛時期，史稱「開元盛世」。然而，唐玄宗改元天寶之後，好景不再，長達八年的內戰「安史之亂」，是唐朝由盛轉衰的分水嶺；朝廷有宦官專權、牛李黨爭，地方則有藩鎮割據，兩者都是大唐揮之不去的夢魘。

唐代宦官掌權到有能力擁立皇帝，特別是唐代宗的「甘露之變」，原本打算要伏殺宦官，結果不僅無法剷平宦官的勢力，還使得宦官們更加團結。後繼者唐懿宗、唐僖宗時，社會問題更加嚴重，但皇帝仍然耽溺遊樂，使政局更加惡化，終於爆發遍及半壁江山的「黃巢之亂」，導致唐朝國力嚴重衰退。宦官與藩鎮之間也爆發激烈的鬥爭，最後由在黃巢之亂屢得戰功的朱全忠，獲得最後勝利，但是他幾乎殺死全部的宦官，篡奪唐哀帝的帝位，大唐王朝就此結束。

大唐盛世的基礎在於耕種工具的改良，以及對農田水利的重視，特別在淮河以南的開發，糧產不僅大幅增加，淮南地區還成為當時很重要的糧食區。農業發展也帶動商品經濟，加諸海道的暢通，唐代的海外貿易相當興盛，官府還特別設置「市舶司」來管理。唐朝文學成就以詩歌最為發達，另有古典小說形式的「傳奇」、說唱形式的「變文」，並且興起古文運動，以韓愈、柳宗元為首，主張「文以載道」。

唐朝的國祚自西元六一八年至九〇七年，起自唐高祖李淵，終於唐哀帝李祚。唐高祖定都長安，武則天時期曾一度遷至洛陽，唐中宗復辟後還都長安。

單位：年

西元	朝代	帝王年號	大事
618	隋 唐	煬帝　大業十四年 恭帝（代王）　義寧二年 恭帝（越王）　皇泰元年 高祖　武德元年	煬帝見中原大亂，無心北返，因部屬宇文化及等人作亂而被弒殺於江都。宇文化及改立煬帝姪兒秦王楊浩為帝，之後再行毒殺，篡位稱帝，國號許。 隋恭帝（代王）退位；唐王李淵稱帝，改國號為唐。立世子建成為皇太子，趙公世民為秦王，齊公元吉為齊王。 多位隋東都（洛陽）留守官共同擁立越王楊侗為帝，是為隋恭帝（越王）。 沈法興自稱江南道大總管。 梁蕭銑即皇帝位。 唐封李軌為涼王，之後李軌即皇帝位。 隋恭帝（越王）封杜伏威為楚王。 朱粲自稱楚帝。 竇建德改國號夏。 高開道自稱燕王。

唐朝統一天下：在隋末群雄的競爭中脫穎而出

唐朝在各地群雄相互競逐的局面中先定都長安、立足關中，再開始向外爭霸，希望實現一統全國的目標。

唐高祖武德二年（六一九），當隋朝遭王世充滅亡後沒多久，據有河西一帶的涼帝李軌被部屬活捉並向唐朝投降，唐朝取得約相當於今日甘肅省一帶的土地。而此時正是東方的定揚帝劉武周進攻并州（大約是今山西省境內）的時候，武周連連擊敗唐軍；當時身為并州總管的唐高祖四子齊王元吉，卻因為武周的軍隊進逼感到害怕，棄城逃回長安。

唐高祖見齊王等人無法抵抗，改派次子秦王世民出擊。經過數個月的戰鬥，秦王終於在武德三年（六二〇）擊敗劉武周，武周逃往突厥。武周任命的并州總管尉遲敬德投降，後來為秦王所重用。

沒過多久，高祖又要秦王討伐鄭帝王世充。武德四年（六二一），王世充漸漸抵擋不住秦王的攻擊，請夏王竇建德派兵救援。沒想到秦王大破竇建德的軍隊還生擒建德，王世充見大勢已去也隨後投降；唐朝取得東都洛陽以及黃河南北一帶的土地，基礎更加穩固。

隨後原竇建德的部將劉黑闥再起兵，北方情勢又告急，但南方卻傳來好消息，宗室趙郡王李孝恭平定荊州，俘獲梁帝蕭銑。唐朝開始向南方拓展。

為了迎擊劉黑闥，高祖任命秦王和齊王出兵。武德五年（六二二）劉黑闥自稱漢東王，不久被秦王擊敗逃到突厥。原本以為戰事已經結束，可是黑闥又帶著突厥的軍隊進攻唐朝，高祖先後派齊王、太子出

619

隋 恭帝（越王） 皇泰二年

隋恭帝（越王）命王世充為相國，進爵鄭王，加九錫。

王世充在洛陽稱帝，國號鄭。

唐 高祖 武德二年

隋恭帝（越王）遭王世充逼迫退位，隋亡。

唐高祖下令國子學立周公、孔子廟，依照四時節令祭祀，並廣求其後人。

涼安興貴捉住李軌向唐投降；唐殺李軌。

劉武周派宋金剛攻唐并州，屢敗唐軍。

秦王世民渡河屯兵，與宋金剛相持。

唐封徐圓朗為魯國公。

沈法興稱梁王。

李子通即皇帝位，國號吳。

征，才終於斬殺黑闥，平定了太行山以東的範圍。

武德六年（六二三），輔公祏（ㄕˊ）在東南一帶反叛，自稱宋王；高祖派趙郡王和永康縣公李靖出兵征討，在隔年擒獲輔公祏。諸多的隋末群雄到此只剩下梁帝梁師都倚靠突厥為後援，與唐朝對峙。隨著突厥政局不穩，到了唐太宗時，派遣使者要梁師都投降，師都不肯；之後唐太宗改採反間計削弱師都的力量，再於貞觀二年（六二八）出兵征討。梁師都的親戚梁洛仁見情勢不利就殺了梁師都，向唐朝投降。

經過高祖、太宗兩代的努力後，唐朝終於取得最後的勝利，進入貞觀之治的盛世。

玄武門之變（上）：誰能夠資格繼承皇位？

唐高祖在位期間，對內逐步建設國家，對外派兵與隋末群雄們力戰，逐漸取得掌握天下的優勢。然而唐高祖卻也要面對他的隱憂，就是諸子之間的鬥爭。

唐高祖有二十二個兒子，其中元配正妻竇氏生四個兒子，分別是長子建成、次子世民、三子玄霸、四子元吉，其中玄霸在唐朝還沒建國前就死了。唐朝開國後高祖封建成為皇太子、世民為秦王、元吉為齊王。

武德年間，秦王接連擊敗劉武周、竇建德、王世充等強敵；使唐朝疆域不斷擴大。相較之下，太子和齊王是在擊敗劉黑闥和防備突厥上有所貢獻，戰功明顯少於秦王。這讓他們覺得受到威脅，於是和後宮嬪妃聯合起來對抗秦王。雙方私下爭鬥不斷。

到了武德九年（西元六二六年），突厥再度侵犯邊境，高祖下詔由齊王率兵抵抗。由於大軍交由齊

單位：年

西元	朝代	帝王年號	大事
620	唐	武德三年	被長樂王竇建德所俘虜的左武侯大將軍李世勣（徐世勣、李勣）脫逃歸國。竇建德改稱自己為夏王（五鳳三年）。 秦王李世民在介州大破定揚帝劉武周手下大將宋金剛，劉武周（天興四年）和宋金剛逃往突厥，唐朝收復并州。 唐高祖命秦王率軍討伐鄭帝王世充（開明二年），又派皇太子李建成鎮守蒲州，以防備突厥。不久傳來劉武周被突厥所殺的消息。 自稱燕王的高開道派使者向唐朝投降；唐高祖授予蔚州總管的職務，封他為北平郡王，還賜姓李氏。 頡立可汗繼位統治東突厥。

王指揮，加上太子建議要秦王府內猛將秦叔寶、尉遲敬德（尉遲恭）等人與秦王的部分軍隊同行出征。另外還用計想讓秦王的部屬房玄齡、杜如晦離開秦王身邊，又試圖結交廬江王李瑗、尉遲敬德、段志玄等文武大臣。這些都是企圖削弱秦王，增強太子方面實力的舉動。

在長孫無忌、房玄齡、杜如晦、尉遲敬德、侯君集等人的不斷勸說下，秦王終於決定要先發制人。包括上述五人在內，秦王再召集劉師立、高士廉等人，一同祕密籌畫攻擊太子與齊王的計畫。秦王在行動前，曾請算命師算算此次非常作為能否成功。剛好王府幕僚張公謹走進屋內，看到這般景象，立刻將占卜用的龜甲丟到地上；勸說秦王不需要懷疑猶豫，沒有占卜的必要。秦王聽完覺得很有道理。

六月初三，秦王向高祖密奏太子和齊王淫亂後宮，還說自己絲毫沒有辜負兄弟之情，他們今天想要行凶，像是要為王世充、竇建德報仇似的。自己冤枉而死的話，不但是與君親（指父皇高祖）永別，魂魄到了地下時，也恥於見到先前擊敗的諸賊（指王世充、竇建德等人）。高祖得知後感到吃驚，他告訴秦王：「明天應該要好好審問一番，你也應當早點來參見。」

情勢走到這裡，緊張萬分；兄弟多年爭鬥，攤牌在即……。

玄武門之變（下）：高祖之子建成、世民、元吉激戰，決定了唐朝繼位的領導者

唐高祖武德九年六月初四，高祖宣召裴寂、蕭

武德四年

夏王竇建德（五鳳四年）率兵救援鄭帝王世充（開明三年），攻陷管州。

秦王李世民在武牢大破竇建德軍，竇建德被俘，唐朝平定黃河以北。在東都洛陽的鄭帝王世充見大勢已去，隨即投降，黃河以南也被平定。

唐朝廢五銖錢，改行開元通寶錢。唐朝斬殺竇建德，流放王世充，王世充於雍州被仇人所殺。

原竇建德部將劉黑闥再起兵。

兗州總管徐圓朗舉兵造反，以響應劉黑闥，自稱魯王。

唐趙郡王李孝恭等攻蕭銑，至江陵，蕭銑敗降，後被殺。

秦王李世民被加號天策上將、陝東道大行臺，地位在王公之上。

吳帝李子通（明政七年）向唐朝投降。

唐高祖命令秦王與齊王李元吉出兵討伐劉黑闥。

秦王世民網羅文學之士如杜如晦、房玄齡、虞世南、孔穎達等人，稱十八學士。

瑀、陳叔達、封倫、宇文士及、竇誕、顏師古等大臣入宮，準備對秦王密奏皇太子與齊王淫亂後宮一事的真實性加以追究。

此時秦王以皇太子與齊王已計畫謀害他，得要設法保護自己為理由，率領長孫無忌、尉遲敬德、房玄齡、杜如晦、高士廉、侯君集、程知節（程咬金）、秦叔寶（秦瓊）、段志玄等文武兵將，抵達長安城太極宮玄武門。另一方面，太子和齊王到了臨湖殿，發現情況有變，立刻掉轉馬頭想要回到東宮。秦王發現了，立刻呼叫他們。齊王在馬上拉滿了弓連射三箭，都沒射中秦王；秦王向太子射了一箭，太子隨即應聲落馬身亡。尉遲敬德率領七十騎兵很快跟上，齊王騎著馬向東逃跑，被騎兵發出的箭射中，墜下馬來。齊王負傷逃走，想要進入武德殿，結果被趕上來的尉遲敬德射殺。

不久東宮與齊王王府的精兵共二千人進攻玄武門，但因守門部隊抵抗而被拒於門外；隨著交戰時間越來越長，皇宮也被流竄的飛箭波及。直到秦王王府的數百騎兵趕到才打破僵局，在尉遲敬德向太子和齊王的兵馬展示他們主子的人頭後，東宮和齊王王府的兵馬終於敗退潰散。這就是歷史上所稱的「玄武門之變」，以太子建成與齊王元吉被殺，秦王世民獲勝收場。

變亂結束後，高祖在武力威脅下，改立秦王為皇太子，將國家政務交給他處理，同時下詔大赦（赦免或減刑）天下罪犯。

之後高祖將帝位傳給太子，自己成為太上皇；太子即位，就是後人耳熟能詳的唐太宗。

單位：年

西元	朝代	帝王年號	大事
622	唐	武德五年	劉黑闥自稱漢東王（天造元年）。 秦王李世民在洺水擊敗劉黑闥，劉黑闥逃往突厥。北平郡王高開道背叛唐朝。 劉黑闥引突厥軍來犯。 東突厥頡利可汗接連侵犯雁門、朔州一帶，唐高祖派遣皇太子李建成與秦王迎敵，擊敗頡利可汗。 唐高祖先後派齊王李元吉和皇太子討伐劉黑闥。 皇太子於魏州大破劉黑闥軍，劉黑闥被斬殺。 （西亞：阿拉伯半島）穆罕默德與支持者為迴避敵對貴族之加害，離開麥加前往麥地那。這次遷徙後來被伊斯蘭教徒稱為「聖遷」，並以西元六二二年七月十六日為回曆元年元旦。
623		武德六年	東突厥頡利可汗侵犯朔州，唐高祖派遣皇太子李建成與秦王李世民率軍駐守并州防備。 東南道行臺僕射輔公祏在丹陽造反，自稱宋王（天明元年）；唐高祖派遣趙郡王李孝恭及永康縣公李靖出兵討伐。 東突厥退兵，皇太子班師回朝。 高開道引突厥軍進犯幽州。

唐太宗雖然是歷史上的一代明君，發動玄武門之變不僅為了自保，還讓自己登上事業的顛峰。可是因為他的帝位終究是在殘殺手足兄弟後所得來的，不但使他的人生蒙上汙點，也為後世打開惡例。唐代有些皇子當上太子後卻不見得可以成為皇帝，恐怕都與玄武門之變打破皇位繼承的制度與穩定性有關。這次政變對唐朝的影響算得上是很深遠的。

貞觀之治：唐朝的第一個太平盛世

唐太宗在位期間，隋末以來天下動盪的局面終於穩定下來，百姓們又恢復較安定的生活，因此有「貞觀之治」之名。（有史家質疑為美化之舉，因當時人口數遠不及隋朝，唐太宗又多次發動對外戰爭，也給人民帶來痛苦。）

要說貞觀之治就不能不提唐太宗的個性與處理政事的方式，畢竟他是貞觀之治的締造者，他的意志與決定可以影響整個國家的運作。

太宗是位能夠體恤百姓的皇帝。話說貞觀元年（六二七）夏天，太行山以東各地發生旱災，太宗下令當地官員要救濟撫恤百姓，至於當年應該要繳交的稅和田租則全部免除。可是到了秋天，相當於今日河南省、山東省、甘肅省一帶又發生霜害，使農作物受到損傷。在穀物歉收的狀況下，關中（約今陝西省境內）地區發生饑荒，嚴重到部分家庭必須賣掉小孩才能生存的地步。太宗於貞觀二年（六二八）拿出皇宮御藏的金銀財寶，將被賣掉的小孩贖回來，還給他們的父母重建家庭；又下詔地方官員要埋葬曝屍荒野的骸骨，各地州縣都要設置義倉（儲備糧食的公有倉

624

武德七年

唐高祖封高麗王高武為遼東郡王、百濟王扶餘璋為帶方郡王、新羅王金真平為樂浪郡王。

高開道被部下張金樹所殺，張金樹向唐朝投降。

唐高祖親自到國子學釋奠（祭孔）。

趙郡王李孝恭擒獲宋王輔公祏（天明二年），平定丹陽。

唐高祖頒行新律令，開始施行租庸調法。

李世勣討平徐圓朗。

突厥進犯并州，京師一度戒嚴。

唐高祖前往終南山，親臨老子廟。

625

武德八年

突厥進犯定州。

唐高祖命皇太子李建成前往幽州、秦王李世民前往并州，分別率軍防備突厥。

626

武德九年

唐高祖次子秦王李世民發動「玄武門之變」，之後繼位為帝，是為唐太宗。

立妃長孫氏為皇后。

東突厥頡利可汗來犯，派手下執失思力觀察唐朝虛實，被太宗囚禁。太宗隨後出玄武門至渭水，責備頡利可汗違背誓約；唐軍隨後列陣，頡利可汗向唐太宗請和。

唐太宗親自於顯德殿練兵。

立中山王李承乾為皇太子。

庫）以備日後不時之需。

太宗是位重視歷史教訓的皇帝。太宗出生於隋文帝開皇十八年（五九九），所以隋朝的盛衰都看在太宗的眼裡，也成為他施政時的借鏡。此外太宗在位期間下令修撰南朝梁、陳、北朝齊、周及隋朝的歷史，之後又重修晉朝的歷史，這些史書都被列入現今正史之列。

太宗是位有雅量接納建言並修正自身行為的皇帝。說到敢冒犯太宗的大臣，當然首推魏徵。魏徵勸諫太宗的故事很多，可是對太宗、對後世有什麼樣的影響和啟示？這在魏徵過世後，太宗對朝臣發表的感想裡能得到最簡潔有力的答案。太宗說：「夫以銅為鏡，可以正衣冠；以古為鏡，可以知興替；以人為鏡，可以明得失。」站在鏡子前才能調整自身衣著，讓穿戴更整潔；看著歷史的記載才能知道歷朝歷代的治亂興衰，以記取其中教訓；在與人相處的過程中才能知道自己的行為適不適當，更瞭解自身性格上的優缺點並且加以改善。

唐太宗具備這些領導國家的特質，加上房玄齡、杜如晦、長孫無忌、魏徵等賢臣輔佐，終能創造貞觀之治的富強局面。

捉東突厥頡利可汗到長安：唐朝聲威擴大至疆域之外

突厥是南北朝後期、隋朝，以至唐朝前期所面對的北方強大外族。突厥原本是為柔然打鐵的工人，大約是在北朝分裂的時代興起，逐漸取代了柔然的地位。

單位：年

西元	朝代	帝王年號	大事
627	唐	太宗 貞觀元年	唐太宗改年號為貞觀，後世對他在位時期賦予「貞觀之治」的美名。 太行山以東大旱，太宗下令地方官員救濟百姓。 玄奘法師西行求經（另一說在貞觀三年）。
628		貞觀二年	因關中饑荒，民多賣子，太宗出御府金銀財寶贖回，還其父母。 隋末群雄中最後一支由梁師都領導的勢力被唐朝所滅，唐朝統一天下。
629		貞觀三年	地方各州設置醫學。 唐太宗以并州都督李世勣為通漢道行軍總管、兵部尚書李靖為定襄道行軍總管，出兵攻打東突厥。
630		貞觀四年	唐軍擒獲東突厥頡利可汗，西北各國君長得知後，齊上唐朝皇帝尊號為「天可汗」。 唐太宗於此年下詔地方州、縣學都要建立孔子廟。 （西亞：阿拉伯半島）麥加方面向穆罕默德投降（回曆九年）。伊斯蘭教逐漸向阿拉伯半島各地擴展。

在北朝齊、周長年對峙的情況下，雙方都希望能與突厥結盟，以免再增加另一個邊患。突厥深知齊、周二朝不能忽視他們的這項弱點，於是搖擺在二國之間，趁機獲取財物、婚姻等方面的利益。

隨著北周滅北齊、隋篡北周，突厥嚐到的甜頭變少，與隋朝時和時戰。隋文帝又施以離間計，使突厥大約在開皇三年（五八三）時一分為二。之後雙方關係漸趨平穩，直到隋煬帝大業十一年（六一五），煬帝遭到始畢可汗突襲，之後脫險才中斷彼此往來。

隋末亂起，包括薛舉、竇建德、王世充、劉武周、梁師都、高開道等群雄雖然自立稱帝，卻也向東突厥稱臣交好。連李淵剛起兵時也曾請東突厥出兵響應。

唐高祖武德三年（六二〇），頡利可汗繼位統治東突厥，之後幾乎年年出兵進犯。唐太宗即位後頡利又來攻，太宗先率少數隨從抵達渭水邊指責頡利入侵，稍後再讓唐軍列陣。頡利見唐朝軍容壯盛，於是退兵請和。

貞觀三年（六二九），太宗得知東突厥內部不和，天災不斷，於是以雙方訂有和約，東突厥卻幫梁師都對抗唐朝為理由，命令李世勣和李靖進兵東突厥。

貞觀四年（六三〇）春正月，李靖大破東突厥，還發現移居到突厥境內的隋煬帝皇后蕭氏及煬帝的孫子楊正道，就將他們送回京師。李靖又在陰山再破東突厥；頡利可汗被唐將張寶相擒獲。

之後，太宗親臨順天門，將士們把頡利可汗當做戰利品獻給皇帝。從此西北各國的國君們，一起尊

631 **貞觀五年** 唐太宗派遣使者破壞當年高麗戰勝隋朝後，將戰死的隋軍士兵遺體聚集起來所堆成的「京觀」（高塚），並且將戰死的士兵骸骨帶回中原，加以祭拜安葬。

632 **貞觀六年** 初次設置律學。唐太宗親自審問囚犯，讓被判處死刑的三百餘名罪犯回到家中，約定明年秋末時回來行刑。沒想到期限到時，沒有囚犯逃跑，太宗下詔赦免他們全部人的死刑。

（西亞：阿拉伯半島）伊斯蘭教先知穆罕默德去世（回曆十一年）。他在世時宣揚伊斯蘭教，信奉唯一真主安拉（阿拉）。伊斯蘭教以古蘭經（可蘭經）為經典，教徒又稱為穆斯林（意指歸順者）。他過世後，伊斯蘭教及當地政治進入「正統哈里發時代」。

633 **貞觀七年** 唐太宗將直太史、將仕郎李淳風鑄造之渾天黃道儀，放置於凝暉閣。

唐太宗頒布新校定之五經。

稱唐朝皇帝為「天可汗」，而唐朝皇帝發璽書冊封新的各國國君時，也會同時使用「大唐皇帝」與「天可汗」的名稱。「唐」這個字開始威播海外，慢慢地與「華夏」、「漢」等字詞齊名，成為外國稱呼中國與中國人的代名詞。

景教在唐朝：唐太宗允許，開始傳布

唐太宗即位後，對內先統一天下，對外再建立國威，與各國間的交通往來慢慢恢復，文化交流亦漸漸頻繁起來。其中有一種來自域外的宗教大約也在這個時候傳入，它被稱為「景教」。

景教是基督宗教中的聶斯托留派（Nestorian），由於後代史書中幾乎很少提及景教，因此對於景教的認識大多是從著名史料「大秦景教流行中國碑」的內容中著手入門的。

景教碑記載著：唐太宗貞觀九年（六三五），來自大秦國的上德阿羅本帶著經典抵達長安，太宗派宰臣（尚書左僕射）房玄齡在長安城外西郊迎接。阿羅本到了皇宮，除翻譯經典外，對於太宗詢問相關宗教問題也一一回答。太宗覺得景教信仰不是什麼旁門左道，於是在貞觀十二年（六三八）秋七月下詔，在京城義寧坊建造大秦寺。景教開始在唐朝境內傳播。

雖然景教在唐朝曾經盛行過一陣子，可是為什麼後來卻顯得沒沒無聞，好像沒有發生過？關於景教沒落的原因，一般相信是和唐武宗的滅佛運動（開始於會昌五年〔八四五〕）有關。

歷史上曾經有三次滅佛運動，分別發生於北朝魏太武帝、北朝周武帝、唐武宗在位的時候；由於三位

西元	朝代	帝王年號	大事
634	唐	貞觀八年	唐太宗命特進李靖、兵部尚書侯君集、刑部尚書任城王李道宗、涼州都督李大亮等人為大總管，分別率軍征討吐谷渾。
635		貞觀九年	景教（基督宗教之聶斯托留派）教士阿羅本抵達長安。
636		貞觀十年	尚書左僕射房玄齡、侍中魏徵將已寫成之梁、陳、齊、周、隋五代史（即姚察與姚思廉父子之《梁書》和《陳書》、李德林與李百藥父子之《北齊書》、令狐德棻之《周書》、魏徵等人合著之《隋書》等五部正史）進呈給唐太宗，太宗下詔典藏於祕閣。 皇后長孫氏在立政殿過世。
637		貞觀十一年	唐太宗頒布新律令。對房玄齡等人呈獻所撰寫之五禮，下詔相關官員採用施行。
638		貞觀十二年	吏部尚書高士廉等人呈獻《氏族志》一百三十卷給唐太宗。 唐太宗下詔在京城義寧坊建造大秦寺。

皇帝過世後的諡號或廟號尊稱都有「武」字，所以被稱為「三武之禍」。如果再加上日後五代十國時期後周世宗的滅佛，則被稱為「三武一宗之禍」。由於唐武宗的年號是會昌，所以這時的滅佛運動又稱為「會昌法難」。武宗下令裁併寺院、僧侶還俗，而且波及祆教、摩尼教等其他外國宗教。對於淵源來自國外，當時又採用佛教用語以讓百姓們瞭解，進而加入信仰的景教與教徒來說，想要置身事外是相當困難的。雖然武宗之後的宣宗停止滅佛運動，但景教已經趨向衰落，不復唐朝前期、中期時的盛況。

雖然從唐朝人的角度看來，景教的傳入或許不是一件很特別的事，但在現代的眼光中，除非有更早的文獻史料出現，不然這是目前已知中華文化與基督宗教間最早的接觸紀錄。至於中華文化再次與基督宗教有所來往的時間是在元朝，而這又是另外一個故事了。

玄奘法師的西行取經壯舉：佛教在中國的傳布再開新頁

相信每個人小時候都聽過西遊記的故事，西行取經的唐僧師徒四人一路上遭遇許多困難；幾乎每個妖怪都想吃唐三藏的肉來增強自己的法力，但唐僧師徒四人還是一一克服各種艱險。雖然西遊記是虛構的故事，但唐僧則確有其人，他就是唐代初年的玄奘法師。

玄奘法師俗名陳禕。他在隋煬帝大業末年出家，對佛教的經論有廣泛的涉獵；他認為當時流傳的佛經裡有很多翻譯錯誤的地方，所以想要前往西域尋找佛

639 **貞觀十三年**

唐太宗以吏部尚書、陳國公侯君集為交河道行軍大總管，率領唐軍西伐高昌。

唐太宗下詔於洛、相、幽、徐、齊、并、秦、蒲等州都要設置常平倉以儲備糧食。

640 **貞觀十四年**

交河道行軍大總管侯君集征服高昌，建置西州，並於九月時於西州設置安西都護府。

吐蕃派遣使者獻上黃金器物千斤作為禮物，向唐朝求婚。

641 **貞觀十五年**

吐蕃派遣其國相祿東贊前來迎接唐朝公主前往該國，由江夏王李道宗護送文成公主遠嫁吐蕃。

642 **貞觀十六年**

唐太宗下詔改封哥哥前故皇太子李建成為隱太子、弟弟前故海陵剌王李元吉為巢剌王。

高麗淵蓋蘇文殺其王高建武，立其姪高藏為王，自為莫離支，專國政。

經中的不同版本參照檢驗一番。於是法師在唐太宗貞觀初年，跟隨商人的隊伍往西域出發。玄奘法師的辯才無礙，所到之處必定要與當地人辯論佛理，無論是哪一國的人士都對玄奘法師的學識為人感到佩服。

唐太宗貞觀十年（六三六），玄奘法師抵達（中）天竺國（漢朝時稱身毒，即今日之印度，佛教的發源地）。由於玄奘法師遊歷西域長達十七年，之後將這段時間對於各國山川形勢、風土民情等所見所聞記錄下來，這就是十二卷《（大唐）西域記》的成書由來。

後來玄奘法師攜帶梵文本的佛教經論六百五十七部啟程回國，貞觀十九年（六四五）正月回到京師長安。唐太宗親自召見，還安排在弘福寺進行譯經工作，又要右僕射房玄齡、太子左庶子許敬宗廣為召集精通佛理的僧侶五十餘人，幫助整理文獻。

當唐高宗李治還是皇太子的時候，為了要替已過世的母親文德皇后長孫氏祈福，而建造慈恩寺及翻經院，並送法師與其他高僧入住。即位之後，又於顯慶元年（六五六）命令左僕射于志寧、侍中許敬宗等人，一起修飾法師翻譯的佛經文句；國子博士范義碩、弘文館學士高若思等人，則是協助翻譯。總共完成七十五部經典，並且將成果進獻給高宗。

後來因為京城人士競相前往慈恩寺拜訪謁見玄奘法師，使得法師只好請高宗同意讓他遷往比較安靜的地方翻譯佛經，高宗於是下詔讓法師前往宜君山故玉華宮繼續工作。顯慶六年（六六一）玄奘法師過世，享年五十六歲。

隨著玄奘法師攜帶佛經梵文原本載譽回國，讓中

單位：年

西元	朝代	帝王年號	大事
643	唐	貞觀十七年	唐太宗以皇太子李承乾有罪為由，廢為庶人（平民），弟弟漢王李元昌和吏部尚書侯君集受到連坐處分，被誅殺。太宗改立晉王李治為皇太子。 此年，拂菻國（大秦，即東羅馬帝國）派遣使者東來唐朝。
644		貞觀十八年	安西都護郭孝恪率軍滅焉耆國，活捉國王突騎支。 唐太宗任命英國公李勣為遼東道行軍總管、鄖國公張亮為平壤道行軍總管，分別率軍採陸路、水路方式，往平壤方向進發，準備征伐高麗。
645		貞觀十九年	西行取經的玄奘法師歸國。 農曆二月，唐太宗親征高麗但未能攻下，至農曆九月班師回朝。 （東亞：日本）孝德天皇即位，建元大化，展開「大化革新」。
646		貞觀二十年	固安公崔敦禮和英國公李勣率軍擊敗北方薛延陀部落，之後鐵勒等北方部族派遣使者向唐朝表示歸順之意。

國對佛理原意有更多的認識，佛教在中國的傳播也展開了新的篇章。

唐太宗親征高麗：依然未竟全功

自從隋煬帝三征高麗失敗，隋朝陷入大亂後，中原與高麗之間的互動規模隨之降低。直到唐朝建國後，雙邊關係才漸漸恢復。

當年高麗在戰勝隋朝後，將戰死的隋軍士兵遺體聚集起來堆成一座高塚，以紀念當時戰爭的勝利、誇耀高麗的戰功。這類的高塚通常被稱為「京觀」。唐太宗於貞觀五年（六三一）秋天派長孫師破壞高麗建造的京觀，將這些戰死沙場的士兵骸骨帶回中原，好好地祭拜安葬。此舉卻讓當時的高麗王高建武感到畏懼，以為唐朝要發兵攻伐，於是築起長城做為防禦。

貞觀十六年（六四二），高建武被其大臣淵蓋蘇文殺害；淵蓋蘇文改立高建武的姪兒高藏為王，並自立為莫離支（相當於兵部尚書兼中書令）專擅高麗國政。隔年，因高麗和百濟聯合攻擊新羅，企圖阻斷新羅與唐朝之間的往來，太宗便派司農丞相里玄奬前往高麗勸阻，但淵蓋蘇文不願意罷手。太宗就以這兩件事為由決定御駕親征。

太宗於貞觀十九年（六四五）春天率軍出發，從農曆四月起開始進攻高麗。不久後，唐將李勣（ㄐㄧ）攻破蓋牟城；接著五月，太宗親自領軍和李勣一起圍攻遼東城。因為當時風大，唐軍先對遼東城射出火箭，燒掉城上的木造屋樓後再強行登城進攻，終於奪下遼東城。

六月時，唐軍抵達安市城。緊接著高麗以十五萬

647 貞觀二十一年 以左驍衛大將軍阿史那社爾、右驍衛大將軍契苾何力、安西都護郭孝恪、司農卿楊弘禮為崑山道行軍大總管，西伐龜茲。

648 貞觀二十二年 右衛率長史王玄策出使「帝那伏帝」國（中天竺國）。當時國王尸羅逸多死，大臣阿羅那順篡位，抗拒王玄策。王玄策發動吐蕃、泥婆羅國聯軍大破中天竺，副使蔣師仁活捉阿羅那順及王妃、王子等人。王玄策將一萬二千名俘虜和牛馬二萬多頭獻給唐太宗。

649 貞觀二十三年 唐太宗卒，皇太子李治即位，是為唐高宗。

650 高宗 永徽元年 立妃王氏為皇后。瑤池都督、沙鉢羅葉護阿史那賀魯叛變，自稱可汗（西突厥），掌控西域。

651 永徽二年 阿史那賀魯（西突厥）攻陷金嶺城、蒲類縣，唐高宗派遣武侯大將軍梁建方、右驍衛大將軍契苾何力為弓月道總管加以討伐。大食國（正統哈里發時代）首次派遣使者東來。

兵馬救援安市城，李勣率兵迎戰；太宗也親領部隊在高山上接戰，結果高麗戰敗。因此唐朝就將太宗當時所在的山命名為駐蹕山，並且刻石紀功。只是接下來李勣攻打安市城長達數月都拿不下來，太宗認為後備的糧食物資已經不足，天氣又逐漸變冷，只好在九月班師回朝。

無論隋煬帝還是唐太宗都沒有辦法擊滅高麗，唐高宗即位後與高麗之間又發生過多次戰爭，直到總章元年（六六八）九月，李勣終於攻入高麗國都平壤城，擒獲高麗王高藏及其多位大臣。唐朝將高麗改為安東都護府，雙方多年的戰爭到此終於畫上了句點。

武媚的影響力興起：唐高宗廢立皇后

每當人們提到唐朝的知名人物與故事時，一定會提到武則天這位歷史上唯一的女皇帝，尤其在當代多位知名女演員的相繼飾演之下，武則天的事蹟幾乎已是無人不知、無人不曉。再加上連續劇的主題曲膾炙人口，不禁讓人以為武則天的形象與那歌詞裡的意境相彷彿。究竟史書裡的武則天是什麼樣的人呢？

我們常說的武則天是當今世人對她的通稱。武氏出生於唐高祖武德六年（六二三），父親武士彠曾跟隨高祖起兵，擔任過工部尚書、利州都督、荊州都督等官職。

唐太宗貞觀十年（六三六）六月，長孫皇后過世；同年武氏十四歲，太宗聽說她的儀容舉止很美，就宣召入後宮立為才人，並且賜她一個名字：武媚。這是目前所知武氏最早的名字。那麼電視劇裡為什麼都稱她為武媚娘呢？

單位：年

西元	朝代	帝王年號	大事
652	唐	永徽三年	唐高宗立陳王李忠為皇太子。
653		永徽四年	唐高宗頒布孔穎達《五經正義》，並且下令作為每年明經科考試之依據。 唐高宗將《新律疏》（《唐律疏議》）頒行天下。
654		永徽五年	皇子李賢（唐高宗與昭儀武氏之子，後來被追謚為章懷太子）出生。
655		永徽六年	唐高宗廢皇后王氏為庶人（平民百姓），改立昭儀武氏為皇后。
656		永徽七年 顯慶元年	皇太子李忠被廢為梁王，改立代王李弘（唐高宗與武皇后之子）為皇太子。改年號為顯慶。 太尉長孫無忌進獻史官撰寫之梁、陳、齊、周、隋五代史志三十卷（分禮儀志、音樂志、律曆志、天文志、五行志、食貨志、刑法志、百官志、地理志、經籍志，後附入隋書之中）給唐高宗。 設置算學。

其實「武媚娘」原來不是名字，而是一首歌曲，最晚可能在隋文帝開皇年間編成；到武氏稱帝前，社會上又開始流行起這首曲子。不曉得是否因為太宗賜號武媚，社會上又流傳著〈武媚娘〉這首歌的緣故，而讓後人以為武媚娘就是武氏的真名了。像是明末清初人褚人穫（獲）所寫的章回小說《隋唐演義》裡的內容即是一例。

貞觀二十三年（六四九）太宗過世，太子李治即位，是為唐高宗。武才人則與其他太宗嬪妃離開宮中，到感業寺落髮為尼。唐高宗隔年改元永徽，立正妻王氏為皇后。

永徽年間王皇后和淑妃蕭氏爭寵，王皇后聽聞高宗與武媚有舊，故想要拉攏武氏打擊蕭淑妃，所以不斷遊說高宗。高宗到感業寺見到武氏後即召回宮中立為昭儀，地位僅在皇后、淑妃之下。

只是王皇后萬萬沒想到武昭儀漸漸得寵，並也加入競爭行列，三人在高宗面前不斷地講彼此的壞話。高宗的立場越來越偏向昭儀，皇后感到相當不安，和母親柳氏求助巫祝的力量想要改變情勢，加上武昭儀誣指王皇后扼殺其女。高宗得知後相當憤怒，雖有長孫無忌、褚遂良勸諫，高宗仍然在永徽六年（六五五）冬十月，將王皇后和蕭淑妃廢為庶人，改立武昭儀為皇后。這次廢立皇后竟對唐朝產生重大的影響。

武后取李唐天下：一步步邁向皇帝之路

話說王皇后和蕭淑妃之後還被關了起來，她們兩人破口大罵：「希望阿武（武后）是老鼠，我們作

657
顯慶二年 唐高宗命令右屯衛將軍蘇定方等四將軍為伊麗道將軍，率領軍隊征伐阿史那賀魯（西突厥）。

658
顯慶三年 蘇定方攻破西突厥沙鉢羅可汗阿史那賀魯及咥運、闕啜。賀魯逃往石國，被副將蕭嗣業擒獲，前後獲得人畜四十多萬。因西域已經平定，設置濛池、崑陵二都護府；又在龜茲國設安西都護府，以高昌故地為西州。
廢書學、算學、律學。

659
顯慶四年 唐高宗親自策試舉人。在九百名考生中，惟有張九齡（後為唐玄宗開元年間名相）、郭待封等五人的成績等級最為優異。

660
顯慶五年 邢國公蘇定方等將領討平百濟，活捉其王扶餘義慈。

貓，生生世世都要她的命！」武后聽到震怒不已，從此皇宮裡就不養貓了。後來高宗想起了她們，走到囚禁處門外，看到只留一個可以獲得飯菜食物的洞，其他地方都被堵住了，覺得相當悲傷。高宗問她們過得如何，兩人隔著門對高宗哭泣，表示希望能重見天日。高宗回答會有處置。武后聽到消息，竟派人杖打她們各一百下，再砍斷手腳丟到酒甕裡，還說：「讓這兩個女人醉到骨子裡去吧！」過沒幾天兩人就死了。武后凶狠的一面讓人心驚。

武后得位一段時間後，慢慢顯露出作威作福的個性；而高宗的個性又有些懦弱，心中漸有不平。高宗原本想找機會廢黜武后，還要西臺侍郎上官儀寫草詔，武后知道後趕快向高宗認錯，而高宗推說是上官儀教他的。武后於是設法殺了上官儀。事件結束後，武后開始在上朝時坐在高宗身後參與政事，與群臣間只隔著一條簾子。她精明幹練，輔助國政多年，其威勢與皇帝幾乎沒有什麼兩樣。

高宗過世後，太子李顯即位，是為唐中宗；武太后臨朝稱制，代替中宗處理政事。中宗在位一個多月就被武太后廢為廬陵王，改立幼子豫王李輪（旦）為帝，是為唐睿宗，自己繼續控制朝政。不久李勣的孫子徐敬業（李勣本姓徐，唐高祖賜姓李）以擁護中宗復位為名義，興兵對抗太后，且由文學史上有「初唐四傑」美名之一的駱賓王撰寫通告天下宣示太后罪狀的檄文。其中「一抔之土未乾，六尺之孤安在」（唐高宗屍骨未寒，承繼父位的皇帝到哪兒去了呢？）更是當中名句，連太后讀到時都為朝廷沒有網羅到他感到遺憾。

單位：年

西元	朝代	帝王年號	大事
661	唐	顯慶六年 龍朔元年	改元龍朔。 唐高宗命令左驍衛大將軍、涼國公契苾何力為遼東道大總管，左武衛大將軍、邢國公蘇定方為平壤道大總管，兵部尚書、同中書門下三品、樂安縣公任雅相為浿江道大總管，出兵征伐高麗。 （橫跨亞、非、歐三洲）「正統哈里發」時代結束，白衣大食（奧瑪雅王朝阿拉伯帝國）建國，立都大馬士革。
662		龍朔二年	唐高宗命令道士、女冠（女道士）、僧、尼等，在拜見父母時要極盡禮儀。
663		龍朔三年	帶方州刺史劉仁軌在白江之口，與百濟、倭國（日本）水軍展開激烈海戰。結果四戰全勝，焚毀敵方水軍四百艘，百餘王扶餘豐脫身逃走。
664		麟德元年	殺西臺侍郎上官儀。
665		麟德二年	將祕閣郎中李淳風所造之曆法命名為《麟德曆》，頒行天下。

徐敬業的行動很快就失敗了。太后開始追崇自己的祖先，接受百姓投書以瞭解人間善惡事；將地方上出現的一些異象視為祥瑞的徵兆，又任用周興、來俊臣等酷吏以嚴刑峻法壓制反對勢力，一步步往稱帝之路邁進。終於在載初元年（六九〇）九月改國號為周，改元天授，稱為聖神皇帝。武氏成為史上唯一的女皇帝，可說是前無古人、後無來者啊！

從周聖神皇帝武曌，到唐中宗、唐睿宗在位時的政治局勢

武太后稱帝前夕創造十多個新字，而且採用「曌」字做為自己的名字。「曌」字音同「照」，字形分日、月、空三部分，象徵「日月凌空」（太陽和月亮躍上天空）之意。

武曌在位期間能夠禮敬正人君子，讓他們為國建言；又重視科舉，首創武舉，以求為國舉才。雖然改國號為周，但國運大致仍能維持唐朝時的聲威。

到了神龍元年（七〇五）春天，大臣張柬之、桓彥範等人發動政變，殺掉皇帝的男寵張易之、張昌宗兄弟，擁護當時已恢復太子地位的唐中宗。此時的武曌已是八十三高齡，既老且病，只得讓太子監國代理政事；過幾天正式讓唐中宗復位，中宗尊稱她為則天大聖皇帝。武則天的稱呼就是這樣來的，而則天的意思是以天為法則。當年冬天則天皇帝病重，下令去除帝號改稱皇后。不久過世，結束了她傳奇的一生。

唐中宗復位後國勢反而有下滑趨勢。中宗沒有趁母親過世的機會去除武家人的勢力，反而讓他們繼續影響朝廷；他的皇后韋氏和幼女安樂公主想要像武

666

麟德三年
乾封元年

改元乾封。

唐高宗途經亳州時，親臨老君廟，追尊為太上玄元皇帝，還創造祠堂及設置官吏。

唐朝改鑄乾封泉寶錢。

唐高宗命令英國公李勣為遼東道行軍大總管，率軍征伐高麗。

667

乾封二年

停止流通乾封錢，恢復使用開元通寶錢。

668

乾封三年
總章元年

唐高宗以右相劉仁軌為遼東道副大總管。

改元總章。

英國公李勣擊敗高麗，攻破其國都平壤城，擒獲國王高藏及大臣淵男建並帶回長安。唐朝以高麗故地設置安東都護府。

669

總章二年

改瀚海都護府為安北都護府。

670

總章三年
咸亨元年

改元咸亨。

此年天下有四十多州發生旱災、霜災和蟲災，造成饑荒，關中一帶的狀況尤其嚴重。唐高宗下詔災民們可以任意到其他各州尋找食物，還將從江南轉來的租米拿來賑濟災民。

則天一樣得到權勢，卻又使用賣官的手段引進私人勢力，使得朝政逐漸敗壞。景龍四年（七一〇）兩人索性毒死中宗，先立溫王李重茂為帝（少帝、殤帝），改元唐隆；韋后成為太后，仿效武則天臨朝稱制。

韋太后的如意算盤沒打幾天，安國相王（唐睿宗）三子臨淄郡王李隆基在與姑姑鎮國太平公主商議後，聯合她的兒子薛崇簡與數位武將舉兵攻入皇宮，誅殺韋太后及其同黨。少帝接著退位，睿宗復位。

睿宗從母親當年臨朝稱制開始，見證過多次政爭，常常採取低調退讓的方式迴避獲取權位的機會，反而能夠存活下來。他在復位後封有功於皇室的臨淄郡王為平王；又因為獲得兒子們和群臣的共識，進一步冊立平王為太子以確定繼承人。

接著睿宗在延和元年（七一二）八月傳位給太子，自稱太上皇帝。太子即位，是為唐玄宗。由於玄宗過世後的謚號尊稱是「至道大聖大明孝皇帝」，所以後人取其「明」字又稱他為唐明皇。唐玄宗繼位為帝，另一個太平盛世也將隨之展開。

開元之治：唐朝的第二個太平盛世，以及對外擴張發展的極限「怛邏斯之役」

唐玄宗即位時年僅二十九歲，他的姑姑鎮國太平公主對年紀輕輕卻已立下大功的皇帝姪兒感到相當不放心，認為會影響到自己的權位，因此想要發動政變。玄宗先下手為強，誅殺了公主同黨再迫公主自盡，朝廷內部的多年動盪完全結束。玄宗隨後改先天二年為開元元年（七一三）。唐朝的又一盛世宣告展開。

西元	朝代	帝王年號	大事
671	唐	咸亨二年	唐朝朝廷尋找對禮樂有透徹認識之人。
672		咸亨三年	冬天，左監門大將軍高侃在橫水大敗新羅軍。
673		咸亨四年	為皇太子李弘納妃及建造新宮。
674		咸亨五年 上元元年	派遣太子左庶子、同中書門下三品劉仁軌為雞林道大總管，衛尉卿李弼、右領大將軍李謹行為副將，出兵討伐新羅。 皇帝稱天皇，皇后稱天后，將咸亨五年改為上元元年。
675		上元二年	雞林道行軍大總管劉仁軌於七重城大破新羅軍。新羅派遣使者朝見唐高宗，進獻當地產物，承認新羅犯下的錯誤。高宗予以赦免，恢復新羅王金法敏之官爵。 唐高宗罹患風疹無法處理政事，一切都由天后武氏決定。 皇太子李弘死亡。 故皇太子李弘被追謚為孝敬皇帝。 唐高宗以雍王李賢為皇太子。

開元時期，玄宗任用姚崇、宋璟、張九齡等賢臣輔佐，重視吏治政風。獎勵節約、反對厚葬；還發行質量精純的錢幣取代劣幣，以穩定經濟。對於國家長期和平而府兵制逐漸不行的狀況，改用召募「彍騎」的方式代替。在許多政經措施並行下，開元時期的唐朝達到百姓富庶、治安良好的境界。

不料進入天寶年間後，隨著年歲增長，玄宗逐漸倦勤而趨於奢華，改用「口蜜腹劍」的李林甫輔助朝政。唐朝內部開始腐化，對外關係也出現挫折。

西域原有一個立場親唐的國家稱為石。可是天寶九載（七五〇）時，安西節度使高仙芝向朝廷檢舉石國違反做為外國臣子的禮節，請求出兵討伐。

原本石國國王已向高仙芝約定投降，可是高仙芝卻將他送至京師當成戰俘獻給玄宗，再將國王斬首。此舉使西域各國埋怨不服，石國王子轉而向大食求援。

此時的西亞已由黑衣大食（阿拔斯王朝阿拉伯帝國）統治。天寶十載七月（七五一），高仙芝與黑衣大食在怛邏斯城（怛羅斯城，約今中亞哈薩克或吉爾吉斯共和國一帶）交戰，這就是「怛邏斯（怛羅斯）之役」。結果唐軍戰敗。

相傳由於黑衣大食在此役中俘獲唐朝的造紙工人，造紙術隨之西傳進而擴展到全世界。這是關於造紙術傳播過程中一種廣為流傳的說法。從當時的國際關係看來，分別位於東亞和西亞的唐朝與大食，在向西、東擴張的過程中，終於在中亞一帶正式對壘。雖然這場戰役對雙方並無太大的損傷，但這時黑衣大食逐步走向顛峰，而唐朝卻已達到其發展和影響力的極

676
上元三年
儀鳳元年
唐朝將安東都護府移至遼東。
改元儀鳳。
皇太子李賢註釋《後漢書》完成，將成果獻給唐高宗。

677
儀鳳二年
將安東都護府移往新城。

678
儀鳳三年
唐高宗下詔提升《道德經》的地位，貢舉人除學習五經外，也必須明白《道德經》的道理。
唐高宗以吐蕃成為唐朝邊患，詢問侍臣中書舍人郭正一等人之意見，群臣皆認為防備邊境而不派軍深入征討為上策。

679
儀鳳四年
調露元年
改元調露。
吏部侍郎裴行儉征討西突厥，擒獲十姓可汗阿史那都支及別師李遮匐。
單于大都護府突厥阿史德溫德及奉職二部相率反叛，立阿史那泥熟匐為可汗，二十四州首領皆叛變。

680
調露二年
永隆元年
廢皇太子李賢，改以英王李哲為皇太子。
改元永隆。

限。不久之後一場嚴重的內亂爆發，唐朝國勢走向下坡，再也無力恢復在西域的地位，也影響到中亞、西亞、南亞一帶的歷史走向。

安史之亂（上）：漁陽鞞鼓動地來，驚破霓裳羽衣曲

開元晚期，唐玄宗即將步入六十耳順之年，長年天下無事，對於處理政事的態度逐漸懈怠下來。加上開元二十五年（七三七），玄宗一直很寵愛的武惠妃過世，使他的生活變得孤寂，直到遇見另一位美人楊玉環（就是成語「環肥燕瘦」裡的環肥）後才又開朗起來。天寶四載（七四五），玄宗終於冊立她為貴妃。之後楊貴妃的親屬也靠著這層裙帶關係，逐漸在朝廷內外取得權勢；像是貴妃的姊姊分別被封為韓國、虢（ㄍㄨㄛˊ）國和秦國夫人，外戚楊釗得以在朝任官，還被玄宗賜名為楊國忠。

不過此時正是李林甫輔政的時候，他的德行不及開元初期的賢臣，暗中陷害大臣、提拔小人，使得朝政風紀蒙上陰影。

這段時期的唐朝對華夷之防較為淡薄，無論原本來自哪裡都有機會在唐朝任官，像是怛邏斯之役的主將高仙芝就是高麗人。胡人安祿山也趁機嶄露頭角，到天寶七載（七四八）時已身兼平盧和范陽節度使（約今河北省和遼寧省一帶）；非但受到玄宗的信任，獲得可以免除死刑的鐵券外，還在天寶九載（七五〇）受封東平郡王，隔年再兼雲中太守和河東節度使（約今山西省境內）。以節度使身分受封為王者，安祿山是第一人；一人又身兼三地節度使，等於

單位：年

西元	朝代	帝王	年號	大事
683	唐		永淳二年 弘道元年	永淳二年改為弘道元年。唐高宗隨即過世，皇太子李哲繼位，是為唐中宗。武太后臨朝稱制，代替中宗處理政事。
684		中宗	嗣聖元年	中宗被武太后廢為廬陵王；豫王李輪（旦）繼位為帝，是為唐睿宗，改元文明。
		睿宗	文明元年	
690		睿宗	載初元年	武太后稱帝，改國號為周，是史上唯一的女皇帝。
		聖神皇帝（武曌）	天授元年	
705		中宗	神龍元年	皇帝（武曌）病重，張柬之、桓彥範等人殺張易之、張昌宗。皇帝（武曌）傳位給皇太子（唐中宗），唐朝恢復。
710		中宗	景龍四年	中宗遭皇后韋氏及女兒安樂公主毒殺，韋氏立溫王李重茂為帝（少帝、殤帝）；安國相王（睿宗）子臨淄郡王李隆基發動政變誅殺韋氏，睿宗復位。
		少帝（殤帝）	唐隆元年	
		睿宗	景雲元年	

唐朝東北的邊防都交給他處理。對於一個臣子來說，這已經是相當大的恩惠了。

天寶十一載（七五二），李林甫過世，玄宗竟讓楊國忠接替李林甫遺留下來的職務。楊國忠接任後政治風氣更糟，而且他與安祿山不合，三不五時就說安祿山要造反，也為日後的變亂埋下導火線。

天寶十三載（七五四）正月，安祿山到華清宮向玄宗哭訴，說楊國忠一直想要殺他之類的話。玄宗封他為尚書左僕射作為安撫，此時玄宗還是相信安祿山，不認為他會真的反叛唐朝。

天寶十四載（七五五）十一月，安祿山終於以誅除楊國忠為名義，帶著胡漢兵馬十多萬人在幽州造反。自太宗統一全國後得來的百餘年和平日子，隨著「安史之亂」爆發而告終，中原再次陷入戰亂。

安史之亂（下）：唐朝無法再創盛世

安祿山真的造反了！這個消息帶給唐朝朝廷與玄宗相當大的震撼。由於中原一帶已經有許多年都沒發生過戰爭，對於習武之事感到生疏，因此亂事發生之初，各地官員與唐軍都抵擋不住。玄宗派哥舒翰堅守軍事要衝潼關堅守，阻擋叛軍向京師長安推進。

天寶十五載（七五六），安祿山在洛陽稱帝。雖然哥舒翰把守住潼關，可是楊國忠以為哥舒翰另有目的，所此不斷施壓，催促他出兵。哥舒翰不得已只好出關，結果被叛軍擊敗，潼關失守，人心潰散。

眼看叛軍已經逼近京師，玄宗只得帶著楊貴妃、楊國忠、太子、親王等多人在半夜離開京師向西逃亡。一行人抵達馬嵬（ㄨㄟˊ）驛後，護衛的軍隊不

712 睿宗 延和元年 唐睿宗傳位給太子李隆基，自任太上皇帝；李隆基即位，是為唐玄宗（唐明皇）。

713 玄宗 先天元年

先天二年 鎮國太平公主陰謀廢玄宗。玄宗與宰相郭元振、將軍王毛仲、內給事高力士等，誅殺公主同黨再迫公主自盡。

開元元年 十二月，改元開元。

714 開元二年 以周慶立為市舶使；市舶使始出現於史籍。

718 開元六年 禁止惡錢，重二銖四分得流通。

723 開元十一年 以京兆、蒲、同、岐、華等州的府兵與壯丁，再加上潞州長從兵，共十二萬，稱為「長從宿衛」。

724 開元十二年 設置麗正院修書學士，也在光順門外建立書院。

「長從宿衛」更名為「彍騎」。

東都明福門外設置麗正書院。

725 開元十三年 將麗正修書院改為集賢殿書院。

726 開元十四年 東羅馬帝國皇帝利奧三世下令破壞教堂內之畫像與造像，展開「破壞聖像運動」。

願意再前進，長期以來人們對楊國忠不滿的情緒終於宣洩出來。兵士們看到楊國忠與吐蕃使者說話，就指控他要謀反，立刻捉起來斬首；接著又要求除去楊貴妃，因為楊家人能得勢的原因都在楊貴妃。玄宗只得命貴妃自盡，貴妃的姊姊們也同時被殺。之後玄宗啟程前往蜀地四川避難，但在百姓懇求下，太子李亨留下來號召各地兵民籌畫抗敵。

七月，太子在靈武即位，是為唐肅宗並改元至德，八月玄宗退位改稱太上皇。至德二載（七五七）正月，安祿山被其子安慶緒所殺。九月、十月，廣平王李俶（ㄔㄨˋ）（豫）、郭子儀相繼收復長安、洛陽兩京；十二月，玄宗、肅宗終於一起回到長安。

乾元二年（七五九）叛軍聲勢再起。史思明自立年號，又殺安慶緒取而代之，接著在九月再度奪下洛陽，戰事陷入膠著。上元二年（七六一）史思明也被其子史朝義所殺；上元三年（七六二）玄宗過世，同年肅宗也過世。太子李豫即位，是為唐代宗。雙方內部局勢都發生相當程度的變化。

唐軍集結各地兵力，又獲得外族迴紇（回紇、回鶻）兵相助，積極展開反攻，終於在寶應元年（七六二）年底、寶應二年（七六三）年初時擊潰史朝義的部隊，朝義被其部下殺害，拿著他的首級向唐朝投降。歷時八年的安史之亂終於落幕，可是唐朝經此一亂元氣大傷，再也無力創造如貞觀之治、開元之治一般的榮景了。

單位：年

西元	朝代	帝王年號	大事
732	唐	開元二十年	《開元新禮》（大唐開元禮）一百五十卷編成，由中書令蕭嵩等人代表獻給玄宗，玄宗下令相關官員採用施行。（西歐）墨洛溫王朝（梅羅文王朝）法蘭克王國宮相「鐵槌查理」率軍力阻白衣大食（奧瑪雅王朝阿拉伯帝國）從伊比利半島向歐洲擴張。
734		開元二十二年	李林甫與張九齡等同任宰相。
736		開元二十四年	以李林甫為中書令。
737		開元二十五年	玄宗寵妃武惠妃卒。張九齡因李林甫譖，被貶為荊州長史。
741		開元二十九年	唐玄宗決定長安、洛陽兩京和地方各州，設置玄元皇帝廟及崇玄學；崇玄學招收生徒（學生），學習《老子》、《莊子》、《列子》、《文子》，每年還要比照明經科相關規定舉行考試。

宦官亂政、藩鎮割據、牛李黨爭：諸多問題一步步侵蝕唐朝國力

安史之亂雖然被平定，可是戰爭帶來宦官亂政、藩鎮割據等後遺症一直難以讓唐朝恢復元氣。

人們會注意到宦官躍上唐代的歷史舞臺，大概是從高力士開始的吧！早在玄宗誅除鎮國太平公主的黨羽時，高力士已參與其中。直到另一宦官李輔國離間玄宗肅宗父子感情，高力士遭到波及流放，才離開玄宗身邊。肅宗時，李輔國和宦官程元振、魚朝恩等人已在朝任職。到德宗時又讓宦官擔任左右護軍中尉監、中護軍監等握有兵權的職務，宦官實力更為增強。

離開皇宮，掃視一下地方。手握重兵的「節度使」，其職責是作為抵禦外族入侵的「屏障」、「屏藩」，「鎮守」住國家邊境，所以稱為「藩鎮」。安史之亂期間，肅宗命山南東道、河南、淮南、江南等地都設置節度使，也就是整個大江南北都有節度使。代宗時，有些節度使被其屬下殺害或驅逐以取而代之，朝廷卻無法制裁這些人；而肅宗、代宗兩朝又常寬容安史之亂中的降將，讓他們也能擔任節度使。國家對地方的統治力減弱，逐漸形成藩鎮割據的局面。

另外，唐代前期採用的均田制和租庸調法，在安史之亂後遭到破壞，德宗建中元年（七八〇）採用楊炎的建議改用兩稅法。只是施行沒有多久，在朝廷需要軍費以對付藩鎮的現實狀況下，變得越來越難以維持。

面對宦官和藩鎮的威脅，朝廷已是焦頭爛額，沒想到這時連官員也分裂成山東世族與庶民進士兩種不

742 **天寶元年** 以安祿山為平盧節度使，治營州。

743 **天寶二年** 追尊玄元皇帝為大聖祖玄元皇帝，又將兩京的崇玄學改為崇玄館，博士稱為學士。

744 **天寶三載** 改「年」為「載」。以安祿山兼范陽節度使。

745 **天寶四載** 冊封楊玉環為貴妃。

748 **天寶七載** 賜安祿山可以免除死刑的鐵券。封楊貴妃姊姊分別為韓國夫人、虢國夫人、秦國夫人，三人勢傾天下。

750 **天寶九載** 賜安祿山爵東平郡王。賜楊釗名國忠。高仙芝偽與石國約和，俘虜其王。（橫跨亞、非、歐三洲）白衣大食發生政變，穆罕默德叔父輩之後裔建立黑衣大食（阿拔斯王朝阿拉伯帝國），白衣大食遷往伊比利半島，阿拉伯帝國分裂。

同出身背景的陣營，讓朝政更加混亂。

坦白說，隋朝雖然終止九品官人法，設立進士科，但經由科舉考試入仕的名額仍少，故已興盛數百年的世族勢力不可能立刻去除。經過近二百年的重視與培養，庶民出身的進士人數逐漸增多後，這股新勢力才慢慢能夠與世族子弟相抗衡。

唐德宗過世後，身患中風的太子李誦即位，是為順宗；他在位僅約八個月再傳位給太子李純，是為憲宗。進士與世族勢力終於在憲宗在位期間展開衝突，進士以牛僧孺、李宗閔為首；世族則由李德裕為代表，稱為「牛李黨爭」。這種朋黨之爭大約長達四十年，歷經憲宗、穆宗、敬宗、文宗、武宗五位皇帝，到宣宗時才結束。而唐朝也越來越衰弱了。

從「牛李黨爭」到「王仙芝之亂」：憲宗到懿宗的政局

「牛李黨爭」在唐憲宗在位期間（相當於八〇五至八二〇）開始。憲宗原本想要效法太宗、玄宗再開新局；他一改祖父德宗對藩鎮過於姑息所造成的亂象，對不服的藩鎮接連發兵征討，展現企圖振興唐朝的氣魄。可惜在位後期食用具有金屬成分的丹藥，造成性情大變、喜怒無常，結果遭宦官乘機弒殺。

穆宗時（八二〇至八二四），朝廷以為藩鎮已經歸順，降低防範戒心而大舉裁軍，結果幽州（約今河北省一帶）兵趁機作亂，其他地方隨後跟進，唐朝又失去對遠方藩鎮的掌控。穆宗和他的長子敬宗（約八二四至八二六）在位期間，喜好飲酒作樂，社會瀰漫著奢侈風氣。敬宗最後也遭宦官弒殺。憲宗、敬宗

單位：年

西元	朝代	帝王年號	大事
751	唐	天寶十載	安祿山兼雲中太守和河東節度使。 安西四鎮節度使高仙芝與黑衣大食戰於怛邏斯城（怛羅斯城），戰敗。是為「怛邏（羅）斯之役」。 「怛邏（羅）斯之役」被俘唐兵中有造紙工匠，造紙術因而西傳。 （西歐）墨洛溫王朝（梅羅文王朝）法蘭克王國宮相丕平推翻原來的國王取而代之，建立加洛林王朝（或稱卡洛林王朝）。
752		天寶十一載	李林甫、楊國忠相仇，玄宗疏李林甫。 李林甫卒，為相十九年，有「口蜜腹劍」之稱。 以楊國忠為右相，兼文部尚書。
754		天寶十三載	楊國忠等屢言安祿山將造反，玄宗召安祿山，安祿山應命而至，更受信任。
755		天寶十四載	平盧、范陽、河東節度使安祿山興兵造反，是為「安史之亂」。

祖孫遇害，凸顯出唐代宦官之禍的特點：宦官連每天侍奉的皇帝主子也敢廢殺。

穆宗次子文宗繼位（八二六至八四〇在位），極力提倡節儉，希望矯正父兄在位時的社會風俗。可是他卻無法掃除宦官的勢力。太和九年（八三五）宰相李訓、鄭注密謀殺宦官，藉口出現甘露（甘美的雨露，被認為是天下太平的徵兆），邀請文宗出宮欣賞。不料先遣查看地點的宦官發現情況不對，趕緊通報，宦官們立刻挾天子轉向回宮；大臣們率兵士上前搶皇帝，可是卻搶不過。接著宦官仇士良率禁兵殺害宰相大臣和他們的家屬，使長安陷入動亂之中，史稱「甘露之變」。

文宗之後是他的弟弟武宗（八四〇至八四六）繼位，接著是敬宗、文宗和武宗的的叔叔光王李忱，是為宣宗（八四六至八五九）。之後是宣宗的長子懿宗（八五九至八七三）。此時地方出現相當程度的變亂，雖然唐軍仍能取勝，而戰爭帶來百姓流離失所、田地荒廢、稅賦減少、貧富差距等問題，為已經長期面對內憂外患的唐朝帶來更重的壓力。

懿宗過世後，太子李儇（ㄒㄩㄢ）即位，是為僖宗。乾符二年（八七五）五月，販鹽商人王仙芝聚眾叛亂，社會上長期累積的壓力終於爆發，同時也揭開唐末以至於後來整個五代十國時期，天下大亂分裂的序幕。

王仙芝之亂：揭開唐末和五代十國大亂的序幕

王仙芝於唐僖宗乾符二年（八七五）五月，在河南道（在黃河南岸，範圍相當今日山東、河南省的部

年份	帝號	年號	大事
756	玄宗	天寶十五載	安祿山在洛陽稱帝，國號燕。哥舒翰被迫出潼關進攻，在靈寶中埋伏大敗，潼關失守。
	肅宗	至德元載	玄宗與楊國忠、貴妃、太子、親王等，倉皇西奔。到馬嵬驛，將士殺楊國忠等，逼玄宗縊殺楊貴妃。太子李亨留討安祿山，玄宗入蜀避難。皇太子李亨在靈武即位，是為肅宗，尊玄宗為太上皇。
			（西歐）加洛林王朝（卡洛林王朝）法蘭克王國國王丕平將羅馬城和義大利半島部分土地交給羅馬教宗，稱為「丕平的奉獻」。羅馬教宗與教會開始有自己治理的土地，「教皇（宗）國」之成立應可回溯至此年。
757		至德二載	安祿山被其子安慶緒所殺。迴紇（回紇）出兵助戰，郭子儀收復長安、洛陽兩京。
759		乾元二年	史思明殺安慶緒；自稱大燕皇帝，建立年號，繼續叛亂。
761		上元二年	史朝義殺其父史思明，稱帝。
762		上元三年	玄宗、肅宗相繼過世。
	代宗	寶應元年	太子李豫即位，是為代宗。

分）一帶聚集三千人起兵造反，所到之處無不搶劫一空；到乾符三年（八七六）七月時，已經劫掠河南道十五州的城池土地，叛軍也擴大到數萬人的規模。由於王仙芝軍聲勢強盛，當時關東（即河南道）各地州府的唐軍根本無法展開攻勢，只能被動地防守各地城池。

僖宗在乾符四年（八七七）三月下詔，表示只要王仙芝和叛軍願意投降，朝廷會給予優厚待遇；可是如果堅不投降，各地軍隊統帥就會出擊討伐，而且還訂下獎賞的規則，鼓勵唐軍和百姓向賊寇進攻。

青州節度使宋威向僖宗表達主動上陣殺敵的意願，僖宗相當嘉許；再加上兵部尚書盧攜的推薦，授與宋威諸道招討草賊使的職務並給予物資，另外還要河南的各個方鎮配合宋威的指揮。

當時王仙芝與主要的手下尚君長在安州，宋威從青州出發和副使曹全晸進軍，連戰皆捷；可是同時另一個原來也是以賣鹽為業的商人黃巢也聚眾萬人攻破鄆州。五月，黃巢軍攻陷沂州；七月再從沂州、海州出發時已擴張至數萬人，他們往潁州、蔡州的方向前進，進入查牙山，與王仙芝的軍隊會合。

八月，王仙芝軍攻陷隨州，其勢力已跨越河南道，進入山南道（相當於今日湖北、湖南等省的部分）。

十一月，王仙芝軍渡過漢水，向江陵府（今湖北省江陵縣一帶）進攻，到十二月時江陵的外城就失守了。節度使楊知溫沒有辦法，只好向襄陽方面求援；山南東道節度使李福率領旗下部隊，和當時駐紮在襄陽的五百名沙陀族騎兵前來救援，擊敗了王仙芝軍。

單位：年

西元	朝代	帝王年號	大事
763	唐	寶應二年 廣德元年	叛軍首領史朝義死，「安史之亂」結束。
764		廣德二年	吐蕃進犯，被河東副元帥郭子儀擊退。
768		大曆三年	（西歐）加洛林王朝（卡洛林王朝）法蘭克王國國王查理曼繼位。
779		大曆十四年	代宗卒，太子李適即位，是為德宗。
780		德宗 建中元年	開始實施兩稅法，以取代原來之租庸調法。
782		建中三年	朱滔、王武俊、田悅、李納、李希烈等藩鎮於此年陸續叛亂。農曆九月，開始對竹、木、茶、漆課稅。

乾符五年（八七八）二月，王仙芝軍轉戰江西境內，連遭招討使宋威擊敗；王仙芝有意投降歸順，派手下大將與宋威接觸，卻被宋威所殺。王仙芝大怒，急攻洪州（今江西省南昌市一帶），奪下外城；宋威援救洪州，終於擊殺王仙芝，砍了他的頭送往京師。

雖然王仙芝之亂被平定，可是他遺留下來的勢力全部併入黃巢的軍隊中，為唐朝帶來更大的威脅。

黃巢之亂（上）：唐朝境內幾乎都陷入戰亂

黃巢軍從唐僖宗乾符五年（八七八）三月開始再攻江西各地，接著肆虐福建。隔年五月再打下廣州，連嶺南道（今兩廣、福建等省和越南的部分）也慘遭劫掠。到下半年時，再越過大庾嶺向北移動。

廣明元年（八八〇）二月，黃巢軍從衡州、永州（在江南道境內，屬湘江水系）北上。都統王鐸的前鋒都將李係以五萬兵力防衛潭州（今湖南省長沙市），沒想到只守一天就被奪下。王鐸聽到消息便棄守江陵逃奔到襄陽。

三月，黃巢軍想要侵犯襄陽，江西招討使曹全晸和襄陽節度使劉巨容在森林設下埋伏，再用騎兵引誘黃巢軍中計，果然殺得他們潰不成軍倉皇逃走。曹全晸的部隊毫不放鬆，一路追到江陵；黃巢帶著殘軍越過長江，轉戰鄂州和江西各地。

朝廷認為王鐸領導無方，改用高駢為諸道兵馬行營都統，高駢命令大將張璘渡江討伐黃巢，屢戰屢勝；再加上那時剛好是晚春時節，在信州的黃巢軍內部爆發嚴重的流行疾病，使黃巢軍的士氣受到打擊。

黃巢原本向高駢表達投降的意願，而這時北方

800 貞元十六年 （西歐）法蘭克王國國王查理曼於耶誕夜，在羅馬城被教宗良三世加冕為「羅馬人的皇帝」。此後他在位期間（八一四），其國家又被稱為「查理曼帝國」，他則是查理大帝，又被稱為查理曼。

801 貞元十七年 淮南節度使杜佑將寫成之著作《通典》獻給唐德宗，全書共分九門，共二百卷。

805 順宗 永貞元年 德宗卒，太子李誦即位，是為順宗。八個月後，順宗退位，稱太上皇，太子李純即位，是為憲宗。

808 憲宗 元和三年 朝廷官員分成庶民進士與山東世族兩股陣營，彼此之間排擠爭鬥，是為「牛李黨爭」。

820 元和十五年 唐憲宗遭宦官陳弘志弒殺。太子李恆即位，是為穆宗。

824 穆宗 長慶四年 穆宗卒，太子李湛立，是為敬宗。

有數萬兵馬南下淮南，高駢想獨占功勞，所以向僖宗報告黃巢軍即將被消滅，於是這些部隊又回到北方。黃巢知道各路兵馬已經退師，便與高駢絕交。高駢大怒，要張璘整頓兵馬攻擊黃巢軍，結果高駢兵敗戰死。

八月，黃巢軍乘勝渡過長江，朝廷聽到後相當震恐，下詔河南諸道軍隊屯駐溵水。沒想到唐軍竟然發生內鬨而紛紛散去，黃巢軍在十月輕鬆渡過淮河。

此時黃巢自稱率土大將軍，內部財物也豐富充足，所以到了淮河以北之後整隊而行，只抓走壯丁逼迫為兵，而不再到處搶劫百姓。

十一月十九日，黃巢軍攻陷東都洛陽，然後繼續向西挺進。十二月五日（八八一年初），僖宗帶著諸王和妃子及數百騎兵離開皇宮往山南道的方向逃亡，而文武百官根本不知道皇帝已經跑了。傍晚，黃巢軍進入京城。

十三日，黃巢自稱皇帝，改唐國號為「大齊」，年號稱「金統」。「黃巢之亂」在這個時候達到了最高峰。

黃巢之亂（下）：唐朝走向分崩離析的局面

唐僖宗匆匆忙忙地逃出京師長安後重整旗鼓，準備反攻。中和二年（八八二）年初，唐軍曾一度收復京師。後來黃巢軍再次奪下長安城，黃巢對於百姓們看到唐軍時歡呼鼓舞的樣子感到憤怒，因此下令將城內的少壯男子全部殺光，市區街道沾滿了平民百姓的鮮血。

當年八月，黃巢任命的同州防禦使朱溫（五代後

單位：年

西元	朝代	帝王年號	大事
826	唐	敬宗 寶曆二年	唐敬宗遭宦官劉克明等人弒殺。立江王李涵（穆宗子），改名昂，是為文宗。
835		文宗 大和九年	「甘露之變」，宦官大勝朝臣。
840		開成五年	文宗卒，仇士良等勸皇太弟李瀍殺陳王成美等，即皇帝位，是為武宗。
843		武宗 會昌三年	（歐洲）查理曼大帝的三個孫子在凡爾登（在今日法國東北）簽訂條約，分割加洛林王朝法蘭克王國。隨著凡爾登條約的簽訂，今日法國、德國、義大利之疆界輪廓漸漸浮現。

梁的開國者）向朝廷投降，隨後被任命為華州刺史、潼關防禦、鎮國軍等使，這是朱溫發跡成名的開始。

中和三年（八八三），雁門節度使李克用（沙陀人，五代後唐先祖）派軍加入征討黃巢的行列。在沙陀、忠武、義成、義武等軍隊聯手之下，終於在四月十一日收復京城。

黃巢撤出長安後，經藍田關逃走，改派前鋒將孟楷攻打蔡州；節度使秦宗權抵擋不住，結果向孟楷投降。黃巢與秦宗權聯合之後，放縱手下到處劫掠摧殘。當時民間仍鬧著饑荒，百姓無法積聚儲存糧食；黃巢軍竟直接捉人來吃，場面十分驚悚恐怖。

李克用在中和四年（八八四）初再度發兵，與黃巢軍展開多次戰鬥。五月初，兩軍在汴河（今河南省境內，屬淮河支流）邊大戰，黃巢軍大敗，死傷投降的人非常多。黃巢帶著最後的殘兵渡河後再向東逃跑，唐軍則改由徐州將李師悅、陳景思帶萬人兵接替李克用追擊。

一路逃亡的黃巢到達泰山狼虎谷（虎狼谷）襄王村時，身旁已經沒有多少人了。黃巢的手下林言害怕被唐軍追上後會送掉性命，於是在七月十五日先殺了黃巢和他的弟弟黃揆、黃秉，然後投降，「黃巢之亂」終於結束。

然而秦宗權卻繼續在地方上作亂。文德元年（八八八）三月，僖宗過世；弟弟壽王李傑（曄）即位，是為昭宗。同年十二月，秦宗權被蔡州副將申叢捉住；申叢打斷秦宗權的腿，向朝廷投降。龍紀元年（八八九）二月，秦宗權被送到京師斬首。自王仙芝之亂開始，歷經十多年的地方亂事至此平定。可是經過這

845 會昌五年 唐武宗下詔合併天下佛寺、拆毀佛像、僧尼還俗，是佛教史上「三武之禍」的第三禍，又稱為「會昌法難」。

846 會昌六年 武宗服金丹久病而卒，皇太叔光王李忱即位，是為宣宗。

859 宣宗 大中十三年 宣宗服長生藥致死，宦官王宗實等擁鄆王李漼即位，是為懿宗。

873 懿宗 咸通十四年 懿宗卒，宦官左軍中尉劉行深、右軍中尉韓文約立少子普王李儇，是為僖宗。

875 僖宗 乾符二年 販鹽商人王仙芝聚眾作亂，是為「王仙芝之亂」。黃巢起兵響應。

878 乾符五年 王仙芝敗死，「黃巢之亂」繼之而起，天下大亂。

880 廣明元年 京師長安被黃巢攻陷，黃巢自稱皇帝，以「齊」為國號。

一連串的打擊，唐朝距離覆亡的日子也越來越近了。

唐朝遷都洛陽：數百年歷史的帝都長安城繁華落盡

當朱溫投向唐朝後，逐漸在朝中據有一席之地。唐僖宗中和三年（八八三）五月，朝廷在獎勵收復京師的功臣時，即任命朱溫兼任汴州刺史，並賜名為朱全忠。秦宗權之亂發生時，包括李克用、朱全忠等人在內的藩鎮或叛軍，也擁有自己的軍隊和稅收；彼此間互相攻擊併吞，朝廷沒有辦法約束阻止他們。秦宗權的部將秦賢對汴州和鄭州發動攻勢，朝廷再封朱全忠為沛郡王加以對抗。由於地方割據情況嚴重，江南的稅收和物資無法及時供應朝廷所需，朝廷能夠直接統治的地方也變少了。

昭宗即位後不久，秦宗權之亂被平定，但朱全忠的勢力不斷坐大，東方州縣幾乎都被朱全忠控制。昭宗雖有心再興唐朝，可是天下混亂的情勢已難以扭轉。藩鎮時常威脅京師，昭宗數次離開長安流亡，權力逐漸減弱，甚至一度被宦官廢黜。

昭宗天復四年（九〇四）正月二十一日，昭宗受朱全忠逼迫離開京師長安，遷往東都洛陽。由於之後的各朝代均不再選擇建都於關中地區，長安城從此卸下國都的崇高地位，不再成為政治決策的中心。

所謂的關中地區，大約是指今日陝西省境內渭水流域附近一帶的區域；由於範圍大致位於東到函谷關、西至散關、南抵武關、北達蕭關的四關之中，因此稱為關中，形勢易守難攻。

回顧歷朝在關中地區建都的歷史，是以周朝（西周）定都鎬京為開始，接著是秦朝的咸陽城，它們都

單位：年

西元	朝代	帝王年號	大事
882	唐	中和二年	朱溫叛黃巢，以同州降唐。
883		中和三年	沙陀人李克用派軍加入征討黃巢的行列。 黃巢軍前鋒孟楷攻蔡州，節度使秦宗權投降。
884		中和四年	黃巢敗死，但仍有「秦宗權之亂」繼續危害地方。
888		文德元年	僖宗卒，弟壽王李傑即位，改名曄，是為昭宗。 秦宗權被蔡州副將申叢捉住，降唐。
889		昭宗 龍紀元年	秦宗權於京師被斬首。
903		天復三年	梁王朱全忠殺盡宦官七百人，唐朝的宦官之禍終於結束。
904		天復四年 天祐元年	唐昭宗受朱全忠逼迫離開長安，遷往洛陽。 朱全忠使蔣玄暉等殺昭宗，立輝王李祚，改名柷，是為哀帝（昭宣帝）。

離後來的長安城位置不遠。至於定都長安的朝代和國家包括漢朝（西漢）、新朝、晉愍帝在位期間、十六國的部分國家（前趙、前秦、後秦）、南北朝之北朝西魏與北周、隋朝，以及唐朝。

自從唐昭宗遷出長安後，接下來的五代除後唐都於洛陽外，後梁、後晉、後漢、後周均以汴京（汴梁、開封，今河南省開封市）為都；北宋有四京但以汴京為主、南宋都於臨安（今浙江省杭州市）、金朝有五京、元朝都於大都（即明清兩朝之北京）、明朝都於南京和北京、清朝都於北京，都不再選擇在關中地區建都。這或許有政治、軍事等方面的考量，卻也顯示主要經濟區域的移動與發展趨勢。

近三百年的唐朝滅亡：二十傳，三百載；梁滅之，國乃改

唐昭宗光化四年（九〇一）二月，朱全忠被封為梁王。大約這時宦官韓全誨與東川節度使李茂貞相友好，宰相崔胤則和朱全忠結交，成為宦官與藩鎮、朝臣與藩鎮分別聯手對抗的局面。朱全忠想遷都洛陽，李茂貞希望讓皇帝到鳳翔（今陝西省鳳翔縣）；兩人都想挾天子以令諸侯，最後終於爆發衝突。天復三年（九〇三），朱全忠獲勝，七百多名宦官被殺。唐朝的宦官之禍終於結束，可是唐朝卻也奄奄一息。

天祐元年（九〇四）八月，朱全忠讓左右龍武統軍朱友恭（李彥威）、氏叔琮，以及樞密使蔣玄暉等人進後宮弒殺昭宗。得手之後，蔣玄暉宣讀假造的皇帝遺詔，以昭宗的第九子——十三歲的輝王李祚（柷）為帝，是為哀帝（昭宣帝），年號則不改，仍

907

朝代	帝號	年號	大事
唐	哀帝（昭宣帝）	天祐四年	唐朝被梁王朱全忠篡奪，改國號為梁，是為（五代後）梁太祖。 蜀王王建稱帝，建國號為蜀，是為（十國前）蜀高祖。
五代／後梁	太祖	開平元年	
（契丹）	（太祖）	（元年）	

使用天祐年號。當時蔣玄暉等人對外發布的消息是說：皇帝晚上先和昭儀李漸榮玩賭博遊戲，後來皇帝醉了，遭到李昭儀所殺害。雖然蔣玄暉想要將過錯推給後宮嬪妃，以掩蓋他們弒君的罪行，可是皇宮裡的軍官們早就將李昭儀和河東夫人裴貞一死前說的話傳出去，所以洛陽市民們都知道事情的真相。

當哀帝即位一段日子，昭宗的後事也已經處理之後，自然得要殺人滅口。於是朱友恭和氏叔琮先後被貶官並遭殺害。天祐二年（九〇五）十一月，朱全忠被任命為相國。此時無論是名義上或是實質上，朱全忠都已牢牢掌握朝廷實權。不久之後他再殺了蔣玄暉，並假造蔣玄暉和皇太后何氏有不正常的往來關係，又派樞密王殷害死了皇太后。朱全忠想要篡位稱帝的野心已經越來越明顯。

只是朱全忠對內得意，對外反而不是那麼順利。對他而言，西方的李茂貞、蜀地的王建（十國前蜀的開國者）、北方的李克用、東北幽州的劉仁恭等人都是威脅，因此他連年用兵，想要減低外在的阻力。經過數年，朱全忠眼見時機成熟，終於在天祐四年（九〇七）四月奪位稱帝，建國號為梁，是為五代的後梁太祖，改年號為開平。唐朝二百九十年的國祚宣告結束，歷史上的五代十國時期隨之開始，天下再次陷入群雄並立的局面。

五代十國

五代包括後梁、後唐、後晉、後漢與後周；十國則是吳、南唐、吳越、楚、閩、南漢、前蜀、後蜀、荊南、北漢等十個政權。五代十國原則上就是唐朝末期藩鎮割據的延續，就地理位置而言，五代所在區域為北方，十國中除了北漢之外，均為南方割據勢力。

五代十國的政權建立，多來自有實力的將領發動兵變、篡位為王，這樣的建立政權偏重武功，欠缺文化內涵，因此在內政上常有殺戮爭權、荒淫無道之事，國祚無法長久，往往只是曇花一現。此時期也沒有出現一個絕對的強權勢力，因此割據政權間的你爭我奪，始終未能平息。直到後周的殿前都點檢趙匡胤利用後周幼主即位，陳橋兵變，黃袍加身，終於成就出大一統的宋朝局面，時值西元九六〇年。

這時期的北方外族政權，也帶給宋朝一個難以解決的問題。五代中有三個沙陀人所建立的政權，即後唐、後晉、後漢，特別是後晉的石敬塘引入契丹勢力來左右中原政局，並割讓燕雲十六州，使得中原政權的北方門戶洞開，造成日後宋朝必須與北方的遼國、金國長期對峙與抗衡的局面。

十國的政權相對於五代來說，是比較穩定一點的。北方的戰亂讓許多人選擇遷徙到南方生活，豐富的知識與文化素養也隨之南遷，有利於中國南方的發展。由於南方政局較為穩固，貴族士大夫的生活也較為安逸。這時期的詞風堪稱為「花間派」，多半描寫貴族宮廷生活，南唐李後主可說是代表人物。後蜀設立翰林圖畫院，網羅不少繪畫名家，是為中國正式的官方畫院，對於繪畫藝術的發展有非常積極的影響。

五代十國起自朱全忠成立後梁，終於宋太宗消滅北漢，時間歷經西元九〇七年至九七九年。五代當中只有後唐定都洛陽，其餘都在開封；十國中的前蜀、後蜀是立國於成都，北漢在太原，其餘則散落南方地區。

單位：年

西元	朝代	帝王年號	大事
907	唐	哀帝（昭宣帝）天祐四年	唐朝被梁王朱全忠篡奪，改國號為梁，是為（五代後）梁太祖。幽州盧龍軍節度使劉仁恭被其子劉守光囚禁。
	後梁	太祖 開平元年	後梁太祖先後封武安軍節度使馬殷為楚王（十國之楚武穆王）、兩浙節度使錢鏐為吳越王（十國之吳越武肅王）。蜀王王建自立稱帝，建國號為蜀，是為（十國前）蜀高祖。此年，後梁太祖下令禁止地方軍人百姓割股療親，因為這有逃避為朝廷服勞役之嫌疑。
908	後梁	太祖 開平二年	唐昭宗所封之晉王李克用卒，長子李存勗繼位，仍與後梁維持對抗態勢。
	吳越	王（錢鏐）天寶元年	後梁太祖封幽州盧龍軍節度使為河間郡王。
	前蜀	高祖（王建）武成元年	
909	後梁	太祖 開平三年	後梁太祖先後封福建節度使王審知為閩王（十國之閩國）、河間郡王劉守光為燕王。（北非）伊斯蘭教先知穆罕默德之女法蒂瑪與女婿阿里的後裔，建立綠衣大食（法蒂瑪王朝阿拉伯帝國，至西元一一七一年）。

契丹：出現在歷史上的時間與耶律阿保機的建國

「契丹」族出現在歷史上的時間比突厥還早，大約可以回溯到東晉與五胡十六國並立時期，只是其聲勢一直不如五胡、柔然、突厥，以及後來的高麗、回紇、吐蕃，顯得不很起眼。

五胡十六國晚期的後燕和北燕都留下與契丹往來的記載。南北朝時期，契丹時常派遣使者朝見北魏皇帝並且進獻特產。北朝分裂後，契丹曾在北齊文宣帝天保四年（五五三）秋天侵犯北齊邊界，文宣帝親自率軍反擊獲勝。

到了隋朝時，隋朝拉攏契丹以對抗突厥，還有族人率眾歸附。後來契丹的人口逐漸增加，於是遷徙到遼西一帶，並將部眾分為十部，過著隨季節移動、逐水草而居的生活。

唐朝建立後，契丹剛開始還很順服，但從聖神皇帝武曌在位開始，逐漸變得叛服無常。唐玄宗在位時，除宗室諸王外，連安祿山等人都曾領兵與契丹作戰過，直到唐朝中期，雙方關係才趨於和緩。

唐懿宗在位時，契丹漸漸強盛。唐僖宗光啟年間，契丹趁著黃巢之亂剛結束，中原與北方邊境還沒恢復平靜的機會，控制了奚、室韋等其他外族，開始騷擾幽州、薊州一帶。當時的將領劉仁恭為對付契丹，每年焚燒草原，讓契丹的馬匹缺乏牧草大量死亡，契丹只好求和。後來契丹毀約再度進攻，劉仁恭的兒子劉守光假裝談和，再趁機活捉契丹主將舍利王子。在契丹王欽德拿出大筆贖金後，雙方終於得以立下和平誓約。之後的十年間，契丹人都不敢再靠近唐朝邊界。

年份	國	帝王	年號	事件
911	後梁	太祖	開平五年 乾化元年	燕王劉守光自稱大燕皇帝，建年號為應天（五代十國以外之勢力）。
	燕	帝（劉守光）	應天元年	
912	後梁	太祖	乾化二年	後梁太祖遭三子郢王朱友桂弒殺，朱友桂自立稱帝。
913		帝（郢王朱友珪）	鳳曆元年	後梁帝朱友桂改元鳳曆，後梁太祖四子均王朱友貞起兵反抗朱友桂，得勝。朱友桂被殺，均王繼位，是為後梁末帝，仍使用乾化年號。
		末帝	乾化三年	劉仁恭、劉守光父子先後被晉王李存勗軍隊擒獲。
916	後梁	末帝	貞明二年	契丹（遼）太祖耶律阿保機建立神冊年號。
	（契丹）	（太祖）	神冊元年	
917	後梁	末帝	貞明三年	梁南海王劉陟自立稱帝，建國號為越，以乾亨為年號。
	越	高祖（劉陟）	乾亨元年	

晚年的契丹王欽德權力逐漸衰弱，在他之下八個部落的大人們，以每隔三年輪流執政的方式處理政事，直到耶律阿保機興起，不肯讓出權力並取代了原來稱王的大賀氏。此時大約相當於朱全忠篡奪唐朝的時候。

接下來的九年多，耶律阿保機對外忙於征討鄰近的其他外族國家，對內平定弟弟們的謀反叛亂，還與五代後梁、與後梁對抗的晉王李克用及其子李存勗（約以今山西省一帶為根據地）等人往來，開始影響中原的政治局勢。到五代後梁末帝貞明二年（九一六）時，終於建立神冊年號，阿保機是為契丹太祖。契丹與五代、北宋間長達二百多年的對峙局面逐漸成形。

五代十國與後梁的興亡：梁唐晉，及漢周；稱五代，皆有由

唐朝滅亡後，華北中原一帶先後出現五個朝代，合稱「五代」。為了要與先前南朝梁武帝蕭衍建立的梁朝、唐高祖李淵建立的唐朝、晉武帝司馬炎建立的晉朝、漢高祖劉邦建立的漢朝、周武王建立的周朝有所區別，因此後來的人們在五代各朝前加上「後」字，稱為後梁、後唐、後晉、後漢、後周。

五代之外，還有十國，分別是前蜀、吳、閩、楚、荊南（南平）、後蜀、南漢、南唐、吳越、北漢。另外五代初期還有三股勢力，其中之一就是與後梁對立的晉王李克用與李存勗父子。而後梁的歷史有一大半可說是朱、李兩家的對抗史。

為什麼這麼說呢？回到唐僖宗中和三年（八八三）

單位：年

西元	朝代	帝王年號	大事
918	後梁	末帝 貞明四年	契丹太祖下詔建立孔子廟、佛寺、道觀。
	南漢	高祖（劉巖） 乾亨二年	越帝劉陟改國號為漢，是為十國之南漢，劉陟改名劉巖。
			王建（與十國前蜀高祖同名）建立高麗國，是為王氏高麗，王建為高麗太祖。
919	後梁	末帝 貞明五年	吳楊隆演稱吳王。
	吳	王（楊隆演） 武義元年	
920	後梁	末帝 貞明六年	契丹製作自己的文字：契丹大字。
	契丹	太祖 神冊五年	
922	後梁	末帝 龍德二年	契丹太祖任命次子堯骨（耶律德光）為天下兵馬大元帥。
		太祖 天贊元年	
923	後梁	末帝 龍德三年	晉王李存勗稱帝，建元同光，是為（五代後）唐莊宗。
	後唐	莊宗 同光元年	後梁東都開封被後唐莊宗率軍攻破，後梁亡。

四月，唐軍收復被黃巢占據的京師長安；五月，朝廷在獎勵功臣時，任命朱溫兼任汴州刺史，並賜名為朱全忠。一年後，李克用的沙陀軍尾隨追擊黃巢軍時曾在汴州暫時駐紮。因為李克用是率領部分騎兵急追黃巢，主力部隊沒有跟上，朱全忠看他兵力不足而心生併吞的企圖。於是先設晚宴款待李克用，再趁他酒醉之際派兵縱火焚燒其住宿的驛館，結果李克用翻牆逃跑才保住一命，而且由於遭此陷害無法再追趕黃巢只好回到太原。黃巢之亂平定後，李克用向僖宗告狀，希望能攻打汴州討回公道，不過僖宗只發詔書希望雙方和解。從此兩家結仇，展開近四十年的爭鬥。

朱全忠篡位後改年號為開平，是為後梁太祖。隔年李克用過世，長子李存勗繼承晉王位。太祖在位六年仍無法擊敗晉王，病重時向身旁的近臣感嘆著：「我的兒子們都不是李存勗的對手，我要死無葬身之地了！」沒多久，太祖的三子郢王朱友桂弒殺太祖篡位，他的弟弟均王朱友貞又殺了朱友桂繼位，是為末帝。

末帝即位後，太祖的擔憂果然言中，後梁軍根本無法抵擋晉王的軍隊；不過三、四年，黃河以北各州就落入晉王手中（貞明二年（九一六））。龍德三年（九二三）晉王正式稱帝，建國號為唐，年號同光，是為後唐莊宗。十月，後唐軍兵臨東都開封。末帝在城陷前夕，為了不讓自己落入後唐之手，而要屬下皇甫麟刺殺他，後梁滅亡。

從後唐到後晉：石敬瑭的興起

五代後唐自認是「中興」唐朝，不過事實上後唐

年份	國別	帝王	年號	大事
924	後唐	莊宗	同光二年	後唐莊宗尋求原本在唐朝朝廷裡任職的宦官。（五代十國外之勢力）鳳翔節度使、秦王李茂貞（宋文通）病死。
925	後唐	莊宗	同光三年	後唐莊宗以魏王李繼岌為西川四面行營都統、郭崇韜為招討使，率軍伐十國前蜀；前蜀後主王衍投降，前蜀亡。
	前蜀	後主（王衍）	咸康元年	
	契丹	太祖	天贊四年	契丹太祖親征渤海國。
926	後唐	莊宗	同光四年	後唐成德軍節度使李嗣源叛變，攻入汴州。後唐莊宗遭從馬直指揮使郭從謙的部隊弒殺；李嗣源入洛陽繼位為帝，是為後唐明宗。
		明宗	天成元年	
	契丹	太祖	天贊五年 天顯元年	契丹滅渤海國。 契丹太祖改元天顯，將渤海國改為東丹國，立長子耶律倍為東丹人皇王加以統治。 契丹太祖過世，皇后述律平代為處理政事。
927		明宗	天成二年	契丹太祖次子耶律德光繼位稱帝，是為契丹太宗。
		太宗	天顯二年	

的先祖是沙陀人，本姓朱耶（朱邪），後來才被唐朝賜予國姓李氏，納為皇室成員。事實上他們和唐朝皇室沒有血緣關係。而且由於他們的沙陀血統，使得後唐成為歷史上第一個由外族建立的正統朝代。

後唐莊宗從繼位晉王開始到過世（後梁太祖開平二年〔九〇八〕到後唐莊宗同光四年〔九二六〕）近二十年的時間，一戰併吞強鄰幽州節度使劉仁恭和劉守光（後自稱大燕皇帝）父子；再戰滅後梁以報朱全忠企圖謀害父親李克用之仇；三戰亡十國前蜀而獲得西南土地；君臨華北，好不威風！可是在他滅亡後梁之後，開始志得意滿，竟然重蹈唐朝覆轍寵信宦官。而且因為他擅長音樂，所以對伶官（樂官）也備加信任，使他們得以趁機抓取權力。到在位後期，對軍隊的獎賞也不盡公平，終於遭致叛亂爆發，莊宗遇害。

接替莊宗帝位的是後唐明宗李嗣源（李克用養子）。明宗的個性仁厚，即位後立即裁減皇宮內宦官、伶官等編制的人數，施政也儘量不擾民，讓百姓休養生息。在位期間（天成元年〔九二六〕至長興四年〔九三三〕）可說是後唐的小康時代，有「後唐明宗之治」的美稱。

明宗過世後，三子宋王李從厚繼位，是為閔帝。閔帝在位僅約半年，就被他的兄長潞王李從珂（其實是明宗養子，所以兩人不是親兄弟）趕下臺。潞王即位，是為廢帝（末帝）。隨著廢帝得位，石敬瑭的勢力也逐漸興起。

石敬瑭何許人也？他是後唐明宗的女婿，明宗稱帝後慢慢在朝廷裡擔任要職。當閔帝被潞王逼迫離開洛陽時，曾經投靠石敬瑭，但石敬瑭反而倒向潞王陣

單位：年

西元	朝代	帝王年號	大事
930		天成五年 天顯五年	東丹國人皇王耶律倍（突欲）投奔到後唐。
932	後唐	明宗 長興三年	在後唐明宗同意之下，後唐開始依石經文字製作九經雕版（此處石經應指唐文宗開成年間所刻之石經，而九經則應指易、書、詩、周禮、儀禮、禮記、左傳、公羊傳、穀梁傳）。
933		長興四年	後唐明宗過世，三子宋王李從厚繼位，是為後唐閔帝。
934	後唐	閔帝 應順元年 廢帝（末帝） 清泰元年	後唐閔帝遇潞王李從珂叛變奪位，不久遇害。李從珂是為後唐廢帝（末帝）。 後唐蜀王孟知祥自立稱帝，建國號為蜀，是為十國後蜀。
	後蜀	高祖 （孟知祥） 後主（孟昶） 明德元年	十國之後蜀高祖孟知祥病死，三子孟昶繼位，是為後蜀後主。

營，閔帝隨即被殺。廢帝即位後，契丹不斷出兵騷擾邊界，身為河東節度使的石敬瑭要求增兵增糧，引起廢帝疑心，想要削弱其權力。石敬瑭於是在清泰三年（九三六）五月造反。為了能夠一舉扳倒廢帝，石敬瑭尋求契丹支持，並被立為皇帝，以晉為國號，改元天福，是為後晉高祖，雙方並且約定為父子之國。

廢帝面對後晉軍的攻勢一籌莫展，結果在當年十一月於洛陽自焚殉國，後唐滅亡。

十國與南唐的立國

五代十國中的「十國」是：

前蜀：開國者為王建，傳至王衍時，亡於五代後唐。

吳：奠基者為弘農郡王楊行密、吳王楊渥，開國者為湯渭，傳至湯溥時，被權臣徐知誥（李昪）所奪。

閩：奠基者為王審知、王延翰，名義上臣屬於五代後梁和後唐，受封閩王，實質獨立。開國者為王延鈞，歷王昶、王延羲、王延政，最後亡於南唐。其中王延鈞、王昶在位時仍向後唐和後晉稱臣。

楚：名義上臣屬於五代後梁至後漢，受封湖南節度使、楚王，實質獨立。歷馬殷、馬希聲、馬希範、馬希廣等四人，最後降於南唐。

荊南（南平）：名義上臣屬於五代和北宋，受封荊南節度使、南平王，實質獨立。歷高季興、高從誨、高保融、高保勗、高繼沖五人，最後降於北宋。

後蜀：開國者為孟知祥（時間在五代後唐閔帝應順元年〔九三四〕），傳至孟昶時，亡於北宋。

南漢：開國者為劉陟（巖、龔〔ㄍㄨㄥ〕、龑

年份	國家	帝號	年號	事件
936	後唐	廢帝（末帝）	清泰三年	後唐河東節度使石敬瑭獲契丹支持，被立為皇帝，是為（五代後）晉高祖。後唐不敵後晉軍攻勢，廢帝自焚殉國，後唐亡。
	後晉	高祖	天福元年	（中歐）東法蘭克王國國王鄂圖一世繼位為王，後來成為神聖羅馬帝國的開國者。
937	後晉	高祖	天福二年	十國之吳國遭權臣徐知誥（李昪）篡奪，改國號為齊。隔年又改國號，即為南唐。
	吳	睿帝（楊溥）	天祚三年	
	（齊）	（帝　徐知誥）	昇元元年）	
938	後晉	高祖	天福三年	後晉以趙瑩為使者，交出十六州土地圖籍給契丹。
	契丹	太宗	天顯十三年 會同元年	
942			天福七年 會同五年	後晉高祖過世後，由姪兒齊王石重貴繼位，是為後晉出帝。後晉使節傳遞給契丹的國書中，自稱「孫」而不稱「臣」；契丹太宗不滿，心生南攻後晉的念頭。

（ㄧㄢˇ）），歷劉玢、劉晟、劉鋹（ㄔㄤˇ），最後亡於北宋。

南唐：開國者為李昪，歷李璟（景）、李煜，最後亡於北宋。

吳越：名義上臣屬於五代和北宋，受封吳越國王，實質獨立。歷錢鏐（ㄌㄧㄡˊ）、錢元瓘（ㄍㄨㄢˋ）、錢弘佐、錢弘倧、錢弘俶等五人，最後主動獻地給北宋。

北漢：開國者為劉崇（旻），為五代後漢皇室成員，以太原為根據地（約今山西省之部分）與五代後周對抗，並和遼朝結交。歷劉承鈞、劉繼恩、劉繼元，最後亡於北宋。

除了最後建立的北漢外，其餘九國均立國在華中、華南一帶。十國國內局勢多比五代安定，國祚也比五代各朝長；但無論是五代還是十國，都是唐朝藩鎮割據局勢的產物。

十國當中，最為大家熟知的應該是南唐，而南唐的立國脫胎於它的前身——吳國。吳王楊渭的稱帝（吳惠帝）其實是受到權臣徐溫的影響。徐溫在後唐明宗天成二年（吳王楊溥順義七年〔九二七〕）過世，權力由養子徐知誥繼承。他在後晉高祖天福二年（吳睿帝楊溥天祚三年〔九三七〕）逼迫楊溥退位，改國號為齊。隔年恢復本名為李昪，再改國號為唐。南唐就這樣誕生了。

從後晉到後漢：被契丹操縱命運的後晉

五代後唐廢帝清泰三年（九三六）十一月，當石敬瑭獲契丹太宗耶律德光支持，並且被冊立為皇帝時，雙方約定為父子之國。當然，契丹是父親，後晉是

單位：年

西元	朝代	帝王年號	大事
946		出帝（少帝） 開運三年 太宗 會同九年	契丹太宗親自率軍攻擊後晉。後晉京師開封被契丹軍攻破，後晉出帝被俘。
947	後晉	出帝（少帝） 開運四年	後晉滅亡後，契丹改國號為遼。遼太宗撤出中原，後晉北平王、河東節度使劉知遠乘機稱帝，但採用後晉高祖天福年號。
	後漢	高祖 天福十二年	皇帝劉知遠建國號為漢，是為（五代後）漢高祖。
	契丹（遼）	太宗 大同元年 世宗 天祿元年	遼太宗在回到北方的途中過世，姪兒永康王耶律阮（兀欲）即位，是為遼世宗。

兒子。可是石敬瑭大約比契丹太宗還要大上十歲，實在很難想像他可能得稱契丹太宗一聲「父皇」的情景！

石敬瑭為了要向契丹獻殷勤，竟然還割讓雁門以北及幽州的土地（包括幽、涿、薊、檀、順、瀛、莫、蔚、朔、雲、應、新、媯〔ㄍㄨㄟ〕、儒、武、寰等十六州，大約是橫跨今山西省和河北省北方，經過長城一帶的土地），後來通稱「燕雲十六州」，每年再輸出三十萬的帛給契丹。結果原本防禦外族入侵的長城屏障，反倒成了保護外族的利器，從此契丹有長驅直入華北中原的機會，五代後期和北宋備感威脅與此有關，後晉的國勢也因此被契丹所掌控。

後晉開國後，後晉高祖在討契丹歡心這件事上似乎是樂此不疲，常常派使者送禮物到契丹，深怕契丹方面不高興。有些將領看不過去想要和契丹戰鬥還被高祖阻止，這情景簡直是匪夷所思。

高祖死後，姪兒石重貴即位，是為出帝（少帝）。由於出帝的即位沒有經過契丹同意，契丹太宗大表不滿。後晉的大臣景延廣還對契丹使者說：「高祖是契丹所擁立的，現在的皇上是我國自立繼承的；向契丹稱自己是孫子（高祖是兒子，出帝就是孫子）是可以的，可是要自稱是契丹的臣子就不行。我國已經備有十萬口橫磨劍（表示有十萬精銳部隊隨時備戰），要戰的話就來吧！」當然契丹太宗聽到後，就親自領兵來攻後晉了。

雙方一開戰，後晉發現無法有效抵擋契丹軍，但是已經來不及了。開運三年（九四六）年底，京城開封就被契丹軍攻破。隔年，契丹將出帝和後晉皇族的主要成員全部送往北方，後晉滅亡。

948	後漢	高祖 天福十三年	後漢高祖改年號為乾祐，不久之後過世；次子周王劉承祐繼位，是為後漢隱帝。
		隱帝 乾祐元年	
950		隱帝 乾祐三年	後漢樞密使郭威叛變。後漢隱帝遭親信郭允明弒殺。郭威進入京師，控制朝政。
951	後周	太祖 廣順元年	五代後漢被郭威篡奪，改國號為周，是為（五代後）周太祖。不服後周改朝換代的後漢皇族，以劉崇為首在太原立國，國號仍為漢，是為十國之北漢。
	北漢	世祖（劉崇） 乾祐四年	
	契丹	世宗 天祿五年	遼世宗在率軍南攻後周途中，遭泰寧王耶律察割弒殺；遼太宗長子壽安王耶律璟繼位，是為遼穆宗，改元應曆。
	（遼）	穆宗 應曆元年	

契丹太宗原本想要留下來入主中原，還在二月時將國號改為「遼」，不過由於水土不服，加上軍隊紀律和習慣與中原不合而失去人心，遼太宗決定回到北方。此時劉知遠乘機稱帝，而遼太宗也在途中過世，姪兒耶律阮繼位，是為遼世宗。五代和遼的內部情勢到此又是一變。

歷史上最短命的朝代——後漢：隨著後周、北漢建國，五代十國的分裂局面進入最後階段

五代後晉遭契丹（遼）太宗滅亡，可是契丹卻因無法征服中原而離境北歸；中原群龍無首，北平王、河東節度使劉知遠乘機取而代之，於後晉出帝開運四年（九四七）二月即位稱帝。可是劉知遠當時沒有定國號和選擇新年號，卻使用後晉高祖的天福年號，稱天福十二年，原因費解，直到農曆六月才改國號為漢，是為後漢高祖。為了要與漢朝有所區別，因此史書稱之為（五代）後漢。雖然劉知遠「也」被稱為「漢高祖」，但事實上他和後唐的皇室一樣是沙陀人，與漢高祖劉邦可是「沒有直接血緣關係」。

天福十三年（九四八）春正月五日當天，後漢高祖改為乾祐元年；二十七日就過世，在位剛滿一個陽曆年而已。次子劉承祐即位，是為隱帝，年號不改。

高祖和隱帝在位時，對武將郭威相當信任。隱帝即位後，後漢接連面臨護國軍節度使李守貞造反、遼朝入侵的內憂外患，朝廷都派郭威出征接戰，在朝中具有相當影響力。乾祐三年（九五〇）十一月，隱帝以有預謀叛亂的罪名，先後誅殺多位大臣及其家族，這股大殺臣子的風潮很快就吹到郭威身上。郭威決定

單位：年

西元	朝代	帝王年號	大事
953	後周	太祖 廣順三年	九經雕版完成。
954	後周	世宗 顯德元年	後周太祖過世，養子（內姪）晉王柴榮繼位，是為後周世宗。北漢趁機進攻後周，後周世宗親征，擊敗北漢與遼之聯軍，再處理太祖喪事。
	北漢	世祖（劉崇）乾祐七年	
	遼	穆宗 應曆四年	
955	後周	世宗 顯德二年	後周世宗派宣徽南院使向訓、鳳翔節度使王景，出兵南征後蜀。
	後蜀	後主（孟昶）廣政十八年	後周世宗展開滅佛運動。
	南唐	元宗（李璟）保大十三年	後周世宗以李穀為淮南道行營都部署，出兵南征南唐。

反擊，他激怒屬下將領，以清除皇帝身旁奸臣為名起兵，一路向京城方向推進。當郭威兵臨城下之際，隱帝在城內遇害。

郭威入了京城後，請太后臨朝暫代國政，又表示擁護高祖的姪兒徐州節度使劉贇為皇帝。到年底時，邊境傳來遼朝入侵的消息，郭威再領軍隊北征。半途上部隊發生政變，將軍隊裡的黃旗撕下來暫時當成黃袍披到郭威身上，他就這樣當了皇帝。歷經後唐、後晉、後漢均由外族建立朝代的時代後，皇位再度回到漢人手中，而後漢也創下了從開國到亡國只有四年的最短歷史紀錄。

隔年（九五一）正月，郭威即位，改國號為周，改年號為廣順，是為後周太祖。至於不服郭威改朝換代的後漢皇室成員，以後漢高祖劉知遠的弟弟劉崇（旻）為首，在太原稱帝，史稱北漢。北漢與遼朝合作，展開與後周之間的持久對抗。五代十國的分裂局面隨之進入最後的階段。

後周世宗的積極作為：為宋朝的統一奠定基礎

五代時期，中原多數時間陷於紛擾動亂，大概只有前期講求與民休息的後唐明宗，和後期力圖振作進取的後周世宗在位時，才難得處於平靜。後唐明宗維持了中原朝廷的小康局面，而後周世宗的積極作為不僅影響當時，也為日後宋朝的統一奠定基礎。

後周世宗的名字是柴榮，是後周太祖郭威的養子。其實柴榮是郭威的內姪，原本得喊郭威一聲姑丈，可是因為柴榮小時就被養在郭家，很得到郭威的疼愛，最後收養了他。

年份	國	帝王	年號	事件
958	後周	世宗	顯德五年	後周連續南征南唐，攻克淮南十四州，雙方改以長江為界。
	南唐	元宗（李璟）	中興元年	後周世宗於閱覽唐同州刺史元稹所著《長慶集》後，依內容製成均田圖，頒賜給各地方節度使與刺史。世宗藉此舉表明他想要實施均田制，並且讓地方官吏先行瞭解、學習。
959	後周	世宗（恭帝）	顯德六年	後周世宗率軍北征，至五月時因病班師回朝，不久過世；兒子梁王柴宗訓繼位，是為後周恭帝。
960	後周	恭帝	顯德七年	趙匡胤發動陳橋兵變，後周恭帝被迫退位，後周亡。
	宋	太祖	建德元年	

柴榮在後漢建國後開始出任官職，當郭威舉兵進攻京城時他留守後方。期間郭威的親生兒子都被後漢朝廷所殺。後周開國後，柴榮轉任澶州節度使，廣順三年（九五三）擔任開封尹並被封為晉王。顯德元年（九五四）太祖病逝，晉王柴榮即位，是為後周世宗，年號不改。

世宗即位不久，北漢就趁國喪之際來攻。世宗親自率軍迎敵，擊敗北漢與遼之聯軍。世宗在處理完太祖喪事後，便反守為攻，主動攻擊北漢，直逼太原城下。

顯德二年（九五五），世宗要大臣們對於朝廷施政有意見時，必須直言無諱地勸諫皇帝才算盡忠，此外還展開繼「三武之禍」後又一波的滅佛運動。對外派宣徽南院使向訓、鳳翔節度使王景伐後蜀，連續攻下秦州、鳳州等地；再以李穀為淮南道行營都部署南伐南唐，自此連續三年三征南唐。到顯德五年（九五八）三月時，已經攻克淮南十四州，與南唐間改以長江為界。

世宗除南征外，還於顯德六年（九五九）率軍北征，想要奪回先前後晉割讓給契丹（遼）的土地。接下來兩個月內，乾寧軍、益津關、瓦橋關等地守將紛紛向周軍投降。可是當世宗打算進攻幽州時卻突然生病，只好班師回朝。不久便在萬歲殿過世，享年僅有三十九歲。其子梁王柴宗訓即位，是為恭帝。

後周世宗是五代難得一見的賢明皇帝，他努力拓展疆土，留心政事，賞罰分明，可惜英年早逝，心中懷抱的遠大志向無法實現。由於繼位的恭帝年僅七歲，後周的命運也迅速地走到關鍵的轉捩點……。

宋朝

趙匡胤原本是後周的殿前都點檢，在「陳橋兵變」時被部下黃袍加身、擁戴為皇帝，建立宋朝，是為宋太祖。面對南北分裂的殘局，宋太祖很快決定了「先南後北」的統一政策，然而統一大業卻是在宋太宗手上完成，只有燕雲十六州並未取回。再者，宋朝的治國方向就是「強幹弱枝」，「重文輕武」是其政治特色，這也使宋朝陷入兩大難題。

第一是受外患侵擾時，地方上沒有足夠的兵源可以對抗敵人，因此即使宋真宗親征，逼和了遼國，還是得簽下「澶淵之盟」，每年給遼國可觀的歲貢。還不僅於此，對敵人的認識不清，讓宋徽宗以為簽下「海上之盟」，便可以「聯金滅遼」，順便取回燕雲十六州，卻沒想到被金兵反咬一口，最後導致徽宗、欽宗兩帝被俘虜，史稱「靖康之難」，北宋滅亡。宋朝宗室推舉趙構（宋高宗）即位，定都臨安，即為南宋。宋高宗被金人追到無處可逃，只好向金稱臣、納貢。這不僅造成南宋的財政負擔，終南宋一朝，都無法脫離受北邊政權威脅的局面。

第二個問題是，宋朝難以解決文人政治延伸出的朋黨之爭，致使政策的決斷與執行受到極大的阻礙。如宋仁宗時期的「慶曆新政」，受到「慶曆黨議」的影響，很快宣告停止；宋神宗時期任用王安石推行「熙寧變法」，也因為知識分子間的意氣之爭，受到阻礙，甚而延續到宋哲宗時期的「元祐黨爭」。意見太多，讓宋朝皇帝的國家治理無法產生績效，也無法一致對外，所以當蒙古人跨越長江時，宋朝皇室只能一路逃跑，宋帝昺跳海自盡，結束宋朝的命運。

宋朝的儒學受到佛教與道教的影響，產生所謂的「理學」；司馬光主編出有系統的編年體史書《資治通鑑》；能與「唐詩」並稱的就是「宋詞」，各家都有豐富的表現手法；「說話」在宋朝很流行，特別喜歡講唱歷史故事。沈括的《夢溪筆談》彙整了宋朝當時的科技成就；宋朝重視書畫藝術，「清明上河圖」就是此時的作品。

宋朝的國祚自西元九六〇年至一二七九年，起自宋太祖趙匡胤，終於宋帝昺。北宋定都汴梁（即開封），南宋定都臨安（即杭州）。

單位：年

西元	朝代	帝王年號	大事
960	北宋	太祖 建隆元年	趙匡胤發動陳橋兵變，後周恭帝被迫退位，定都汴京，建國號宋，是為太祖。 昭義節度使李筠、淮南節度使李重進先後起兵叛變，太祖親自率軍平定，李筠、李重進皆自殺身亡。 太祖廢除皇帝與宰相坐對議事之禮。
961		建隆二年	太祖以柔性方式解除石守信等將領的兵權，史稱「杯酒釋兵權」。 女真入貢。 突厥人在西方建國。
962		建隆三年	鄂圖一世受教宗加冕為帝，神聖羅馬帝國建立。
963		建隆四年 乾德元年	以文臣管理各州事務。 應周保權請求出兵湖南，遂向南平高繼沖借道，趁勢滅南平、收湖南。 設置諸州通判。
964		乾德二年	任趙普為相。

陳橋兵變，黃袍加身（上）：取天下於孤兒寡母之手

後周顯德七年（九六〇）正月初一，距後周世宗柴榮過世僅半年，在位的是他的七歲稚子恭帝，忽然，後周朝廷接到從河北邊區傳來的急報，契丹與北漢的大軍已經南下，請求中央即刻派兵支援，於是大臣們商議由殿前都點檢趙匡胤率軍北上禦敵。

正月初三，大軍出了開封城，當晚紮營於陳橋驛。深夜時分，一群與趙匡胤很親近的軍官開始鼓噪，並煽動說，恭帝年幼無知，此次出戰，縱使拚死殺敵，也得不到誰來顧念他們的功勞，不如先擁立點檢為天子，然後再出兵！趙匡胤弟弟趙光義和親信趙普馬上出面勸阻，但壓制不住將士沸騰的情緒。最後，眾人聚集在趙匡胤處，由趙光義叫醒了還在酒醉的趙匡胤，將黃袍披在他身上，於是將士們紛紛跪下磕頭，並高呼萬歲，請他回京即位。趙匡胤見此，便要求眾人必須聽從他的命令，否則就不願意當他們的天子，全軍官兵自然異口同聲答應。

回到開封後，除了大臣韓通因試圖抵抗而被殺死外，其他人在武力脅迫下都順從地跪下磕頭。隨後趙匡胤帶領擁護者來到崇元殿接受恭帝的禪位，翰林學士陶穀適時拿出禪位詔書，順利完成登基儀式。次日發布詔書，建國號為宋，因為趙匡胤曾統領宋州，故名之。

陳橋兵變，黃袍加身（下）：自導自演

這起「黃袍加身」的事件，史稱「陳橋兵變」。表面看來，趙匡胤是因深受將士愛戴而被擁上天子大

965 乾德三年　遣王全斌率兵入蜀，後主孟昶出降，後蜀亡。王全斌等放縱士兵擄掠，降兵因不堪虐待起而反抗，首領為全師雄，稱興蜀大王。設置諸路轉運使。

966 乾德四年　全師雄卒，蜀境民變平定。

967 乾德五年　《舊五代史》完成。

968 乾德六年　征伐北漢，遼國出兵救之。

開寶元年　郭無為弒北漢帝劉繼恩，劉繼元為帝。安南丁部領統一全國，建國號瞿越。

969 開寶二年　太祖領兵伐北漢，圍太原。北漢帝殺郭無為。遼穆宗遭刺殺，耶律賢即位，是為景宗，出兵救援北漢。

970 開寶三年　派遣潘美伐南漢。

971 開寶四年　潘美克廣州，南漢亡，立國五十五年。初置市舶司於廣州。南唐李煜自去國號，改稱江南。

位，其實整件事從頭到尾都是他一手策畫自編自導自演的。

為何如此說？先說一開始契丹與北漢大軍南下的消息，那根本是假的，因為在《遼史》中並見不到當時遼國曾有出兵南下的記載，這是為了替統領禁軍的趙匡胤製造一個出征的機會。所以在陳橋兵變後，趙匡胤可以立刻率領大軍回開封，全然不必理會遼漢聯軍的威脅。一般認為趙匡胤應該是參考了當年郭威率軍北征，發動兵變篡了後漢的先例而擬定的策略，因為在行軍途中發生兵變，可將責任推給官兵，說是怕誤了作戰任務，如唐玄宗逃難時，將士們在馬嵬驛兵變，逼得玄宗揮淚賜死楊貴妃，大軍才肯繼續前進。如果在京城內，就沒有適當理由，趙匡胤雖是禁軍統領，但要召集大軍「逼宮」也非易事，還有什麼是比出兵作戰更好的時機的？

當官兵開始起鬨，趙光義、趙普等人假裝勸阻，其實已經派人通知留守開封的宿衛將軍石守信、王審琦，準備到時打開城門讓趙匡胤率軍入宮，裡應外合。而且，若沒有趙光義等人事先準備好道具，荒郊野外，如何「黃袍」加身？當他們回朝見到宰相范質等人，趙匡胤哭哭啼啼顯得非常傷心，表示這並非他本意，是被將士們逼迫的，這大概也是在演戲。等到他收服群臣後，便入宮請小皇帝讓位，陶穀可以從容不迫地立刻拿出文謅謅的禪位詔書，也可顯見是早有準備。更耐人尋味的是，事後趙匡胤的母親杜太后曾說：「吾兒素有大志，今果然。」或許趙匡胤曾在言談之中透露出他想當天子的企圖，或許其母曾見過趙匡胤與其黨羽私下謀畫的一面，不管如何，此語多少

單位：年

西元	朝代	帝王年號	大事
972	北宋	開寶五年	黃河於大名府決堤，發生大饑荒。
973		開寶六年	開始實行由皇帝親試考生的殿試。 封丁璉為交阯郡王。 太祖封弟趙光義為晉王。
974		開寶七年	派遣宋將曹彬伐江南。
975		開寶八年	曹彬大敗江南兵於秦淮，進圍金陵，江南主李煜降，南唐亡，立國三十九年。
976		太祖 開寶九年	吳越王錢俶來朝。 遣軍伐北漢，敗北漢兵，遼出兵相救。 太祖猝死，弟趙光義即位，是為宋太宗。
		太宗 太平興國元年	十二月改元太平興國。

印證了「陳橋兵變」並非偶然。

趙匡胤因後周世宗的提拔而升至殿前都點檢，掌管禁軍，世宗死後，留下了一對可欺的孤兒寡母，此時軍權操縱在趙匡胤手中，也就讓他萌生篡奪帝位的野心。但趙匡胤又不願背上忘恩負義的千古罵名，當年在後周太祖郭威策畫的兵變中，趙匡胤也是起鬨官兵的一員，郭威怎樣篡漢建周，趙匡胤便也依樣畫葫蘆篡周建宋。不過，或許因為他是武人出身，心思不夠縝密，因而在整個過程中出現了不少漏洞，才讓後人有機會找到破綻。

杯酒釋兵權：臥榻之側豈容他人酣睡

陳橋兵變後，趙匡胤順利登基，是為宋太祖。石守信等有功將領得到宋太祖的任命，分別掌握部分禁軍的指揮權。但城府深沉的太祖，卻開始擔心禁軍將領會不會也以自己為榜樣演出「兵變」，為此他又精心策畫了一場絕妙好戲。

建隆二年（九六一）七月，趙匡胤召集石守信、高懷德等將領前來飲宴，酒過三巡，大家都有了幾分醉意，太祖卻表現出一副悶悶不樂的樣子，愛將們遂問他有何心事。太祖命侍從人員退去後，便說：「沒有你們的幫忙，我哪有今天？可是我自從當了皇帝後，晚上常常睡不安寧，還不如以前當節度使時來得快活。」石守信等人聽得一頭霧水，忙問原因為何，太祖說：「答案再清楚不過了，天子之位，誰不想要？」眾人聽出太祖的弦外之音，連忙回答：「如今天命已定，誰還敢有異心？」太祖感嘆說：「相信你們是沒有，但是你們的部下就難說了，哪天他們因

977 **太平興國二年** 宋大增科舉考試錄取名額。

978 **太平興國三年** 立崇文院，藏書八萬卷。
平海軍節度使陳洪進獻上漳、泉二州。
吳越王錢俶歸降，吳越亡，立國七十二年，為最後一個歸順的南方政權。
南唐後主李煜卒。

979 **太平興國四年** 太宗親征北漢，圍太原，劉繼元出降，北漢亡，立國二十九年。
中國統一，五代十國時代結束，共七十三年。
太宗欲乘勢收復燕雲十六州，率軍攻遼，直至幽州，敗於高梁河之役，太宗負傷而歸。
党項李繼筠卒，弟李繼捧嗣位。

980 **太平興國五年** 安南黎氏篡位，丁朝亡。
宋將楊業於雁門關大敗遼軍。
遼軍侵宋，耶律休哥於瓦橋關一戰大敗宋軍。

981 **太平興國六年** 宋於易州破遼兵。

為貪圖富貴而把黃袍披在你們身上，那也由不得你們了。」聽到這一番話，大家都嚇出了冷汗，因為太祖分明是懷疑他們有篡位的野心，一時間百口莫辯，只好急忙跪下請求太祖指點一條明路。太祖便道：「生命短暫，如白駒過隙，不過是想多累積一些財富，讓自己盡情享樂，使子孫免於貧困罷了。你們何不放下兵權，買些田地留給子孫，也可買些歌伎舞女，飲酒作樂，頤養天年。如此一來，我們君臣之間也不會互相猜疑，不是很好嗎？」眾人聽了，這才鬆了口氣，紛紛叩頭謝恩。

隔天，石守信等人便上表說因有病在身，懇求准予解除他們的兵權。太祖自然答應了，不但賜予金銀財寶，後來還與他們結為兒女親家。就這樣，宋太祖四兩撥千金輕鬆地掌握了禁軍。

八年後，開寶二年（九六九），宋太祖又來了一次「杯酒釋兵權」，上次是對付中央的禁軍將領，這次則把矛頭指向掌握地方軍權的節度使。不過這次僅有一個以前的老上司王彥超識相，自願解甲歸田，其餘幾個仍口沫橫飛地回憶當年勇，意思就是自己還能再打幾年的仗。太祖聽了只是冷冷地表示：「這都是前朝的事情，有什麼好提的？」隔天，便一一罷免了他們，解除其兵權。

有鑑於唐末五代禁軍與藩鎮的跋扈，宋太祖收回兵權，削弱地方軍事力量，之後又實行「更戍法」，經常調換將帥與駐防，使「將不專兵，兵不專將」，雖然杜絕了藩鎮割據與兵變之弊，卻也大大地削弱宋軍的戰鬥力，造成在日後與遼、西夏的戰爭中，北宋屢嘗敗績，只能一直陷於積弱不振的局面中而無法自

單位：年

西元	朝代	帝王年號	大事
982	北宋	太平興國七年	李繼捧率党項族人入朝歸順，太宗封其為彰德軍節度使，弟李繼遷則另率族人叛宋。遼景宗卒，子隆緒立，是為聖宗，再次更改國號為契丹。
983		太平興國八年	李昉等完成《太平御覽》之編纂。
984		太平興國九年 雍熙元年	宋將尹憲、曹光實領兵大破李繼遷，逼其退往黃羊平（陝西定邊縣東南）。
985		雍熙二年	李繼遷誘殺曹光實，攻占銀州。
986		雍熙三年	宋軍分三路攻遼，曹彬敗於岐溝關，潘美敗於飛狐，楊業敗於陳家谷，且遭俘，絕食而亡，史稱岐溝關之役。
987		雍熙四年	派遣官員於諸州募兵，將大舉伐遼。
988		端拱元年	任李繼捧為定難軍節度使，並賜其姓名為趙保忠。

拔。此外，北宋自太祖起，皆實施「強幹弱枝」的基本國策，將之貫徹於軍事、政治、財政、司法等各層面，這固然可以防止地方專權，但也嚴重地削弱了地方力量，導致於一旦邊防崩潰，則全面崩潰，因為地方無力阻絕外患之入侵，這也是靖康之禍時為何金兵可長驅直入汴京的重要原因。

燭影斧聲：從太祖到太宗

開寶九年（九七六）十月十九日，一個大雪紛飛的夜晚，宋太祖找弟弟趙光義入宮，並斥退所有人，只留下他們兄弟倆把酒言歡。忽然間，在遠處候命的宮女和宦官們在燭影搖晃中望見趙光義離開席位，不時地退讓、閃避，還聽到太祖以玉斧擊地的聲音，並大聲對趙光義說：「好為之，好為之。」後來趙光義告辭回府，太祖則解衣就寢。不料，天還沒亮，便傳出太祖駕崩的消息。

由於太祖猝死，沒留下遺命或遺詔，所以皇后很緊張，急忙讓太監王繼恩召皇子趙德芳入宮，不料王繼恩沒去找趙德芳，反而通知了晉王趙光義，並帶他和其親信醫官入宮。

一到宮中，皇后便問王太監：「德芳來了嗎？」他領趙光義現身並答：「晉王到了。」皇后一看這情勢，知道大事不妙，便哭著對晉王說：「我們母子的性命都託付於官家了。」官家是宋朝對皇帝的俗稱，此語一出，表示在皇帝死後，擁有決定皇位繼承最大發言權的皇后，已經臣服於趙光義了。不過趙光義仍安慰她說：「共保富貴，不用擔心。」隔天，趙光義順利即位，是為太宗。

989 端拱二年 遼兵攻陷易州。

990 淳化元年 遼封李繼遷為夏國王。

991 淳化二年 李繼遷請降於宋，任命為銀州觀察使，賜名趙保吉。趙保忠叛宋降遼。

992 淳化三年 宋開始於科舉考試實行糊名之制。

993 淳化四年 交州黎桓入貢，封為交阯郡王。四川發生王小波、李順之亂，王小波於年底戰死。

994 淳化五年 李順於成都建立大蜀政權，兵力達數十萬之眾。宋將李繼隆攻夏州，擄李繼捧。寇準參政。

995 至道元年 宋軍破成都，李順戰死。

996 至道二年 因李繼遷不受詔，遣李繼隆討之，無功而還。

可是問題來了，自商朝後期以下，中國歷代都採取「父死子繼」的皇位繼承制，宋太祖明明有德昭、德芳兩個二十五歲與與十七歲的兒子，皆可獨當一面，怎麼輪得到弟弟趙光義呢？加上太祖死因可疑，武人出身的他身強力壯，死時才五十歲，為何會突然暴斃？而且宋太宗的態度舉止都很不尋常，難免讓當時的人議論紛紛，認為太祖是被太宗毒死的。疑點有二：一是當王繼恩去開封府找趙光義時，在府外遇到醫官程德玄，程說是趙光義在半夜找人召見他，但是出門後又沒見到人，他擔心是否趙光義病了，正打算去府內探視。似乎趙光義知道太祖有些狀況，才會在半夜召喚親信的醫官，後來並帶他入宮，可能是想確認太祖生死，或是動些手腳掩人耳目，否則何必於此一關鍵時刻帶醫官入宮？二是通常繼位的皇帝為了表示對前帝的尊重，當年仍沿用舊年號，隔年才改元用新年號，除非是像太祖篡後周，建立新朝代，才會當年改元。太宗在十月二十一日即位，竟然連一個多月都等不及，立即改元，似乎隱含著建立新政權的意圖。此外據《遼史》記載，太宗是「自立」為帝，可見當時應有許多人認為這個皇位不是太祖傳給他，而是他自己搶來的。

金匱之盟：宋史中的一段疑雲

宋太宗即位後，為了安撫人心，便讓太祖的心腹宰相趙普出示「金匱之盟」來證明他皇位的正當性。何謂金匱之盟？趙普宣稱當年杜太后臨終時，將他召進宮中聽記遺命，她問太祖說：「你知道為什麼你能取得江山嗎？」太祖答道：「都是靠祖宗及母親您

單位：年

西元	朝代	帝王	年號	大事
997	北宋		至道三年	分天下州軍為十五路。太宗卒，李皇后與宦官王繼恩本欲立廢太子元佐為帝，賴宰相呂端之力，始能使太子趙恒順利即位，是為真宗。李繼遷降，恢復姓名，封定難軍節度使。
998		真宗	咸平元年	遼耶律休哥卒。
999			咸平二年	初置翰林侍讀學士，令邢昺、孫奭等校注諸經經義。遼兵侵擾邊境，帝親自率將禦之。
1000			咸平三年	歐洲各地盛傳世界末日即將來臨，人心惶惶不安。
1001			咸平四年	李繼遷叛宋。
1002			咸平五年	李繼遷攻陷靈州，改名西平府。
1003			咸平六年	李繼遷與西蕃戰，敗死，子德明立。

的福德庇蔭。」杜太后說：「錯！要不是周世宗把帝位傳給了年幼的恭帝，你能得到天下嗎？」接著太后指示太祖，為了防止日後趙家江山也被人搶去，要他死後必須傳位給趙光義，再傳給小弟趙光美，最後才傳給太祖之子趙德昭、趙德芳。太祖於是恭恭敬敬地答應了，為了監督太祖等人遵守她的遺命，杜太后請趙普記錄下來，並簽名為據，將此誓書祕藏於金匱之中。

如果真的依據「金匱之盟」接力傳位，太宗的繼位也稱得上名正言順（不過弒兄的嫌疑仍無法洗刷），但是接下來的發展就離奇了：趙光美後來被告發圖謀叛變，流放房州，後來死於當地，死後太宗還說這個小弟不是杜太后親生的（因杜太后已死，無人可駁其說法）；趙德昭後來自殺身亡；趙德芳二十三歲時竟也莫名其妙地死去。如此一來，前三順位人選皆死，只好由太宗的兒子繼承帝位。

雖然太宗的繼位與傳位皆疑雲重重，處處透露著詭譎，但由於並沒有直接證據足以證明這一切都是他的陰謀，使得「燭影斧聲」與「金匱之盟」便成了宋史中的一段千古之謎。

宋遼關係：中國vs.中國

西元九〇七年，也就是唐朝滅亡那一年，耶律阿保機即位為八部大人，成為契丹各部的最高領袖，從此將契丹帶上了歷史的舞臺。西元九四七年，其子耶律德光稱帝建國，是為遼，他趁著中原紛擾而協助石敬瑭建立後晉，並取得戰略地位極為重要的燕雲十六州。

1004	景德元年	遼聖宗、蕭太后親率遼軍二十萬南侵。真宗御駕親征，雙方簽訂澶淵之盟。
1005	景德二年	宋遣使恭賀遼太后生辰，自此兩國互遣生辰使。
1006	景德三年	趙德明進表稱臣，宋朝命其為定難軍節度使。
1007	景德四年	宋宜州發生叛亂，擁判官盧成均為南平王，逾三月始平定。
1008	大中祥符元年	王欽若奉命假造天書，真宗率群臣迎於承天門，封禪泰山，改元大中祥符。
1009	大中祥符二年	遼承天太后卒，宋遣使弔慰，從此兩國遇皇帝、太后死喪，互遣使者弔慰成為常例。
1010	大中祥符三年	安南黎氏為李氏所篡，是為本朝。高麗將領康肇弒高麗王。遼伐高麗。
1011	大中祥符四年	真宗前往汾陰祭祀后土。

在宋太祖建國後，顧忌到遼國強大的軍事實力，而採取「先南後北」的統一步驟，因此有遼國當後臺的北漢直至宋太宗時才被攻下。太平興國四年（九七九）滅北漢後，太宗乘勝追擊，想一舉收復燕雲十六州，無奈卻在「高粱河（北京西直門外）之役」中為遼軍擊潰，太宗忍著箭傷狼狽逃回宋國。數年後，遼國幼主即位，承天皇后攝政，太宗瞧不起這個女人家和小孩子，雍熙三年（九八六）再度北伐，沒料到這位皇后堪稱女中豪傑，她指揮若定，最後於岐溝關（河北涿縣）大敗宋軍，宋軍只好再度退兵（著名楊家將中的老爸楊業即死於此役），自此而後，宋朝不敢再輕易談北伐。

澶淵之盟後，雙方維持了一百多年的和平，在這段期間，遼國有兩次頗有南征之意，不過最後都在宋朝使臣的外交手腕及給予一些金錢、土地的手段下，順利化解了危機，直至北宋末年才又重啟戰事。

遼國雖然自始至終都無法入主中原，但他們在中亞及西方擁有很高的聲望，「契丹」甚至成為中國的代名詞。在俄語等部分西方語言中，用來指稱中國的Kitai或Cathay其實是源於「契丹」一詞。

澶淵之盟：龍戰於野，宋真宗御駕親征

宋真宗景德元年（一〇〇四），遼國的女中豪傑蕭太后和遼聖宗親率二十萬大軍南下攻宋，一路上雖然稱不上是勢如破竹，但來勢洶洶，倒也是頗為嚇人。宋朝面對這樣的情勢，有些比較膽小的大臣，居然主張遷都到南京或成都以避兵鋒，但宰相寇準力排眾議，請求真宗御駕親征，以壯前方士氣。怯懦的

西元	朝代	帝王年號	大事
1012	北宋	大中祥符五年	真宗遣使至福建取占城稻，於江淮、兩浙種植之。
1013		大中祥符六年	王欽若等編纂《君臣事蹟》成書，賜名為《冊府元龜》。
1014		大中祥符七年	高麗遣使貢於宋朝。
1015		大中祥符八年	遼出兵高麗。
1016		大中祥符九年	宋朝各地久旱不雨，蝗災四處可見。
1017		天禧元年	宋朝各地饑荒情形嚴重。
1018		天禧二年	遼再出兵高麗，遭高麗擊敗。
1019		天禧三年	再度起用寇準為相。高麗請和於遼。
1020		天禧四年	寇準遭罷相。
1021		天禧五年	大食向遼請婚。
1022		乾興元年	真宗病死，子趙禎即位，是為仁宗，因年僅十三歲，由劉太后垂簾聽政。

真宗原本猶豫不前，但在寇準的激勵下，終於整軍出發。如此一來，雙方的皇帝都親冒矢石、上陣督戰，實是史上罕見之奇景。

此時宋遼正決戰於澶州（河北濮陽），當真宗渡過黃河抵達澶州北城時，宋朝將士看到城樓上飄揚的黃龍旗，頓時士氣大振，群起歡呼，聲震八方。遼軍原本十分威猛，不料在此不久之前，主將蕭撻凜意外遭宋軍擊斃，士氣為之一挫；加上南下時遇到幾批宋軍的頑強抵抗，未能將沿途諸城一一攻下，由於腹背受敵的壓力實在沉重，蕭太后便派人向宋軍求和。真宗原本就有以戰逼和的打算，雙方一拍即合，遂展開談判。

起初，遼國使者要求宋朝歸還後周世宗時所收復的關南地，真宗當然不願意，因為局勢是宋朝略占上風，但真宗不想再戰，便派曹利用去遼營，告知宋朝願意給付一些銀絹以換取和平。最後，雙方簽訂了盟約，史稱「澶淵之盟」，主要內容是：相約以白溝河為界，互不侵擾；宋朝每年贈與遼國歲幣銀十萬兩、絹二十萬疋；宋遼約為兄弟之國，以南朝、北朝來稱呼對方，因此地位是平等的。宋朝以每年三十萬的銀絹換取了一百多年的和平，若和動輒上千萬的軍費相比，其實是划算的，因此一般都認為這是個成功的盟約。不過，在和議談成之前，楊延昭（即楊家將的楊六郎）曾分析戰局，他說：「契丹軍隊來到澶淵，離他們本國有千里之遙，長途跋涉，人馬俱疲，數量雖多，但其實是不堪一擊的。」因此他願意率軍阻絕遼軍退兵的要道，將之一舉殲滅，甚至可以乘機收復燕雲十六州。根據後來出使遼國的富弼所言，當時不

1023	仁宗 天聖元年	四川的交子改由政府發行。
1024	天聖二年	《真宗實錄》修成。
1025	天聖三年	宋朝環、原二州遭羌民侵擾邊境。
1026	天聖四年	遼出兵甘州回鶻，無功而返。
1027	天聖五年	由針灸名醫王惟一所設計的兩具銅人模型鑄成，後仁宗令其分置於醫官院及大相國寺。
1028	天聖六年	夏王趙德明遣子元昊攻回鶻。
1029	天聖七年	設立武舉考試。遼東京發生叛變，渤海人大延琳建國號興遼。
1030	天聖八年	遼破東京，擒大延琳。
1031	天聖九年	遼聖宗卒，子興宗立。
1032	天聖十年	夏王趙德明卒，子元昊襲官爵，
	明道元年	有反宋之意。
1033	明道二年	劉太后卒，仁宗親政。范仲淹、孔道輔等諫官因勸阻仁宗廢后遭懲處。

少將領都主張圍殲契丹大軍，這並非不可能的事，因為此時的宋軍尚能征戰，若肯積極調動軍隊，斷其後路，打它一個孤立無援，說不定還能逮住遼國皇帝及太后，作為贖回燕雲十六州的籌碼，然而生性怯懦的真宗，一心想談和，就這樣錯過了一個千載難逢的機會。

宋遼夏關係：三國大亂鬥

西夏其先世為唐朝的節度使，受唐朝賜姓為李。北宋初年時，因處於遼、宋兩大國間，對之分別稱臣。傳至李元昊時，霸氣驚人的他不甘心俯首稱臣，便於西元一〇三八年稱帝，建國號大夏，史稱西夏。李元昊隨即開始拓展版圖，自然也侵犯到宋朝的領土。宋朝為了應付西夏的入侵，便陸續派韓琦、范仲淹等人前往邊境禦敵。韓琦主張集中兵力，一舉殲滅敵人；范仲淹則衡量宋軍實力不足，認為應該先鞏固邊防，等待敵軍日久生勞，再圖謀攻之。宋仁宗康定二年（一〇四一）的好水川（甘肅隆德縣東）一戰，宋軍遭西夏擊潰，從此便開始採取守勢，傾向於議和，韓琦也放棄速戰速決策略，與范仲淹合作從事防禦工作，兩人軍令嚴明，邊境漸趨安定。（但主要仍與遼的牽制與西夏國力不足以長期從事戰爭有關。）

由於西夏與遼國關係不錯，類似大哥與小弟的關係，宋朝便花錢請求遼國幫忙，迫使西夏稱臣於宋。在遼國的壓力下，西夏向宋朝請和，但並無稱臣之意，反而在一〇四三年要求遼國與之合攻宋朝。遼國拒絕李元昊的請求後，西夏亦感不快，便挑釁地侵擾契丹邊境。此舉可惹惱了遼國，加上李元昊還將

單位：年

西元	朝代	帝王年號	大事
1034	北宋	景祐元年	夏王趙（李）元昊攻略宋境，擄環慶路督監。
1035		景祐二年	范仲淹興建蘇州府學。
1036		景祐三年	貶范仲淹、歐陽脩等人。
1037		景祐四年	河東發生地震，忻州死者近兩萬。
1038		寶元元年	夏王趙元昊自稱大夏帝，建國號夏，史稱西夏。
1039		寶元二年	西夏入寇，狄青擊敗之。
1040		寶元三年 康定元年	趙元昊率兵入侵延州，大破宋兵而返。
1041		康定二年	宋夏大戰於好水川，宋軍敗。
		慶曆元年	分陝西為四路，以韓琦、范仲淹等任經略。
1042		慶曆二年	宋遼締結關南誓書，再次確立宋遼之間的和平關係。

妻子契丹公主虐待至死，舊恨添上新仇，遼國便於一〇四四年出動大軍討伐。李元昊得到遼國即將出兵的消息也緊張了起來，一面派人向宋朝表示願意稱臣，以免腹背受敵；一面向遼國請罪求和。但遼國不予理會，照舊出兵，不料卻吃了敗仗，但西夏也無力再戰，雙方仍是談和收場。數年後，遼國為了雪恥，趁李元昊去世再度出兵，卻還是無功而返，最後仍以西夏稱臣作為結局。

西夏雖然向宋朝稱臣，但只是形式而已，宋朝每年還賜給西夏許多財物，如銀、絹、茶等。直至北宋滅亡為止，雙方大小戰事不斷，互有勝負。到了南宋，因為失掉大片北方國土，與西夏僅剩一小塊的國界接連，也就很少有戰事發生了。

慶曆新政：范仲淹「先天下之憂而憂」

在仁宗在位時期，宋遼之間的戰爭雖然已經告一段落，但西北方又冒出了個西夏，邊患接踵而現，加上財政負擔日重，實是內憂外患不斷。慶曆三年（一〇四三）宋仁宗任命范仲淹、韓琦、富弼、歐陽脩等人擔任要職，要他們著手研擬改革方案，以謀求一解決之道。范仲淹與富弼聯名向皇帝提出〈答手詔條陳十事〉（即〈十事疏〉），從整頓官僚制度開始，進行十項改革。這些改革意見一一為宋仁宗所採納，並將之頒行全國，此即著名的「慶曆新政」。可想而知，若要改革官僚政治的弊端，必會阻礙到官僚權貴的既得利益，所以實施沒多久，反對聲浪便鋪天蓋地而來。對手猛烈攻擊，誣衊范仲淹等人結為「朋黨」，獨攬政權。儘管范仲淹上奏疏，歐陽脩也寫

1043	1044	1045	1046	1047	1048
慶曆三年	慶曆四年	慶曆五年	慶曆六年	慶曆七年	慶曆八年
西夏請和。西夏趙元昊請契丹聯合攻宋，被拒。仁宗任命范仲淹等人擔任要職研擬改革方案。范仲淹等人提出〈答手詔條陳十事〉，建議十點改革主張，仁宗下詔實行，是為慶曆新政。	遼興宗親征西夏，被西夏擊敗。宋夏簽訂和議，夏取消帝號，向宋稱臣，換取歲賜銀、絹、茶，史稱慶曆和議。封元昊為夏國主。	范仲淹因「朋黨」被罷，富弼、韓琦、歐陽脩等人被牽連。	高麗朝貢於遼。	宋朝王則於貝州起事，自稱東平郡王，國號安陽。	宋軍破貝州，王則敗死。慶曆年間畢昇發明活字印刷術。西夏趙元昊卒，子毅宗立，受封為夏國王。

〈朋黨論〉反擊，陳述「朋黨」自古以來就有，但君子是為了國家前途而結為朋黨，與小人為了個人私利結為朋黨，是截然不同的，然而宋仁宗還是在反對派的強大壓力下屈服了。

慶曆五年（一〇四五），改革派相繼遭到貶謫，一年零幾個月的慶曆新政就此夭折。次年，被貶至鄧州的范仲淹接受好友滕子京的邀請，寫下〈岳陽樓記〉這篇美文，記述修葺一新的岳陽樓。文末，「不以物喜，不以己悲，居廟堂之高，則憂其民；處江湖之遠，則憂其君。是進亦憂，退亦憂；然則何時而樂耶？其必曰，先天下之憂而憂，後天下之樂而樂歟！」其中所流露的政治關懷，道出了千年來憂國憂民的士人心聲。

王安石變法（上）：君臣達成共識

宋朝到了神宗年間，因開國以來的軍、政制度失當，積弊日深，財政也出現左支右絀的窘況。原因為何？一是冗兵。雖然澶淵之盟讓宋朝得以用歲幣來打發遼國這隻北國蒼狼，但是西北邊原本心悅誠服的西夏，至仁宗年間，卻出了個不甘俯首稱臣的李元昊，他建國大夏，像隻餓虎般緊咬不放，宋朝吃了幾場敗仗後，便採取守勢，最後比照遼國模式，每年靠賜銀、賜絹、賜茶來換取和平，也付出了不少代價。經過這一番折騰，宋朝的荷包大為縮水，因為戰爭是最花錢的；重文輕武的政策又導致一般人不願當兵（「好男不當兵、好鐵不打釘」一語即始於宋朝），士兵普遍素質不佳，只好多招募一些兵，以量取勝；加上其他種種費用，使得軍費暴增，在英宗年間竟已

單位：年

西元	朝代	帝王年號	大事
1049	北宋	皇祐元年	廣西土豪儂智高稱王，建南天國。遼伐西夏，失敗。
1050		皇祐二年	西夏向遼請和，依舊稱臣。
1051		皇祐三年	吐蕃朝貢於遼。
1052		皇祐四年	包拯任龍圖閣直學士。
1053		皇祐五年	狄青平定儂智高之亂。
1054		皇祐六年 至和元年	基督教第一次大分裂，成為西方的羅馬公教與東方的希臘正教。
1055		至和二年	封孔子後裔為衍聖公。 遼興宗卒，子道宗立。 塞爾柱土耳其崛起，成為西亞的統治者。
1056		至和三年 嘉祐元年	以包拯任開封府尹。
1057		嘉祐二年	西夏於斷道塢擊敗宋軍。
1058		嘉祐三年	任韓琦為相，以包拯為御史中丞。 王安石向仁宗上萬言書請求變法。

占到總支出的八成。二是冗官。宋太祖立國以來，為了掃除唐末五代的尚武風氣，而大力提倡科舉制，並禮遇文人，希望藉此改變社會風氣，只要你肯唸書就不怕沒官做，而且待遇優渥、地位崇高，如此一來，官員人數不斷增加，政府的赤字也不斷攀高。

就在此時，出了一個倡言改革的王安石，他曾向仁宗上過萬言書，雖然未被採納，但已引起朝野的熱烈迴響，稱得上是名動天下。銳意改革的神宗在當太子時，對這篇萬言書的見解也是讚賞不已，所以當他即位後不久，便命王安石入京任翰林學士兼侍講，隨即於宮中召見之。這對相見恨晚的君臣互述己見，因理念相符，自然順利取得了改革的共識。熙寧二年（一〇六九），神宗以王安石為參知政事（相當於副宰相），將整頓財政、變法圖強的重責大任託付給這個不世出的奇人。

王安石變法（下）：天變不足畏，祖宗不足法，人言不足恤

王安石與呂惠卿、曾布等人陸續推動了農田水利、青苗、免役、均輸、保甲、保馬、市易、方田均稅等新法，涵蓋了各個層面，影響之大，只有千年前王莽的改革足堪比擬。新法推行後，的確收到了不錯的效果，於是政府收入增加了，軍隊的戰力提升，但是棘手的問題也陸續出現了。

由於法規、制度都不可能是完美的，在實行時必然會產生一些弊端，新法也不例外，如某些本意良善的便民措施最後竟成了聚斂擾民的嗜人惡法，空有理想卻不切實際，未必能符合當時社會的需要或期待，

1059	嘉祐四年	召河南處士邵雍不至。
1060	嘉祐五年	王安石任三司度支判官。遼於中京設置國子監。
1061	嘉祐六年	以司馬光掌理諫院。
1062	嘉祐七年	西夏向宋進獻馬匹以求取九經等書。
1063	嘉祐八年	仁宗卒，仁宗無子，以真宗弟商王之孫趙曙繼位，是為英宗。英宗病，曹太后垂簾聽政。
1064	英宗 治平元年	曹太后還政於英宗。
1065	治平二年	宋廷因討論英宗生父濮安懿王的稱號，大起爭議。濮議之爭開始。
1066	治平三年	濮議之爭結束。契丹改國號為遼。法國諾曼第公爵入主英格蘭，開啟諾曼王朝，英國建國。

更何況改革不免會侵害到一些權貴豪強的利益，因此在實施後，即引起強烈的批評。

然而王安石這人個性很硬，聽不進半點反對的聲音，或許他有政治天賦，也有文學天分，不免恃才傲物，但他不懂謀事必須人和的道理，若有人批評新法，他就罵他們不讀書，甚至翻臉不認人。而反對者中不乏才德兼備的大臣名士，對自己的才學見識亦頗為自負，雙方不免你來我往，最後王安石變得孤立無援，身邊只剩下為謀取私利的小人之流，他們未必瞭解新法的精神或實施的成效，最在乎的是自己的官位利祿，只要求帳面的數字好看，卻不管這數字背後隱藏著多少人民的血淚呼號，如此之新法，如何能行？再加上王安石擔任宰相期間發生了大旱災，無數流民湧入京城，自然惹來四面八方的攻擊不斷，神宗對王安石的信心不免產生動搖，最後他只好黯然掛冠求去。雖然新法在神宗的支持下仍持續實行，但數年後神宗去世，反對新法的代表人物司馬光上臺主政，便陸續廢除了各項新法，總計整個「熙寧變法」前後的實行約有十五年之久。

新舊黨爭：從意見到意氣

宋代的「新舊黨爭」始於神宗時由王安石主持的熙寧變法。起初由於許多朝臣反對新法而不願與之合作，迫使王安石只有引用新人來推動新法，此後便分為兩派，凡是反對新法的就稱為舊黨，贊成新法的就是新黨。舊黨的成員多為當時頗負名望的士大夫，如司馬光、富弼、歐陽脩、蘇軾、韓琦、李常、呂公著等；新黨除王安石外，還有呂惠卿、曾布、章惇、陳

單位：年

西元	朝代	帝王年號	大事
1067	北宋	治平四年	英宗卒，太子趙頊即位，是為神宗，次年改元熙寧。 西夏毅宗卒，子惠宗立。
1068		神宗 熙寧元年	以王安石為翰林學士兼侍講。
1069		熙寧二年	以王安石為參知政事，開始改革，史稱熙寧變法。創置三司條例司，行均輸法及青苗法。
1070		熙寧三年	行保甲法及募役法。 司馬光等上書攻擊新法，均被貶為地方官。 任王安石為相。
1071		熙寧四年	定科舉法，以經義策論取士。 貶蘇軾等反對新法者為地方官。
1072		熙寧五年	頒行市易法、保馬法及方田均稅法。
1073		熙寧六年	宋朝設置軍器監。
1074		熙寧七年	久旱，安上監門鄭俠上流民圖，請廢除新法。 王安石免相，貶為江寧知府。 呂惠卿為參知政事，遵行新法。

升之、韓絳、蔡確等，這些人水準不一，甚至還有些品格卑劣之徒，因此有人便以為舊黨多君子，新黨多小人。但這樣的區分意義不大，因為新舊黨之間的爭論從一開始見解觀念的不同，演變到後來已流於意氣之爭，往往只問黨派，不論是非了。而舊黨中亦分派別，史家依主要人物的籍貫將之歸納為洛、蜀、朔三派，彼此間亦因意見不同而互相攻擊；新黨則以利益為依歸，例如王安石罷相之後，呂惠卿等繼續執政，他們並不感念王安石的提拔之恩，反而在神宗面前講他的壞話，以防其再起而搶了他們的位子，小人姿態，可見一斑。

神宗在位時，為新黨的全盛時期；神宗死後，年僅十歲的哲宗即位，由反對新法的祖母高太后垂簾聽政，她重用舊黨領袖司馬光，除了廢除新法外，並大舉貶斥新黨，史稱「元祐更化」，其手段嚴酷，連一些被歸為舊黨的人士也哀嘆連連，看不下去。因為舊黨中除了最極端的司馬光等少數人反對一切新法外，多數人只反對部分新法，新舊黨之間並非涇渭分明，若能撇開成見，其實是有不小的合作空間的。高太后死後，哲宗親政，或許他在祖母聽政的八年間累積了不少被冷落的怨氣，因此召回已遭罷斥的新黨中人，用章惇為相，並大肆打擊舊黨那批老臣。六年後，哲宗死，由弟弟徽宗繼位，他原本有意調和新舊黨而秉持著中立的態度。但沒多久，新黨大將蔡京得到徽宗的寵信，在他的鼓吹慫恿之下，徽宗支持他打擊舊黨的立場，於是舊黨一派又被大肆貶逐報復，甚至還由徽宗以其著名的「瘦金體」書法親筆舊黨中人的姓名，立了「元祐黨人碑」於宮門，並命令各州縣皆需

1075 **熙寧八年** 王安石復相。割河東地與遼。

1076 **熙寧九年** 遣郭逵為安南招討使，率兵征伐交趾，交趾王李乾德請和，遂退兵。王安石辭去相位，變法宣告失敗。

1077 **熙寧十年** 黃河於澶州決口。

1079 **元豐二年** 蘇軾遭彈劾下獄，隨即貶至黃州。

1080 **元豐三年** 高麗、于闐向宋朝稱貢。

1081 **元豐四年** 於大名至瀛洲一帶興築河堤。

1082 **元豐五年** 宋軍於永樂城遭西夏軍擊潰，伐夏戰爭失敗。

1083 **元豐六年** 西夏攻蘭州，敗退復來修好。

1084 **元豐七年** 司馬光編纂《資治通鑑》完成。

立碑。「元祐」是哲宗的年號，因為舊黨在高太后聽政的元祐年間頗為得勢，故又稱「元祐黨人」。這塊碑等於是詔告天下的一張黑名單，凡是姓名在碑上的人及其後代子孫是不得為官或與皇室通婚的，碑上有司馬光、蘇軾、黃庭堅、程頤等知名學者文人之名，其著作也被銷毀不少，實是學術文化的一大浩劫。無謂的黨爭反覆不已，耗損國力，導致朝政敗壞，等到金兵鐵騎南下，已無力抵禦強敵了。

聯金滅遼（上）：海上之盟

天祚帝是遼國最後一位皇帝，他在位時，遼國開始走下坡，很大的原因是天祚帝本人荒淫無道、無心於政事。此時宋朝正值徽宗在位，在宦官童貫的慫恿下，圖謀攻遼以收復燕雲十六州。政和元年（一一一一），童貫受命出使遼國以窺探虛實，途中他認識了遼國的失意政客馬植，這人向童貫獻上滅遼之計，內容詳情不得而知，大致上就是趁遼國腐敗不堪之際，發兵北上而滅之。此一計謀深得童貫之激賞，而命令他繼續待在遼國，見機行事。數年後，北方原本臣屬於遼國的女真，在完顏阿骨打的率領下，正式起兵叛遼，馬植眼見機不可失，便潛往宋朝，並得到徽宗的親自召見。他鼓起三寸不爛之舌慷慨陳詞，請宋朝派人聯合女真，南北夾擊，必可一舉殲滅遼國，收復宋朝君臣念茲在茲的燕雲十六州，徽宗聽了不禁怦然心動，為了嘉其忠義，賜以國姓，於是馬植改名為趙良嗣。

重和元年（一一一八），宋朝派遣馬政從山東半島的登州渡海前往金國，開始商議結盟之事。兩年

西元	朝代	帝王年號	大事
1085	北宋	元豐八年	神宗卒，太子趙煦即位，是為哲宗，太皇太后高氏垂簾聽政，引舊黨，逐新黨，罷保甲、市易、方田、保馬等新法。
1086		哲宗 元祐元年	司馬光出任宰相，廢除新法，史稱元祐更化。 以蘇軾為翰林學士。 西夏惠宗卒，子崇宗立。 王安石、司馬光卒。
1087		元祐二年	宋朝於泉州增設市舶司。
1088		元祐三年	遼冊封李乾順為夏國王。
1089		元祐四年	西夏向宋朝貢。
1090		元祐五年	西夏送還遭俘宋人，宋歸還所侵占西夏地。 朝臣傾軋日益激烈。
1092		元祐七年	詔中大夫以上允許占永業田。
1093		元祐八年	太皇太后高氏卒，哲宗親政。

後，宣和二年（一一二〇）更派了趙良嗣這個始作俑者前往，經過一番討論後，正式達成「海上之盟」的協議。雙方約定南北夾擊遼國，由金國攻遼的中京，宋攻遼的燕京及西京。伐遼成功後，宋朝可收回燕雲十六州，但將原來付給遼國的歲幣轉贈金國以為酬謝。

聯金滅遼（下）：與虎謀皮

海上之盟約定後，恰巧在江浙一帶發生了「方臘之亂」，而延遲了宋朝出兵夾擊的時間，直到兩年後的宣和四年（一一二二）才命童貫率軍出征，但在這段時間裡，金國大軍早已攻下了中京（熱河平原縣），遼天祚帝也逃往內蒙一帶。不過另一說法是徽宗得到遼國已經知道宋朝聯金滅遼的計畫，擔心遼國報復，因而遲遲不履約，還扣押金朝使者，等到遼國兵敗如山倒後，才急忙出兵燕京，想撿個便宜。沒想到爛船也有三斤釘，遼將耶律大石還是接連兩次打敗了宋軍。沒辦法，童貫只好低聲下氣派人去請金國出兵，或許是金兵名氣太大，大軍甫開到燕京城下，遼國便開城投降，完顏阿骨打輕鬆拿下燕京，西京也在不久後為金國所攻下。

大功告成後，便是坐地分贓了。因為幾乎所有工作都是金國完成的，所以阿骨打在面見宋朝使者趙良嗣時，態度高傲並且質疑宋軍為何毫無功績，堅持不肯把完整的燕雲十六州還給宋朝，只願意交出燕京與附近六州之地，而且每年還要向宋朝收一筆一百萬貫的「代稅錢」，最後並在燕京大肆搜括財物，擄掠人口，只留給宋朝一座殘破不堪的空城。

1094	元祐九年 紹聖元年	哲宗起用新黨章惇等人，打擊舊黨勢力，恢復新法。
1095	紹聖二年	教宗烏爾班二世號召基督徒組成十字軍收復聖地。
1096	紹聖三年	西夏侵擾宋朝邊境。 第一次十字軍東征。
1097	紹聖四年	宋敗西夏於長波川等地。
1098	紹聖五年 元符元年	宋大破夏兵，並俘獲其將。
1099	元符二年	遼人為夏求和，宋許之。 十字軍進取耶路撒冷，建耶路撒冷王國，第一次十字軍東征結束。
1100	元符三年	哲宗卒，弟趙佶繼位，是為徽宗，向太后垂簾聽政，新黨又遭罷斥。
1101	徽宗 建中靖國元年	向太后卒，徽宗親政。 次年改元崇寧，有崇尚熙寧之意。 遼道宗卒，天祚帝延禧立。
1102	崇寧元年	徽宗以蔡京為相，舊黨又遭罷斥。 蔡京立元祐黨人碑，司馬光、蘇軾等人被列為奸黨，追貶官四十多人。

顏面無光的宋朝，雖然往後還要繳交更多的保護費，但燕京一帶總算回到宋朝的版圖，徽宗自以為立下不世奇功，宣布大赦天下並犒賞群臣，人人沉醉於收復故土的歡樂中，但沒料到這是個看似甜蜜卻可怕無比的「死亡之吻」，一場世紀災難即將到來。

靖康之難（上）：前門拒狼、後門迎虎

宋朝沒有如願取得全部的燕雲十六州，對金國不免心生不滿，所以沒有如期交付代稅錢；而雙方在盟約中有一條「不得容納叛亡」，即不能收留對方叛逃之人，但宋卻違反約定，為了取得平州，竟然收容了叛遼的平州官員張覺，引發金人的不滿；再加上宋軍在攻遼行動中的不堪一擊，也刺激了金國攻宋的意圖，於是金國決定出兵懲治這個不守信諾的宋朝。

宋徽宗宣和七年（一一二五），金國大軍分兩路南下攻宋，西路的粘罕攻打太原，東路的斡離不長驅直入而下，向汴京進軍。徽宗實在是個沒有擔當的皇帝，竟然嚇得要把皇位傳給兒子欽宗。欽宗也知道徽宗是要拿自己當擋箭牌，而拒絕即位，他拚命掙扎，死不就範，甚至幾次昏倒在地，徽宗找了皇后前來勸說也沒用，遂威嚇他若不即位將冠以不孝的罪名，最後欽宗在心不甘情不願的情況下被強行架往福寧殿即位。

不久，金軍開到汴京，朝廷中主和派與主戰派還在議論紛紛，唐恪等人主張南走襄陽或西走關中，號召天下群雄，集兵再戰；李綱則主張據城堅守，等待勤王義軍之援助。最後欽宗並沒逃走，雖然在李綱的堅持與領導下，硬是擋下了金兵數次的猛攻，但欽宗

單位：年

西元	朝代	帝王年號	大事
1103	北宋	崇寧二年	建元祐黨人碑於各州縣。女真各部統一，奠定立國基礎。
1104		崇寧三年	設置書學、畫學、算學。
1105		崇寧四年	徽宗於蘇州設立應奉局，負責花石綱事務。
1106		崇寧五年	毀黨人碑，恢復黨人之仕籍。
1107		大觀元年	宋以黎人地設置庭、孚二州。
1108		大觀二年	遼封高麗王為三韓國公。
1109		大觀三年	宋訂立海商越界法。
1110		大觀四年	西夏朝貢於宋。
1111		政和元年	童貫奉命出使遼國，馬植獻滅遼之策。
1112		政和二年	遼聞知女真阿骨打起兵併吞鄰族，以為平常之事。
1113		政和三年	女真首領完顏阿骨打自稱都勃極烈。

還是不顧李綱的勸阻，與金軍訂立了城下之盟，割地又賠款，才送走這群惡狠狠的金兵。

六個月後，靖康元年（一一二六）八月，金國再次派大軍南下，原因是欽宗反悔了。他在金兵退去後不久，盼到了引頸期望已久的勤王軍隊，此一生力軍表現不俗，收復了一些失地，欽宗像是吞了顆定心丸，因而拒絕割地；加上宋朝搧動遼國降將反金的計畫又曝了光，金國一氣之下遂再度發兵。這一次較第一次更加危急，因為雖然金兵兩次都是分東西兩路南下，但第一次西路軍的攻打太原並不順利，故只能以東路軍獨攻汴京；第二次則西路軍順利拿下太原後，接著於十一月與東路軍合圍汴京。此時，李綱因與欽宗意見不合被趕出汴京，城中已無人可以應付此一危局。不過在「強幹弱枝」的國策下，宋朝的禁軍還是有一定的戰鬥能力，再加上各地的勤王軍隊，還是勉強守住了汴京城。卻沒料到荒謬無比的事情發生了。病急亂投醫的欽宗，竟然聽信一個叫郭京的江湖術士，他聲稱會「六甲法」，只要找到七千七百七十七個在甲子、甲寅、甲辰、甲午、甲申、甲戌生的壯丁，在他做法之下，便可將他們變成無敵的六甲神兵，一舉殲滅金兵。於是朝廷緊急胡亂湊集了幾千人，在郭京帶領下，大開城門，迎戰金兵，結局自然是如斬瓜切菜地被任意宰殺，金兵也趁勢攻陷了外城。

靖康之難（下）：北宋王朝覆滅

此時金軍將領知道已掌控了局面，便派使者進宮，「請」徽宗前去金營，欽宗知道徽宗必不肯去，

1114 政和四年 女真起兵反遼，大破遼軍。

1115 政和五年 完顏阿骨打稱帝，建國號金，是為金太祖。女真攻陷遼國黃龍府。

1116 政和六年 遼將渤海人高永昌占據東京，建國號元。

1117 政和七年 徽宗信奉道教，道籙院上表封其為教主道君皇帝。

1118 政和八年 重和元年 派遣馬政渡海至金國謀求結盟。

1119 重和二年 宣和元年 宋江於河北起事。宋崇道教，排佛教。金創制女真文字。

1120 宣和二年 派趙良嗣前往金國締結海上之盟，南北夾擊遼國。趙良嗣與金約定：伐遼成功後，宋可收回燕雲十六州，原付遼歲幣轉致金。歙人方臘於浙江起事，東南地區震動。

只好騙說太上皇已病倒，可由他代替前往金營議和。欽宗與幾個大臣在金營中任其頤指氣使，又跪又拜地俯首稱臣，最後才被釋放回城。這次和談的條件更苛，不但要割地，還漫天開價要求黃金一千萬錠、白銀兩千萬錠以及布帛一千萬匹。宋朝為了趕快送走這批瘟神，命人在開封城大肆搜括財物，但一時間哪能湊得齊這鉅額贖款？於是，欽宗又被迫前往金營，並遭囚禁，要等到贖款付清才肯放人。最後，贖款還是沒湊足，金人便廢了徽、欽二帝，立張邦昌為帝，國號大楚。

其實金國人數不多，憑著優異的戰力卻能在短短幾年內接連滅遼破宋，占領廣大的土地，連他們自己都頗感驚訝，而光是治理遼國的土地就須耗費一番工夫，因此他們對於宋朝黃河以南的領土並無太大興趣。金兵在開封城燒殺擄掠後，便於靖康二年（一一二七）四月，挾持徽、欽宗父子與后妃、皇族、朝官等三千多人以及大量金銀器物北去，史稱「靖康之難」。金人深知這次與宋朝已結下深仇大恨，故將所有皇族都擄往北方，以免宋朝再立新君以圖報復，在宋群龍無首的情況下，他們就可以高枕無憂地慢慢來消化北方新得的這一大片土地。為了羞辱宋朝，金國還封徽、欽二帝為昏德公與重昏侯，其餘人等則充當奴婢，供金人使喚，受盡屈辱，北宋王朝至此而亡。

南宋建立：背海立國的半壁江山

就在金人以為盡擄宋朝宗室而去之際，卻沒料到尚有一尾漏網之魚，即欽宗之弟趙構。因為當金兵

單位：年

西元	朝代	帝王年號	大事
1121	北宋	宣和三年	方臘、宋江之亂接連平定。民間稱蔡京、童貫、李彥、朱勔、王黼、梁師成為六賊。金太祖命完顏果（阿骨打弟）渡遼河西進攻遼。封九子趙構為康王。
1122		宣和四年	金兵攻下遼之中京、西京與燕京，遼帝出逃。童貫率領的宋軍則屢遭遼軍擊敗。
1123		宣和五年	金將燕、涿、易、檀、順、景、薊等州歸宋。金太祖卒，弟吳乞買繼位，是為金太宗。
1124		宣和六年	西夏向金稱臣。河北、山東盜起。
1125		宣和七年	遼天祚帝遭金人所俘，遼亡。遼宗室耶律大石稱帝於中亞的起爾曼，是為西遼。金兵分東西兩路南下攻宋，徽宗傳位予子趙桓，是為欽宗，次年改元靖康。

第二次包圍開封時，他正被派往金國求和，卻在河北被宗澤等人攔下，請其率眾抗金。趙構因有在金國當人質的不快經驗，心想此去恐怕凶多吉少，於是留了下來。之後他被欽宗任命為河北兵馬大元帥，不過他並沒有積極指揮軍隊前往汴京赴援，而是一直觀望逗留。反倒是宗澤率領孤軍勤王，並打了幾場漂亮的勝仗，但挺進至與汴京只有一河之隔的黃河岸邊時，靖康之難已經發生，皇族都被擄走，於是趙構成了趙宋最後倖存的血脈。就在眾望所歸下，這個「趙氏孤兒」於南京（河南歸德府）登基為帝，史稱高宗，也是南宋的第一任皇帝，後建都臨安。

老店新開，倒有幾分新氣象，高宗任命積極有作為的主戰派李綱為相，並讓宗澤去整頓殘破不堪的汴京城。不過，消息靈通的金國得知高宗登基，便再度發兵南下，打算斬草除根，徹底摧毀趙宋政權。

在汴京，宗澤屢次擊退來犯的金兵，連悍勇無比的女真人都對他懼怕三分，私下稱之為「宗爺爺」；而原本混亂不堪的汴京在他的整頓下，也逐漸步上軌道，並培養出一批英勇善戰的年輕將領，如大名鼎鼎的岳飛、楊再興都是在此時發跡的。李綱眼見局面日漸穩定，便請求高宗還都汴京，但高宗和他哥哥欽宗一樣，總是游移於和戰之間，眼見金兵又來，就打算腳底抹油，準備逃往揚州，而不理會李綱的建議。心灰意冷的李綱，看到高宗和欽宗一樣不成材，只好黯然求去。年近七十的老將宗澤卻不死心，在不到一年的時間，連上了二十四封「乞回鑾疏」，請高宗回駕已煥然一新的汴京。然而此時，高宗已逃至揚州，不但不予以理會，反而命他退兵，以免妨礙與金談和

1126　1127　1128

南宋

欽宗

靖康元年

李綱率軍展開汴京保衛戰，欽宗與金將完顏宗望訂城下之盟，允諾割地、賠款，並尊金帝為伯父。

金兵再次南下，宗翰、宗望兩軍先後渡河到京師城下。

欽宗任康王趙構為河北兵馬大元帥。

金兵破京師，欽宗前往金營求和，留兩日。

靖康二年

欽宗再次進入金營。

金人立張邦昌為帝，國號大楚，史稱偽楚。

金人擄徽、欽二帝及后妃等三千多人北上，史稱靖康之難，北宋亡。

高宗

建炎元年

欽宗弟趙構於河南即位，改元建炎，是為高宗，史稱南宋。

召李綱入相，以宗澤為汴京留守。後罷李綱。

金人北上後，張邦昌即自去帝號，後遭高宗賜死。

高宗南遷至揚州。

建炎二年

金兀朮圍攻汴京，屢次遭宗澤擊敗。宗澤二十四次請高宗回汴京皆遭拒，憂憤而死。

金封宋徽宗、欽宗為昏德公、重昏侯。

以劉豫掌理濟南府。

劉豫叛變，降金。

的計畫。聽聞此命，宗澤不禁深感痛心，不久便鬱鬱而終。死前，他沒有交代後事，而是用盡力氣猛喊：「過河！過河！過河！」為世人留下了一幕足堪動容的忠義形象。

宋金和戰（上）：斬草不除根，春風吹又生

金太宗在知道高宗登基後，便對高宗下了「絕命追殺令」，並派出左、中、右三路大軍南下強攻。宋朝無法抵敵，除了宗爺爺所固守的汴京一帶外，幾乎全線崩潰，處處淪陷，高宗也被嚇得不敢再提北伐了。他一路南逃，金國猛將顏宗弼（即岳飛的死對頭金兀朮）則緊追不捨，高宗甚至派人向金國乞求饒命，願意放棄帝位，俯首稱臣，但金國絲毫不理會。最後高宗被逼到逃至浙江外海，金兵也像背後靈般追蹤而至，搭船入海，追了三百里後才放棄。被嚇到魂不附體的高宗在海上躲了四十天，知道自己脫險後，才返回陸地。

橫掃千軍的金兵在率兵北返時，找了劉豫來當傀儡皇帝，建國號大齊，統領華北、華中一帶土地，讓這個「兒皇帝」在宋金之間做一個緩衝，他們師法中國「以夷制夷」之故智，也來個「以漢制漢」，不過金人並沒有就此鳴金收兵，一些主戰派將領如金兀朮仍持續不斷地四處攻城略地。這個史稱「偽齊」的傀儡政權從建炎四年（一一三〇）開始，一直到紹興七年（一一三七）結束的幾年間，劉豫雖然也努力配合金兵攻打南宋，但老打敗仗，還不時要求救於金，金國眼見其作用不大，反而成為雙方談和的障礙，乾脆就廢了他。

單位：年

西元	朝代	帝王年號	大事
1129	南宋	建炎三年	金兵南下，高宗渡長江南逃至杭州。宋將苗傅、劉正彥發動政變，逼迫高宗退位，遭韓世忠等勤王軍隊平定。高宗到建康，致書宗翰表示願俯首稱臣，後暫駐越州。金以兀朮為師，南下攻宋，渡長江，陷建康、臨安，帝航海走定海，金兵追帝不及而返。
1130		建炎四年	韓世忠阻截金兀朮軍隊，後遭突圍而出，史稱黃天蕩之役。岳飛敗金兵於靜安。金人於河北立劉豫為帝，國號大齊，史稱偽齊。秦檜自金返回。
1131		紹興元年	任秦檜為相。吳玠敗金軍於和尚原。
1132		紹興二年	高宗回臨安。岳飛破曹成群盜。秦檜力主和議，免相。
1133		紹興三年	岳飛討平江廣群盜。宋與劉齊畫長江為界。

此時的情勢也漸漸起了微妙變化，曾經不可一世的金兵接連吃了韓世忠、岳飛、吳玠、吳璘等宋軍將領好幾個敗仗，知道宋軍已非吳下阿蒙，未可輕視，也漸漸有了談和的打算。的確，這幾年間，宋軍因為不斷與金、齊交兵，戰鬥經驗日漸豐富，也熟悉了金國的戰技與戰法；加上長江流域水道縱橫，十分不利金國騎兵馳騁，因此局面已逐漸開始扭轉，平心而論，此時宋軍的實力是不輸給金兵的。

宋金和戰（中）：岳飛之死

既然雙方皆有談和的打算，則還要有個中間人來扮演聯絡溝通的角色，此人就是已成為奸臣代名詞的秦檜。秦檜在靖康之難時被金人抓到北方，後來被主和派領袖撻懶放回，目的就是讓他在宋朝推動議和，但是因為宋、金的主戰派一直都占了上風，因此談和雖然陸續進行，卻始終沒有個眉目。

如今金國終於願和，最高興的莫過於高宗了，他老早就想談和，但是不斷遭到金國主戰派金兀朮等人的阻撓，所以只好靜觀其變。其實大臣們知道高宗有意於談和，大多抱持反對意見，好不容易等到這個收復故土的機會，豈能自毀長城？但高宗藉口是要迎回他在北方受苦的親生母親韋太后才不得不這麼做的，甚至還說如果金國不歸還韋太后的話，他不惜一戰！大臣們眼見他抬出「孝道」這頂大帽子，也只好閉嘴了。當然還是有些人死命反對，但最後這些絆腳石都被秦檜一一挪開。所以岳飛雖然打到汴京附近的朱仙鎮，還是被以十二道金牌火速召回，甚至還被高宗、秦檜害死，就是因為他是主戰派的代表，而且不大

1134 **紹興四年** 吳玠敗金齊聯軍於仙人關。岳飛又攻劉齊，收復鄧州、隨州、襄陽等等。
韓世忠敗金人於大儀。

1135 **紹興五年** 徽宗卒於五國城。
金太宗卒，姪熙宗立。

1136 **紹興六年** 岳飛敗劉豫。

1137 **紹興七年** 劉豫遭金人廢為蜀王，偽齊亡。

1138 **紹興八年** 南宋以臨安為國都。
高宗再度起用秦檜為相，以利於與金和談。
金開始頒行官制。

1139 **紹興九年** 西夏崇宗卒，仁宗立。

1140 **紹興十年** 劉錡於順昌大破金軍。
岳飛於郾城、朱仙鎮大破金兀朮兵。
高宗詔令岳飛班師回朝，一日下十二道金牌。

聽話，加上岳家軍驍勇善戰，岳飛又極得人心，讓曾於建炎年間遭身邊將領兵變的高宗難免會有些戒心。所以便在進行和談時，先罷了韓世忠、岳飛等擁兵大將的軍權，並把岳飛抓進監牢，以免發生變故。等到「紹興和議」完成後，便以「莫須有」的罪名殺了他，以絕後患（也可能是金國因害怕岳飛再起的議和條件），同時也給那些擁兵自重的武將一個最嚴厲的警告。

宋金和戰（下）：紹興和議的簽訂

紹興十一年（一一四一）所簽訂的這個和議相當屈辱，因為宋朝必須向金國稱臣，並歲貢銀二十五萬兩、絹二十五萬疋，不過也如願地迎回了韋太后和已去世徽宗的靈柩。必然有人好奇：那欽宗怎麼沒回來呢？雖然沒有史料證明，但一般認為宋朝開出的條件就是——永遠不要讓欽宗回宋。的確，站在高宗的立場，這個皇帝哥哥如果回來，那他不就要退位讓賢了。雖然欽宗當年是被老爸逼得接受帝位的，但是如今氣象一新，不必擔心受怕，想必他是非常願意重登大寶的。但高宗可是歷經千辛萬苦才熬出這麼一片天的，豈能拱手讓人？孔融讓梨的美事他是做不出來的。據說韋太后要南歸時，欽宗跑到她車前哭著說：「您老人家回去後，請跟九哥（高宗排行第九）與丞相（即秦檜）說，只要讓我當個小小的閒官就夠了，其餘不敢奢求。」韋太后答應他一定把話帶到。但回到宋朝後，發現大家都不希望欽宗回來，也就不敢提了，欽宗一人只好孤零零地待在黑龍江的苦寒之地，癡癡地等了十五年後才淒涼地死去。

單位：年

西元	朝代	帝王年號	大事
1141	南宋	紹興十一年	封韓世忠、張俊為樞密使，罷岳飛兵權。 岳飛遭誣告下獄，後被殺害。 宋金簽訂紹興和議，宋向金稱臣納貢。
1142		紹興十二年	高宗生母韋氏自金歸。
1143		紹興十三年	金人派遣使者來宋。 西遼德宗耶律大石卒，感天后稱制。
1144		紹興十四年	金宋互相遣使恭賀正旦（農曆正月一日），自此成為常例。
1145		紹興十五年	宋人譚友諒作亂於宋越邊境，宋發兵平定之。
1146		紹興十六年	金請和於蒙古，遭拒。
1147		紹興十七年	金與蒙古和約成。 蒙古酋長自稱祖元皇叔，建元天興。 第二次十字軍東征開始。
1148		紹興十八年	金以完顏亮為相。
1149		紹興十九年	金丞相完顏亮弒金熙宗，即帝位，是為海陵帝。 第二次十字軍東征結束。

高宗與秦檜的主和、殺岳飛其實給後代留下了一個很壞的榜樣。因為談和雖然有點丟臉，但在必要情況下，偶爾為之也是無傷大雅。當年漢高祖劉邦被匈奴打得只好送女和親，但到了漢武帝時便大破匈奴，一雪前恥。談和本來是可以靈活運用的一種手段，但高宗、秦檜這對君臣為和談增添了非常負面的意義，此後只要誰提談和就是漢奸、走狗、賣國賊。因此明末袁崇煥這位千古冤臣就因為擅自與後金議和而惹來了眾人的猜疑，也招來了最後被凌遲處死的命運；民國的汪精衛也知道中國若與日本開戰，幾乎是沒有勝算，因此他抱著當年刺殺攝政王的「烈士精神」去跟日本人談條件，以求得中華民族的苟延殘喘，只是當年的他甘願犧牲的是一己之性命，後來的他則犧牲了自己的名聲，也為自己換來了大漢奸的千古罵名。

采石之戰：虞允文書生能敵百萬兵

金朝的完顏亮對漢文化頗為傾心，他本來是金熙宗的丞相，後來發動政變，登基為帝，史稱海陵帝或海陵王。即位後，逐漸顯露出其統一天下的野心，於是他積極布局，儲糧備馬，遷都燕京，並打算再遷往更南的汴京，這種種舉措都是為了南下侵宋所做的準備。紹興三十一年（一一六一），他不顧群臣反對，親率大軍南下，看來南宋這次似乎在劫難逃。

其實宋朝早已接收到金兵可能會入侵的情報，但高宗及宰相皆認為雙方關係不錯，金人應不至於背盟毀約，所以沒有積極備戰。等到聽聞狼真的來了，而且聲勢浩大，沒多久即推進至長江岸邊，高宗不禁慌了，早年被金兀朮追殺的記憶又被勾起，於是他打

1150 紹興二十年 金主亮大殺其宗室。

1151 紹興二十一年 金設置國子監。

1152 紹興二十二年 腓特烈一世（外號紅鬍子）繼任為德意志國王。

1153 紹興二十三年 金主亮自上京遷都燕京，改為中都，並定五京之號。

1154 紹興二十四年 金開始行錢鈔。

1155 紹興二十五年 秦檜卒。

1156 紹興二十六年 宋欽宗卒於金。

1157 紹興二十七年 宋令國子監生及進士習詩賦者兼習經義。

1158 紹興二十八年 宋知金有意南侵，令地方防備。

1159 紹興二十九年 金造戰船、武器並調民馬以為南侵之用。山東、河北、太行山等地人民不堪金之暴虐而起事。

1160 紹興三十年 金發兵鎮壓河北等地之起事民眾。

算再次渡海避難，但當時的宰相陳康伯力勸他不可示弱，一走則人心盡失，甚至請他效法當年真宗的御駕親征。或許是這番話起了作用，為了顧全大局，高宗懷著忐忑不安的心情勉強留了下來。

野心勃勃的完顏亮，原本打算以雷霆萬鈞的攻勢一舉滅宋，卻沒料到後方已經生變。一些平日對他跋扈暴虐的行徑早已心生不滿的王公貴族，於大軍南下後，在遼陽擁立了新主——金世宗。而宋朝也出了個虞允文，一介書生的他，抓住金兵的輕敵心理及不善水戰的弱點，早已列陣以待，因為金兵打算於采石（安徽當塗）渡江，此地口岸窄小，只能分批渡江，所以就在數十萬大軍陸續渡江之際，宋軍便以甕中捉鱉的方式，將上岸的金兵一一宰殺，並以優勢水師擊沉了不少金國船隻，被打得措手不及的金兵只好退回長江北岸。此役宋軍僅一萬八千人，卻成功逼退了二十五萬金國大軍，史稱「采石之捷」。雖然金兵傷亡不過數千，但在心理層面上卻產生了不小的影響：一方面使金兵嚇破了膽，對於在南方打水戰心生畏懼，也不敢輕視宋軍的水師實力；另一方面則大大提振宋軍士氣，使其自信藉著優勢水師及長江天險，尚足以保住半壁江山。

完顏亮在退兵後，便得悉後方已然生變，原本打算北上平亂，後來因為害怕腹背受敵而決定再次渡江，待滅宋後再挾著勝利的光環凱旋北上，必可使軍民歸附，一舉而平定內亂。於是他轉從揚州渡江，但宋朝早已於對岸的京口集結了二十萬水陸大軍。曾經吃過苦頭的金兵望見聲勢逼人的宋朝戰船，心都涼了一截，但完顏亮不知哪來的自信，還笑道：「紙

單位：年

西元	朝代	帝王年號	大事
1161	南宋	紹興三十一年	金國遷都汴京。 海陵帝率六十萬大軍南侵。 海陵帝堂弟完顏褒於遼陽自立為帝，是為金世宗。 宋高宗欲航海避金兵，因宰相陳康伯力勸而打消念頭。 虞允文於采石大破金兵，海陵王敗走，後遭部將殺害，金人遣使與宋議和。
1162		紹興三十二年	高宗傳位於太祖後人趙眘，是為孝宗，高宗自稱太上皇，次年改元隆興。 孝宗昭雪岳飛冤，追復原官。 蒙古鐵木真（成吉思汗）生於此年。
1163		孝宗 隆興元年	孝宗起用主戰派大臣張浚督軍北伐。宋軍渡過淮河，起初戰事順利，不久卻發生內鬨。 金軍於符離之戰中大破宋軍，孝宗被迫與金國展開和談。 西遼仁宗卒，承天后聽政。
1164		隆興二年	張浚罷相，數月後卒。 金以女真文字譯經史。
1165		乾道元年	宋金達成和談，雙方由君臣關係改成叔姪關係，史稱隆興和議。 辛棄疾上書反對議和。

船耳！何足懼？」並且下令大軍三日渡江，違者斬首。於是一些怕死的士兵便偷偷落跑了，完顏亮氣得下令，再有逃跑者，便要連帶處罰，殺其長官。這下子搞得人心惶惶，小兵跑了，長官要被殺頭；渡江對戰，大概也只有任人宰割的份，既然怎樣都是死，於是一群將領便率兵襲殺了完顏亮，並遣使與宋朝議和，而為這次的侵宋戰爭畫下了休止符。

高宗傳位孝宗：從太宗到太祖

經歷了完顏亮雷聲大雨點小的侵宋戰爭，最後雖因金兵的內亂而化險為夷，但高宗已是身心俱疲。從年輕到年老，一直為金兵的陰影所籠罩著，即使簽了和約，每年繳納歲幣、奉表稱臣，金人還是照樣開戰，五十五歲的他，已經過了二十年的安逸日子，可能比當年更怕死，似乎是體內遺傳自徽宗的膽小基因作祟，高宗決定效法徽宗當年令人不齒的「內禪」之舉。隔年，他便傳位給孝宗，退位為太上皇。如此一來，一旦金軍再度南下，他也可以像徽宗當年一樣逃之夭夭（徽宗曾逃至鎮江，待情勢好轉才隨李綱回汴京），同時以太上皇身分插手國事，諒那皇帝兒子也不敢不聽話。孝宗既然諡號為「孝」，的確對高宗恭順有加，一方面或許是天性使然，一方面或許是出於感恩之心。因為高宗一生無子（據說在揚州時，正在後宮享受魚水之歡，聽到金兵逼近，急忙下床逃跑，經此一嚇，從此失去生育能力），但趙宋宗室在靖康之難時已被金人悉數擄走，於是只好擴大範圍，選擇太祖一系的子孫，孝宗因而得以自一千多人中脫穎而出，從一介平民躍為九五至尊，這樣的轉變使得孝宗

1166 乾道二年 宋罷兩浙路市舶司。

1167 乾道三年 宋整頓會子。

1168 乾道四年 宋行社倉法。

1169 乾道五年 宋收換兩淮銅錢，下令以鐵錢及會子行使。

1170 乾道六年 夏國相任得敬因亂政遭殺。

1171 乾道七年 宋吳拱修復山河堰。

1172 乾道八年 宋訂立宗室銓試法。

1173 乾道九年 金禁女真人用漢姓。

1174 淳熙元年 宋以交趾李天祚為安南國王。

1175 淳熙二年 任湯邦彥為金國申議使。宋長期財政短缺狀況，因增收鹽稅而稍可應付。

1176 淳熙三年 朱熹掌理南康軍，上奏請修復白鹿洞書院。

1177 淳熙四年 高麗進貢於金。

1178 淳熙五年 西遼承天皇后被殺，仁宗子直魯古繼位。

終其一生都十分感激高宗的提拔之恩。或許是天理循環，當年太宗搶了姪兒的位，使得皇位繼承轉到太宗一系，自此而後再轉回太祖一系。算一算，這對一起開國打天下的兄弟，其後代子孫各分得八個皇帝，說來也算公平。

孝宗的北伐與隆興和議：犬父有虎子

生性仁厚的孝宗其個性與膽小自私的高宗截然不同，去年還是太子的他，在高宗打算逃跑之際，曾請求帶兵出征，其主戰態度可見一斑。因此在他即位不久後，便為岳飛平反，並罷斥秦檜的餘黨，隔年並起用主戰派大將張浚為樞密使，先將軍務整頓一番，以為北伐大業做好準備。

沒想到宋朝還沒動手，金人便開始挑釁，且態度傲慢，擺出一副隨時要開戰的姿態。張浚眼見如此，便建議孝宗先發制人，主動出擊。隆興元年（一一六三）四月，早有收復中原之志的孝宗，便命張浚督軍北伐。五月，宋軍渡過淮河，並連敗金兵，戰事頗為順利，甚至攻下了淮北重鎮宿州。但沒多久便發生將領失和的內鬨，金兵乘機展開反攻，逼得宋軍只好撤出剛得到的宿州。戰意全失的宋軍在逃到符離時，被金國大軍追上，結局自然是大敗虧輸、傷亡慘重，史稱「符離之敗」。

消息傳到臨安，主戰派人物像鬥敗的公雞，首領張浚黯然離去，且憂憤地死於半途；主和派的太上皇高宗也不斷對孝宗施壓；加上次年（一一六四）宋軍又連吃敗仗，心灰意冷的孝宗只好答應與金議和，史

單位：年

西元	朝代	帝王年號	大事
1179	南宋	淳熙六年	宋人李接聚眾起事，破鬱林，圍化州，十月敗死。
1180		淳熙七年	宋收京西民間銅錢，行使鐵錢與會子。
1181		淳熙八年	宋人沈師攻打汀、漳州，十二月敗死。
1182		淳熙九年	宋禁蕃船買賣金銀。
1183		淳熙十年	監察御史陳賈請禁道學。
1184		淳熙十一年	宋改定刺配法。
1185		淳熙十二年	宋禁胡服。
1186		淳熙十三年	宋改汀州鹽法。
1187		淳熙十四年	太上皇高宗卒。 金禁女真人學漢人衣飾。
1188		淳熙十五年	蒙古鐵木真任大汗。
1189		淳熙十六年	孝宗傳位予太子趙惇，是為光宗，孝宗自稱太上皇，次年改元紹熙。 金世宗卒，太孫章宗立。 第三次十字軍東征開始。

稱「隆興和議」。與紹興和議不同的是，雙方由君臣關係改為較平等的叔姪關係，歲幣也減了十萬，打了敗仗的宋朝，反而得到更多好處，這主要是因為孝宗的姿態並不像當年的高宗卑屈求和，而是可戰可和，若金國不接受孝宗所開出的條件，則不惜再戰。金國有鑑於幾年前完顏亮的敗戰，也無意再戰，加上宋朝所提出的和談條件並不過分，雙方因此順利停戰，結束了自紹興三十一年（一一六一）以來的第三次宋金戰爭。

開禧北伐：宰相有頭能和議

淳熙十四年（一一八七），高宗去世，這對於孝順的孝宗來說實在是個沉重的打擊。除了堅持為高宗守孝三年外，已無心於政事的他，還仿效了高宗之例將皇位傳給兒子光宗，退位為太上皇。光宗因為有精神上的疾病（似乎是一般所說的妄想症），所以在紹熙二年（一一九一）發病後，就無法理性地處理政事；加上其李皇后個性潑辣，御夫甚嚴，因此光宗對於她干涉朝政、無法無天的行徑，也只能放任不管。這一對活寶簡直把南宋的國事搞得一團糟，還好此時尚有太上皇，勉強可以約束其荒唐行徑。但紹熙五年（一一九四），孝宗去世，已無人可以制得住這對帝后。隨著局勢日漸惡化，臨安城中人心惶惶，大臣們眼看國將不國無法再坐視不管，宗室趙汝愚及外戚韓侂冑遂請求高宗的皇后也就是吳太后強逼光宗退位，將皇位傳給了兒子寧宗。

韓侂冑因擁立寧宗有功，加上外戚的身分，很快便得到寧宗的信任，掌握了朝政大權。由於此時的金

年份	帝號	年號	大事
1190	光宗	紹熙元年	金設置常平倉。
1191		紹熙二年	宋命兩淮行義倉法。
1192		紹熙三年	第三次十字軍東征結束。
1193		紹熙四年	西夏仁宗卒，子桓宗立。
1194		紹熙五年	太上皇孝宗卒。韓侂胄、趙汝愚發動政變，光宗被迫傳位予太子趙擴，是為寧宗，光宗為太上皇，次年改元慶元。
1195	寧宗	慶元元年	趙汝愚遭罷相，韓侂胄自此掌握大權。
1196		慶元二年	宋禁道學，稱之為偽學。
1197		慶元三年	韓侂胄等人制「偽學逆黨籍」，包括趙汝愚、朱熹等五十九人，史稱慶元黨禁。
1198		慶元四年	宋嚴厲申明偽學之禁。英諾森三世繼任羅馬教皇，其在位期間教皇權勢達於巔峰，凌駕各國君主。
1199		慶元五年	金令州縣設立普濟院，以粥食救濟貧民。
1200		慶元六年	太上皇光宗卒。

朝發生內亂，其北方又遭到新興的蒙古攻擊，遂有金國即將崩潰的謠言傳出。韓侂胄認為機不可失，便於開禧二年（一二〇六）發動了北伐。但此時的宋朝實在沒有幾個優秀的將領可用，久未征戰的士兵也缺乏作戰經驗；加上金國的局勢並不如傳言中那般混亂，一定程度的戰力還是有的。所以除了號稱能戰的畢再遇所率領的東路軍取得勝利外，其餘都連吃敗仗。韓侂胄見情勢不妙，便派人與金國談和，沒想到金國提出的一個條件竟是要韓侂胄的項上人頭。此舉未免欺人太甚，故韓侂胄得知後勃然大怒，而打算整軍再戰。但宋朝的主和派勢力早已對他心生不滿，史彌遠因而聯合楊皇后發動政變，暗殺了韓侂胄，將其人頭送往金國，雙方也順利達成和議，結束了這次貿然出擊的北伐行動。

蒙宋滅金：脣亡齒寒

開禧北伐（一二〇六）這一年，在北方的蒙古草原上發生一件影響人類歷史甚為深遠的大事，即蒙古帝國的開創者鐵木真統一了蒙古諸部落，並因此被尊為成吉思汗。此後這群北方蒼狼不斷南侵，其戰鬥力之強，就算金國的老祖宗完顏阿骨打再世，恐怕也要俯首稱臣。因此金國在黃河以北的領土逐漸淪陷，被逼得只好遷都汴京。宋朝眼見世仇金國遭到蒙古的欺凌，不免幸災樂禍，索性不繳納歲幣了。此時金國正需要用錢，卻又被宋朝這樣落井下石，不禁大怒；且為了彌補北方領土的損失，便有了挖東牆補西牆的打算，於是金兵開始南下侵宋。這實在是個不智的決定，因為北方有蒙古，西方有西夏，現在還要

單位：年

西元	朝代	帝王年號	大事
1201	南宋	嘉泰元年	宋臨安大火，焚五萬三千餘家。
1202		嘉泰二年	解禁偽學。 第四次十字軍東征。
1204		嘉泰四年	韓侂胄定伐金之議。 追封岳飛為鄂王。 第四次十字軍攻陷君士坦丁堡。
1025		開禧元年	宋任韓侂胄為平章軍國重事。
1206		開禧二年	在韓侂胄的主持下，宋軍開始北伐，但除畢再遇所率東路軍取得勝利外，其餘屢遭金軍擊敗。 西夏李安全弒桓宗自立，是為襄宗。 鐵木真統一蒙古諸部落，於斡難河即位，被尊為成吉思汗，是為元太祖，大蒙古國建立。
1207		開禧三年	史彌遠與楊皇后發動政變，殺韓侂胄，將其人頭送至金朝，以展開和談。
1208		嘉定元年	宋金達成和議，雙方由叔姪關係改成伯姪關係。
1209		嘉定二年	西夏降於蒙古。 英格蘭國王約翰被羅馬教會逐出。

跟南宋開戰，以一打三，力分則弱，結果則是與實力略遜一籌的南宋戰成了個旗鼓相當、互有勝負，自然也得不到什麼好處，反而是北方領土一直在丟失。就在此一四國大亂鬥之際，有人提議聯合蒙古南北夾擊金國，但有鑑於當年聯金滅遼導致靖康之難的慘痛教訓，南宋並不敢貿然行動。不過，蒙古似乎比南宋更急，嘉定十七年（一二二四）遣使南下要求聯合滅金，宋朝一直沒有答應，直到宋理宗紹定五年（一二三二），才決定放手一搏，與蒙古訂立了魔鬼協議。這一年，蒙古正展開圍攻汴京的軍事行動，金哀宗眼見情勢危急，只好率領一支軍隊突圍而出，最後逃到了河南的蔡州。

紹定六年（一二三三），汴京守將因為無法再苦撐而開城出降。同年，蒙古軍與宋軍聯合圍攻蔡州，金哀宗與軍民死守了數個月，知道終究難逃城破的命運，遂於紹定七年（一二三四）傳位給金末帝，希望他能突圍脫困，以延續國祚，然後哀宗便自縊身亡。不過，金末帝最後也沒能逃出，而是死於亂軍之中。其實金哀宗在位時頗有一番作為，不該是個亡國之君，但蒙古實在太強，再加上個實力不弱的宋朝，使金國不得不亡。但如果宋朝肯答應金國的垂死求救，與其合力對付蒙古的話，則局面又是一番不同，只是宋朝因為靖康之難而恨金入骨，自然不可能答應。

黃禍（上）：蒙古的第一次西征

蒙古帝國曾發動三次大規模的西征行動，鐵蹄踏遍之處，不但讓歐洲各國聞風喪膽，也將火藥、印刷術傳了過去，對於西方文明影響之大，自不待說。

1210 嘉定三年 蒙古侵金西北邊。

1211 嘉定四年 西夏襄宗卒，姪神宗立。蒙古取金西京，金西北諸州盡失；後敗金兵於會河。

1212 嘉定五年 安南王李龍翰卒。蒙古伐金。

1213 嘉定六年 遼人耶律留哥自立為遼王。金元帥胡沙虎弒主，立宣宗。蒙古圍金燕京。

1214 嘉定七年 金遷都於汴京。蒙古復圍燕京。

1215 嘉定八年 蒙古入燕京。英格蘭地方男爵約翰王簽署〈大憲章〉。

1216 嘉定九年 蒙古克金潼關。

1217 嘉定十年 金軍南下侵宋，雙方戰事再起。蒙古伐西夏，西夏帝奔西涼。

1218 嘉定十一年 蒙古將領哲別率軍滅西遼。

1219 嘉定十二年 金攻宋，遣李全擊退之。成吉思汗攻打中亞的花剌子模，為蒙古第一次西征。

第一次西征是在成吉思汗時，當時的中亞有個大國花剌子模，他們也曾聽聞東方有個新興的蒙古國，似乎很強，但因中間隔著一個西遼，所以不是太清楚，也不是太在意。寧宗嘉定十一年（一二一八），成吉思汗滅了西遼，雙方國境相接，關係就變得緊張起來。一開始成吉思汗也不敢小看這個中亞霸主，而有示好之意，但花剌子模國王摩訶末自恃兵強馬壯，並不大理會。後來在一次摩擦衝突中，還殺了蒙古使者，並剃掉兩名副使的鬍鬚再放回。這種侮辱分明就是要挑釁，成吉思汗哪裡忍得下這口氣，便於嘉定十二年（一二一九）傾全力發動西征。蒙古大軍展開火一般的攻勢，把曾經縱橫中亞的花剌子模軍隊打得潰不成軍，摩訶末也被蒙古軍的強悍嚇破了膽，一心只想逃跑。不過他倒是有個英勇過人的兒子札蘭丁，當初他曾勸摩訶末不要輕啟戰釁，無奈老父不聽，如今事情發展至這步田地，但他也不退縮，請求摩訶末讓他留下來領兵抗敵。

摩訶末不願兒子涉險，而帶著他輾轉逃到裡海的一個小島上，後來死在那裡。札蘭丁則率領殘兵繼續與蒙古軍作戰，無奈獨木難支大廈，面對成吉思汗這個不世出的軍事天才，以及戰鬥指數破表的蒙古軍，他只有不斷逃跑的份。在嘉定十四年（一二二一）的一場戰役中，札蘭丁被蒙古軍重重包圍，成吉思汗因打算生擒他而下令不得放箭。但渾身是膽的札蘭丁不願被俘受辱，竟從兩丈高的山崖上躍入波濤洶湧的印度河中，隨即用雙臂撥開巨浪，迅速游出弓箭的射程之外，成吉思汗看了也深感佩服，回頭向他的兒子們說：「我從未見過這等英雄好漢，每個父親都希望有

單位：年

西元	朝代	帝王年號	大事
1220	南宋	嘉定十三年	蒙古軍陷濟南，金屬黃河以北地，皆為蒙古所有。
1221		嘉定十四年	宋與蒙古互相遣使通好。蒙古軍重重包圍札蘭丁，札蘭丁脫困。
1222		嘉定十五年	蒙古主鐵木真平定西域，滅回回諸國，直逼印度。
1223		嘉定十六年	金宣宗卒，子哀宗立。西夏神宗傳位於子獻宗。蒙古將速不臺大破俄羅斯聯軍，平定欽察部。因接到成吉思汗詔書而東返，結束第一次西征。
1224		嘉定十七年	宋寧宗卒，史彌遠與楊皇后再度發動政變，不擁立太子趙竑即位，另立太祖後人趙貴誠為帝，是為理宗，次年改元寶慶。察合臺建察合臺汗國。蒙古派遣使者至宋，請求聯合滅金。
1225		理宗 寶慶元年	蒙古伐西夏。
1226		寶慶二年	西夏獻宗卒，弟末帝立。

這樣的兒子啊！」隨後渡河搜尋一陣，沒找到人，便撤兵北返了。

花剌子模屈服後，成吉思汗因為聽說西夏有些狀況，便於嘉定十五年（一二二二）率領這支主力部隊東返，並於宋理宗寶慶三年（一二二七）滅了西夏。（成吉思汗於攻打西夏時病死。）不過，另一支由哲別、速不臺率領負責掃蕩西北地區的軍隊，則繼續往西推進，與欽察部發生衝突。欽察部打不過蒙古軍，只好向鄰近的俄羅斯求援。雖然討來了救兵，但遇到這些東方魔鬼，誰來都沒用。嘉定十六年（一二二三）蒙古軍大破俄羅斯聯軍，嘉定十七年（一二二四），才因接到成吉思汗的詔書而東返，結束了這次的西征行動。

黃禍（中）：蒙古的第二次西征

理宗端平二年（一二三五），窩闊臺在位時，他認為西方的廣大土地尚未完全征服，尤其是欽察諸部，似乎仍蠢蠢欲動，因此決定再發動一次西征。這一支大軍由其長兄朮赤之子拔都擔任總指揮，所以史稱「拔都西征」，也因為其餘諸王諸將都派出長子從征，故又稱「長子西征」。

端平三年（一二三六），諸軍會師於中亞一帶，隨即展開這場讓歐洲幾百年都不敢抬頭仰視東方的血腥大屠殺。因為花剌子模已滅，所以這一次是往偏西北的方向而去，主要目標是打擊當年速不臺與哲別曾經掃蕩的欽察諸部。此次西征擔任先鋒的速不臺仍寶刀未老，和當年一樣，戰果輝煌，俄羅斯諸公國無一能敵，莫斯科、基輔各城接連淪陷。拔都隨即兵分三

1227 寶慶三年 宋理宗讚揚朱熹與所撰《四書集注》，封徽國公。
蒙古滅西夏，西夏亡。
成吉思汗卒，指定三子窩闊臺繼位，但仍由四子拖雷監國。
蒙古兵入侵長安，金兵力守潼關。

1228 紹定元年 第五次十字軍東征開始。

1229 紹定二年 蒙古貴族擁立窩闊臺繼承汗位，是為元太宗。
蒙古圍金慶陽（甘肅）。
第五次十字軍東征結束。

1230 紹定三年 蒙古設十路課稅所。
蒙古侵入陝西。

1231 紹定四年 蒙古任耶律楚材為相。

1232 紹定五年 蒙古拖雷卒。
蒙古與宋達成聯合滅金的協議。

1233 紹定六年 蒙古伐金，汴京守將撐不住，開城出降。蒙古取洛陽。
金哀宗從汴京突圍至蔡州，與軍民死守數月。
蒙古塔察兒率兵至蔡州。
宋孟珙、江海領兵至蔡州，與蒙古軍會師。

路往西推進：北攻波蘭，中擊匈牙利，南打羅馬尼亞，像秋風掃落葉般，連破波蘭與日耳曼聯軍、匈牙利軍，最後打到了亞得里亞海岸，水都威尼斯已相去不遠，正要進入歐洲的核心地區。此時蒙古大軍蹂躪東歐的消息已傳遍全歐，各國為之震動，人心惶惶，彷彿世界末日即將到來，人們只能不斷地向上帝祈禱，連羅馬教皇也急忙請求各國王公合力阻擋這批從地獄跑出來的「撒旦魔鬼」。

或許真有上帝，理宗淳祐二年（一二四二），窩闊臺大汗的死訊傳來，依照慣例，跟隨西征的這許多王公貴族都必須回到和林（外蒙古庫倫）參加「庫里爾泰」（即部族大會），以選出新任大汗，於是拔都下令全軍班師東返，也使歐洲各國得以逃過這場世紀浩劫。這支西征大軍沿路上姦淫擄掠、殺人焚城，每個士兵彷彿都成為魔鬼化身的人肉屠夫，所過之處盡成廢墟，若是打到義大利、法國等地，恐怕歐洲的文物古蹟要毀掉大半，世界歷史也得全面改寫。後來則在這一次征伐得到的大片土地上成立了欽察汗國，由拔都兄弟及其子孫繼續統治著欽察諸部及俄羅斯各國達數百年之久。

黃禍（下）：蒙古的第三次西征

第三次西征是由拖雷之子蒙哥大汗發動，因為在波斯一帶有個叫木剌夷的伊斯蘭教派，他們稱得上是恐怖主義的開山鼻祖（刺客的英文assassin即源自於此），因為該派教徒在領袖「山中老人」的指使下，到處搞暗殺，各國首領及其他教派人物飽受驚嚇，肅殺的氣氛在西亞一帶四處瀰漫著。理宗寶祐元年

單位：年

西元	朝代	帝王年號	大事
1234	南宋	端平元年	宋軍與蒙古軍合破蔡州，金哀宗傳位與完顏承麟後自殺，末帝承麟亦死於亂軍中，金亡。 蒙古遣使來責備宋之敗盟。
1235		端平二年	蒙古都和林。 拔都率軍西征，為蒙古第二次西征。
1236		端平三年	蒙古西征諸軍會師於中亞一帶。 襄陽叛降於蒙古。 宋收復成都。
1237		嘉熙元年	蒙古滅欽察諸部，陷莫斯科城。
1238		嘉熙二年	蒙古軍攻占波蘭、匈牙利。
1239		嘉熙三年	孟珙克復襄陽。
1240		嘉熙四年	蒙古軍陷基輔，基輔公國亡。俄羅斯全境皆納入蒙古帝國版圖。
1241		淳祐元年	蒙古大汗窩闊臺死，暫由皇后乃馬真攝政。 蒙古軍大敗歐洲諸國聯軍，稱「黃禍」。
1242		淳祐二年	拔都進軍至亞得里亞海東岸，全歐震驚，因窩闊臺死訊傳來而東返，結束第二次西征。拔都建欽察汗國。

（一二五三），蒙哥派遣其弟旭烈兀率軍前往勦滅，沿途上受到西域各國的歡迎，紛紛出兵相助。

不管他們是否身懷《倚天屠龍記》所說的聖火令神功，或是暗殺手段如何了得，面對蒙古大軍的強弩、鐵騎、攻城砲，這些鬼域伎倆全然無用，寶祐五年（一二五七），木剌夷大大小小數百座城堡或破或降，所有的俘虜，不分男女老幼，都被一一宰殺。

隨後，旭烈兀遣使勸降被中國史籍稱為黑衣大食的阿拔斯王朝，還語帶威脅地說，若不肯降，就要讓他們嚐嚐蒙古大軍的霹靂手段。建都於報達（今巴格達）的阿拔斯立國已五百年，所轄領土不下於宋、金，其哈里發（國王）哪肯如此示弱，不但回信拒絕，語氣還頗為傲慢。可想而知的結果依序是：被惹惱的旭烈兀率領蒙古軍大舉入侵兩河流域、圍攻報達、哈里發出城投降。蒙古軍並依慣例對報達的八十萬居民展開血腥的屠城之舉，阿拔斯王朝就此滅亡。

接著大軍進攻天方（即阿拉伯）、敘利亞，所過城市，一一陷落，地中海沿岸諸國為之震動。旭烈兀本來打算再往非洲的埃及進軍，沒想到劇情重演，理宗景定元年（一二六〇），大汗死訊傳來，他只好留下部分蒙古軍看守，急忙率軍東返。在這次征伐所得到的土地上則建立了伊兒汗國，由旭烈兀及其後代子孫繼續統治著西亞一帶。

蒙哥大汗之死：釣魚城屠龍記

宋理宗寶祐六年（一二五八），此時的蒙古帝國經歷三次西征，縱橫歐亞大陸，端的是打遍天下無敵手，亞洲大陸的重要國家僅剩南宋還在苦苦撐著。這

1245	淳祐五年	吐蕃八思巴的叔父薩迦班智達會見蒙古闊瑞，表示接受管轄。
1246	淳祐六年	蒙古貴族選出窩闊臺子貴由為大汗，是為元定宗。
1247	淳祐七年	蒙古伐高麗。
1248	淳祐八年	貴由死，暫由皇后海迷失攝政。 第六次十字軍東征開始。
1249	淳祐九年	法醫學家宋慈死，所撰《洗冤集錄》為世界上最早的法醫專書。
1251	淳祐十一年	蒙古貴族選出拖雷子蒙哥為大汗，是為元憲宗。 忽必烈統治漠南。
1252	淳祐十二年	蒙哥汗遷窩闊臺子孫往各邊，賜皇后海迷失死。 蒙古旭烈兀率軍征伐中東諸國，是為蒙古第三次西征。 蒙古海都於金山南北，建窩闊臺汗國。 忽必烈奉命征大理。
1253	寶祐元年	蒙古滅大理，降吐番。

一年，蒙古大汗蒙哥親率大軍分三路南下侵宋，決定分進合擊，最後會師齊攻南宋首都臨安，完成統一天下的霸業。

身為主帥的蒙哥率領主力部隊攻打四川，一路上所向披靡，四川諸城一一被攻陷，唯獨四川首府合州的釣魚城在王堅的領導下，屢攻不下。這堪稱是蒙古大軍踢到的一塊鐵板，主要不是宋軍戰鬥力強，而是這座釣魚城仰賴著山水天險，宛若一層隱形保護壁阻絕了蒙古軍一次又一次的強攻。蒙古軍的攻城經驗堪稱舉世無雙，攻城器械也極為精良，但就是打不下這座鐵桶山城。

最後，只好用千古不變的老方法——圍城。可是釣魚城內水源豐富，有魚可吃，還有田可種，餓不死人，因此收效不大。宋軍甚至用嘲笑的方式將兩條三十斤重的大魚、數百個蒸餅，投贈蒙古軍，並放話說：「你們可以享用鮮魚與蒸餅，但再圍個十年，也破不了城。」

理宗開慶元年（一二五九）六月，進入炎夏季節，各種傳染病開始在陳兵於釣魚山下的蒙古軍中流行，據《元史》記載，蒙哥大汗因此感染重病，七月，蒙古軍開始撤兵，但走沒多遠蒙哥就病死了。不過，根據當地的一些記載，蒙哥是被宋軍打死的，所以金庸小說《神鵰俠侶》中塑造出大俠楊過以石擊斃蒙哥的場景，雖然稍嫌誇張，但也是帶有幾分真實性的。

南宋之亡（上）：襄陽困守

蒙古軍從大草原出征開始，就不斷向對手學習運

單位：年

西元	朝代	帝王年號	大事
1254	南宋	寶祐二年	第六次十字軍東征結束。
1255		寶祐三年	蒙古出兵西南夷。
1256		寶祐四年	任賈似道為參知政事。
1257		寶祐五年	蒙古軍破木剌夷。 蒙古軍自雲南攻安南，安南王敗走海上。
1258		寶祐六年	旭烈兀滅黑衣大食。旭烈兀於裡海南岸建伊兒汗國。 蒙哥汗領大軍分三路南下侵宋。
1259		開慶元年	蒙哥圍合州釣魚城，宋將王堅力戰，蒙哥死於釣魚城大戰。 忽必烈圍鄂州，賈似道乞和，忽必烈為北上爭取汗位而同意退兵，鄂州圍解。 兀良合臺進兵至潭州城外。
1260		景定元年	忽必烈稱大汗於開平，並建元中統，定官制，是為元世祖，為元朝有年號之始。 忽必烈弟阿里不哥稱大汗於和林，隨即遭忽必烈討伐，內戰遂起。 旭烈兀得知蒙哥汗死訊而率軍東返，結束第三次西征。 蒙古印製發行中統寶鈔。

用新的戰爭武器（如霹靂砲、震天雷、回回砲等），再經擄掠來的工匠的一再改良，如此冷兵器（刀槍箭弩之類）的一流高手，配合熱兵器的加持，論起陸戰能力，幾乎已是天下無敵。但湖海江河之水戰卻一直是他們的死穴罩門，故南宋得以憑藉著南方的水路縱橫及優異的水師實力與蒙古拚死纏鬥達數十年之久，但在襄陽之戰後，情勢便起了關鍵性的變化。

湖北的襄陽自古即兵家必爭之地，度宗咸淳四年（一二六八），忽必烈聽從南宋降將劉整的建議，展開圍攻襄陽的作戰計畫。他們先一步一步地在襄陽周圍建築城堡與圍牆，切斷襄陽的對外聯繫；然後，針對元軍水戰的弱點加以補強，並由劉整負責打造戰船、訓練水軍。在宋人的協助下，元軍水戰實力急速竄升。

從咸淳四年起的四年間，宋軍不論從襄陽城往外，或由外圍往內，都無法突破蒙古軍的封鎖線。咸淳八年（一二七二），蒙古軍開始對襄陽的鄰城樊城發動總攻擊，並順利攻下樊城的外城。宋朝知道情勢危急，便派張順等人率領三千多人由水路強攻入城，經過一番浴血死戰，終於順利抵達襄陽，振奮鼓舞了困守城內的軍民們的鬥志。不過，蒙古軍隨即展開了新攻勢，先燒了襄陽與樊城之間的橋樑，讓他們無法互相支援，此一絕招果然奏效，沒多久便拿下了樊城，並依照蒙古軍破城的慣例展開屠殺，還殘忍地將死人骨頭堆成高山來威嚇襄陽軍民。孤立無援的襄陽，始終盼不到救兵，隔年二月，知府呂文煥為了避免襄陽落得血洗的命運，只好開城投降。此一戰役，宋軍擋住蒙古軍雷霆霹靂的攻勢長達六年，直到最後

1261 景定二年 忽必烈敗阿里不哥。

1262 景定三年 旭烈兀擬進攻埃及為怯的不花復仇，金帳汗別里哥遣兵襲其後，旭烈兀大敗，從此二大汗國交攻不休。

1263 景定四年 宋置官田所，括買公田。

1264 景定五年 宋理宗卒，以姪子趙禥為帝，是為度宗。阿里不哥投降。忽必烈建都燕京（今北京），改稱中都，改元至元。

度宗

1265 咸淳元年 英國創立國會，為世界有國會之起源。

1266 咸淳二年 蒙古派遣使者前往日本。

1267 咸淳三年 宋任賈似道為平章國重事。蒙古都元帥阿術侵擾襄陽，軍還後，又在襄、樊之間擊敗宋師。宋降將劉整表示，攻宋應先取襄陽，元世祖命阿術與劉整經略襄陽。

1268 咸淳四年 蒙古圍攻襄陽。宋以呂文煥掌理襄陽府。宋襄陽守軍攻擊諸寨，皆敗退。窩闊臺孫海都起兵與忽必烈爭汗位。

彈盡援絕，史稱「襄樊之戰」。

元軍拿下襄陽，不但摧毀了宋都臨安的門戶，也肯定了元軍的水戰實力，或許仍不及宋軍，但已相去不遠。失去了水戰優勢的宋朝，只能靜待死亡。

南宋之亡（中）：直搗臨安

失去了襄陽這座軍事要塞，南宋的國都臨安頓時陷入脣亡齒寒之境，因為元軍可從襄陽水陸兩路順流而下，位於下游的宋軍便處於絕對挨打的不利態勢。果然，次年即咸淳十年（一二七四），忽必烈命伯顏為元帥，統領東西兩路二十萬大軍直搗臨安。沿途上所遇到的宋軍，有的是拚命力戰而死；有的是自知不敵而降；有的則是呂文煥的昔日部屬，受其影響而投降的（呂文煥擔任西路先鋒）。

當軍事重鎮鄂州（湖北武昌）淪陷時，南宋朝野紛紛請求宰相賈似道領兵出征（賈似道的姊姊是理宗的寵妃，他是靠著裙帶關係得到相位的）。由於當年他曾在鄂州擊退忽必烈的大軍，此刻被視為宋朝的救世主。殊不知，那其實是一場大騙局，事情的真相是：忽必烈奉蒙哥之命攻打鄂州，賈似道知道敵不過，便偷偷遣使向蒙古軍求和。忽必烈則因為聽到了蒙哥的死訊，以及弟弟阿里不哥摩拳擦掌要登上大汗之位的消息，已無心戀戰，便答應退兵，趕忙北上爭奪帝位去了。

當時，賈似道見蒙古大軍已去，便撒下瞞天大謊，一邊吹噓他擊敗了蒙古軍，向理宗邀功；一邊又將忽必烈派來索取歲幣的使者扣留了十幾年，想就此瞞天過海。沒料到大家還真相信他的話，逼著他這下

單位：年

西元	朝代	帝王年號	大事
1269	南宋	咸淳五年	蒙古實行八思巴製作的新字。 襄陽危急。
1270		咸淳六年	宋命李庭芝、范文虎援襄樊。 詔許賈似道十日一朝。 第七次十字軍東征。
1271		咸淳七年	宋范文虎以水軍援救襄樊，兵敗。 蒙古取《易經》中「大哉乾元」之意，改國號為大元。 馬可波羅自歐洲啟程來華。
1272		咸淳八年	宋李庭芝命張順、張貴溯漢水援襄陽，張順戰死；張貴進入襄陽，還郢迎援軍的途中被俘而死。 中都為大都。
1273		咸淳九年	元軍攻陷樊城，用回回人所造巨砲攻襄陽，襄陽守將呂文煥開城出降。
1274		咸淳十年	宋度宗卒，子趙㬎即位，是為恭帝，太皇太后謝氏垂簾聽政，封兄昰吉王，弟昺信王。 忽必烈命伯顏為元帥，大舉侵宋。元軍攻下漢陽、鄂州。 宋以賈似道督各路軍馬。 元軍首次渡海征伐日本，遇強風大浪，沉船無數，遂班師回國。

子只好硬著頭皮調兵遣將，準備迎擊橫掃歐亞的蒙古鐵騎。不過，他最怕的還不是蒙古兵，而是降將劉整的軍隊，因為劉整是因受到上司迫害才憤而投降蒙古的。賈似道深知其驍勇及對宋朝滿腔的憤恨，所以他遲遲不敢出兵。不料，劉整突然死去，賈似道得知後，不禁大呼：「吾得天助也！」隨即向恭帝請求出征。

恭帝德祐元年（一二七五）初，賈似道率領十幾萬軍隊抵達前線，等待他的是元軍總帥——伯顏。元軍分水陸兩路猛攻，宋軍被打得一敗塗地。賈似道等將領見大勢已去，急忙逃跑到了揚州。

元軍挾著銳不可當的氣勢，沿著長江一路掃蕩。德祐二年（一二七六），元軍抵達臨安城外，太皇太后出城投降，隨後與六歲的小皇帝及未逃走的官員們被擄往大都（今北京）。

南宋之亡（下）：宋末三傑撐殘局

悲劇的幕尚未落下，張世傑等人已先一步帶著恭帝的哥哥趙昰、弟弟趙昺往南逃跑，最後來到了福建，這群孤臣孽子於福州擁立趙昰為帝，是為端宗。此時的小朝廷雖然還轄有福建及兩廣地區，擁兵數十萬，但論戰力則遠不能與元軍相比，因此儘管文天祥、張世傑等人仍與元軍繼續對戰，但終究是敗多勝少。眾人帶著端宗從福建一路逃到了廣東，為了躲避元軍的追殺，不時還逃到海上（跟當年的高宗差不多），顛沛流離了兩年，年幼的端宗，就在一次海上驚險中，因受到颱風及元軍的夾擊而嚇出病來，最後病死於廣東的硇州一帶，得年十一歲。

1275

恭帝 德祐元年
- 賈似道率軍抵達前線，宋軍兵敗，賈似道奔揚州。宋罷賈似道，後發循州安置，途中被押送官所殺。
- 文天祥起兵勤王。
- 張世傑率水軍與元軍戰於焦山，大敗。宋軍已無戰鬥力。
- 馬可波羅抵達上都，後到大都。

1276

德祐二年
- 伯顏率元軍至臨安城外。宋太皇太后請降，後與恭帝等人遭元軍押往大都。

端宗 景炎元年
- 陸秀夫等人擁立恭帝兄趙昰於福州即位，是為端宗，改元景炎，封弟趙昺為衛王。
- 元兵入福建。張世傑奉帝走潮州。

1277

景炎二年
- 文天祥收復江西數州縣，後敗走循州。
- 端宗到香山，後遷往井澳、謝女峽等地。

1278

端宗 景炎三年
- 端宗病死於硇州，陸秀夫等人再擁立端宗弟趙昺為帝，改元祥興，遷新會之厓山。

衛王（帝昺） 祥興元年
- 元張弘範率兵入閩廣，海南州縣皆淪陷。
- 文天祥兵敗被俘。

1279

南宋 衛王（帝昺） 祥興二年
- 厓山一戰，宋軍大敗，陸秀夫背帝昺投海而死，南宋滅亡。

元 世祖 至元十六年

端宗死後，原本群臣打算就此鳥獸散，但丞相陸秀夫慷慨激昂的一席話激勵了大家，決定再擁立端宗的弟弟趙昺為帝，並移往廣東新會一帶的厓山，一面命人建造宮室，一面派文天祥駐守潮陽，抵禦元兵。

祥興元年（一二七八）底，元將張弘範率軍進攻潮陽，俘虜了文天祥。隨即挾著勝利之勢於祥興二年（一二七九）二月進攻厓山，張並要文天祥寫信招降宋廷，當然被正氣衝霄的文天祥斷然拒絕，只留下了傳頌千古的〈過零丁洋〉詩來作為他的答覆（「人生自古誰無死，留取丹心照汗青」即出自此詩）。在這場宋朝最後一戰中，宋軍雖擁有二十萬的兵力，但最後竟遭僅數萬的元軍擊敗，張世傑率領十幾艘戰艦突圍而去，但帝昺的御船仍與其他船艦被元軍圍困。張世傑見狀，便派小船祕密前往接人，但因風雨太大，陸秀夫等人看不清小船上的人影，深怕是元軍假冒，而拒絕讓帝昺上船，錯過了逃命的機會。在元軍的重重包圍下，陸秀夫知道大勢已去，先讓妻兒投海自盡，然後對八歲的帝昺說道：「國事已到這步田地，陛下應當為國捐軀，德祐皇帝（恭帝）受盡屈辱，陛下不可再受辱了。」然後他背起了小皇帝，跳海而死，南宋至此滅亡。

帶著太后突圍而出的張世傑得知帝昺已死，原本想以太后的名義再立宋朝宗室為帝，不料又遇到颱風，船隻翻覆，最後溺斃於大海中。世人稱陸秀夫、張世傑、文天祥為「宋末三傑」。

元朝

蒙古的崛起是從成吉思汗鐵木真統一各部族開始，爾後忽必烈透過部族內的爭奪，終於登上帝位，是為元世祖。世祖遷都燕京（即北京），然後展開殲滅南宋的行動，方正式入主中原。

元朝是中國歷史上第一個由少數民族建立的中原王朝，元世祖很清楚必須實施以漢治漢的政策。只是，漢化始終不深，也無法徹底，元世祖晚期還是對漢人實施隔閡政策，加上元朝社會有階級區分，真正具備影響力的漢族官員實在不多。另外，元朝皇室只要面臨帝位繼承問題，都免不了一場爭奪戰，政治危機層出不窮。即位的皇帝缺乏政治素養，往往把草原民族掠奪的習性，轉變為政治掠奪，貪汙腐敗的風氣盛行。這就是「馬上得天下」且「馬上治天下」的結果。

元朝後期政局不穩定，天災不斷，特別是黃河水患，讓民生經濟受到很大的影響。而元朝可說是世界上最早完全使用紙幣的國家，但因為不斷加印新鈔，導致物價上漲，百姓不堪其擾。由於元朝對宗教信仰採取比較開放的態度，所以有心者便依附宗教起而叛亂，例如「白蓮教亂」。

白蓮教首領韓山童率眾起義，以紅巾為識別，各路群雄亦從各地方竄起，高喊著復興漢族的口號，最後成功者是朱元璋，他把元順帝趕回了北方，元朝對中國的統治告一段落。

蒙古部族的草原經濟是商品交換，元朝很少抑制商業活動，不僅陸路上可以與西域、中亞、西亞等國互相往來，海運方面也十分暢通。威尼斯人馬可波羅便是在忽必烈時期來到中國，回到歐洲之後，口述《馬可波羅遊記》一書，記述元朝的繁華景象。阿拉伯數字亦在此時傳入中國。

元順帝在位時，由脫脫主持修撰《遼史》、《金史》、《宋史》。元代的文學成就在於戲曲，關漢卿、王實甫、馬致遠都是名家。郭守敬重新修訂曆法，花了四年的功夫，編修出《授時曆》，這是當時最進步的曆法，一直使用到明朝。

元朝的國祚自西元一二〇六年至一三六八年，起自元太祖成吉思汗，終於元順帝。元朝定都大都，即北京。

單位：年

西元	朝代	帝王年號	大事
1280	元	世祖 至元十七年	元將張弘範卒。開始實行授時曆。
1281		至元十八年	世祖命阿剌罕、范文虎等率領十餘萬大軍渡海攻打日本，遇颱風大敗而返。焚道書。
1282		至元十九年	派兵進攻緬甸。千戶王著殺中書平章政事阿合馬。文天祥從容赴義。開始實行海路運輸糧食。
1283		至元二十年	攻破緬甸，西南夷的十二部皆降。
1284		至元二十一年	將宋朝宗室及官員移往內地。派遣脫歡出兵占城、安南，未克。
1285		至元二十二年	脫歡敗陳日煊兵，陷安南都城，入城而還。
1286		至元二十三年	元世祖下詔停止征伐日本。封陳益稷為安南國王。禁漢人持有兵器。訪求江南人才。

忽必烈的大元王朝：奪位建元

宋理宗開慶元年（一二五九），蒙哥大汗死於釣魚城大戰中，忽必烈得訊後率軍北上，回到自己的王府開平（內蒙自治區多倫縣），隨即召集了支持他的王公貴族，宣布即大汗位，並且用中國各朝紀元的方式，以這年（一二六〇）為中統元年，是為元世祖。留守和林的阿里不哥得知四哥忽必烈已搶先了一步，也急忙召開大會，宣布即位。

儘管阿里不哥是根據蒙古傳統而即位，具有正當性，但軍事實力則弱了一截。得位不正的忽必烈率軍打到和林，阿里不哥被打得落荒而逃，後來他又不死心地與忽必烈交手了幾次，但都吃了敗仗，身邊的將領也開始看不起他，紛紛向忽必烈投降。於是，眾叛親離的阿里不哥只好於至元元年（一二六四）向忽必烈請罪，結束了這場骨肉相殘的戰爭。

忽必烈擊垮阿里不哥後，便將政治中心逐漸轉往中原，因為他本來就是「漢法派」的代表人物（阿里不哥則是蒙古傳統的代表），後來又將都城從內蒙的開平遷到了大都（今北京）。至元八年（一二七一），再將國號由「大蒙古國」改為「大元」，此名出自《易經》的「大哉乾元」，藉由此一國號更拉近了新帝國與中國的關係。從成吉思汗以來，歷經數十年的戰鬥，至元十六年（一二七九），終於滅掉了他們立國以來所遇到最頑強的敵手——南宋，至此完成中國的統一。

雖然窩闊臺在位時便在耶律楚材的建議下逐步引進了不少中原的制度與文化，使粗鄙無文的蒙古帝國逐漸轉型，不過真正將之形塑成一個以中國為本位的

1287	至元二十四年	脫歡攻打越南陳朝，元軍於次年敗退。設江南各路儒學提舉司。發行至元寶鈔。
1288	至元二十五年	在南宋皇城舊址上興建佛寺。
1289	至元二十六年	元世祖下令開鑿會通河。
1290	至元二十七年	北方大地震，人民死傷數十萬。
1292	至元二十九年	元世祖遣福建兵攻打爪哇。安南入貢。
1293	至元三十年	攻爪哇軍，擊敗葛郎國，後遭突襲而敗走回國。
1294	至元三十一年	元世祖卒，孫鐵木耳即位，是為成宗。
1295	成宗 元貞元年	馬可波羅返抵威尼斯。
1296	元貞二年	征民間馬牛羊，一百取一。
1297	元貞三年 大德元年	禁諸王、駙馬奪占民田。
1298	大德二年	召高麗王入朝。

國家則要歸功於忽必烈。他重用漢人，並在劉秉忠等人的指導下「以漢法治漢地」，消除了許多漢人對於異族君主的不信任，因此忽必烈在位期間是元朝最上軌道的一段時期，但就像當年北魏孝文帝的漢化激起鮮卑人的反彈一般，如此的漢化政策也引來許多蒙古本位主義派的不滿；而其不守舊制、自立為汗的行徑，更令貴族們不服，所以從阿里不哥到海都，接連起兵抗爭，一打數十年，都為元帝國帶來了不小的困擾。

第一次元軍征日：海將軍救援

從至元三年（一二六六）起，忽必烈便陸續派遣使者出使日本，要求這尚未被蒙古鐵騎蹂躪的日出之國遣使來華以通友好（即朝貢），且暗示如果不從的話，就要出兵討伐。只是，此時掌權的鎌倉幕府不買帳，有人解釋是因為當時國內情勢緊張，他們不願在日本人民面前示弱，以免大傷威信；也有人說他們是受到逃往日本的南宋僧侶影響，對蒙古人印象惡劣，不願與之打交道，才敢幾近挑釁地拒絕忽必烈的「善意」。只是蒙古軍隊之強，他們也是略有耳聞的，因此天皇與幕府一方面不斷祈求神明的保佑，一方面也做好了作戰的準備。

對於稱霸歐亞大陸的蒙古帝國來說，這是令其無法容忍的傲慢回應，因此至元十一年（一二七四），忽必烈以蒙古、漢、高麗三族的官兵組成三萬多名的聯軍，搭乘高麗國趕工建造的九百艘戰船，東渡征伐這個桀驁不馴的日本島國。

平心而論，日本武士雖有誓死如歸的殉道精神，但偏好單打獨鬥，比武單挑尚可，若是上陣殺敵的

單位：年

西元	朝代	帝王年號	大事
1299	元	大德三年	鄂圖曼土耳其帝國建立。
1300		大德四年	遣雲南左丞劉深擊八百媳婦（泰國景邁）。
1301		大德五年	撤銷征東行省的建置。窩闊臺汗國的海都大舉入犯，成宗姪子海山率軍打敗海都軍隊。
1302		大德六年	西南夷反叛，遣兵討平。法王腓力四世召開三級會議。
1303		大德七年	遣使巡察天下。
1304		大德八年	立海山為懷寧王。
1305		大德九年	免道士賦稅。
1306		大德十年	遣高麗王還國。復置征東行省。
1307		大德十一年	成宗卒，成宗弟與姪兒海山爭位，後由海山奪得帝位，是為武宗，明年改元至大。
1308		武宗 至大元年	漠北大致平定。

話，很難抵擋得住元軍所擅長的組織戰。總體看來，就武器、戰術及作戰經驗而言，日軍皆無法與元軍相提並論。不過，就像俄國有「冬將軍」（橫掃歐洲的拿破崙、納粹德國皆敗於俄國酷寒的冬季，俄人戲稱有冬將軍助陣），日本也有「海將軍」鼓動浪濤為之助拳，因為就一般的登陸戰來說，如果雙方戰力在伯仲之間，攻方需擁有數倍於守方的兵力始有勝算，而蒙古軍擅長的是陸戰、攻城戰，海戰、登陸戰正好是他們的弱點，經驗少得可憐，因此日軍雖然數量不多（約萬名），但勝負其實難料。

果不其然，至元十一年十月，雙方在九州博多一帶發生激戰，元軍雖取得上風，逼退了日軍，但因將領負傷，再加上天色已晚而暫時休兵。當晚舉行軍事會議時，高麗將領主張以破釜沉舟的決心背水一戰，應可擊潰日軍；但元軍統帥忻都卻被打起仗來彷彿不要命的日軍給震懾住了，加上後勤補給不足，因而下令眾將士先上船再說，似已有退兵的打算。不料當天晚上，竟遇上狂風暴雨（不確定是否為颱風，因農曆十月，已近冬天），打得船艦翻覆無數，死傷慘重的元軍，別無選擇，只有班師回朝一途，結束了元朝第一次的征日戰爭。（此據高麗記載，中國官方史籍《元史》則說此役擊敗日軍，未提風雨之事。）

第二次元軍征日：神風保庇

至元十六年（一二七九），南宋亡，元朝成為東亞的唯一霸主，忽必烈又想起日本還未歸順，遂再派使者前往，沒想到日本並不守「兩軍交戰，不斬來使」的中國規矩，把使者一一砍了頭。忽必烈得知

1309 至大二年　教宗克雷門五世定居法國亞威農，基督教史上的「亞威農之囚」開始。

1310 至大三年　海都子察八兒來朝。

1311 至大四年　武宗卒，弟愛育黎拔力八達即位，是為仁宗，明年改元皇慶。

仁宗

1312 皇慶元年　停止征伐八百媳婦國。

1314 延祐元年　詔訂立官民車服之制。

1315 延祐二年　科舉分成兩榜：右榜供蒙古、色目人應考，左榜供漢人南人應考。立武宗子和世㻋為周王，出鎮雲南。

1316 延祐三年　周王逃漠北金山之陰。

1317 延祐四年　命各縣置義倉。

1318 延祐五年　增加江南茶稅。

1319 延祐六年　以鐵木迭兒為太師。

1320 延祐七年　仁宗卒，子碩德八剌即位，是為英宗，明年改元至治。以鐵木迭兒為相。

後，大為光火，便於至元十八年（一二八一）再次派出蒙古、漢、高麗三族聯軍，只是這次包含東路軍四萬，江南軍十萬，總計十四萬大軍，遠非上次可比，甚至還下令官兵需攜帶農具前往，可見他已有長期作戰的打算。

而日本在這幾年中，也不是毫無作為，他們大幅加強了沿海的防禦工事，使元軍在登陸時遭遇到不小的阻礙；加上元軍在指揮調度上出了點問題，東路軍與日軍已經在九州沿海纏鬥了一個多月，但數量最多又擅長水戰的江南軍卻遲遲未至。好不容易，江南軍總算在七月時抵達，與東路軍在平戶島附近會合。而正當元軍準備展開兩路夾擊之時，竟遇上天殺的颱風。這也怪不得老天，誰叫元軍偏要在夏天颱風最頻繁的季節出征呢？當時雖然沒有衛星氣象圖，但夏季多颱風這種普通的經驗知識，竟未被納入參考，可見元軍真的不擅海戰，一開始的作戰計畫就出了問題。元軍的數千艘船艦完全無法抵擋颱風所帶來的狂風巨浪，多半翻覆沉沒，官兵溺死者不計其數，范文虎等將領也顧不得屬下的安危，急忙搭著倖存的船隻，狼狽逃回高麗。而漂流至小島上的數萬名官兵，在群龍無首又元氣大傷的情況下，遭到日軍「趁你病，要你命」的襲擊，打不過裝備完好、精神抖擻的日本兵，最後只好投降。日本除了將原為南宋降兵的江南軍收為奴隸外，其餘的一概殺死，總計此役最後得以逃回中國的倖存者僅約三萬多人。

兩次元軍的攻日都因突如其來的強風而宣告失敗，日本人遂將之命名為「神風」，因為有這兩陣神風的守護庇佑，才讓日本得以躲過蒙古鐵騎的蹂躪。

單位：年

西元	朝代	帝王	年號	大事
1321	元	英宗	至治元年	遷武宗子圖帖穆爾於瓊州。
1322			至治二年	鐵木迭兒卒。
1323			至治三年	御史大夫鐵失等人於南坡店刺殺英宗，擁立晉王也孫鐵木兒即位，是為泰定帝，明年改元泰定，史稱南坡之變。
1324		泰定帝	泰定元年	召圖帖穆爾於瓊州，封懷王。
1325			泰定二年	命圖帖穆爾出居建康。
1326			泰定三年	河北山東發生饑荒。
1327			泰定四年	發生旱、蝗災。
1328			泰定五年	泰定帝卒，子阿速吉八即位，改元天順，是為天順帝；圖帖穆爾亦即帝位，是為文宗，改元天曆。雙方交戰，天順帝敗走。
			致和元年	
		天順帝	天順元年	
		文宗	天曆元年	

（二次大戰末期，一些視死如歸的日軍組成「神風特攻隊」，他們駕駛滿載炸藥的飛機衝向美軍船艦（首選為航空母艦），企圖以這種自殺式攻擊「以小搏大」，藉此扭轉戰局，就像當年的神風幫助日本擊退元軍一般。）

馬可波羅來華：如真似幻的歷史

馬可波羅為義大利威尼斯人，十七歲時跟隨父親及叔父來華，他們穿越歐亞大陸，經歷了三年半的時間，終於在至元十二年（一二七五）抵達元朝的上都，後到大都。忽必烈對於三人的到來感到很高興，便讓他們在中國定居下來。年輕的馬可波羅深得忽必烈信任，不但時常被召入宮講述西方的風土民情，也被派往中國及南洋各地巡視辦事。在中國住了十七年後，思念家鄉的他們，終於因為一次護送公主前往伊兒汗國成親的任務而得到返國的機會。

回到家鄉後，馬可波羅受威尼斯徵召入伍，後來在戰爭中被俘入獄，與一位名為魯思蒂的作家關在一起。在獄中，他將其旅行、居住在中國及亞洲各地的所見所聞一一講述給魯思蒂聽，由他記錄整理成書，書名取為《東方見聞錄》，後來改為《馬可波羅遊記》，成了聞名世界的一本書。

由於書中所描述的中國及東方像是天堂般的世界，許多歐洲人都懷疑內容的真實性，後來得到一些曾到過東方的人證實後，歐洲人便千方百計要尋找到達東方的新航道，最後促成了大航海時代的來臨，許多探險家紛紛擁向那個沒有「四皇」及「王下七武海」的美麗「新世界」。

1329 **明宗** **天曆二年** 文宗讓位給其兄周王，是為明宗，文宗被封為皇太子。明宗卒，文宗復位。

1330 **文宗** **至順元年** 賑濟北方各州縣飢民。

1331 **至順二年** 雲南發生亂事。

1332 **至順三年** 文宗卒，明宗子懿璘質班即位，是為寧宗，即位不到兩月即卒。

1333 **至順四年** 寧宗兄妥懽帖睦爾即位，是為順帝，十月改元元統。
順帝（惠宗） **元統元年**

1334 **元統二年** 湖廣、河南一帶水、旱成災。

1335 **元統三年** 左丞相唐其勢密謀發動政變失敗，為右丞相伯顏所殺。
至元元年 伯顏弒皇后。伯顏停辦科舉。

1336 **至元二年** 江浙發生旱災、饑荒。

1337 **至元三年** 廣東、河南民兵起事。禁漢人、南人執有兵器。英法百年戰爭開始。

不過，由於書中竟然沒有提到中國極具代表性的長城、茶、筷子、漢字等事物，而中國史籍中也沒有出現過馬可波羅這號人物，因此屢屢引起西方學者的懷疑，認為馬可波羅只是在商旅中輾轉聽到一些商人對於中國的描述，將之拼湊成為自己的經歷，其實他根本沒有到過中國。關於這點，熟知中國史籍與歷史的中國學者則以他們所找到的一些證據提出解釋、反駁，至於真相如何，就留給世人自行判斷了。

白蓮教與紅軍（上）：挑動黃河天下反

元朝除了開國的元世祖忽必烈在位時有一番作為外，以下諸帝的政績大都不值一提，還不時出現權臣把持朝政的亂象，動輒以武力消滅政敵，連皇帝都照殺不誤（如英宗在「南坡之變」被鐵失等人殺害），只能征戰，不重文治，國事焉能不壞？人民的不滿也日益瀰漫於整個社會。順帝初年還好出了個賢相脫脫，他的一番改革如同為奄奄一息的元朝打了一劑強心針，但至正十四年（一三五四），順帝因聽信讒言而將他罷黜、流放，這意味著元朝從此回天乏術了。

時間倒回到三年前的至正十一年（一三五一），當時脫脫派賈魯治理黃河，徵用了十幾萬民工開挖河道，事前已有官員擔心這麼多人聚集在一起恐生變亂，但此意見不被接受。果然，在江淮一帶傳播白蓮教的韓山童打算趁此機會與劉福通等人密謀起事。劉福通先是偷偷在河床下埋了一具獨眼石人，再散播「石人一隻眼，挑動黃河天下反」、「明王即將出世，拯救萬民」的謠言。沒多久，民工如其所料挖到石人，都嚇了一大跳，群眾因此更加確信這個宗教預言——「韓

單位：年

西元	朝代	帝王年號	大事
1338	元	至元四年	袁州周子旺起事，自號周王，後敗死。
1339		至元五年	以伯顏為大丞相。
1340		至元六年	伯顏密謀發動政變失敗，遭貶職，後死。以脫脫為右丞相主政，推行多項改革，史稱脫脫更化。復行科舉制度。
1341		至正元年	湖、廣、山東、燕南兵起，大饑。
1342		至正二年	各地發生饑荒，大同人吃人。
1343		至正三年	脫脫修宋、遼、金三史。河南、山西大饑。
1344		至正四年	罷脫脫相職。
1345		至正五年	各地發生饑荒，徐州、東平尤甚，人吃人。
1346		至正六年	陝西發生饑荒。福建、廣西、河南、山東民兵起事。

山童就是天下蒼生的救世明王」。此時不反，更待何時？當韓山童正打算聚眾起義時，卻因消息走露，遇到官軍的突襲，韓山童雖貴為教主，卻沒有武俠小說中白蓮教主超凡入聖的絕世武功，慘遭被捕處死的命運，其子韓林兒及劉福通則僥倖逃過一劫。

劉福通辛辛苦苦策畫了這麼久，好不容易才有了一番局面，當然不甘心就此罷手，因此，劉福通仍照原訂計畫號召人民起義。他們充分利用民眾的不滿心理，像滾雪球一般，沒多久就聚集了十幾萬人，在河南、安徽一帶放肆撒野，好不威風，許多城鎮一一淪陷，因其頭綁紅巾，號稱紅軍；又因燒香聚眾，也稱香軍。就像秦末的陳勝、吳廣一般，紅軍樹立起反元的大旗，點燃了起義的火炬，南北各地的民眾紛紛追隨著他們的腳步，加入了殺韃子的行列。為了壯聲勢、拉人馬，郭子興、徐壽輝、彭和尚等各地的草莽英雄紛紛打起紅軍的字號，如此一來，劉福通的紅軍自然成為元朝必除之而後快的頭號目標。至正十五年（一三五五），劉福通找到了教主之子韓林兒，擁立他為皇帝，國號宋，並打出「小明王」（因其父為明王）的名號，號召群雄，發動三路反元大軍展開北伐。

白蓮教與紅軍（下）：剋星帖木兒

所謂百足之蟲，死而不僵，元朝還是有幾個能征善戰的猛將，最厲害的就是察罕帖木兒（即《倚天屠龍記》中趙敏的老爸汝陽王），沒人打得過他，所到之處，起義軍紛紛抱頭鼠竄。但起義軍像老鼠一般生得快，也殺不完，察罕帖木兒這名猛將只好東征西討，疲於奔命。順帝至正二十二年（一三六二），他

1347 至正七年 湖廣苗、猺民起事，派兵攻之。

1348 至正八年 方國珍起事於浙江。
歐洲爆發黑死病大流行。

1349 至正九年 復任脫脫為相。
命皇太子習漢人文字。

1350 至正十年 更改鈔法。
方國珍進攻溫州，各地民變紛起。
陳友諒起事於湖北洪湖。

1351 至正十一年 以賈魯治理黃河。
白蓮教主韓山童率領劉福通等教眾密謀起事，為官府查獲，韓山童被捕處死，劉福通逃脫，後率眾起事於安徽。
徐壽輝起事於湖北，稱帝，國號天完。

1352 至正十二年 郭子興起事於安徽。
皇覺寺僧朱元璋被亂兵所逐，前往投靠郭子興。

1353 至正十三年 張士誠據高郵，建國號大周，自稱誠王。

1354 至正十四年 脫脫大敗張士誠於高郵。
哈麻誣陷脫脫師老無功，脫脫遭解除軍權。

遭到降將田豐刺殺身亡，但還好有養子擴廓帖木兒（王保保）接班，其能力非但不在其父之下，且有過之，因此正牌紅軍的主力部隊就這樣被這對父子一一剿滅，最後只能待在安豐城中（安徽壽縣）苟延殘喘。至正二十三年（一三六三），投降元朝的張士誠落井下石，派兵攻入安豐，劉福通只好向隸屬於紅軍但已形同獨立的朱元璋小兒弟求救，朱元璋看在老長官的舊情面上，出兵救出了韓林兒和劉福通（另一說法是劉福通於此役戰死），並將他們安置在滁州（安徽滁縣）。

至正二十六年（一三六六），朱元璋命令部下廖永忠將韓林兒和劉福通接到應天（南京），但廖永忠似乎奉了朱元璋的密令，在渡江時將船隻弄沉，將他們溺死。雖然朱元璋事後指責廖永忠自作主張，但韓林兒若真的到達應天，對於已經稱王的朱元璋來說，豈不尷尬？韓林兒雖然手中無兵，只是個光桿司令，但就名義上來說，畢竟還是朱元璋的頂頭上司，有他在一日，朱元璋便無法稱帝。道義上，朱元璋應該要把搶來的地盤都獻給韓林兒，作為臣子的他，只能跪在地上，高呼萬歲。但道義畢竟不敵權力慾望，這也註定了韓林兒終究難逃一死的命運。

朱元璋的掃平群雄（上）：高築牆、廣積糧、緩稱王

元朝末年，各地起義不斷，其中較有勢力的幾支隊伍中，以至正八年（一三四八）起事的方國珍出道最早，但他活動範圍集中在浙江沿海一帶，因此只被視為是邊境的小騷亂而已。真正掀起驚天巨浪的則是

單位：年

西元	朝代	帝王年號	大事
1355	元	至正十五年	劉福通迎韓山童子韓林兒至安徽，號小明王，建國號宋。脫脫遭讒言所害，被革職流放，後被毒死。
1356		至正十六年	方國珍降元。朱元璋克集慶，稱吳國公。
1357		至正十七年	朱元璋克常州。張士誠降元。紅巾軍元帥明玉珍占有全蜀。
1358		至正十八年	劉福通破汴京，迎韓林兒。朱元璋陷婺州。
1359		至正十九年	方國珍依附於朱元璋。陳友諒遷徐壽輝至江州，自稱漢王。
1360		至正二十年	陳友諒殺徐壽輝，自立為帝，國號漢。
1361		至正二十一年	朱元璋陷安慶，克江州。陳友諒走武昌。
1362		至正二十二年	明玉珍陷雲南，稱隴蜀王。

至正十一年（一三五一）劉福通所率領的紅軍，他們在帝國腹心之地的河南、安徽一帶連敗元軍，迅速竄起，也號召了大江南北的反元勢力，紛紛打起紅軍的字號，用這塊金字招牌來吸引民眾加入，就像今天的「加盟店」一樣，讓人覺得有一定的水準，而且有總部會指導、支援，但其實多數都是各自為政，成為山寨版的紅軍，這其中也包括了在濠州（安徽鳳陽）起事的郭子興。

朱元璋出身於濠州的一戶貧農家庭，至正四年（一三四四）的旱災奪走了父母及兄長的性命，迫使這位十六歲的少年只好出家當和尚，至少廟裡還有些香油錢可以讓他活命，但饑荒實在太嚴重，廟裡收入不足，迫得他只好出外化緣維生，其實跟乞丐討飯沒兩樣（這就是「乞丐皇帝」一名的由來）。後來在好友湯和的邀請下，他加入了郭子興的軍隊，靠著過人的膽識與能力，他逐步建立起一支屬於自己的軍隊。至正十五年（一三五五），郭子興父子接連死去，他順理成章地成為這群人的老大。次年更攻下集慶（南京），有了這座龍蟠虎踞的金陵城，朱元璋才真正擁有一個可與群雄爭霸的據點。

不過此時的朱元璋尚不成氣候，還好有大樹遮蔭，北方劉福通的紅軍為他擋下元軍的大部分攻勢，讓他能夠好整以暇地在南方攻城略地，厚植實力。朱元璋聽從了謀士朱升的建議——「高築牆、廣積糧、緩稱王」，築牆與積糧使他擁有可以長期作戰的本錢；緩稱王則是以低姿態來躲避元軍的主動攻擊（元朝畢竟兵力有限，而起義軍隊多如牛毛，通常會找稱帝稱王的指標性人物開刀）。

1363	至正二十三年	明玉珍稱帝於成都，國號夏。 張士誠將呂珍殺劉福通。 朱元璋與陳友諒大戰於鄱陽湖，陳友諒敗死。朱元璋自稱吳王。
1364	至正二十四年	孛羅帖木兒與王保保交兵於大都。
1365	至正二十五年	元順帝殺孛羅帖木兒，召太子回大都。
1366	至正二十六年	王保保調李思齊、張良弼等出關，李、張等不聽調。王保保攻打李思齊、張良弼。 明玉珍卒，子昇稱帝。 朱元璋殺韓林兒。
1367	至正二十七年	元關中諸將推李思齊為盟主，共同抵抗王保保。 元下詔黜王保保。 朱元璋遣軍破平江城，張士誠被俘，後自殺身亡；降方國珍，命徐達等北伐。
1368	明　太祖 洪武元年	朱元璋於南京稱帝，國號大明。 王保保據太原，擒殺關保、貊高，元朝恢復其舊爵，並令與李思齊援大都。 徐達、常遇春克通州。 元順帝北走上都，明將徐達攻陷大都。大都降明。

朱元璋的掃平群雄（下）：從乞丐到皇帝

當時朱元璋所面臨兩股最強大勢力是：東方的張士誠及西方的陳友諒。張士誠占據高郵一帶，屬於糧食產區，因此最富有；極具野心的陳友諒則據有兩湖及江西一帶，兵力最強。至正二十三年（一三六三），經歷了慘烈廝殺的鄱陽湖大戰後，朱元璋在不被看好的情況下，以寡擊眾，打敗了陳友諒這個強大的對手，陳友諒中箭身亡；至正二十七年（一三六七），又在平江之戰中消滅了張士誠政權，大致上完成了南方的統一。

朱元璋挾著這股銳不可當的氣勢，隨即命徐達率領二十五萬大軍北伐，並以破竹之勢席捲山東、河南等地。而元朝似乎有點搞不清楚狀況，因為在這節骨眼上，竟還在自相殘殺。原本王保保奉令率領李思齊等人討伐反元軍隊，但李思齊等將領本為王保保之父察罕帖木兒的部將，這些人倚老賣老，把王保保看成乳臭未乾的小孩子，不聽指揮調度，氣得王保保親率軍隊攻打李思齊，雙方就這樣打得難分難解，也不管什麼北伐軍了，甚至連順帝也來攪局，命令諸將合攻王保保。直到徐達的軍隊已逼近大都，順帝及諸將領這才放下心結，慌忙請王保保率軍抗敵。但遠水救不了近火，此時王保保還在山西太原，當他調兵遣將準備出發時，北伐軍已經離大都不遠了。當心急如焚的順帝得知大都的門戶通州已經淪陷時，便有了逃跑的打算，因此在至正二十八年（一三六八）七月二十八日晚上，趁著夜黑風高，帶著后妃、太子北奔上都。八月二日，徐達的大軍輕而易舉地攻陷了大都，也宣告了元朝的滅亡。

明朝

朱元璋打著「驅逐胡虜，恢復中華」的旗幟，創建明朝，是為明太祖。明太祖整頓吏治、發展經濟，開創出「洪武之治」，天下富裕且安定。後由明惠帝即位，但是燕王朱棣不服，發起「靖難之役」，奪下皇位，是為明成祖。明成祖勵精圖治，下令編修《永樂大典》，南擊安南，北征蒙古，還派鄭和出使西洋宣揚國威，開創出「永樂盛世」。後繼者仁宗與宣宗接續此局面，號稱「仁宣之治」，明朝的國力臻於全盛。

然而明宣宗打破了立國以來宦官不得干政的規矩，這規矩一壞，逐漸摧毀明朝的統治根基。明英宗時期的宦官王振，攪出了一場「土木堡之變」，英宗慘遭俘虜；明憲宗因寵信萬貴妃，荒廢朝政，國事不經朝廷大臣，都由宦官傳旨處理；明武宗時期有宦官「八虎」，尤有甚者為劉瑾，朝臣如果不依附他，便只有死路一條。

至明神宗初期，張居正實施變法改革，內外政績皆有一定水平，但張居正死後明神宗便不問政事，沉迷酒色，甚至派宦官去搜刮百姓的財產。這是明朝腐敗的關鍵點，也是努爾哈赤崛起的時刻。明熹宗時的宦官魏忠賢，則是將朝廷的良臣驅除一空。明朝皇帝的猜忌心重，需要特務機構來維持皇權，例如明太祖的「錦衣衛」，而東廠、西廠的成立，更是讓宦官合法干預朝政。明朝晚期書院興盛，知識分子在講學之餘，議論朝政，結果爆發了「東林黨爭」。

明思宗即位後立刻誅殺魏忠賢，但也無法挽回朝局亂象，大規模的流寇四起，闖王李自成甚至攻下了北京，叛將吳三桂更是引清兵入關。明思宗最後選擇上吊自縊；清朝正式入主中原。

明朝的海禁政策在穆宗時期廢除，海外貿易有更多元的發展，商品經濟繁榮。明神宗時，利瑪竇來中國傳播天主教，並介紹不少科學知識。此時醫藥科學知識豐富，誕生了《本草綱目》、《天工開物》、《農政全書》等科學著作。文學創作方面誕生了《西遊記》、《三國演義》等書。

明朝的國祚自西元一三六八年至一六四四年，起自明太祖朱元璋，終於明思宗朱由檢。明太祖定都南京，明成祖朱棣始遷都北京。

西元	朝代	帝王年號	大事
1368	明	太祖 洪武元年	朱元璋於南京稱帝，國號大明。 元順帝北走開平，明將徐達攻陷大都。 改大都為北平。 修築長城。 修築通濟河。 建立衛所軍制。
1369		洪武二年	常遇春克開平，元帝奔走和林。 封王顓為高麗王。 命各府、州、縣設立學校。 設立分封諸王制度，以保護京城。
1370		洪武三年	元順帝卒於應昌。 舉行科舉考試。 大封功臣。 《元史》修成。 帖木兒稱可汗，建立以西亞、中亞一帶為主要勢力範圍的帖木兒汗國。
1371		洪武四年	重慶明玉珍子昇投降，夏亡。
1372		洪武五年	明大舉攻元，失敗。
1373		洪武六年	任胡惟庸為右相，罷汪廣洋相職。 開始修訂《大明律》。

胡藍之獄：明太祖殺文武百官，冷血衛江山

一三六八年，朱元璋登上帝位，定都應天府（南京），國號大明，是為明太祖。太祖一統天下後不久，開始大肆屠殺當年和他一起出生入死的夥伴，原因無他，朱元璋知道自己雖然還制得住這批功臣，但他的子孫就沒有這種本事了。加上他生性好疑，只要某人有點勢力或影響力，他就懷疑那人要叛變，而且秉持的是「寧可錯殺一百，不可放過一人」的殘酷原則。洪武十三年（一三八〇），明太祖將丞相胡惟庸逮捕入獄後處死，其罪名為私通外國、陰謀造反。此案共犯越查越多，許多跟隨朱元璋打天下的功臣及官員都被牽連在內，最後共有三萬多人被處死。

殺完了文官，接著是武將。洪武二十六年（一三九三），此時困擾明朝許久的北元之主力軍隊已遭藍玉擊破，朱元璋再無顧忌，於是藍玉同樣被控謀反，除了下獄處死、滿門抄斬外，又牽連了一萬五千多人。明初這兩大案將開國的功臣宿將幾乎殺光，史稱「胡藍之獄」。

一般認為朱元璋之所以大殺文武百官是為了鞏固大明江山，他無法忍受丞相胡惟庸擁有統領文武百官的龐大權力，故必滅之而後快。後來還下令從此不准設置丞相，若有人膽敢奏請設立，則處以凌遲極刑，且全家處死，因為他不願意讓宰相統領整個官僚集團，因而擁有足以與皇帝相抗衡的權力，所以乾脆廢掉了自秦漢以來實行已一千多年的宰相制度，從此以後，文武百官直接對皇帝負責，皇帝的權力也日漸膨脹，而達到另一波新高峰。此一變革對於此後的明、清兩朝產生了很壞的影響，故明末清初的大思想

1374 洪武七年 設置水軍四衛，罷市舶司，嚴海禁以防倭寇。
高麗權相李仁任弒王顓。

1375 洪武八年 開始發行大明寶鈔。

1376 洪武九年 改行中書省為承宣布政使司，簡稱布政司。
爆發空印案。
下詔求直言，葉伯巨上萬言書，帝大怒，命逮捕之，後死於獄中。

1377 洪武十年 以胡惟庸、汪廣洋為左右相。

1378 洪武十一年 太祖封子五人為王。
基督教史上的「亞威農之囚」結束，「大分裂」開始。

1379 洪武十二年 右相汪廣洋被下詔賜毒而死。

1380 洪武十三年 丞相胡惟庸，以謀反罪嫌遭處死，自此而後的十年間，仍不斷追查共犯，遭株連的人達三萬多人。
罷中書省，廢丞相，宰相制度因而廢止。

1381 洪武十四年 元兵侵邊境，遣徐達抵禦之。
編定賦役黃冊。

家黃宗羲曾說：「有明之無善治，自高皇帝罷丞相始也。」

靖難之役：骨肉相殘

明朝建立之初，殘存的蒙古勢力仍在北方蠢蠢欲動，邊防不可無人，所以除了太子朱標外，太祖大封其餘諸子為藩王，以重兵鎮守全國各地要塞，從邊境到內地，一層層擔負起保衛南京皇城的重責大任。

人算不如天算，計畫趕不上變化，太子的早死破壞了朱元璋精心繪製的建國藍圖。因為身為大哥的朱標天性仁厚，如果是他繼位的話，或許勉強能以其威信壓制住那二十幾個弟弟，使他們不致心生反叛之心。（但時間久了，就難講了，因為後代子孫從親兄弟變成堂兄弟，再從堂兄弟變成族兄弟，關係越來越遠，為了爭權奪利，可是說反就反，不留情面的。）結果卻是年僅二十一歲的朱允炆以皇太孫的身分登上皇位，是為惠帝。諸藩王手握重兵，又是從小看著朱允炆長大，不免有點倚老賣老，對這個小姪兒擺出一副傲慢的姿態，早熟的惠帝其實感受很深。

一千多年前的漢朝初期，景帝因削藩政策而引起七國之亂，惠帝想必讀過這段歷史，但或許是年輕人性急，他即位不久就聽從黃子澄、齊泰的建議而採取了最激烈的削藩政策。惠帝先後用各種藉口廢掉了周王、代王、岷王，這一切燕王朱棣都看在眼裡，他知道有一天這個姪兒也會六親不認地對自己下手，因為他手中握有十幾萬的重兵，是朝廷的心腹大患。或許朱棣原本沒有異心，但情勢逼人，為了自保，他祕密籌備打仗的武器、糧草等物品，還裝成發瘋的樣子，

單位：年

西元	朝代	帝王年號	大事
1382	明	洪武十五年	雲南平定。 設立錦衣衛。 復行科舉。 置殿閣大學士。
1383		洪武十六年	命沐英鎮守雲南。
1384		洪武十七年	頒布科舉定制。 禁宦官干預外朝事務。
1385		洪武十八年	遣使封高麗王禑。 郭桓貪污案爆發，遭下獄處死者達數萬人。
1386		洪武十九年	日本入貢，不許。
1387		洪武二十年	命湯和築瀕海城以防備倭寇。 編訂魚鱗圖冊。
1388		洪武二十一年	藍玉於捕魚兒海大破北元主力，脫古思帖木兒逃走，自此以後北元勢衰。 高麗李成桂囚其王禑，而立禑子昌。
1389		洪武二十二年	於兀良哈設置泰寧、朵顏、福餘三衛。
1390		洪武二十三年	遣晉王、燕王率師北伐，燕王勸降北元將乃兒不花。 賜魏國公李善長死。

希望惠帝能就此放過他。不過也有人認為他只是要讓惠帝放鬆戒心，以爭取更多的時間籌集軍事物資。

但惠帝並不因此而饒過朱棣這個頭號目標，他先是派遣駐在北京的官員祕密逮捕朱棣，但因有人洩密而失敗，裝瘋賣傻的朱棣知道瞞不住了，只好恢復正常，以皇帝身邊有奸臣的名義，出兵靖難。朱棣從小熟習軍事，曾率軍大破蒙古軍隊，稱得上是明朝一名戰將，儘管朝中老將已被朱元璋誅殺殆盡，但中央軍在數量上占有優勢，也還有幾個不錯的將領，雙方纏鬥了三年之久。最後技高一籌的朱棣終於打進南京，惠帝則是人間蒸發，既沒投降，也找不到他的屍體，成為歷史上的一個謎團。

於是朱棣即位，是為明成組，後遷都北京。雖然他得位不正（因此翰林學士方孝孺斥其「燕賊篡位」，而拒絕為他起草即位詔書，成祖因此誅殺他「十族」），人品也不怎麼高尚，他仍是明代最英明有為的皇帝，和唐太宗及清朝雍正皇帝一樣，都屬於「逆取順守」型的君主，在位二十二年，史稱「永樂之治」。

鄭和下西洋：四海揚威、八方來貢

明成祖即位後不久，便於永樂三年（一四〇五）派遣太監鄭和率領一支擁有六十二艘船、兩萬七千多人的大型船隊前往西洋，當時的西洋指的是婆羅洲以西，即東南亞各國及印度洋一帶。為何成祖要勞師動眾地舉行這種前所未有的大型遠航活動呢？有人說是為了尋找在靖難之役中不知所蹤的惠帝，這當然不無可能，但鄭和前後七次下西洋，歷時二十八年，只是

- 1391 洪武二十四年 命皇太子巡撫陝西，後還京師。
- 1392 洪武二十五年 皇太子標卒，立朱允炆為皇太孫。
  高麗李成桂自立，受明冊封，改國號為朝鮮。
- 1393 洪武二十六年 涼國公藍玉以謀反罪嫌遭處死，遭株連者達一萬五千人。
- 1394 洪武二十七年 修全國水利。賜潁國公傅友德死。
- 1395 洪武二十八年 信國公湯和卒。賜宋國公馮勝死。
- 1396 洪武二十九年 命燕王棣率師巡邊。
- 1397 洪武三十年 以耿秉文為征西將軍，郭英為副，防備西北邊，當時功臣宿將僅存此二人。
- 1398 洪武三十一年 太祖卒，皇太孫朱允炆繼位，是為惠帝。
  齊泰、黃子澄參預國事。
  惠帝開始進行削藩。
- 1399 惠帝 建文元年 燕王朱棣不滿惠帝之削藩，於北平起兵反叛，靖難之變開始。
- 1400 建文二年 燕軍大舉攻東昌（山東聊城），燕軍大敗，遁還北京。

為了在茫茫大海中尋找一個人，不但希望渺茫，也未免太多次了。所以一般來說，還是傾向於認為這是明成祖向西洋各國宣揚國威的一種手段，希望那些番邦小國見識到明朝的強大而遣使來華朝貢，除了有助於重振中華上國的雄威外，也可提升其個人威望。成祖要讓那批建文舊臣們知道，當年唐太宗在殺兄逼父的玄武門之變後，可以締造出傳頌千古的貞觀之治，他朱棣也是一樣，將會領導大明帝國登上高峰。

鄭和，雲南回族人，原姓馬，名和，小字三保，世稱三保太監。十一歲時，因為成為明軍戰俘而遭閹割，後來進入燕王府服務，得到朱棣的賞識。在靖難之役中，他隨朱棣出生入死，立下不少戰功，永樂二年（一四〇四）受成祖賜姓為「鄭」，從此便稱為鄭和。他率領的船隊因肩負宣撫各國的外交使命，為了能平安往返於萬里大海上，船隻的性能不但是當時最先進，船上還擁有精銳的水師、犀利的火器等軍事配備。當然，也攜帶了許多金銀、綢緞、瓷器等物品，作為贈送各國君主與交換當地物產之用。自永樂三年第一次出航起，至宣宗宣德八年（一四三三）最後一次回航止，總計七次下西洋，有六次是在永樂朝，足跡遍及東南亞及印度洋沿岸諸國，最遠到達了非洲東岸（有人認為他們到過美洲及澳洲）。

鄭和下西洋的確完滿地達成了成祖所賦予「宣揚國威」的任務，許多與中國久已失聯或從未曾有過接觸的國家，都因此重新建立起外交關係。使節來華，絡繹不絕，有些國家甚至由國王親率使團前來朝貢。美其名是朝貢，其實貢品多是價值不高的地方土產，卻能得到明朝所賞賜的金銀財寶、綾羅綢緞，甚至還

單位：年

西元	朝代	帝王	年號	大事
1401	明		建文三年	燕軍大舉南犯，直趨南京。貶齊泰、黃子澄。
1402			建文四年	燕王攻入南京，惠帝失蹤，燕王即位，是為成祖。成祖大殺惠帝親信臣子，遭牽連而充軍、處死者達數萬人，並持續削藩政策。設立內閣制度。
1403		成祖	永樂元年	成祖改北平為北京，徙富民以實北京。成祖為犒賞提供情報有功的宦官，命令宦官監管各地軍隊，開明代宦官專權之始。
1404			永樂二年	李景隆遭處死，耿秉文自殺。
1405			永樂三年	鄭和第一次下西洋。帖木兒死。
1406			永樂四年	遣使日本。張輔大破安南兵。建造紫禁城。
1407			永樂五年	封西僧哈里瑪為大寶法王。安南平，置交趾布政使司。《永樂大典》修成。

可以帶些東西來華貿易，賺些錢或是換些中國的瓷器、絲綢等精美工藝品回國。同樣地，明朝也希望藉著與各國的接觸，而得到香料、寶石及可供賞玩的奇珍異物，最有名的便是帶回了中國傳說中的祥獸——麒麟。後來的人看到當時所繪製的麒麟圖，才知道原來就是動物園所常見的長頸鹿。

宣宗以後，明朝國力日下，再也無力持續這種勞民傷財的遠程航行，遂中止了此一空前絕後的「海上外交」活動。

土木堡之變（上）：英宗與太監王振拿國事當兒戲

明英宗正統十四年（一四四九）七月，明朝與北方強敵瓦剌（蒙古分裂後的一部）為了貿易問題而鬧得不愉快，瓦剌首領也先大怒，遂親率大軍，揮兵南下。明朝收到邊境傳來的告急軍情後，英宗所寵愛的太監王振竟然瞧不起也先的幾萬軍隊，而慫恿英宗御駕親征，還打算在大軍凱旋時，順道經過自己的家鄉，好達成衣錦還鄉的夢想。此時的英宗還只二十三歲，年輕氣盛的他，竟聽信了王振的無知讒言，妄想效法曾祖父成祖當年五次親征漠北的壯舉，卻沒想到自己從小驕生慣養，豈能與南征北討、浴血奮戰打下江山的明成祖相比？

雖然群臣跪求皇帝收回成命，但是英宗自恃明軍兵多將廣，以眾擊寡，絕不至於落敗，便在七月十七日與文武官員率領五十萬大軍浩浩蕩蕩出發了。明朝從收到邊境急報到率軍出征只有短短幾天的時間，不但是倉促成軍，也沒有足夠的後勤補給，更別說有蒐集、研判敵情而擬定的作戰計畫了，凡此種種，都必

1408 **永樂六年** 鄭和第二次下西洋，駛抵錫蘭山（印度洋錫蘭島）。交趾復亂，出兵征討之。

1409 **永樂七年** 命丘福征韃靼，失敗被殺。封瓦剌、馬哈木等為王。

1410 **永樂八年** 成祖親征韃靼，擊敗阿魯台。

1411 **永樂九年** 復命張輔征討交趾，大破之。疏通南北大運河。

1412 **永樂十年** 鄭和第三次下西洋，到達蘇門答臘。

1413 **永樂十一年** 設置貴州布政使司。封阿魯台為和寧王。

1414 **永樂十二年** 成祖親征瓦剌，大敗之。命翰林學士胡廣等修五經、四書及宋儒性理等書。

1415 **永樂十三年** 馬哈木遣使入朝。罷海運。命張輔出鎮交趾。

1416 **永樂十四年** 鄭和第四次下西洋。占城、爪哇、錫蘭山等十九國入貢。阿魯台敗瓦剌，遣使獻俘。

然會使明軍的戰鬥力大打折扣；加上出兵後，便狀況不斷，有經驗的大臣也有不祥的預感，紛紛請求英宗暫緩前進，但都被王振所阻撓否決。十多日後，大軍抵達山西的陽和，看見一片屍橫遍野、血流成河的慘狀，不禁開始害怕了起來。不久後，抵達軍事重鎮大同，王振才知道原來前幾天，明軍在陽和被也先慘殺至全軍覆滅，才留下了他們看到的那副可怕畫面。連邊境驍勇駐軍都不敵蒙古鐵騎，那這五十萬名養尊處優的京師禁軍及臨時從附近調集而來的雜牌軍恐怕也難逃失敗的命運，於是王振急忙請求英宗回師，以策安全。

英宗隨即下令退兵，但沒想到王振絲毫不顧皇帝的安危及數十萬人的性命，竟然邀請英宗去他的家鄉蔚州逛逛。如果真的是這樣也就算了，因為蔚州位於從大同回北京的路途上，順道一遊或許還是可以平安入關回京。但是大軍走了數十里後，王振又說這大隊人馬恐怕會把他家鄉的農作物踩壞，竟然不怕死的往北改走宣府這一條遠路入關回京。

土木堡之變（下）：龍困淺灘

到達宣府後，埋伏已久的也先大軍出現了，明軍急忙派朱勇率兵四萬迎擊，以掩護英宗等人急趨居庸關。這四萬人雖然全數陣亡，但也拖住了瓦剌軍隊幾天的時間，讓明軍得以護衛英宗抵達距居庸關六十里的土木堡（察哈爾懷來縣西）。此時，驚魂未定的大臣們建議英宗儘速進入二十里外的懷來縣城，至少還有幾座城牆可以抵禦蒙古兵的攻擊，當然最好是連夜退入居庸關，就更安全了。豈知此時運送王振財物的

單位：年

西元	朝代	帝王年號	大事
1417	明	永樂十五年	命李彬鎮守交趾。 成祖北巡，命皇太子監國。 馬丁五世當選教宗，教會「大分裂」時期結束。
1418		永樂十六年	交趾復亂，黎利起兵叛亂。
1419		永樂十七年	倭寇進犯遼東，總兵劉江敗之。
1420		永樂十八年	唐賽兒於山東起事，同年遭明軍擊潰。 成祖設立由宦官統率的東廠。
1421		永樂十九年	遷都北京。 鄭和第五次下西洋。
1422		永樂二十年	成祖親征阿魯台，敗之。 瑞士成為獨立國。
1423		永樂二十一年	成祖復親征阿魯台，蒙古也先土干來降，下詔班師。 鄭和第六次下西洋。
1424		永樂二十二年	成祖第五次親征蒙古，回程中生病，至榆木川（察哈爾多倫）卒，子朱高熾即位，是為仁宗。
1425		仁宗 洪熙元年	仁宗病死，子朱瞻基即位，是為宣宗。 設立會試南北分卷制度。 開始設置巡撫一職。

車隊還沒到，王振堅持要在關外等候，於是不知凶險的英宗就下令軍隊在土木堡紮營過夜。

次日一早，也先的大軍已經追蹤而至，並將明軍團團包圍了。明軍雖不如瓦剌軍精銳，但這批負責守衛京城安全的數十萬大軍列陣以待，還是足以擋住了蒙古大兵一波波的猛烈攻勢。此時，也先假裝要談和，英宗也信了他，雙方便展開了和談。眼見瓦剌軍隊逐漸退去，毫無作戰經驗的王振便下令讓飢渴不堪的大軍前往水源地喝水。突然間，也先部隊從四面八方猛攻明軍，並大叫：「放下武器的人不殺！」猝不及防的明軍大亂陣腳，許多人紛紛丟下武器逃跑，只能用兵敗如山倒來形容這場景。眼見大軍遭瓦剌軍恣意屠殺，護衛將軍樊忠悲憤交加，他在戰陣中找到這場悲劇的大罪人——王振，用戰錘打死了他。英宗則在衛士拚命的掩護下，僥倖逃過一劫。戰役結束後，他坐在地上喘息，被清理戰場的瓦剌士兵發現，見他衣著談吐不凡，一查之下，方知是堂堂的大明皇帝，於是英宗便被也先擄去成為人質。後來也先利用英宗向明朝官員勒索財物，並挾持他隨軍圍攻北京，但被于謙所指揮的軍隊所擊退。也先在得知明朝已另立英宗之弟為新君後，這個被尊為「太上皇」的前任皇帝已失去利用價值，便將他送回了明朝。

歷史上，皇帝被外族擄走的事例有好幾起，但在御駕親征的情況下被抓，這倒是頭一遭。此一戰役中，有數十名隨行的文武官員喪命，數十萬大軍的損失也讓明朝元氣大傷，兩個皇帝的並存更造成權力的失衡，為日後的明代朝政增添不少無謂的紛擾。

1426	宣宗	宣德元年	仁宗弟朱高煦起兵叛變，帝親伐之，高煦兵敗投降。命王通征黎利，失利。
1427		宣德二年	王通棄交趾與黎利訂盟而還。詔赦黎利，罷兵交趾。
1428		宣德三年	安南黎利重建越國。
1429		宣德四年	聖女貞德解救法國危機。
1431		宣德六年	鄭和第七次下西洋。命黎利權署理安南國事。英軍將聖女貞德處死。
1432		宣德七年	賜司禮太監金瑛、范洪免死詔。
1433		宣德八年	鄭和死於第七次下西洋回國途中。
1434		宣德九年	瓦剌王脫歡攻韃靼，殺阿魯台。
1435		宣德十年	宣宗死，子朱祁鎮即位，是為英宗，以三楊（楊士奇、楊榮、楊溥）輔政。宦官王振任太監，宦官亂政自此始。
1436	英宗	正統元年	開始設置提督學校官。安南王黎利卒，子黎麟嗣位。

于謙與北京城保衛戰：力挽狂瀾

土木堡之變後，也先俘虜了英宗，他料想明朝必會投鼠忌器，便計畫以這張王牌作為護身符，一舉攻下北京。在獲知皇帝遭俘後，明朝群臣惶惶不安，有人擔憂瓦剌打來，甚至主張遷都南京。此時，兵部侍郎于謙義正辭嚴地說：「言南遷者可斬也！京師天下根本，一動則大勢去矣！」群臣見其正氣凜然，也不敢再說什麼。於是在于謙的主張下，擁立英宗弟祁鈺為帝，是為景帝，于謙被任命為兵部尚書，負責調動軍隊以保護北京城的安全。由於京城裡最精銳的部隊都被英宗帶走，于謙只好一方面指揮剩下的老弱殘兵，一方面從各地調來軍隊。不久，也先果然帶著英宗兵臨北京城，于謙知道此戰關乎明朝的生死存亡，只能贏，不能輸，親上城門督戰指揮，眼見指揮官表現出與官兵共存亡的決心，眾將士也被激出高昂的士氣而拚死守城。最後終於擊退瓦剌軍，守住了北京城。

在歷史上，國都一旦失守，等於是宣告這個王朝或政權的滅亡，例外的情況不多（如唐朝遭安史之亂失去了長安、國民政府在抗戰時期遷都重慶），因此若沒有于謙的挺身而出，後果實在不堪設想。于謙有一首詩流傳甚廣（大陸學者閻崇年認為此詩是明朝人在撰寫有關于謙的小說時所編，並非于謙所寫），頗能表現他的一片赤膽忠心。

石灰吟

千鎚萬鑿出深山，烈火焚燒若等閒；
粉身碎骨渾不怕，要留清白在人間。

單位：年

西元	朝代	帝王年號	大事
1437	明	正統二年	派遣兵部尚書王驥經理甘肅邊務。
1438		正統三年	雲南思任起兵，稱麓川王。
1439		正統四年	雲南左都督方政攻思任，失敗。瓦剌王脫歡卒，子也先嗣太師位，自稱淮王。
1440		正統五年	僧人楊行祥偽稱建文帝，下獄死。
1441		正統六年	遣王驥討伐麓川思任，大敗之。
1442		正統七年	命焦宏整飭浙江、福建，防倭寇。太監王振移去朱元璋所立宦官不得干預政事鐵碑。
1443		正統八年	復遣王驥、蔣貴征討麓川。王振殺翰林院侍講劉球。
1444		正統九年	發兵擊兀良哈，小勝。兀良哈進貢馬匹謝罪。
1445		正統十年	瓦剌也先入侵哈密，破兀良哈三衛。
1446		正統十一年	予太監王振等錦衣衛世職。
1447		正統十二年	命邊境諸鎮練軍以防瓦剌入侵。

奪門之變（上）：天無二日，地無二主

也先進攻北京失敗後，知道明朝並不如他想像中那麼地在乎這個「舊帝」，於是便通知明朝派人來把英宗接回去，一方面可以示好，以緩和雙方的緊張關係；一方面恐怕也心懷不軌，故意讓中國出現兩個皇帝並存的局面，以影響明朝政權的穩定性，到時或許有可乘之機也說不定。新即位的景帝卻屢次推託，不願派人接回他哥哥，前後拖了三個月，英宗才在景泰元年（一四五〇）八月被迎回北京，距離土木堡之變正好滿一年。

關於這件事，有兩派看法：一派認為景帝利祿薰心，根本不想讓英宗回來，最後是在眾人及道德的壓力下，才萬般不願地接回這個會威脅他皇位的太上皇；另一派則認為景帝是在測試也先的誠意，利用「以退為進」的心理戰術才能順利迎回英宗（景帝本人也是如此解釋）。

英宗平安歸來後，也不敢要求景帝讓位，而是聽從安排住在南宮。景帝因為擔心英宗圖謀復辟，派遣重兵看守，日常飲食只能從一個小窗口送入，因為供應的物資不是太好，英宗之后甚至還必須做些針線以換取一些必要的食物。

奪門之變（下）：兄弟鬩牆

景泰八年（一四五七），景帝身患重病，包含武清侯石亨、都御史徐有貞、太監曹吉祥等在內的一群投機分子便想趁機擁立英宗復辟，以圖謀私利，並鬥垮深受景帝重用的于謙。這批人派兵打破宮牆，進入南宮，簇擁著英宗至奉天殿復位，不知所措的群臣似

1448	正統十三年	復遣王驥征討麓川。 禁用銅錢。 鄧茂七之亂爆發。
1449	正統十四年	平定鄧茂七之亂。 英宗親征瓦剌，於土木堡遭也先軍隊圍困被俘，史稱土木堡之變。 英宗弟朱祁鈺即位，是為代宗（景帝），尊英宗為太上皇。 也先率軍進攻北京，遭于謙擊退。
1450	代宗（景帝）景泰元年	瓦剌請和，英宗獲釋，回到北京，遭軟禁於南宮。
1451	景泰二年	也先弒其主脫脫不花。
1452	景泰三年	於北京立團營，以于謙負責總理各項事務。
1453	景泰四年	羅馬帝國滅亡。 英法百年戰爭結束。
1454	景泰五年	也先遭阿拉所殺。脫脫不花子麻兒可兒立。瓦剌漸衰，韃靼復盛。
1455	景泰六年	韃靼遣使入貢。 英格蘭爆發玫瑰戰爭，亨利七世勝利，建立都鐸王朝。

乎也找不出理由反對，畢竟皇位本來就是他的，於是英宗順利重登大寶，史稱「奪門之變」。根據《明實錄》的正統官方記載，重病的景帝聽到哥哥復位的消息後，不久就去世了；另有一說是，後來他身體逐漸康復，英宗因為害怕景帝也學他的奪門復位，便命令太監將他勒死，以絕後患（知名的明史專家吳晗即持此一看法）。

英宗復位後，徐有貞等人把當初擁立景帝、領導軍民死守北京城的于謙說成是逢迎景帝篡位的逆臣，遭軟禁七年的英宗自然對于謙擁立景帝之舉憤恨難消，便下令將他逮捕治罪，經審訊後，處以凌遲極刑。不過，英宗在批准行刑時，想起于謙捍衛明朝的大功，不禁猶豫不決。此時，徐有貞在旁說：「不殺于謙，則這場復辟就沒有正當性了。」（徐就是當年主張遷都被于謙痛罵「可斬」的官員，因此非常痛恨于謙。）這句話引發了英宗的殺機，最後因為一些官員的求情，才改為較有尊嚴的斬刑，一代忠臣，就此含冤而終。

嘉靖年間的倭寇：三分真倭、七分假倭

所謂倭寇，一開始指的是在中國沿海地區進行武裝走私、燒殺擄掠的日本浪人武士，於明朝立國之初便已經開始作亂，因為明朝實施海禁政策，許多無以為生的民眾只好與這些日本人相勾結，做做走私買賣、搶搶劫，因此所謂的倭寇，其實有許多都是中國人。時值大航海時代，也有一些葡萄牙人或東南亞人因為常與中國人、日本人做生意而混在其中。日本進入戰國時代後，倭患愈烈，因為一些戰敗的諸侯於

單位：年

西元	朝代	帝王年號	大事
1456	明	景泰七年	各地水旱災頻繁。
1457		景泰八年	代宗病，曹吉祥、石亨、徐有貞等人擁立英宗復辟，史稱奪門之變，改景泰八年為天順元年。
		英宗 天順元年	代宗卒，于謙等人被殺。
1458		天順二年	詔修《一統志》。
1459		天順三年	兩廣及瑤民起事。
1460		天順四年	石亨因圖謀叛亂被捕入獄，後死於獄中。 韃靼入寇。
1461		天順五年	宦官曹吉祥與養子曹欽率兵謀反，曹欽兵敗自殺，曹吉祥遭處死。
1462		天順六年	孛來遣使入貢。
1463		天順七年	發兵攻廣西瑤民。
1464		天順八年	英宗卒，遺詔罷宮妃殉葬，子朱見深即位，是為憲宗。
1465		憲宗 成化元年	劉通率領流民於湖北起事。 為于謙平反冤屈。
1466		成化二年	劉通兵敗遭俘處死。

國內不得志，遂往海外發展，首當其衝的自然是鄰近富庶的中國。至明世宗嘉靖年間，倭寇的作亂達到最高峰，群雄並起，其中以海商出身的汪直勢力最大，他以日本九州為基地，堪稱當時亞洲地區的「海賊王」。

汪直海賊集團擁有數萬兵力、一百多艘巨型船艦，勢可敵國，連日本各地的諸侯都對之敬畏有加。嘉靖三十六年（一五五七），當時的浙江總督胡宗憲利用汪直想合法通商的心理而引誘他回到中國，原本是可以把他像人氣漫畫《海賊王》中的王下七武海一樣，招撫他為政府效力的，沒想到御史王本固趁著汪直在杭州遊玩時將他逮捕。胡宗憲急忙跑去跟王本固交涉，要他放人，沒想到王本固這個書呆子竟然振振有詞地說汪直既然是倭寇，就應該抓起來，甚至還上書朝廷懷疑胡宗憲可能與汪直相勾結。胡宗憲不斷請求朝廷不要殺掉汪直，但朝中有一批不明情勢的官員，也跟王本固一樣，認為像汪直這種目無法紀的巨寇，罪該萬死，同時也開始懷疑不斷幫汪直求情的胡宗憲。事已至此，再多說可能連自己都要遭殃，胡宗憲只好作罷，就這樣，汪直被砍了頭。他的養子毛海峰及部下沒想到明朝竟然言而無信，便瘋狂報復，四處作亂，只苦了那些沿海地區的無辜居民。

就在汪直海賊集團在東南沿海作亂時，一支紀律嚴明、精通戰技的軍隊練成了，此即後人津津樂道的戚家軍。這支軍隊基本上是由浙江義烏的礦工、農民組成的，主帥為抗倭名將戚繼光。他因為見到義烏人的強悍而前往召募，並結合理論與實戰經驗，傳授戰技、演練陣法，並配備優勢火力，因而從嘉靖四十

1467 **成化三年** 韃靼內鬨，孛來為毛里孩所殺。

1468 **成化四年** 加番僧封號為大國師。

1469 **成化五年** 毛里孩聯合兀良哈三部進犯延綏。

1470 **成化六年** 大旱，眾多飢民流亡江陵、襄陽一帶。
韃靼韃延可汗立。

1471 **成化七年** 始立漕粟長運法。

1472 **成化八年** 韃靼入侵延綏、固原等地。

1473 **成化九年** 吐魯番據哈密。

1474 **成化十年** 設延綏、寧夏、甘肅三邊總制，以抵禦韃靼進犯。

1475 **成化十一年** 韃靼諸酋長互相攻殺，其勢稍衰。

1476 **成化十二年** 令太監汪直打探收集情報。

1477 **成化十三年** 設立西廠，由宦官汪直掌管。

1478 **成化十四年** 命汪直巡行遼東邊鎮。
楊福假冒汪直之名四處行騙，遭斬殺。

1479 **成化十五年** 命汪直巡行大同邊鎮。

1480 **成化十六年** 王越擊敗韃靼。

年（一五六一）開始便屢破倭寇，令其聞風喪膽，倭寇私下稱之為「戚老虎」。另一位抗倭名將為俞大猷，這位戚繼光的上司，不但能征善戰，還是個精通武藝的絕頂高手。在他們兩人的努力下，締造了數次大捷，浙江、福建、廣東沿海的倭寇逐漸掃平；而明廷有鑑於海禁政策逼迫人民入海為寇，也開始有所變通，明穆宗開始解除海禁，使得倭寇來源逐漸斷絕，雖然無法完全根除，但已經大為減輕明朝政府的壓力了。

萬曆新政：張居正的改革

隆慶六年（一五七二），穆宗病亡，由年僅十歲的太子繼位，是為神宗。此時的內閣成員主要為高拱和張居正二人，高拱因為過於高傲自大，得罪了握有大權的司禮監掌印太監馮保。張居正趁機拉攏馮保，鬥垮高拱，當上了內閣首輔。神宗與母親李太后非常尊重張居正，對他言聽計從，因此張居正可稱得上是大明帝國實際的統治者。他上任後，開始了一連串的改革，史稱「萬曆新政」。其中以兩方面最重要，一為整頓吏治，他大力推行考成法，嚴格考察中央及地方官員的行政績效，不合格的一律免職，為政府掃除不少尸位素餐的冗官冗員，省下了大筆不必要的開銷；二為實行一條鞭法，也就是把人民所需負擔的租稅徭役都折算成銀兩，不但增加政府的稅收；對人民來說，也是一種公平、合理的便民措施，因此張居正在位期間，國家財富激增，為明朝開創了一番新氣象。

萬曆十年（一五八二），張居正病死。或許是張

單位：年

西元	朝代	帝王年號	大事
1481	明	成化十七年	韃靼侵擾邊境，遭明軍擊敗於黑石崖。
1482		成化十八年	罷西廠，貶汪直。 韃靼入寇延綏，為明軍所敗。
1483		成化十九年	韃靼入寇大同，為明軍官所敗。
1484		成化二十年	太監陳準出任東廠提督。
1485		成化二十一年	派遣官員賑濟陝西、山西、河南等地飢民。
1486		成化二十二年	免除山東、山西、陝西、河南、四川災區稅糧。 免除河南、南京、湖廣、陝西、江西災區稅糧。 韃靼小王子侵擾開原、甘州等地。
1487		成化二十三年	憲宗卒，子朱祐樘繼位，是為孝宗。
1488		孝宗 弘治元年	吐魯番殺忠順王。 葡萄牙船長狄亞士發現非洲南端好望角。
1489		弘治二年	將已死宦官賜田收回，轉給百姓。
1490		弘治三年	令全國設置預備倉。

居正對於神宗皇帝的管教過於嚴格，使這個小皇帝時常擔心會被這位「張先生」廢掉，因此神宗對他是又懼又恨的。張居正一死，神宗如釋重負，二十歲的他已經大權在握，為了樹立皇帝的威信，他先處理了飛揚跋扈的太監馮保，把他貶到南京去種菜；繼而查抄張居正的家產，由於官員手段過於激烈，還鬧出十幾條人命。張居正的改革，毫無疑問是成功的，可惜的是他過於自大，不斷玩弄權術，其用意可能是出於為國為民，但卻逾越了一名臣子的分際，惹惱了不能虛心受教的萬曆皇帝，並牽累了他的家人於其死後遭到清算。

利瑪竇來華：遠來的和尚唸聖經

自從歐洲發生宗教改革以後，舊教本身也發起一股自清的運動，一群擁有高度宗教熱忱的教士除了大力整頓腐敗不堪的教會外，也開始往歐洲以外的地區去傳教，他們秉持著一股為主獻身的使命感，而願意前赴亞洲、非洲、美洲等蠻荒之地或異教地區傳教。其中最具代表性的便是耶穌會的教士，他們在明朝末年來到亞洲，並希望能在人口眾多的中國傳播基督宗教的福音，但面對的卻是保守內向的明朝及對西方一無所知的中國人民，這實是一極艱鉅的任務，有誰能擔任先鋒的角色，突破一道道隱形的高牆呢？

明神宗萬曆十年（一五八二），原在印度修習神學的利瑪竇奉耶穌會命令來到澳門擔任羅明堅教士的助手。三十歲的他，開始學習漢語及中國歷史文化，以為傳教工作做好準備。萬曆十一年（一五八三），他們終於被允許在廣東肇慶定居，開始在中國傳教的

1491 弘治四年 吐魯番獻還哈密城。

1492 弘治五年 改開中鹽法為折色納銀法。
西班牙將回教勢力趕出西班牙半島，結束長達七世紀的收復失地運動。
西班牙人哥倫布抵達新大陸。

1493 弘治六年 吐魯番復據哈密。

1494 弘治七年 韃靼小王子侵擾甘、涼等地。

1495 弘治八年 復克哈密。

1496 弘治九年 刑部典吏徐珪因「滿倉兒案」中東廠之枉法橫行，上書請罷東廠，帝怒，將之治罪，革為民。

1497 弘治十年 韃靼小王子侵擾大同等地。

1498 弘治十一年 王越破韃靼小王子於賀蘭山。
葡萄牙人達伽瑪到達印度。

1499 弘治十二年 貴州普安女酋長起事，自號無敵天王。

1500 弘治十三年 火篩、小王子諸部接連進犯大同。

1501 弘治十四年 韃靼韃延可汗大舉入寇，攻陷寧夏。

第一步。剛開始他們是效法佛教僧人的打扮，身著僧服，並剃光頭髮。後來慢慢瞭解到當時的一般人民其實很瞧不起和尚，士人的地位才是最崇高的，便改穿儒服，並加強其儒學知識，以便與士大夫、官員們交游。

就像早期的佛教僧人會利用魔術等奇妙事物來吸引民眾注意並塑造出法力高超的形象一樣，利瑪竇也利用西方的自鳴鐘（即時鐘）、玻璃器皿、西洋琴等新奇物品來吸引中國人，藉此拉近彼此距離，達到傳教的目的。靠著這些「奇技淫巧」以及與士大夫交往所累積的人脈，他一步步獲准深入韶州、南昌、南京等地，最後終於抵達他最想要去的地方——北京，並將自鳴鐘等物品進貢給皇帝。由於神宗很喜歡巧妙的自鳴鐘，他因此獲准在北京定居，以便隨時入宮修理，從此利瑪竇便以北京為根據地，在中國各地拓展耶穌會的傳教事業。

萬曆三十八年（一六一〇），利瑪竇病逝於北京。總計他在華時間雖然只有二十餘年，但卻在中西文化交流史上扮演了極重要的角色，例如：他帶來了西方自文藝復興以來所發展的新知識及器物，對中國的學術文化產生了不小的衝擊；他將中國人祭祖、祀孔的行為解釋為世俗的典禮，並非宗教儀式，因此天主教徒仍可祭拜祖先及孔子，並不違背基督宗教「不得崇拜偶像」的教義，如此寬容的解釋是比較有利於傳教的，而為明末清初的傳教士所奉行，稱為「利瑪竇規矩」，直至康熙年間羅馬教宗否決此種解釋，「利瑪竇規矩」才遭到廢止。但禁止中國人祭祖祀孔，那是何等大事！當然不被清廷所接受，也就導致

單位：年

西元	朝代	帝王年號	大事
1502	明	弘治十五年	《大明會典》成書。亞美利哥完成在巴西的航行，確認哥倫布所到達的「印度」為一「新大陸」，後世遂以其名為美洲命名。
1503		弘治十六年	賑濟兩京、浙江、山東、河南、湖廣災區飢民。
1504		弘治十七年	罷南京、蘇州、杭州織造中官。
1505		弘治十八年	孝宗卒，子朱厚照繼位，是為武宗。
1506		武宗 正德元年	以宦官劉瑾掌司禮監。哥白尼著手撰寫《天體運行論》，主張太陽中心說。
1507		正德二年	楊一清因得罪劉謹去官，其主持修邊牆事務亦停止。武宗營建豹房，此後成為其長住之處。
1508		正德三年	設立內行廠，簡稱內廠，由宦官劉瑾掌管，捉拿朝廷官員三百餘人下獄。
1509		正德四年	湖廣、江西、四川流寇亂起。
1511		正德六年	劉六等進攻河北文安縣，京師戒嚴。

了後來康熙與雍正皇帝的禁教。

中日朝鮮戰爭：援朝抗倭

日本在經歷百餘年戰國時期的紛擾後，終於由豐臣秀吉完成統一大業。為了貿易需求及個人野心，這位日本史上的一代梟雄決定拿下中國，繼而稱霸亞洲。當然，第一步要先取得入侵北京的跳板——朝鮮半島。萬曆二十年（一五九二）四月，他派遣由小西行長等將領率領的十五萬大軍分水陸兩路入侵朝鮮，這批歷經戰國修羅場洗禮的士兵，一路上如斬瓜切菜般將朝鮮兵打得潰不成軍，王京（今首爾）、平壤接連失陷，國王被迫逃至中朝邊境的義州，並向老大哥明廷乞求援助。不過，朝鮮也不是全盤皆輸，具有倭寇傳統的日本水師，海戰實力堅強，根本不把朝鮮水軍看在眼裡，沒想到卻被李舜臣的龜甲船隊打得落荒而逃，屢戰屢敗，李舜臣一戰成名，自此成為朝鮮的民族英雄。

明朝也看出了日本的野心，遂於七月派遣祖承訓領兵三千赴援，數量似乎過少，隨即遭到日軍的迎頭痛擊，慘敗而歸。明廷得知後，立即調兵遣將，十一月時，由名將李成梁之子李如松率領四萬多名軍隊進入朝鮮。萬曆二十一年（一五九三）一月，李如松的大軍開始攻擊平壤城，他們面臨的是日軍最精銳的小西行長部隊。但將門出虎子，李如松果然有乃父之風，在其指揮及優勢火力的壓制下，明軍於三日內即收復了平壤，此役日軍主力傷亡慘重，史稱「平壤大捷」。

明軍乘勝追擊，接連收復開城及王京，日軍被迫

年代	紀年	事件
1512	正德七年	劉六、劉七先後敗死，亂事平定。
1513	正德八年	韃靼小王子侵擾大同、萬全衛等地。
1514	正德九年	葡萄牙商船到達廣東粵江口外，為第一批由海路直達中國的歐洲人。
1515	正德十年	起事數年的江西徐九齡敗死。
1516	正德十一年	任命王守仁巡撫贛南。 查理五世繼承西班牙、那不勒斯及西西里三國王位。
1517	正德十二年	馬丁路德張貼九十五條論綱於威登堡教堂，開始宗教改革。
1518	正德十三年	王守仁平江西亂事。 武宗自封鎮國公。
1519	正德十四年	寧王朱宸濠於江西舉兵叛亂，隨即遭王守仁平定。 武宗親自率兵擊宸濠，駐南京。 查理五世當選神聖羅馬帝國皇帝。
1520	正德十五年	武宗誅宸濠，返回京師。
1521	正德十六年	武宗卒，立興獻王子朱厚熜（武宗從弟）為帝，是為世宗。 麥哲倫船隊完成航行世界一週的行程。
1523	世宗 嘉靖二年	日本地方諸侯之貢使因互爭正統而在寧波發生武力衝突，是為爭貢之役，為後期倭寇的開端。

退至朝鮮南端的釜山一帶。但打仗是非常花錢的，明朝雖然戰勝，也不想再拖下去，因此兵部尚書石星力主和談撤兵；日本苦吞敗仗後，先前高漲的氣燄也消退了不少，而打算靠著和談得到一些好處，然後打道回府。沒想到烏龍的事情發生了，明朝竟然將和談交給一個叫沈惟敬的市井無賴負責，此人一方面對日本表示明朝願意答應他們開出的所有條件，一方面又向朝廷報告日本願意俯首稱臣，接受冊封。當日方代表小西如安來到北京商討和議時，才知道他們被沈惟敬騙了，他可能也害怕自己會被明朝當場殺掉，而不敢向明朝揭發沈惟敬的作為，竟有樣學樣地說日本願意接受明朝提出的和談條件。就在大騙子跟膽小鬼的操弄下，中日雙方都相信了這個大謊言。

紙終究包不住火，真相大白後，萬曆皇帝與豐臣秀吉大發雷霆，下令懲處相關人員。萬曆二十五年（一五九七）一月，豐臣秀吉再遣十四萬大軍渡海強攻朝鮮，明朝這次沒派出強將李如松應戰，戰績似乎就差了點，雙方互有勝負，戰局陷入膠著。後來日軍開始陸續撤兵，頗有議和打算；但明朝反而派兵增援，堅持要把日軍打出朝鮮半島。萬曆二十六年（一五九八）七月，豐臣秀吉病死，日方決定祕密撤退，此一意圖遭到作戰經驗豐富的明軍將領看破，便與朝鮮名將李舜臣合力追擊日軍，雖然李舜臣與明朝老將鄧子龍最後死於這場海戰，但明朝聯軍還是大破日軍，擊沉日艦數百艘，小西行長等人率殘軍狼狽逃回日本，結束了這場前後達七年之久的中日朝鮮戰爭。

單位：年

西元	朝代	帝王年號	大事
1524	明	嘉靖三年	大同發生兵變，巡撫張文錦被殺。
1525		嘉靖四年	免除順天、鳳陽等府災區稅糧。
1526		嘉靖五年	以龍虎山邵元節為真人。
1527		嘉靖六年	安南莫氏篡位。
1528		嘉靖七年	王守仁平定兩廣諸蠻。
1529		嘉靖八年	神聖羅馬帝國召開議會，重申對路德派之禁令，路德派諸侯提出抗議，至此而有「抗議教派」（即新教）之名產生。
1530		嘉靖九年	更定孔廟祀典，尊孔子為至聖先師。
1531		嘉靖十年	罷鎮守浙江、兩廣、湖廣多處太監。
1532		嘉靖十一年	免除四川、湖廣多處災區稅糧。喀爾文提倡宗教改革。
1533		嘉靖十二年	大同兵變，總兵李瑾被殺。西班牙人入侵祕魯，印加帝國亡。
1534		嘉靖十三年	英王亨利八世創立新教「英國國教派」，並成為其最高首領。羅耀拉建立耶穌會。

明末三大案之一：梃擊案

萬曆四十三年（一六一五）五月四日，一名手持木棍的鄉下男子闖入紫禁城，一路上如入無人之境，來到了皇太子朱常洛居住的慈慶宮，因為太子不得萬曆皇帝的歡心，所以宮門也沒有什麼侍衛看守，只有兩個老太監守門，後來此人在攻擊老太監時，被聞聲趕來的太監們所制伏。

這件案子起先是由巡城御史劉廷元負責，經其審理，只知這人叫張差，是薊州人，因為他講話顛三倒四的，所以最後判定張差是個瘋子，打算就此結案。此一消息很快就在京城傳了開來，大家議論紛紛，一般認為幕後的主使者應該是恨不得太子早日歸西的鄭貴妃，因為萬曆皇帝想立鄭貴妃之子為太子，但群臣誓死反對，如果太子死了，其子自然可被立為太子。在輿論壓力下，神宗只好下令刑部官員再審此案。經過幾番反反覆覆的審訊，張差最後供出是鄭貴妃的貼身太監龐保與劉成指使他入宮襲擊太子。由於神宗不願心愛的妃子被牽扯進來，便讓鄭貴妃去跟太子解釋、表態，太子也不想事情鬧大，而說此人的確是個瘋子，好讓鄭貴妃有臺階下，他不想因為此事而導致父子關係失和。既然當事人都不追究了，於是神宗遂向官員們宣稱張差是個瘋顛之人，將之凌遲處死，龐、劉二人則在獄中遭殺人滅口，就這樣結束了這場詭異的「梃擊案」。

明末三大案之二：紅丸案

萬曆四十八年（一六二〇），萬曆皇帝病歿，太子朱常洛於八月一日繼位，是為光宗。曾經與光宗敵

1535	嘉靖十四年	葡萄牙人買通官吏，將市舶司移至澳門，使其得以在澳門靠岸通商。
1536	嘉靖十五年	以嚴嵩為禮部尚書兼翰林院學士。拆除宮中元代所建佛殿，毀佛像、焚佛牙、佛骨。
1537	嘉靖十六年	遣毛伯溫討安南莫氏。
1538	嘉靖十七年	命太監分往鎮守雲南、兩廣、四川等多處。
1539	嘉靖十八年	韃靼侵擾遼東、宣府、榆林。
1540	嘉靖十九年	太僕卿楊最諫帝信方士一事，下獄，後遭杖斃。
1541	嘉靖二十年	置安南都統使司。御史楊爵諫建雷壇，下獄。
1542	嘉靖二十一年	蒙古俺答入寇山西。嚴嵩入值文淵閣，開始把持朝政。壬寅宮變爆發。
1543	嘉靖二十二年	安南阮淦擁立黎寧為帝重建大越國。哥白尼去世，《天體運行論》出版。
1544	嘉靖二十三年	韃靼小王子進犯萬全，毀邊牆，至完縣，京師戒嚴。

對的鄭貴妃，在失去萬曆這個靠山後，因為害怕光宗會挾怨報復，便進獻美女以討光宗歡心。光宗歷經多年備受冷落的苦悶生活後，如今總算享受到權力的滋味，他夜夜縱情聲色，加上剛即位不免政事繁忙，因此登基不滿半月就病倒了。此時，一位掌管御藥房的太監崔文昇，向光宗進了一帖名為大黃的涼藥，光宗服下後，狂瀉不止，一天達三、四十次之多，病情可說是雪上加霜。

光宗一病不起，自知來日不多，已經開始準備自己的後事。八月二十九日，鴻臚寺丞李可灼宣稱他有一種名為紅丸的仙丹要呈獻給皇上。內閣大臣們哪敢再讓皇帝亂服藥，但光宗抱著一線希望，在中午吃了一顆，覺得精神振奮，病情似乎有些起色；傍晚時，他不顧御醫的反對再服了一顆，沒想到天亮就傳出皇上駕崩的消息。光宗即帝位不到一個月，成為明朝在位最短的皇帝。

事後，崔、李二人自然遭到了懲處，東林黨人則認為這整件事必是鄭貴妃的陰謀，因為她擁有梃擊案的前科，加上崔文昇曾經是她的貼身太監，但查無實據，也莫可奈何。

明末三大案之三：移宮案

光宗生前有一個寵愛的妃子李選侍（因為光宗在位時間過短，來不及冊封後宮嬪妃，這些沒有封號的妃子，一律稱為選侍），在皇長子朱由校的生母死後，她便受到神宗的指派，負責皇長子的撫育工作。光宗臨終前，召來了皇長子及群臣，準備交代後事。光宗指示大臣，儘速冊封李選侍為地位僅次於皇后的

單位：年

西元	朝代	帝王年號	大事
1545	明	嘉靖二十四年	建州女真進犯遼東松子嶺。
1546		嘉靖二十五年	四川白草蕃起事。 以曾銑總督三邊軍務。
1547		嘉靖二十六年	俺答入貢，拒之。
1548		嘉靖二十七年	俺答進犯大同。 曾銑遭嚴嵩陷害，被殺。
1549		嘉靖二十八年	俺答入寇，被擊敗。 倭寇侵擾浙東。 蒙古朵顏三衛犯遼東。
1550		嘉靖二十九年	韃靼部俺答汗圍攻北京，大掠而去，是為庚戌之變。
1551		嘉靖三十年	開馬市於大同宣府。
1552		嘉靖三十一年	倭寇侵擾浙江，加強防備。 罷馬市。 築京師外城。 倭寇首領汪直大舉侵擾江、浙沿海一帶，史稱壬子之變。
1553		嘉靖三十二年	楊繼盛上疏劾嚴嵩十罪，遭嚴嵩迫害，下獄受刑。 俺答大舉入寇。
1554		嘉靖三十三年	為統籌剿倭，置總督大臣，督理南京、浙江、山東、兩廣、福建等處軍務。

皇貴妃，沒想到這些話都被門簾後的李選侍所聽到，她把皇長子叫進去叮囑了一番，皇長子隨即向光宗要求封她為皇后。不過，光宗並沒有當場答應這個請求，由於隔天光宗就駕崩了，所以李選侍連皇貴妃都沒封成，更別說皇后了。

光宗死後，李選侍理應搬出皇帝所居住的乾清宮，但她堅決不肯，還把皇長子帶在身邊，企圖挾準天子以自重，進而實行垂簾聽政。因此群臣前往乾清宮要逼迫李選侍將皇長子交出來，途中雖然遭到李選侍的親信太監所攔阻，但最後總算如願搶出了皇長子，將他送往慈慶宮，準備登基。但由於天子登基後仍需依慣例遷往乾清宮，如果李選侍仍不搬走，則新皇帝仍不免受到她的挾制，故以楊漣為首的臣子們不斷要求李選侍即刻搬出乾清宮，但她充耳不聞，最後楊漣等人終於忍不住而在舉行登基大典的前一天群集於慈慶宮外，要求朱由校命令李選侍移宮，態勢非常堅決。事情鬧成這樣，李選侍也不敢再耍賴了，只好狼狽地離開了乾清宮。

魏忠賢與閹黨亂政：日月無光

明代出了不少攬權亂政的宦官，如英宗時的王振、憲宗時的汪直、武宗時的劉瑾，但若論權勢之盛、影響之大，恐怕熹宗時的魏忠賢要排名第一。魏忠賢原本是個市井無賴，因為欠下賭債，而引刀自宮，入宮當了太監。在「移宮」案中，他曾圖謀助李選侍取得權力，最後遭到楊漣等人的阻撓而功虧一簣。朱由校即位後（明熹宗），他又極力討好熹宗敬愛的奶媽客氏，進而與她結成名為「對食」的假夫

1555	嘉靖三十四年	派遣趙文華督視海防。張經率明軍於王江涇一役大破倭寇。下詔逮捕張經下獄。殺張經、李天寵、楊繼盛。
1556	嘉靖三十五年	以胡宗憲總督軍務剿倭，誘殺海賊徐海。查理五世退隱，子菲力普二世繼位。
1557	嘉靖三十六年	胡宗憲誘降海賊汪直，汪直後遭殺害。葡萄牙人據有澳門。
1558	嘉靖三十七年	倭寇侵擾浙江、福建一帶。
1559	嘉靖三十八年	太原、蘇州發生兵變。
1560	嘉靖三十九年	南京兵亂。大同總兵劉漢擊敗俺答。
1561	嘉靖四十年	流民侵擾江西、福建、廣東各地。
1562	嘉靖四十一年	嚴嵩失勢下臺。
1563	嘉靖四十二年	俞大猷、戚繼光於福建大破倭寇主力。
1564	嘉靖四十三年	俞大猷、戚繼光剿滅倭寇殘部。
1565	嘉靖四十四年	殺嚴嵩之子嚴世蕃，沒其家產。西班牙入侵菲律賓。

婦，靠著客氏不斷地幫他在熹宗面前講好話，魏忠賢也逐漸得到了熹宗的寵信。

由於熹宗的父親光宗不為祖父神宗所喜，間接導致熹宗無法得到出閣讀書的機會，好不容易等到父親登基後，終於有了讀書的機會，光宗卻在位不到一個月便駕崩，因此他並沒有受過什麼教育，可說是近乎文盲之流，這可能影響到他對於處理朝政始終興趣缺缺。熹宗最大的嗜好是做木工，所以魏忠賢便抓住這一點，經常利用皇帝正聚精會神製作木器時送上奏章，不耐煩的熹宗便會說：「我知道了，交給你好好去處理吧。」魏忠賢就這樣欺瞞了昏君，變相統治著大明帝國。他在各重要職位上安插親信，並打擊異己，還收容了一群趨炎附勢之輩，門下走狗不計其數，最有名的是五虎、五彪、十狗、十孩兒、四十孫等人，一般稱之為「閹黨」。

萬曆年間，吏部文選司郎中顧憲成因為得罪神宗而遭免職，他返回故鄉無錫後，集結了一批志同道合之士，講學於東林書院，這群以天下興亡為己任的清流之士，在講學之餘，對於國政時事也有所批評，並得到朝野不少人士的支持，隱然已成為社會輿論之清流，被稱之為「東林黨」。熹宗即位之初，東林黨人在朝廷擁有不小的勢力，並且為熹宗所信任。擅長討好權勢人物的魏忠賢原本也想拉攏他們，套套交情，因此他曾向東林黨人示好，但東林黨人是何等人物，根本就瞧不起這種敗壞朝政的卑鄙小人，當然沒有給他好臉色看，於是老羞成怒的魏忠賢遂開始報復、打擊這批以氣節自恃的東林黨人。幾年下來，隨著魏忠賢的勢力日大，黨羽遍布天下，對其有異議的官員，

單位：年

西元	朝代	帝王年號	大事
1566	明	嘉靖四十五年	海瑞上疏，遭下獄。世宗卒，子朱載垕繼位，是為穆宗。
1567		穆宗 隆慶元年	解除海禁。張居正入閣。
1568		隆慶二年	戚繼光鎮薊州。
1569		隆慶三年	倭寇殘部曾一本敗於萊蕪澳，被俘死。
1570		隆慶四年	俺答汗孫把漢那吉因未婚妻三娘子遭奪，怒而投降明朝。
1571		隆慶五年	俺答汗遣使求和，被封為順義王，雙方重開貿易。
1572		隆慶六年	穆宗卒，子朱翊鈞繼位，是為神宗，以兩宮皇太后輔政。張居正升任首輔大學士，開始實行一系列的改革。
1573		神宗 萬曆元年	朵顏長禿犯邊塞，遭戚繼光擊敗。
1574		萬曆二年	倭寇進犯浙江、廣東，遭明總兵張元勳所破。
1575		萬曆三年	遼東六邊堡築成。
1576		萬曆四年	開草灣河以利漕運。

輕則丟官，重則下獄被害。

天啟四年（一六二四），為人耿直不屈、一身正氣的東林黨第一悍將楊漣無法再忍，他上疏彈劾魏忠賢二十四項大罪，並將此疏內容四處散布，得到許多官員支持。沒想到魏忠賢趁著熹宗還不瞭解內容時，前往其面前哭訴，客氏也幫他講好話，再加上太監王體乾在宣讀楊漣章疏時，避重就輕、歪曲原意，就這樣騙過了識字不多的昏君，一身義膽的楊漣反而受到斥責。

這一來可引起了以東林黨人為首的群臣之公憤，七十餘人接連上奏彈劾魏忠賢，但毫無作用，因為熹宗依然把事情交給魏公公去處理，遇到這種球員兼裁判的情況，東林黨在這場爭鬥中的命運可想而知。楊漣、左光斗等數十人接連下獄，被各種酷刑折磨至死，連帶遭革職、充軍或下獄的也達數千人之多。

自天啟六年（一六二六）起，魏忠賢的徒子徒孫為了取悅他，不惜耗費鉅資在各地設立生祠以供奉膜拜魏忠賢。此風一開，使得許多不齒魏忠賢惡行的地方官員也必須要被迫建造生祠，以免引來閹黨的猜忌。

魏忠賢與閹黨的末日：日月重光

天啟七年（一六二七），魏忠賢的末日即將到來，因為他的權力來源熹宗，在這年病死了。熹宗無子（三子皆夭折，據說都為魏忠賢所害），在張皇后的勸說下，臨死前傳位予其弟信王朱由檢，是為思宗。張皇后與魏忠賢不合，也非常瞭解其為人，因此她警告朱由檢要小心魏忠賢可能會毒害他。其實朱

1577 萬曆五年 張居正父喪，擬以奪情之名保有其職位，群臣抨擊之，但多遭懲處。
葡萄牙人以賄賂方式取得在澳門貿易資格。

1578 萬曆六年 實行全國性的土地丈量與戶口調查。

1579 萬曆七年 潘季馴完成黃河、淮河之治理工程。
張居正禁毀全國書院，禁講學。

1580 萬曆八年 命吏部清查、裁汰冗官。

1581 萬曆九年 張居正推行一條鞭法。

1582 萬曆十年 以兵部侍郎張佳允巡撫浙江討平杭州兵亂。
張居正卒。
利瑪竇抵達澳門。

1583 萬曆十一年 耶穌會教士利瑪竇到達廣東，開始傳教。
努爾哈赤起兵，征討尼堪外蘭，攻克圖倫城。

1585 萬曆十三年 李成梁大敗泰寧部的巴士兒。

1586 萬曆十四年 日本豐臣秀吉攝政。

1587 萬曆十五年 利瑪竇入南京。

由檢早有提防，他入宮之初，便隨身攜帶佩劍，且只吃自己帶來的麥餅；對於魏忠賢和客氏二人也十分客氣，以鬆懈其戒心；並將王府中的親信調來身邊，以確保自身安全。的確，張皇后的警覺心是很準確的，因為根據記載，朱由檢在熹宗駕崩當晚奉遺詔來到宮中，而群臣一直到天亮才到，這對於孤身無援的他來說，實在是最長的一夜。而當時，魏忠賢緊急傳喚心腹兵部尚書崔呈秀入宮商議，雖然沒人知道其內容，但很有可能是魏忠賢想發動政變，而被崔呈秀所勸阻。

魏忠賢想讓年輕的崇禎沉迷女色而不問政事，便進獻了四名絕世美女，甚至一再布置可自然揮發的催情春藥，但崇禎一一識破其計謀，也不為女色所惑。沉穩冷靜的他，不動聲色地對魏忠賢、崔呈秀等人釋出善意，暗地裡卻一直在尋找擊殺閹黨的最佳時機。崇禎隱忍了近兩個月後才逮到機會，開始一步步翦除魏忠賢的黨羽，最後將他召來，當面宣布彈劾他的十大罪狀。這個曾經不可一世的混世魔王，嚇得魂不附體，急忙花大錢向信王府的太監徐應元請教因應之道，徐勸他趕緊辭職，魏忠賢自然照辦，崇禎也批准了。數日後，魏忠賢被貶往鳳陽祖陵看墳，但他竟還敢浩浩蕩蕩地帶了四十車的財物及一千名衛兵南下，此一囂張行徑給了崇禎一個收拾魏忠賢的藉口，隨即命令錦衣衛將他緝拿回京。

魏忠賢半路得到消息，知道此次回京下場恐難逃千刀萬剮的凌遲酷刑。便在阜城縣（河北阜城）的一間旅舍上吊自殺了。他死後，仍被處以凌遲之刑、懸首示眾；閹黨兩百多人和當年魏忠賢整治東林黨人一

單位：年

西元	朝代	帝王年號	大事
1588	明	萬曆十六年	努爾哈赤攻克完顏等部，統一建州衛。西班牙無敵艦隊征英失敗。
1589		萬曆十七年	免除陞授官員面謝皇帝之例，自此萬曆帝上朝次數銳減。法國波旁王朝開始。
1590		萬曆十八年	豐臣秀吉統一日本。
1591		萬曆十九年	努爾哈赤占領長白山、鴨綠江一帶土地。
1592		萬曆二十年	日本攻朝鮮，明朝以李如松充海防禦倭總兵官，出兵援助朝鮮抗日。
1593		萬曆二十一年	李如松破日軍，入平壤城，隨即展開議和。努爾哈赤敗長白山、海西女真、科爾沁、錫伯、蒙古等九部聯軍，後滅長白山部。
1594		萬曆二十二年	日本議和使者小西如安到達北京。
1595		萬曆二十三年	明廷遣使封豐臣秀吉為日本國王。
1596		萬曆二十四年	明廷開始派遣礦監稅使。
1597		萬曆二十五年	以楊鎬負責朝鮮軍務。和議失敗，日本復犯朝鮮，明廷出兵援助朝鮮。

般，或死，或下獄，或充軍；全國各地的魏忠賢生祠則或拆毀，或改作他用。至於當年像是扛著棺材死鬥魏忠賢的東林黨人，則紛紛受到重新起用，並在崇禎朝的政壇上占有極重要的地位。

寧遠大捷：爛船也有三斤釘

天啟六年（一六二六），努爾哈赤率領十三萬八旗軍（號稱二十萬）向明朝發動一次大規模的進攻。此時遼東只剩下一座寧遠孤城，因為幾個月前，明朝的遼東經略高第膽小怕事，竟然下令放棄關外所有據點，並將居民全數撤入山海關。只有袁崇煥不願撤兵，他以寧前道的身份駐守寧遠，並聲稱要與之共存亡。後金軍隊在兵不血刃的情況下抵達寧遠城下，努爾哈赤隨即向袁崇煥心戰喊話，要他早點投降，生性剛直的袁崇煥豈會屈服？

此時的寧遠城中只有少得可憐的一萬兵力，高第躲在山海關內，也不可能派兵救援。袁崇煥召集所有將士，他以最高長官的身分向眾人下跪，並寫下血書，請求大家幫忙守住這座寧遠孤城，其忠義的精神人格感召了眾官兵，而願意為之誓死效力。面對後金軍隊潮水般的猛烈攻擊，明軍奇蹟似地守住了。當然，只靠意志力是不夠的，他們還擁有殺傷力驚人的紅夷大砲；對付挨近城牆的士兵，則是投擲類似汽油彈的武器「萬人敵」，把後金士兵燒得四處亂竄；加上此時正值嚴冬，城牆冰凍得像鐵塊一樣，很難被鑿穿。激戰三天三夜後，努爾哈赤不得不下令鳴金收兵（據說他也為大砲所傷），他對諸將領說：「我從二十五歲起兵以來，戰無不勝，攻無不克，為何就

1598	萬曆二十六年	日本遁去，官軍分道擊敗之，中日朝鮮戰爭結束。 法王亨利四世頒布《南特詔令》，結束國內的宗教迫害。
1599	萬曆二十七年	努爾哈赤命臣子參考蒙文創製滿文。
1600	萬曆二十八年	英國東印度公司成立。 日本關原之戰爆發，德川家康勝利，江戶時代開始。
1601	萬曆二十九年	為擁立皇太子而發生的國本之爭結束。 利瑪竇至北京傳教。 努爾哈赤創立八旗制度。
1602	萬曆三十年	荷蘭東印度公司成立。
1603	萬曆三十一年	因立儲問題而爆發「妖書案」。
1604	萬曆三十二年	法國東印度公司成立。
1605	萬曆三十三年	詔罷全國開礦。
1606	萬曆三十四年	朵顏入寇，棄六堡。
1607	萬曆三十五年	荷蘭敗西班牙海軍於直布羅陀。
1608	萬曆三十六年	武定之亂平。 朵顏入寇薊州，京師戒備。
1609	萬曆三十七年	江西、福建大水，山西大旱，山東大蝗。
1610	萬曆三十八年	李之藻等參考利瑪竇等帶來的西洋曆法修訂舊曆。

是攻不下一座寧遠城？」八個月後就死了，有人說是鬱悶而死，也有人說是因為這次的傷勢而死的，不管如何，這次的戰役打破了後金軍隊的不敗神話，史稱「寧遠大捷」。努爾哈赤原本打算攻下寧遠後，直入山海關，進逼北京城，卻被袁崇煥的誓死守城給打壞了整個計畫，從此之後，袁崇煥也正式成為後金的頭號公敵。

寧錦大戰與袁崇煥之死：忠魂依舊守遼東

努爾哈赤死後，其子皇太極繼位，也繼承了他的遺志，繼續攻打明朝。天啟七年（一六二七），他親率大軍，兵分三路，先圍攻錦州，但在明將趙率教的用計及堅守下，後金軍也莫可奈何，於是皇太極轉攻向寧遠。這次依然是袁崇煥坐鎮指揮，由於大砲的威力驚人，加上又有城外戰力最強的關寧鐵騎助陣，後金依舊討不了好，攻不破寧遠城的銅牆鐵壁。最後，鬧得灰頭土臉的皇太極帶著兵馬竟又向錦州攻去，可想而知的結局是：徒勞無功，只好悻悻然而歸。此役被明人稱之為「寧錦大捷」，不但再次振奮人心，也證明了袁崇煥前一年的寧遠大捷並非僥倖，他的確擁有卓絕的軍事能力足以抵禦後金的大軍入侵。

崇禎二年（一六二九），皇太極決定採取奇襲戰，他避開有袁崇煥鎮守的關（山海關）寧（寧遠）錦（錦州）防線，繞道蒙古越過長城，再直撲北京而去。袁崇煥聞訊後，急忙率軍入關赴援，雙方最後在北京城外展開激戰。袁崇煥知道此背水一戰關乎明朝之存亡，因此他親上戰場殺敵，以振士氣。在經歷過一番浴血廝殺後，明軍終於取得勝利，後金部隊暫時

單位：年

西元	朝代	帝王年號	大事
1611	明	萬曆三十九年	東林黨爭開始。
1612		萬曆四十年	南京各道御史聯合上疏言神宗二十餘年來未見大臣，導致諸務廢墮。
1613		萬曆四十一年	俄國羅曼諾夫王朝建立。
1614		萬曆四十二年	福王就藩洛陽。
1615		萬曆四十三年	男子張差持棍入太子所居慈慶宮，發生梃擊案。
1616		萬曆四十四年	努爾哈赤即汗位，建國號金，史稱後金。
1617		萬曆四十五年	各地大旱。
1618		萬曆四十六年	努爾哈赤以七大恨告天，正式反叛明朝，並陷撫順。 命楊鎬經略遼東。 三十年戰爭開始。
1619		萬曆四十七年	命楊鎬出塞，分四道攻後金。 後金於薩爾滸一役大敗明軍。 命熊廷弼經略遼東。
1620		神宗 萬曆四十八年 光宗 泰昌元年	神宗卒，子朱常洛即位，是為光宗。 紅丸案爆發，光宗卒，子朱由校即位，是為熹宗。 移宮案爆發。 英國清教徒乘五月花號到達美洲大陸。
1621		熹宗 天啟元年	後金陷瀋陽，徙都遼陽。

退去。

此時危機並未完全解除，因為後金軍仍在北京附近窺伺，尚未退往關外，但性急的崇禎帝管不了那麼多，他召袁崇煥入京，在一番斥責後，將他逮捕入獄。原因主要有二：一是先前袁崇煥的擅殺東江總兵毛文龍，早已引起崇禎帝的不快。二是在天啟年間，袁崇煥為爭取加強遼東邊防的時間，曾假意與皇太極進行過和談，雖然他曾將此事上奏朝廷，但不少朝臣都堅決反對，認為這是重蹈宋金和談之舉，似乎已經對他產生「通敵」的印象。而袁崇煥未能及時將後金軍阻截於離北京較遠的薊州、三河一帶，讓敵人兵臨城下，使惶惶不安的北京城中不禁傳出了袁崇煥通敵賣國的謠言，許多人認為後金軍根本是袁崇煥故意放進來的，城外之戰也是在演戲，因此崇禎帝堅決不讓這批千里赴援、疲憊不堪的袁崇煥軍隊入城休息。最後，皇太極運用《三國演義》中的反間計，似乎強化了這個謠言，成功地塑造出袁崇煥與後金的確有相互勾結的賣國形象。

袁崇煥入獄後，雖然有官員為其仗義直言，但以溫體仁為首的閹黨餘孽為了打擊東林黨領袖錢龍錫，而謊稱錢、袁二人狼狽為奸並與後金勾結，年僅十九歲的崇禎帝畢竟年輕，閱歷不深，最後竟也相信了這個謊言，而將袁崇煥處以凌遲極刑（錢為斬刑，後得赦免）。在行刑時，憤怒無知的北京民眾還爭買其肉而食之，一生忠義的袁崇煥就這樣毫無尊嚴地含冤而死。據說在行刑前他還留下了這樣的遺詩：

一生事業總成空，半世功名在夢中；
死後不愁無勇將，忠魂依舊守遼東。

1622 **天啟二年** 後金陷廣寧，王化貞棄廣寧，與熊廷弼入關，二人皆下獄論死。以孫承宗經略薊遼。荷蘭人占領澎湖。

1623 **天啟三年** 魏忠賢掌管東廠。

1624 **天啟四年** 楊漣上疏彈劾魏忠賢二十四項大罪。荷蘭人占領臺灣南部。

1625 **天啟五年** 魏忠賢殺楊漣、左光斗等人。將東林黨人姓名榜示天下。努爾哈赤遷都瀋陽，改名盛京。

1626 **天啟六年** 袁崇煥於寧遠大捷中擊敗後金，努爾哈赤負傷後死，皇太極即汗位。西班牙人入據臺灣北部。

1627 **天啟七年** 後金皇太極圍攻錦州，被擊退。熹宗卒，弟朱由檢繼位，是為思宗。思宗誅殺附和魏忠賢的閹黨，魏忠賢自縊。

1628 **思宗 崇禎元年** 以袁崇煥督師薊遼。海寇鄭芝龍降。明末流寇之亂於陝西爆發。英國國會上《權利請願書》給英王查理一世。

1629 **崇禎二年** 後金大舉來犯，連陷遵化、通州，進逼京城，袁崇煥、滿桂入援，擊退後金。山西巡撫耿如杞之士兵索餉不得，譁變，叛兵與高迎祥等合流。囚袁崇煥。

流寇之亂與明朝之亡：日月星隕

天啟七年（一六二七），陝西開始連年大旱，災民都快活不下去了，但地方官仍緊逼他們繳交租稅，迫得這些民眾只好聚眾造反。自崇禎元年（一六二八）開始，起事隊伍便一波波出現。初起時，形同散沙，四處打游擊，是名副其實的「流寇」。

而政府收不到稅，還要派兵平亂，打流寇、戰後金，這些都非常花錢，財務吃緊的明政府只好拖欠士兵的軍餉，陝西一帶甚至出現兩三年都發不出薪餉的窘境。這些人會去當兵通常家境不會太好，所以最後被逼得只好以搶劫維生，加入了起事行列，因為他們懂戰技、有武器，所以在戰鬥力上和那些揭竿而起的農民軍是不同的。

到了崇禎三年（一六三〇）時，各地民軍已如百川匯海一般，逐漸合流，並公推首領，組織規模也日益擴大，其中以王自用、高迎祥、張獻忠等人的隊伍最為重要。

崇禎八年（一六三五），各路民軍遭到明將洪承疇圍困於河南，十三家七十二營的起義軍首領，在河南滎陽召開大會，討論因應之道。最後在闖將李自成的建議下，擬定了聯合作戰策略，並成功突圍，高迎祥、張獻忠還順勢攻下中都鳳陽，燒了朱元璋的祖墳。憤怒的崇禎皇帝經過一番調兵遣將、指揮策畫，終於在隔年活捉闖王高迎祥，並將他凌遲處死，以慰祖靈。李自成在高迎祥死後，繼承了闖王的名號，率領其部隊繼續作戰。

此後，各路民軍隊伍被一一擊潰，李自成與張

單位：年

西元	朝代	帝王年號	大事
1630	明	崇禎三年	後金軍隊退回遼東。 袁崇煥遭處凌遲極刑。 增田賦。 裁驛站，驛卒失業與流寇合流。
1631		崇禎四年	後金圍大凌城。 楊鶴剿流寇，主張招撫，流寇反叛，以洪承疇代之，任三邊總督。 曹文詔破張獻忠。 後金開始製造紅夷大砲。
1632		崇禎五年	張獻忠侵擾山西。 後金征服察哈爾。
1633		崇禎六年	孔有德、耿仲明投降後金。 調回曹文詔任大同總兵。 流寇犯畿南、河北及湖廣。
1634		崇禎七年	陳奇瑜與盧象昇圍流寇於陝西車箱峽，李自成偽降，陳縱放之，李出峽後復叛。 以洪承疇代陳奇瑜督理山、陝、河南、湖廣、四川軍務。
1635		崇禎八年	各地起義軍首領於滎陽舉行大會。 李自成倡議：寧敗不降，不立統帥，分頭作戰。
1636		崇禎九年	李自成掠陝西。 皇太極稱帝，改國號為清。 陝西巡撫孫傳庭誅高迎祥，餘眾推李自成為闖王。 清軍征服朝鮮。

獻忠也不例外，但兩人的手段靈活，能屈能伸，在局勢不利時，可以詐降，或潛伏於深山，等到時機成熟後，重新號召民眾，率兵再戰。

天災人禍不斷發生，以江湖術士的話來說，便是：大明氣數已盡矣！崇禎十七年（一六四四），李自成與張獻忠先後在陝西、四川建立大順、大西政權；加上兩年前負責抵禦清軍的名將洪承疇、祖大壽於松山之戰中降清，明朝元氣大傷，已無力再戰，而有與清議和的打算，面對這樣的困境，崇禎皇帝也不禁悲嘆：「朕非亡國之君，事事皆亡國之象。」

此年，李自成挾著驚人氣勢率領四十萬大軍東征，一路上勢如破竹，最後順利攻破北京。在城破之前，崇禎皇帝拒絕了李自成的勸降，他讓三個兒子化裝出宮，逼皇后自盡、殺公主嬪妃，心中已做好最壞的打算。接著他隱瞞身分準備出城，卻為守軍所阻。三月十九日清晨，崇禎皇帝親自在前殿敲鐘，召集文武百官，但空蕩蕩的大殿，竟無一人前來，好不淒涼。在萬念俱灰之下，崇禎皇帝與一名叫王承恩的太監便在煤山自縊，以身殉國。雖然此後的十幾年間，他的子姪們為明朝官員們所擁立於南方，繼續在各地與民軍、清軍作戰，史稱南明，但一般來說，還是照慣例以國都遭攻破的這一年作為明亡之年。

崇禎皇帝甫即位時，即能一步步地收拾權傾天下的魏忠賢，證明他並非庸才；在位十七年，每天辛勤工作，沒什麼嗜好，也不好女色，但內有流寇進逼，外有後金犯邊，又遇連年災荒，一連串的難題接踵而來。他繼承了這樣的一個爛攤子，只能盡心竭力地為明朝延命，或許他在個性上過於急躁，且無識人之

明，治國能力也稍嫌不足，但其認真負責的態度卻是毋庸置疑的，只能說他生不逢時，誠如明清史名家孟森所言：「思宗而在萬曆以前，非亡國之君也；在天啟之後，則必亡而已矣！」

1637	崇禎十年	張獻忠入湖北，李自成入四川。
1638	崇禎十一年	清多爾袞等分道入犯，京師戒嚴。 洪承疇大破李自成於潼關。
1639	崇禎十二年	明廷開徵練餉。
1640	崇禎十三年	破張獻忠於太平。 江蘇、浙江、山東、山西、陝西、河南、河北大旱大蝗。 張獻忠、羅汝才攻陷四川諸州縣。 李自成入河南。
1641	崇禎十四年	李自成攻陷洛陽，殺福王常洵，稱新順王。 張獻忠攻陷襄陽。
1642	崇禎十五年	清軍於松錦戰役大敗明軍，洪承疇被俘。 李自成攻陷開封。 西班牙遭荷蘭逐出臺灣。 英國爆發清教徒革命。
1643	崇禎十六年	皇太極卒，子福臨即位，即清世祖。多爾袞攝政。 李自成破潼關，陷西安。 張獻忠破武昌，稱大西王。 法王路易十四即位。
1644	崇禎十七年	李自成於西安建立大順國，自稱大順皇帝。 李自成率軍破北京，思宗於煤山自縊。 吳三桂引清兵入關。多爾袞大敗李自成，李自成逃往陝西。 張獻忠入四川，稱大西皇帝。

清朝

清朝是由建州女真部族崛起，在皇太極統治時，才改國號為清，並且稱帝，是為清太宗。清太宗在松山一役大敗明將洪承疇，開始為入主中原作準備；後由多爾袞藉明朝降將吳三桂的幫助，進入山海關，順治皇帝便是滿清入關後的第一位皇帝。幾位明朝降將後來都成為藩王，並占有清朝半壁江山的勢力，時時刻刻威脅清朝的統治。康熙皇帝花了八年時間平定「三藩之亂」，進而開創史家稱頌的「康雍乾盛世」。

這個盛世維持近一百三十年之久，占了清朝國祚的一半時間，此時不論是滿州八旗，還是綠營八旗，早已因為承平日久而不堪使用，遂由湘軍、淮軍等地方團練所取代，當時以及後來的民亂，幾乎都是依靠地方軍力來剿滅。

清朝皇帝以「天朝」自居，大臣們也不諳國際溝通，所以當西方國家頻頻叩關卻遭冷眼對待後，從「鴉片戰爭」到「甲午戰爭」，清廷遭遇西方列強的聯軍、不平等條約、不平等的待遇，雖然展開「師夷長技以制夷」，推出了自強運動、維新運動，但因守舊派勢力過大，革新運動終告失敗。迂腐的守舊派甚至天真地鼓動自稱刀槍不入的義和團，進行激烈的排外運動，導致「庚子拳亂」，並且引來了八國聯軍，清廷只有簽下《辛丑和約》，結束這起事件。

清廷的無能使許多知識分子轉而支持革命運動，一九一一年爆發辛亥革命，一九一二年一月一日中華民國成立，末代皇帝溥儀於同年二月十二日宣布退位，清朝正式滅亡。

清初知識分子重視實用，且滿清為異族統治，對於思想發展有所箝制，實事求是的考據學在此背景下誕生。明末清初，湯若望、南懷仁等西方傳教士來華，同時傳入西方科學知識，為傳統中國注入活水，幾次改革運動，也都受到西學知識的影響。乾隆時期編纂的《四庫全書》，是中國古代最大的一部叢書；曹雪芹的《紅樓夢》掀起了日後的「紅學」風潮。

清朝的國祚自西元一六四四年至一九一二年，起自清世祖順治入北京，終於溥儀（宣統帝）。皇太極定都盛京（即瀋陽），入關後則遷至北京。

單位：年

西元	朝代	帝王	年號	大事
1644	明	思宗	崇禎十七年	李自成入北京，思宗自縊，明朝亡。
	清	世祖	順治元年	清軍擊敗李自成，入北京，順治成為清朝入關的第一位皇帝。 張獻忠於四川稱帝。
1645			順治二年	清軍占有北方諸省及長江中下游地區，南明諸王節節敗退。 清廷第二次下薙髮令，激起了各地的反清活動。 清廷下令開科取士。 李自成為清兵所迫，退往湖北九宮山，遭地方團練襲擊而死（一說自殺而死）。
1646			順治三年	鄭芝龍降清，子鄭成功勸諫無用，後於南澳起兵反清。
1647			順治四年	清軍於四川擊殺張獻忠。
1648			順治五年	三十年戰爭結束，簽訂《西發里亞條約》。
1649			順治六年	清分封明朝降將孔有德、耿仲明、尚可喜為定南王、靖南王、平南王。 英王查理一世被處死。

從後金到大清：大清帝國的打造

明朝時，東北的女真族原分成三部，即建州女真、海西女真及野人女真，其中以建州女真最強，但仍臣屬於明。十六世紀末期，建州女真努爾哈赤的父親及祖父死於明朝對女真的一場軍事攻擊中，之後努爾哈赤以父祖留下的十三副冑甲起兵，開始在東北四處征討、擴張勢力。歷經三十年的努力，他逐步統一女真諸部，建立起組織嚴密的八旗制度，並聯合蒙古勢力，終於在一六一六年稱汗立國，國號金，史稱後金。一六一八年，更以「七大恨」告天，正式宣布反明。

一六一九年，明朝調集各路軍隊，打算全力殲滅後金，沒想到在薩爾滸一戰中，數量及武器裝備均占優勢的明軍竟然遭到後金軍各個擊破，大敗而歸，自此而後，明朝領略到八旗軍的強悍，再也不敢貿然出擊，只能採取消極的防守戰略。一六二六年，寧遠大戰後，努爾哈赤鬱鬱而終，子皇太極繼位。如果說努爾哈赤像成吉思汗一樣是個百戰百勝的軍事天才的話，那麼皇太極的角色就有些像是元帝國的創建者忽必烈。皇太極在位時，不但重用漢人，鞏固其統治基礎外，並接連收服了漠南蒙古與朝鮮，為進軍中原做好了初步的準備。隨著版圖的日漸擴張，所統治的臣民自然也包括了為數眾多的蒙古人與漢人（有不少是因其重用漢人而主動歸順的），為了安置、運用這批生力軍，皇太極先後設立了蒙古八旗與漢軍八旗，成為往後攻城掠陣極佳的輔佐力量。一六三六年，他宣布將國號金更改為大清，並且登基稱帝，建元崇德，此一作為表現出了皇太極有意與明帝國爭鋒的霸主氣

1650 順治七年 攝政王多爾袞病卒。

1651 順治八年 順治皇帝親政，不滿多爾袞攝政時之專權，奪其爵號，鞭其屍骨。
鄭成功部將施琅降清。

1652 順治九年 南明將領李定國於湖南、廣西等地大破清軍，逼迫孔有德自殺，並殺敬謹親王尼堪，清廷震驚。
臺灣郭懷一率眾反抗荷蘭人失敗，數千人被殺。

1653 順治十年 清廷冊封達賴五世為達賴喇嘛。

1654 順治十一年 清廷封鄭成功為海澄公（鄭成功不接受），命鄭芝龍招降之。

1655 順治十二年 李定國敗走南寧，先前所收復之地皆失。
清廷立十三衙門鐵牌，嚴禁宦官干政。

1656 順治十三年 李定國擁護永曆帝前往雲南。
鄭成功部將黃梧投降清朝。

1657 順治十四年 孫可望投降清朝，被封為義王。

1658 順治十五年 南明桂王封鄭成功為延平郡王。

概。一六四三年，皇太極驟崩，但他留下的龐大遺產已經足夠讓清帝國南下和群雄以兵鋒較量，並且最後如願地征服了擁有龐大土地及人口的明帝國。

吳三桂與清兵入關：衝冠一怒為紅顏？

李自成打下北京後，隨即派人向鎮守山海關的吳三桂招降，這位明朝總兵原本已經啟程打算前往北京俯首稱臣，但就在半路上遇到了他父親吳襄的一個小妾及僕人，此二人剛從北京逃出來，一問之下方知，原來李自成因為遲遲等不到吳三桂的答覆，以為他拒絕歸降，便將包括其父親在內的吳家滿門抄斬。殺父之仇，不共戴天，但吳三桂知道以自己手中的十萬軍隊是敵不過李自成的百萬大軍的，便派人向清朝表示歸順之意，希望所向無敵的韃子兵可以和他聯手消滅李自成的大順政權。吳三桂並誘之以利，約定打垮李自成後，整個北京城的金銀財寶、男女老幼都是清軍的。

對此，清軍諸將領中有兩派意見：保守的一派認為還是跟以前一樣，在中國大搶一番就退回關外，比較安全；另一派則認為可以像他們老祖宗金朝一樣入主中原，統治中國。最後，以攝政王為首主張入主中原的一派占上風，於是他們接受吳三桂的歸降，並由吳三桂率軍擔任攻打大順軍的先鋒。

李自成先後派出了唐通及白廣恩兩名將領率軍攻打山海關，但都被吳三桂所擊退，李自成只好親率六萬軍隊披掛上陣。就在雙方殺得難分難解之時，十幾萬清軍從一陣飛沙走石中猝然殺入，大順軍猛然被這批辮子兵嚇到，士氣頓挫，不久即遭擊潰，最後李自

單位：年

西元	朝代	帝王年號	大事
1659	清	順治十六年	南明桂王遭清軍逼迫，退往緬甸。 清廷命令吳三桂鎮守雲南。 鄭成功與張煌言會師，大舉北伐長江流域下游地區，於南京一役大敗，退返廈門。
1660		順治十七年	英國皇家學會成立。 查理二世即位，英國恢復君主制。
1661		順治十八年	順治皇帝卒，子玄燁繼位，是為聖祖，鰲拜等人受命輔政。 鄭成功進攻澎湖，並從臺南鹿耳門登陸臺灣。 清廷為防止沿海居民與鄭成功往來，下遷界令，將同安等縣八十餘萬人遷入內地。 法王路易十四親政。
1662		聖祖 康熙元年	荷蘭人投降鄭成功，結束在臺三十八年的統治。 吳三桂殺南明桂王，南明大將李定國於病中得知桂王死訊，悲憤而死。 鄭成功病卒，子鄭經繼位。
1663		康熙二年	清荷聯軍攻占廈門、金門，鄭經退往臺灣。

成與將士們倉皇逃回北京。幾天後，李自成在紫禁城舉行登基典禮，一圓其皇帝夢，隔天就在皇宮放了把大火，然後率軍出城去了。

吳三桂原本打的如意算盤是藉著清朝的力量打退李自成，然後清軍像以前一樣，搶完了就出關，他則扮演類似東漢末年曹操的角色，在消滅黃巾軍的流寇勢力後，成為中原的霸主，但沒想到清朝竟然有建立霸業的野心，也只好暫且忍耐，為清朝剿滅明朝的殘餘勢力。一般認為吳三桂是因為愛妾陳圓圓被李自成的部將搶去，才憤而投降清朝，當了大漢奸。有些史家認為這只是一種民間傳說，真實性不高，是因為痛恨吳三桂的引清兵入關，才刻意為他塑造出一種好色之徒的不良形象；但也有些史家依據某些史料記載，而相信這種說法，只是這並非唯一原因，他們認為吳三桂是受到其父遭囚（或遭殺）及愛妾遭擄這兩個事件的刺激才憤而降清的。

鄭成功攻臺：歸骨於田橫之島

順治元年（一六四四），清兵雖然占了北京，但南方明朝政權的勢力仍大，足可與之分庭抗禮，明朝宗室福王朱由崧、唐王朱聿鍵、桂王朱由榔先後為群臣擁立於南京、福州、肇慶等地，史稱「南明三王」。在這批明朝的遺臣中有不少忠肝義膽之士，如拒降殉國的史可法；又如從小跟著張獻忠當流寇的李定國，在義父張獻忠死後，轉投入桂王陣營繼續反清。李定國不但忠心，也會打仗，順治九年（一六五二）桂林一戰，逼得定南王孔有德自焚而死。接著，在衡陽大捷中更殺死清軍主帥尼堪親王，

1664 康熙三年 明將張煌言被俘，不屈而死。

1665 康熙四年 鄭經部將朱英投降清朝。

1666 康熙五年 因安南已繳送所受永曆帝敕印，清廷遣使冊封黎維禧為安南國王。

1667 康熙六年 康熙皇帝親政。鰲拜逼迫康熙皇帝殺輔政大臣蘇克薩哈。

1668 康熙七年 南懷仁言欽天監造曆謬誤，清廷命相關官員會同審理考驗。

1669 康熙八年 南懷仁推曆正確，被命為欽天監監副。康熙皇帝擒鰲拜，將之革職拘禁，自此始得掌握實權。

1670 康熙九年 鄭經部將林伯馨等投降清朝。議定滿漢官員品級畫一。

1671 康熙十年 罷民間養馬之禁。臺灣鄭氏再次占據沿海島嶼。

1672 康熙十一年 厄魯特噶爾丹請求准予遣使進貢。

「一時間天下震動」，嚇得清廷差點準備放棄西南各省與之談和。雖然最後李定國功敗垂成，但是其忠勇事蹟已足夠彌補當年之過，算是很對得起明朝了。另外，既忠心，又會打仗，恐怕非鄭成功莫屬，在父親鄭芝龍降清後，這個「不肖子」依舊打著明朝的旗幟在浙江、福建、廣東沿海一帶繼續抗清。儘管他擁有獨步東南的海戰實力，但面對清軍的陸戰優勢，也只能勉強維持著一個拉鋸的局面。在順治十六年（一六五九）北伐南京失敗後，鄭家軍元氣大傷，加上軍糧供給日漸不足，便開始有了進攻臺灣以取得後勤補給的打算。

順治十八年（一六六一），鄭成功率軍兩萬五千人、戰艦數百艘進攻臺灣，自鹿耳門入臺江內海，隨即登陸臺灣本島，先攻陷兵力薄弱的普羅民遮城，接下來就只剩荷蘭統治臺灣的軍事政治中心——熱蘭遮城了。雖然荷軍的兵力不到一千，但其頑強抵抗，讓擁有壓倒性兵力優勢的鄭軍也莫可奈何，既然轟不垮堅固的熱蘭遮城，只好採取最古老也是最有效的圍城戰略了。儘管荷蘭從巴達維亞調來幾百名援軍，但寡不敵眾，最後仍遭鄭軍擊潰，經歷七、八個月的圍城，荷蘭的大員長官揆一終於屈服，在當年底出城投降，答應撤出臺灣，也結束了荷蘭在臺灣三十八年的統治。鄭成功趕走了暴虐無道的荷蘭人後，原本打算再打呂宋，因為西班牙人更殘暴，數次在呂宋島上對華人展開大屠殺，他風聞其惡行已久，便聯絡當地華僑，計畫來個裡應外合，但鄭成功不幸在出兵前因病去世，此一計畫遂告中止。

單位：年

西元	朝代	帝王年號	大事
1673	清	康熙十二年	清廷准平南王尚可喜、平西王吳三桂、靖南王耿精忠之撤藩請求，解除三藩權力。 吳三桂於雲南起兵反清，三藩之亂開始。 清廷下令停止撤除靖南與平南二藩。
1674		康熙十三年	耿精忠於福建起兵反清，臺灣的鄭經因受其邀請，亦加入其陣營。 尚可喜向清廷示忠，請以其子之孝襲平南王，清廷允之。
1675		康熙十四年	清廷封尚可喜為平南親王。
1676		康熙十五年	尚可喜遭子之信軟禁，尚之信加入吳三桂陣營，起兵反清。 耿精忠投降清朝。
1677		康熙十六年	尚之信投降清朝，並受命討伐吳三桂。
1678		康熙十七年	吳三桂稱帝，建國號周，不久即病死，孫吳世璠繼位。
1679		康熙十八年	福建總督姚啟聖於漳州設「修來館」，招降鄭經部眾。 鄭經部將鄭奇烈等投降清朝。

三藩之亂：百足之蟲，死而不僵

清兵入關後，先打跑了占領北京的李自成，再經過十餘年的南征北討，終於剿滅了各地大大小小的反清勢力。為了方便統治華南諸省，清廷便分封三名戰功彪炳的漢人降將為藩王：平西王吳三桂，鎮守雲南與貴州；平南王尚可喜，鎮守廣東；靖南王耿繼茂，鎮守福建。由於他們掌握著當地的軍事、用人與財政大權，儼然是國中之國，對清廷來說，彷彿芒刺在背，因此在少年有為的康熙皇帝即位後，便苦心積慮地謀求解決之道。

康熙十二年（一六七三），尚可喜以年邁為由，希望朝廷允許他回家鄉遼東終老，並讓他兒子之信繼續留守廣東鎮藩。清廷早想拔掉這根肉中刺了，自然樂得順水推舟，因為這個尚之信也不大聽話，所以就乾脆把尚可喜父子一起撤了藩。吳三桂及繼任靖南王爵位的耿精忠得知後，便想試試水溫、觀察一下清廷的態度，也陸續上疏要求撤藩，不料康熙一口答應，命令他們一同撤往山海關外。早有謀反意圖的吳三桂怎肯交出權力，隨即以替明朝復仇的名義舉兵反清，三藩之亂就此爆發。

康熙十三年（一六七四），福建的耿精忠也起兵響應，並拉了一水之隔的臺灣鄭經加入戰局，陝西、廣西各地也不斷有清軍將領加入吳三桂的陣營；尚可喜則仍效忠清朝，康熙十五年（一六七六）他被其子之信軟禁，才無法阻止尚之信加入反清陣營。

雖然吳三桂的軍隊兵強馬壯，八旗軍又已不堪用，但靠著康熙皇帝的指揮若定，並大量起用漢人將領，終能逐漸扭轉戰局。耿精忠與尚之信先後投降，

1680 康熙十九年 鄭經於福建戰場失利，退返臺灣。

1681 康熙二十年 鄭經卒，鄭克塽繼位。清軍破雲南昆明，吳世璠自殺，三藩之亂結束。

1682 康熙二十一年 派遣彭春等偵察羅剎侵擾黑龍江一帶情形。

1683 康熙二十二年 施琅於澎湖海戰擊敗劉國軒艦隊，鄭克塽向清廷投降。

1684 康熙二十三年 清廷於臺灣設立一府三縣。

1685 康熙二十四年 康熙帝命黑龍江將軍薩布素出兵進攻俄羅斯人所盤踞的雅克薩城，俄軍不敵清軍，出城求和，並撤離雅克薩城。康熙帝下令不許再圈占民間土地，停止了清朝入關以來持續不斷的圈地運動。

1686 康熙二十五年 俄國重新占領雅克薩城，康熙帝大怒，再度派兵討伐，俄人求和。清廷於廣州設立洋貨行，又名十三行，為官設的對外貿易特許商。

吳三桂則在康熙十七年（一六七八）稱帝於衡州，國號周，但數月後即病死，其將領們擁立他的孫子世璠繼位，繼續做垂死的困獸之鬥。康熙十九年（一六八〇），鄭經知道再打下去也是徒勞無功，便率領軍隊撤回了臺灣。康熙二十年（一六八一），清軍攻入雲南昆明，吳世璠自殺，結束了這場蔓延十省、歷時九年的三藩之亂。

雅克薩之戰與尼布楚條約：砲打羅剎鬼

俄國自十六世紀後期開始，即不斷往東方擴張，在一六四四年清軍入關時，俄國的哥薩克騎兵也已經推進到黑龍江流域。這些俄國兵彷彿野獸般凶殘，不但強占土地、燒殺擄掠，甚至偶爾還會變態地吃起人肉來。清廷對於俄國侵犯他們的東北老家深感不悅，也曾數次派兵驅趕，雖然將之擊退，但俄人總是去而復返，使清廷頭痛不已，由於當時尚未徹底解決南明及三藩問題，對此只好暫時隱忍。康熙二十年（一六八一），三藩之亂平定，康熙隨即展開對俄作戰的規畫及布署。康熙二十二年（一六八三），施琅平臺，清廷更無後顧之憂，可以放手一搏了。

康熙二十四年（一六八五），康熙派遣都統彭春、黑龍江將軍薩布素率領水陸二軍開往俄人盤踞的雅克薩城。清軍先是派人送達康熙皇帝給俄國的國書，請求他們離開，但狂妄的俄人根本不理，清軍隨即架起大砲，猛轟雅克薩城。最後俄人死傷慘重，只有舉白旗投降一途，並遵從康熙下達的指示，收拾包袱出城離去，彭春等人則毀城後南返。

然而，這批被趕出雅克薩的俄國人在抵達不遠

單位：年

西元	朝代	帝王年號	大事
1687	清	康熙二十六年	俄羅斯分界使臣抵達蒙古，命薩布素撤兵回黑龍江。
1688		康熙二十七年	噶爾丹進攻喀爾喀蒙古。 英國爆發光榮革命。
1689		康熙二十八年	中俄簽訂《尼布楚條約》。 英國國會提出《權利法案》。
1690		康熙二十九年	康熙帝第一次率軍親征，於烏蘭布通擊敗噶爾丹，清軍亦傷亡慘重。
1691		康熙三十年	噶爾丹再犯喀爾喀。 京師治安統一由九門提督管理。 噶爾丹向俄國請求援助。
1692		康熙三十一年	康熙帝至玉泉山閱兵，以準備對噶爾丹用兵。 江浙地區謠傳清廷將派人至當地選妃，紛紛匆忙嫁女。
1693		康熙三十二年	噶爾丹至哈密，清廷遣兵防備之。
1694		康熙三十三年	北京設立俄羅斯館。
1695		康熙三十四年	因噶爾丹進軍克魯倫河，命令征伐噶爾丹之京師軍隊兵分三路出發。

的尼布楚後，聽說清軍已撤離，便又回頭重新占領雅克薩，且加強防禦工事。康熙得知後，自然是龍顏大怒，隨即於康熙二十五年（一六八六）再度出兵雅克薩，這次採取的則是圍城戰略。經過幾個月的包圍封鎖，俄軍幾乎彈盡援絕，俄國政府只好遣使乞和，雙方最後在康熙二十八年（一六八九）簽下了《尼布楚條約》。雖然俄國於談判過程中小動作不斷，但清方的談判代表索額圖見招拆招，僅因顧慮到俄國與蒙古的噶爾丹可能聯合起事，而略作讓步，大體上並未受到影響。最後不負所望，雙方約定以格爾畢齊河及額爾古納河為界，清廷保有以黑龍江流域的外興安嶺地區，中俄之間自此維持了一百多年的和平。

施琅平定臺灣：海上明燈終消熄

清廷平定三藩之亂等於是徹底剷除了明朝盤踞於中國各地的殘餘勢力，但還有一個勢力尚未平定，就是最忠於明朝的臺灣鄭家。清朝的八旗兵像當年縱橫天下的蒙古鐵騎一樣，陸戰所向無敵，但皆不擅長海戰，因此從順治到康熙，始終奈何不了堪稱海上霸主的鄭家父子（鄭成功、鄭經）。清廷只好下「遷界令」，撤離沿海居民，打算以堅壁清野的消極方法來斷絕臺灣的外來援助。但對於乘風破浪若履平地的鄭家軍來說，似乎起不了作用，他們仍然可以藉由海外貿易從日本、英國、南洋等地取得所需物資。遷界政策不但沒有奏效，反而還幫助明鄭增添了不少生力軍，因為福建山多田少，居民只好「以海為田」，因此海外貿易風氣極盛，但遷界令一下，逼得這一大批靠海維生的商人、水手只好轉而投靠鄭軍，成為其發

1696	康熙三十五年	康熙帝第二次親征，迫使噶爾丹往西竄逃。
1697	康熙三十六年	康熙帝第三次親征，噶爾丹病死。
1698	康熙三十七年	俄國沙皇彼得大帝開始西化改革。
1699	康熙三十八年	康熙帝南巡。
1700	康熙三十九年	西班牙查理二世死，引發各國王室爭奪西班牙王位繼承權。
1701	康熙四十年	廣東連山猺民暴動，擊殺副將林芳。 西班牙王位繼承戰開始。
1702	康熙四十一年	貴州葛彝播苗人起事，遭平定。
1703	康熙四十二年	康熙帝南巡。
1704	康熙四十三年	命令湖廣苗民通文墨者與漢人一起應試。
1705	康熙四十四年	康熙帝南巡。
1706	康熙四十五年	於天津試開水田。

展海上貿易的好幫手。

不過清廷手中握有一張王牌，就是施琅。此人原為鄭芝龍部下，後來也跟了鄭成功。順治八年（一六五一）他因為和鄭成功鬧得不愉快，憤而投靠清朝。施琅不但擅長海戰，也熟悉福建、臺灣之間的海道，深為清廷所器重，加上鄭成功後來殺了他父兄，更增添施琅對臺灣鄭家的恨意，在作戰時必然全力以赴，以報殺父之仇。

康熙十九年（一六八〇），有「鄭氏諸葛」之稱的陳永華去世；康熙二十年（一六八一），鄭經又死。為了繼位問題，臺灣爆發了「東寧事變」，侍衛馮錫範擁立年僅十二歲的鄭克塽即位，掌握了軍政大權，臺灣情勢日漸不穩。康熙逮住了這個好機會，隨即加強對臺的統戰，並作好出兵臺灣的準備。康熙二十二年（一六八三），施琅率領水師三萬、戰艦三百奉令征臺，第一目標指向澎湖，他選擇在颱風最多的農曆六月出兵，可能是想打一場奇襲戰。鎮守澎湖的劉國軒沒料到清軍竟會在颱風季節來犯，除了出兵迎戰外，也希望颱風能吹垮清朝的戰艦。可惜他的願望沒有實現，雙方經過一番激戰後，施琅竟然擊敗了擅長海戰的劉國軒，逼得劉只好率領殘軍逃到臺灣。

隨後，鄭克塽與群臣在臺南商議往後的去路，有人主張退往呂宋，也就是現在的菲律賓（當年鄭成功及鄭經都曾有意征服呂宋，後來因事而止），但劉國軒力主降清，於是在同年的十月八日，鄭克塽等人薙髮出降。由於臺灣自古以來就不是中國的領土，清朝攻打臺灣只是為了要消滅明鄭勢力，並不在乎這個小

單位：年

西元	朝代	帝王年號	大事
1707	清	康熙四十六年	康熙帝南巡。英格蘭與蘇格蘭合併為大不列顛聯合王國，簡稱英國。
1708		康熙四十七年	捕獲冒稱朱三太子者及其黨羽。廢皇太子允礽，處死、流放其黨羽。
1709		康熙四十八年	再立允礽為皇太子。
1710		康熙四十九年	賑濟泉州府饑荒。
1711		康熙五十年	江南科場案爆發。
1713		康熙五十二年	《南山集》案結案，戴名世處死。
1714		康熙五十三年	禁淫辭小說，毀書銷版，違者處流、徙之刑。康熙帝頒布此後所增加的人丁將不再徵收人丁稅。
1715		康熙五十四年	法王路易十四死。發兵擊策妄阿喇布坦。

島，因此群臣大多主張放棄臺灣，以免徒增開銷。但是，施琅卻力排眾議，他從國防安全的角度來強調臺灣的重要性，這才使得康熙決定將臺灣納入版圖，否則荷蘭人絕對會去而復返，再次占領臺灣。

清史第一疑案：雍正奪嫡

在清史中最啟人疑竇的莫過於雍正的繼位之謎了，這件疑案從雍正繼位之初就被人們議論紛紛，成為茶餘飯後的熱門八卦，連雍正本人都要親自撰文闢謠，經過近三百個年頭，正反兩派的學者依舊爭論不休，至今仍無定論。

根據清朝的官方文書記載，康熙六十一年（一七二二）年十一月十三日，康熙駕崩前召集七個皇子及隆科多來到面前，宣諭「雍親王皇四子胤禛人品貴重，深肖朕躬，必能克承大統，著繼朕登基，即皇帝位」。此時，皇四子胤禛並不在場，直至康熙病危才召喚他前來，雖然他三次晉見問安，但康熙並未提及繼承帝位之事，最後由隆科多「口授末命」，告知康熙命他即帝位之事。

由於胤禛並非熱門人選，那些未得帝位的皇子們不免在背後議論紛紛，也生出了不少謠言來，說什麼雍正竄改康熙遺詔，甚至連康熙都是被他害死的。這也不能怪他們，因為宣布康熙遺命的隆科多本來就是雍正的人馬，等於是比賽中買通了裁判，輸的一方難免會大喊判決不公。

其實，這份遺詔本身就有問題，因為遺詔所寫的日期雖然是康熙六十一年十一月十三日，即康熙歸天之日，但當天宣讀的這份滿文遺詔，直至十一月十六

1716	康熙五十五年	因為行軍所過之地，免除山西大同至甘肅洮州等地明年額賦。
1717	康熙五十六年	再次查禁天主教。定商船出洋貨易法，除日本外，呂宋等地皆不許往。
1718	康熙五十七年	重申天主教傳教之禁令。命皇十四子允禵為撫遠大將軍，駐防西寧，節制各路軍馬。
1719	康熙五十八年	頒布《皇輿全覽圖》。允許闕羽後裔得以世襲博士。
1720	康熙五十九年	派遣哈密軍隊攻襲策妄阿喇布坦，至烏魯木齊而返。
1721	康熙六十年	朱一貴於臺灣起事反清，後遭清軍俘獲，於北京凌遲處死。
1722	康熙六十一年	康熙帝卒，四子胤禛繼位，是為世宗。
1723	世宗 雍正元年	雍正帝建立祕密立儲制度。清廷宣布自明年起實施攤丁入畝政策。雍正帝命令全國各省西洋人除了通曉技藝者外，其餘皆送往澳門安置，並禁止人民信奉天主教。

日才公布，有可能是雍正即位後才倉促趕製而成的，漢文遺詔則更遲至十一月二十日才對外公布；而現存於北京和臺北的滿文遺詔中也沒有記載「皇四子胤禛人品貴重，深肖朕躬，必能克承大統，著繼朕登基」這段文字，意味著有記載這段文字的漢文遺詔也是事後才偽造出來的。

雍正即位後，先殺了康熙生前的貼身侍從趙昌，後來更大肆整肅當年與他爭奪帝位的皇兄皇弟們，連被他尊稱為舅舅的隆科多也從紅極一時的寵臣淪為被剝奪爵位的無枷囚犯，最後死於禁錮之所。隆科多曾說過「白帝城受命之日，即是死期已至之時」的話，被認為是暗示他當年「口授末命」之時，即已預感埋下被雍正殺人滅口的種子了。這種種行徑都不禁讓人懷疑雍正是否作賊心虛？

至於民間傳說：雍正在康熙病危時，進了一碗人參湯，康熙就駕崩了；康熙原本要傳位給他最寵愛的十四子，但雍正將「十」字改為「于」字。這兩種說法其實都是靠不住的：一來，康熙晚年是反對北方人喝人參湯的；二來，「十」字改成「于」字並無意義，因為清朝官書中寫到皇子時依照慣例要加一「皇」字，如皇四子、皇十四子等，若將十字改為于字，則成了「皇于四子」，文句明顯不通。而現藏於臺北及北京的漢文遺詔雖然是雍正事後所偽造，但仍足以證明此一說法不足採信（更別提還有文字完全不同的滿文遺詔）。

雖然，支持雍正為合法繼位的學者提出了各種解釋為其辯駁，但他們也不得不承認康熙遺詔是雍正事後偽造的。因此，目前無法由詔書記載的有無來為

單位：年

西元	朝代	帝王年號	大事
1724	清	雍正二年	實行耗羨歸公和養廉銀制度。年羹堯、岳鍾琪平定青海羅卜藏丹津之亂。
1725		雍正三年	雍正命令年羹堯自殺。
1726		雍正四年	雍正帝准許雲貴總督鄂爾泰奏請於西南各省實行改土歸流政策。
1727		雍正五年	隆科多因罪遭雍正帝下令永遠囚禁。中俄簽訂《恰克圖條約》。
1728		雍正六年	曾靜案爆發。
1729		雍正七年	為了西北的用兵設立軍機房。
1730		雍正八年	噶爾丹策零侵擾邊境，遣兵擊退之。
1731		雍正九年	清軍於西北邊境持續著與噶爾丹策零的作戰。嚴禁鐵鍋及廢鐵出口。
1732		雍正十年	軍機房改稱軍機處，正式取代議政王大臣會議。清軍於光顯寺一戰大敗噶爾丹策零。

雍正背書；而雍正繼位的過程及事後種種舉措又頗符合偵探小說中殺人兇手湮滅證據的情節，處處透著詭異，和宋太宗的「斧聲燭影」、「金匱之盟」頗有異曲同工之妙，所以才惹來這許多的懷疑。就目前而言，除非有新史料的出現，否則雍正的繼位仍是一個永遠無解的謎團。

馬戛爾尼來華：中國與世界的距離

英國向來重視海外貿易，但自清朝立國以來，他們在中國的貿易事業始終不太順利，主要是因為清廷並無興趣發展對外貿易，他們認為中國地大物博，可以自給自足，並不需要外國的貨品，如果放任這些洋人在各地進行貿易，只會讓他們有機會窺探中國的虛實，這是清廷所不願見的。因此自康熙以來，僅在沿海地區開放了四個對外貿易港，讓番邦之國有管道取得中國的絲綢、茶葉、瓷器等物品，算是天朝上國的一種恩賜。乾隆二十二年（一七五七），更將貿易港口縮減到只剩廣州一地。

由於英國從十八世紀後期開始了工業革命，生產力大增，因此更急迫地要將產品賣出去；加上英國在東亞並不像西班牙、葡萄牙一般擁有菲律賓、澳門等貿易據點，因此頗希望中國可以滿足他們的需求，以改善貿易環境。乾隆五十八年（一七九三），英國以向乾隆皇帝祝壽之名，派遣馬戛爾尼使節團來華，其實是想趁機向清廷提出互派使節駐京、增開貿易口岸、擁有貿易據點等請求。

乾隆原本很歡迎馬戛爾尼等人的來訪，但得知他們的真實目的後，就不大愉快了；加上雙方又因為下

1733	雍正十一年	令各省設書院。 令各地不得擅立牙行。
1734	雍正十二年	命雲南、廣西開爐鑄錢。
1735	雍正十三年	雍正帝卒，子弘曆繼位，是為高宗。 裁撤軍機處。
1736	高宗 乾隆元年	噶爾丹策零、暹羅國遣使朝貢。 郎世寧請求緩和教禁，乾隆帝強調只有禁止旗人信教。 乾隆帝召見總理事務大臣等人，當著他們面前親自寫下建儲密旨，由太監收藏於乾清宮「正大光明」匾額後。
1737	乾隆二年	冊封黎維禕為安南國王。 恢復軍機處。
1738	乾隆三年	泉州移民於臺灣艋舺興建龍山寺。 諭令後世子孫不得修改已經成書的《實錄》。
1739	乾隆四年	噶爾丹策零派遣使者與清廷討論畫分國界等事。 山西布政使胡瀛奏請嚴禁溺死女嬰及停棺不葬之習俗。 查獲河南伊陽邪教案。

跪問題而產生歧見，局面變得更僵。雖然後來乾隆准許馬戛爾尼在晉見時使用單腳下跪的西方禮節，而不是中國的三跪九叩，但並沒有答應他們的貿易要求，馬戛爾尼等人只好失望而返，中國也喪失了一個與世界接軌的機會。然而，由於乾隆想讓英國人瞧瞧中華帝國的富強，便讓他們沿陸路南下，並派大臣沿途接待，使得馬戛爾尼有機會得以一窺這個神祕又封閉的古老帝國。結果，他發現看似強盛的中國其實只是虛有其表。因此，後來曾如此說道：「中華帝國像是一艘破爛不堪的舊船，幸好靠著幾位能幹的船長謹慎掌舵，才得以航行一百五十年而未沉沒。它以其龐大身軀使鄰近的國家感到畏懼，但假如來了個能力不足的人掌舵的話，船並不會立即沉沒，但它將會隨波逐流，最後在岸邊撞個粉碎，而且永遠無法修復。」

和珅專權：史上第一貪官

清朝的國力至乾隆年間達於巔峰，但物極必反，盛極則衰，從此國勢便如江河日下，只能靠著吃老本勉強撐持這個日漸腐敗的驅殼。乾隆晚年的寵臣和珅不但擁有呼風喚雨的通天權力，且膽敢無法無天地貪汙納賄，由此一脫序現象似乎已能從中預見了帝國的未來。

和珅早年為宮廷侍衛，乾隆四十年（一七七五）二十五歲的他開始受到乾隆的寵信，此後數年間，歷任正藍旗副都統、內務府大臣、戶部侍郎、軍機大臣等重要職位，升官速度之快，為清朝開國以來第一人。後來乾隆還將女兒嫁給他兒子，彼此結成兒女親家。據說和珅本人頗有才幹，但能夠得到乾隆如此

西元	朝代	帝王年號	大事
1740	清	乾隆五年	與準噶爾達成和議並議定雙方貿易事宜，隨即命令清軍退兵。張廣泗平定楚粵苗亂。乾隆帝倡導研究理學。
1741		乾隆六年	貴州永從苗人起事，不久即遭平定。諭令廣東、福建及江西三省督撫細心留意整頓當地盛行的械鬥風氣。
1742		乾隆七年	江蘇、安徽等地區發生嚴重水災。為解決旗人生計，准許八旗漢軍中進關後才編入八旗的人得以出旗為民。
1743		乾隆八年	禁止於野外土田阡陌相連之處種菸。
1744		乾隆九年	准許廣東開爐鑄錢。准許廣東開礦。河南發現混合儒、佛、道為一體的三教堂，因孔子屈居佛、道之下、清廷遂加以禁止。

的破格重用，多半也是因為他擅長揣摩上意，故深得乾隆的歡心，對他言聽計從。（據說，和珅受寵是因為其長相酷似雍正的一個妃子，乾隆年輕時很迷戀她。）和珅也在他當朝的二十幾年間，靠著權勢瘋狂地貪汙索賄，累積了大量財富。乾隆皇帝年輕時或許稱得上英明，但到了老年，判斷力已大不如前，且日漸健忘，在最後幾年間，甚至常得仰賴和珅所提供的資訊來下達意旨。清朝國事，經和珅之上下其手，焉得不壞？

嘉慶四年（一七九九），太上皇帝乾隆駕崩，已經隱忍很久的嘉慶皇帝隨即將和珅治罪，賜令自盡，並將他的家產抄沒充公，據估計價值達八億兩之多！以清朝當時國家收入每年七千多萬兩來計算，其財產足以抵得上全中國十年的收入，可謂驚人。因此，後來民間便流傳著一句俗諺：「和珅跌倒，嘉慶吃飽。」用以形容和珅之貪婪。

鴉片戰爭：大毒梟鬥紙老虎

由於清朝自乾隆以來便嚴格限制外人來華貿易，且僅開放廣州一地作為通商口岸，這對於以商立國、正極力發展資本主義的英國來說，實在是難以忍受。英國雖然在乾隆、嘉慶兩朝分別派遣馬戛爾尼及阿美士德來華要求改善貿易關係，但眼高於頂的清朝皇帝僅視為西洋番邦的無理要求，並不加以理會。而英國又被迫以白銀來購買中國的茶葉、絲綢等商品（因其商品在中國銷量不佳，賺不到錢），為了遏止白銀的不斷外流，他們昧著良心，開始將鴉片大量走私進入中國。如此一來，情勢登時逆轉，換成中國白銀的大

1745 乾隆十年
噶爾丹策零死，子那木札勒繼位。
因僧人、道士居住於寺院道觀，比遊蕩生事的市井之民來得容易控制，諭令各省督撫從寬裁減淘汰僧人、道士。
為避免被稱為嘓嚕的強盜集團不斷滋生，此後想要移民到四川的人必須在當地有親戚才能得到官府的允許。

1746 乾隆十一年
破獲福建福安縣傳播天主教案。

1747 乾隆十二年
乾隆帝派兵征伐大金川。
准許八旗漢軍到外省居住謀生。

1748 乾隆十三年
福建甌寧縣老官齋（羅教之分支）聚眾起事，乾隆帝命令閩浙總督喀爾吉善前往平亂。
以貽誤軍機罪名殺川陝總督張廣泗及大學士納親。
福建全省推行族正制，以遏止械鬥之風。

1749 乾隆十四年
大金川土司莎羅奔投降，大金川平。

1750 乾隆十五年
西藏珠爾默特作亂，為四川總督策楞與岳鍾琪所平定。
緬甸自清朝立國以來第一次入貢。

量外流，這不但影響了民生經濟，也把千千萬萬的中國人民變成形貌枯槁的鴉片鬼。

道光皇帝豈能容忍這種「謀財害命」的行為，於是便在道光十九年（一八三九）派了曾有辦理禁煙經驗的林則徐為欽差大臣，前往廣州查禁鴉片。林則徐到廣州後，先是查扣中國人民所持有的鴉片，繼而要求以英國為首的各國商人把他們手上數萬箱的鴉片繳出。一開始，這些奸商們以為這個林欽差只是做做表面工夫，其實還不是跟多數中國官員一樣，想要收黑錢，於是就隨便交出一千箱想打發了事。結果，剛正不阿的林則徐勃然大怒，派兵封鎖商館。洋人這才知道中國人這次是玩真的，只好乖乖交出了兩萬箱的鴉片。隨後，林則徐在虎門的海灘上，把這批價值不菲的毒品公開銷毀，宣示了清廷禁絕鴉片的決心。

這些視錢如命的煙商豈是如此就可以輕易打發的，他們向英國政府及報社誇大在中國所受到的虐待，請求政府出兵中國以討回公道。雖然英國國內還是有不少明理之士認為中國的查禁走私鴉片並沒有錯，如果為此出兵，實在是有辱大英帝國的顏面；不過，另一派則對中國長久以來在貿易上的限制深表不滿，想藉機打開中國的門戶。結果在國會的表決中，主張出兵的一派以些微票數獲得勝利。

道光二十年（一八四〇），英國派出一支艦隊來華，道光皇帝下令不可示弱，因為他還沉緬在康雍乾盛世的昔日榮光中，以為清軍能打勝戰。沒想到幾場戰役下來，徹徹底底讓清朝見識到英國工業革命的成果，船堅砲利的英軍，以寡擊眾，把戰技、武器久未更新的清朝軍隊打得落花流水。最後，英軍推進至南

單位：年

西元	朝代	帝王年號	大事
1751	清	乾隆十六年	乾隆帝南巡。
1752	清	乾隆十七年	四川雜谷土司作亂，為岳鍾琪所平。
1753	清	乾隆十八年	準噶爾諸部互相攻伐。
1754	清	乾隆十九年	準噶爾內亂，輝特部阿睦撒納來降，封為親王。命鄂容安、莊存恭嚴懲江蘇蓄髮優伶。
1755	清	乾隆二十年	清軍第一次出兵準噶爾部，俘獲準噶爾汗達瓦齊及羅卜藏丹津。張廷玉死。
1756	清	乾隆二十一年	第二次出兵準噶爾部。英法七年戰爭開始。
1757	清	乾隆二十二年	乾隆帝南巡。平定準噶爾部。關閉各通商口岸，對外貿易港口僅限於廣州一地。准許呂宋商船在廈門進行貿易。英國在普拉西之戰擊敗孟加拉，印度成為英國殖民地。

京城外，並揚言將先打南京，再攻北京，不達目的，絕不罷休。面對這般凶霸的「英國紳士」，清廷無奈，只好與英軍簽訂了屈辱的城下之盟，即影響深遠的《南京條約》，條約中包含了割讓香港、賠款、開港通商等內容；今天上海、香港的繁榮景象，可以說就是從《南京條約》的簽訂而開始發展的。這場戰爭也讓洋人認識到中國只是隻大而無用的紙老虎，可以藉由武力對她予取予求。自此以後的中國，被迫不斷打開門戶，與外國的接觸日益頻繁，在各方面都起了很大的變化。因此，一般而言，一八四〇年是意義重大的一年，這年通常被視為是中國近代史的開端。

太平天國（上）：洪楊之亂

道光二十三年（一八四三），洪秀全在廣州參加鄉試名落孫山後，因為讀了一本名為《勸世良言》的基督教傳教刊物而大澈大悟，至此方知原來他肩負著天父耶和華所賦與的救世使命，是要下凡來拯救蒼生的，遂手創拜上帝會，展開他口中斬妖除魔的神聖任務。此後的幾年間，他與好友兼忠實信徒馮雲山在兩廣一帶四處召募信眾。在道光皇帝駕崩不久的一八五一年一月十一日，洪秀全三十八歲生日當天，於廣西省桂平縣金田村正式起事反清，洪秀全自稱天王，建號「太平天國」。咸豐元年（一八五一）九月，他們攻下了第一座城池永安，隨後洪秀全分封楊秀清、蕭朝貴、馮雲山、韋昌輝、石達開為東、西、南、北、翼王，並頒行曆法、樹立規制，史稱永安建制。

太平軍據地稱王，自然引來了清廷的重視，咸

1758 乾隆二十三年 乾隆帝命兆惠出兵回疆平大小和卓木亂事。
兆惠進兵葉爾羌被圍困於黑水營。

1759 乾隆二十四年 兆惠攻下葉爾羌諸城，大小和卓木被殺，天山南北路入清朝版圖，自此而有新疆之名。
英商洪任輝北上天津控訴粵海關監督李永標。
大英博物館正式對外開放。

1760 乾隆二十五年 四川官員以各省人民入居四川者日漸增多，奏請設法限制，不許。

1761 乾隆二十六年 籌畫移民出關、創辦民屯。

1762 乾隆二十七年 乾隆帝南巡。

1763 乾隆二十八年 傳諭各省督撫防範瘋病之人生事。
下令禁止民眾於洞庭湖濱築圍開墾田地。
英法七年戰爭結束，英國取代法國的霸權。

1764 乾隆二十九年 招募內地貧民遷往新疆屯田。
湖南督撫奏請同意讓苗人與漢人通婚。

豐皇帝派遣林則徐前往指揮圍殲行動，可惜這位抗英名臣於途中病死，後來接替其任務的賽尚阿等人則才幹不足，在圍城半年後，竟讓餓得奄奄一息的太平軍於咸豐二年（一八五二）四月突圍而出。永安突圍後的太平軍宛若一頭出閘猛虎，從廣西一路北上，水陸兩軍沿著長江順流而下。馮雲山與蕭朝貴雖於途中戰死，卻無礙其驚人的戰力，他們攻下了一座又一座的城市，人數也從金田起義的萬餘人暴增至數十萬人。咸豐三年（一八五三）三月，太平軍攻下南方第一要城南京，隨即改名為天京，以此作為國都。為了保衛天京，洪秀全派出兩路軍隊，一路西征，一路北伐。西征軍主要由石達開統籌指揮，這位被曾國藩稱為「最悍」、「最譎」的軍事奇才屢破清軍，在他的領導下，太平軍占領了長江中下游地區，成功地鞏固了天京的安全；北伐軍因數量較少，北方的平原地形亦不利其作戰，以步兵為主的他們，難敵僧格林沁的蒙古馬隊，終於在咸豐五年（一八五五）被全數殲滅。

太平天國（中）：天京事變

當太平軍攻下南京後，此時，從永安開始一路追擊太平軍的向榮亦已率軍抵達天京城外，駐紮於東南方，是為江南大營；琦善則於揚州建立起江北大營。咸豐六年（一八五六），太平軍名將楊秀清指揮石達開、陳玉成等人連破江北、江南大營，暫時解決了天京的心腹之患。

長期以來，楊秀清常藉著天父附身對洪秀全加以凌辱，這場軍事勝利更助長了他的野心，他假借天父之命，脅迫洪秀全將他由九千歲進封為萬歲。身為天

單位：年

西元	朝代	帝王年號	大事
1765	清	乾隆三十年	帝降旨申斥吏部於銓選升遷時歧視漢人。 維吾爾族於烏什起事，遣明瑞平之，並將丁男全數剿殺。
1766		乾隆三十一年	召募南疆無業回人前往烏什墾荒。 命令邊區土司及夷民一律要薙髮留辮。
1767		乾隆三十二年	雲貴總督明瑞率軍兵分三路進剿緬甸。 齊周華文字案爆發。
1768		乾隆三十三年	明瑞兵敗自殺。 浙江、京師、山東等地發生割辮叫魂案，帝命令督撫緝拿嚴辦之。 杭州破獲羅教案，浙江巡撫永德請求將為首之人從重治罪，乾隆帝同意從重辦理。
1769		乾隆三十四年	征緬戰事不利，與緬甸簽約停戰。
1770		乾隆三十五年	諭示此後滿漢督撫奏事一律稱臣。 諭令阿桂、彰寶秘密商議明年發兵討伐緬甸。

王的洪秀全已無法再忍耐，便祕密召集了韋昌輝、石達開等將領回到天京，打算與這個「假天父」攤牌。不料韋昌輝沒等到石達開回來，即率軍突襲東王府，斬殺楊秀清，並且大舉屠殺東王黨羽。等到石達開回到天京後，這名年僅二十來歲的年輕將領當面斥責韋昌輝的胡亂殺人，韋昌輝被這番話所激怒，便打算再狙殺石達開，以絕後患。得到密報的石達開急忙出城而走，韋昌輝撲了個空後，便殺了他的家人及部屬以洩恨。手握大軍的石達開隨即展開反撲，率軍討伐韋昌輝，誓言不得其人頭絕不罷休。由於多數的太平軍都支持極得人心的石達開，洪秀全為了平息眾怒，也擔心殺紅了眼的北王會將下一個目標指向自己，便聯合其他部將殺了韋昌輝，這場事變才宣告結束。

但是，此後的洪秀全開始疑神疑鬼，也不放心讓才能卓絕的石達開掌理政務，只信任自己的胞兄，到了後來，甚至還有加害石達開的打算。忠義難兩全，為了避免再發生一次「天京事變」，石達開只能無奈地率領軍隊離開天京，從此一去不返。雖然遭到天王的無情對待，但他仍不改其赤膽忠心，繼續以太平軍的名義與清軍周旋於長江中上游一帶。同治二年（一八六三），這位太平天國最富英雄形象的名將，於四川大渡河畔為清軍所困，為了保全麾下數千名軍士的性命，他自願前往清營受死，結束了傳奇的一生。

太平天國（下）：四面楚歌

咸豐八年（一八五八），清朝將領和春與德興阿在天京城外及浦口建立起第二次的江南、江北大營。

1771
乾隆三十六年　金川亂事再起，清廷出兵征伐。

1772
乾隆三十七年　平定小金川。

1773
乾隆三十八年　兵分三路進剿大金川。

乾隆帝下諭鼓勵藏書家勿懷疑懼而踴躍獻書，表示不會因書中文字而將藏書者治罪。

將棚民列入人口統計。

1774
乾隆三十九年　禁民間私藏鳥槍、竹銃、鐵銃。

山東王倫起事，隨即敗亡。

1775
乾隆四十年　將呂留良子孫重新發往寧古塔給披甲人為奴。

禁止廣西商民與安南之出口貿易，僅殷實良民可領印照、驗照後前往。

1776
乾隆四十一年　大、小金川亂事平定。

改定皇子、皇孫輩字將來為帝之人的字，免除百姓避諱的麻煩。

美國發表《獨立宣言》，正式宣布獨立建國。

瓦特的新式蒸汽機用於實際生產。

1777
乾隆四十二年　免除各省錢糧一次。

經歷天京事變的太平天國元氣大衰，幸虧有陳玉成及李秀成兩名軍事才能不亞於楊秀清與石達開的將領，他們分進合擊，先於咸豐八年（一八五八）擊垮江北大營；咸豐十年（一八六〇）再破江南大營，再度地解除了天京之圍。

不過，長久以來一直與太平軍交手的曾國藩已非昔比，他胸中已蘊釀出一套剿滅太平天國的全盤計畫。他派遣左宗棠進攻浙江、李鴻章東援上海、曾國荃直取天京，加上有洋人的助戰，使得太平軍屢遭挫敗。而此時的洪秀全已陷入宗教狂亂狀態，太平軍的軍紀也日漸敗壞，咸豐十一年（一八六一），控有天京門戶的安慶失守，幾乎已經宣告了太平天國敗亡的命運。同治元年（一八六二），「雙柱」之一的陳玉成遭友軍叛變而被殺害，剩下李秀成獨撐大局。同治二年（一八六三），李秀成眼見大勢已去，城中糧食將盡，天京即將不保，便勸洪秀全棄城他走，瘋狂的洪秀全還聲稱要向天父、天兄借天兵助戰，並要大家跟他一樣吃野草，李秀成無奈，只得捨命護主。同治三年（一八六四）五月，洪秀全病死，兒子天貴福繼位。七月，湘軍攻破天京，太平天國滅亡，清軍為了洩憤，還展開了一場「天京大屠殺」，其血腥程度可與數十年後的「南京大屠殺」相比擬。

這場亂事堪稱是世界史上最大的一場內亂，因為有數千萬人死於戰禍，使得江南殘破不堪；同時，也宣告了八旗軍、綠營等清朝正規軍的沒落，取而代之的是湘軍、淮軍等地方團練。據說當年平定太平天國之後，有人（包括李秀成）勸曾國藩自立為帝，雖然最後謹慎小心的他並沒有答應，但由此可以看出湘軍

單位：年

西元	朝代	帝王年號	大事
1778	清	乾隆四十三年	令山東巡撫國泰嚴辦冠縣之義和拳滋事者。
1779		乾隆四十四年	恢復中俄貿易。
1780		乾隆四十五年	乾隆帝南巡。
1781		乾隆四十六年	和珅率軍鎮壓新教回民起事。
1782		乾隆四十七年	《四庫全書》編纂完成。
1783		乾隆四十八年	英、美簽訂《巴黎條約》，英國承認美國為獨立國家。
1784		乾隆四十九年	乾隆帝南巡。 甘肅回民田五起事，遭阿桂、福康安等率軍平定。
1785		乾隆五十年	命廣東洋商不准進呈貢品。
1786		乾隆五十一年	臺灣天地會首領林爽文起事反清。
1787		乾隆五十二年	以閩浙總督常青無力平亂，命福康安前赴臺灣督辦軍務。

舉足輕重的軍事實力。

洪大全其人其事：檔案中的虛構

咸豐二年（一八五二），清朝欽差大臣賽尚阿上奏咸豐皇帝，聲稱他們在永安一戰抓到了太平天國的一個首腦人物，這個人叫洪大全，洪秀全不但尊他為天德王，還不時向他請教兵法之道，其地位足以與天王洪秀全平起平坐，因為只有他們兩人能被稱為萬歲，後來這個洪大全則依照叛亂罪的慣例被押往北京凌遲處死。

讀過一點歷史的人大概都記得，太平天國除了天王洪秀全外，就以東西南北翼五王最有名，那為何教科書上不曾提過這個天德王洪大全呢？況且這名字還與洪秀全如此相近，似乎有些值得玩味之處。其實在洪大全從廣西被押往北京的途中，有個叫陳壇的官員就上奏皇帝說他根本不是什麼大人物，是賽尚阿等人剛被太平軍從永安突圍而出，深恐皇帝降罪刻意誇大「洪大全」的名號及地位，想藉此掩飾過錯。所以，陳壇請求咸豐皇帝儘速降旨將此一冒牌貨就地正法，以免此惡例一開，往後每個將領都亂搞這種假把戲，只會讓那些長毛賊在背後竊笑清廷的愚昧。當時和陳壇持相同意見的人還不少，所以在咸豐年間一般來說並不相信賽尚阿的誇大吹噓，恐怕連咸豐皇帝也心知肚明，只是為了解救愛臣而故意不置可否。

但是到了清末民初，這個謎樣人物引發了史學界的一些爭論，有些學者根據咸豐、同治年間的檔案文書資料，加上自己的擴大解釋，認為洪大全是天地會的大人物，他憑藉著天地會在南方的龐大勢力，故

1788 乾隆五十三年 福康安率軍平定林爽文之亂。乾隆帝命兩廣總督孫士毅出兵安南平定亂事，恢復黎氏王朝。

1789 乾隆五十四年 安南名將阮文惠襲擊清軍，孫士毅逃回廣西。阮文惠遣使乞和，清廷冊封其為安南國王。法國大革命爆發。

1790 乾隆五十五年 乾隆帝八十大壽，免除天下錢糧。

1791 乾隆五十六年 乾隆帝命令福康安出兵西藏平定廓爾喀亂事。

1792 乾隆五十七年 廓爾喀請降。法國第一共和成立。

1793 乾隆五十八年 英使馬戛爾尼來華。

1794 乾隆五十九年 熱月政變爆發，羅伯斯比遭處決，恐怖時期結束。

1795 乾隆六十年 福建虧空案爆發，閩浙總督伍拉納、福建巡撫浦霖遭處斬。

1796 仁宗 嘉慶元年 乾隆帝退位為太上皇帝，子永琰繼位，是為仁宗。白蓮教徒於湖北、陝西、四川等地起事，史稱川楚教亂。

能與洪秀全分庭抗禮、同稱萬歲。言之似乎成理，但在胡適的入室弟子也是太平天國史專家羅爾綱的駁斥下，洪大全的真正面目逐漸成形。一九五五年，羅爾綱發表〈洪大全考〉一文，他細心考察了洪大全的口供、官員的奏摺內容，認為這些關於洪大全的事蹟都是賽尚阿的幕僚所編造，並查出洪大全其實名為焦亮，只是天地會眾多山堂中某個山堂的領導人，並非什麼了不起的大人物。一般來說，羅爾綱的說法是被史學界認同的，這也是為何洪大全不會出現在一般歷史教科書中的原因。

一九二二年時，梁啟超曾在書中感嘆，雖然他高度懷疑洪大全的身分地位，但此人的事跡又明明白白地被記載於奏摺、實錄等可信度極高的檔案文書中，他實在也莫可奈何。羅爾綱的考證似乎補足了梁啟超的缺憾，也對那些迷信檔案的人敲下了重重的一擊。

賽尚阿、陳壇等人的奏摺及洪大全的口供目前收藏於臺北故宮博物院。

第一次英法聯軍（上）：得寸進尺

鴉片戰爭後，清朝被迫對列強大開方便之門，有利於各國的對華貿易。但是向來最重商業的英國並不滿意，他們還是覺得綁手綁腳的。因此，他們屢次向清廷要求修約，以獲得較佳的貿易環境（法、美、俄亦有此意），例如：多開放一些港口，最好是全部開放；讓英國公使得以入駐北京，方便與中央官員接觸，有利於意見的傳達；鴉片合法化等其他要求也希望能一併達成。

但是鴉片戰爭的奇恥大辱，讓道光皇帝對英國

單位：年

西元	朝代	帝王年號	大事
1797	清	嘉慶二年	法國於義大利擊敗奧地利軍隊，第一次反法蘭西聯盟瓦解。
1798		嘉慶三年	蔡牽於臺灣附近劫掠，命閩浙總督魁倫緝捕之。 拿破崙遠征埃及。
1799		嘉慶四年	太上皇帝乾隆卒，和珅遭抄家、賜死。 拿破崙發動政變，推翻督政府，成為第一執政。
1800		嘉慶五年	擒殺白蓮教主劉之協。
1801		嘉慶六年	以剿滅白蓮教行動已近尾聲，命籌畫後續安插鄉勇事宜。
1802		嘉慶七年	白蓮教主力軍隊遭清軍殲滅。
1803		嘉慶八年	安南國王阮福映上表清朝請求改國號為南越，嘉慶帝命改安南為越南。
1804		嘉慶九年	海賊蔡牽侵擾臺灣鹿耳門，破清軍水師。 川楚教亂結束。 《拿破崙法典》公布。 拿破崙稱帝，建立第一帝國。

深懷敵意，絕不可能讓他們予取予求，因此他表現出一副相當強硬的態度。道光三十年（一八五〇），剛滿二十歲的咸豐皇帝繼位，年輕氣盛的他，自然也不會示弱屈從。咸豐六年（一八五六）英國二度修約遭拒，逼得他們只好再度打起壞主意。於是，他們以「亞羅船事件」為藉口，對廣州展開攻擊。廣東民風素來強悍，又常受洋人欺凌，加上咸豐下令不可示弱，於是清軍與民團鄉勇頑強抵抗英軍的攻擊，英軍在兵力不足的情況下，只好暫時退兵。

英國駐華公使包令（Sir John Bowring）隨即向英國政府請求援兵，此一議案在國會引發了激辯，因為英國面臨了和上次鴉片戰爭一樣的問題——師出無名。他們出兵的唯一藉口是中國擅自逮捕懸掛英國國旗、受英國保護的亞羅船上的十二名中國水手，侵犯了英國主權，因此要求放人、賠償、道歉。事實上，這艘船雖然在香港註冊，但已過有效期限，在法律上並不受英國的保護。而且，船上水手之中的確有人涉嫌盜匪行為，清廷在法理上是站得住腳的。後來兩廣總督葉名琛為了息事寧人，也願意放了扣留的水手，但英國還是堅持要清廷道歉，方肯罷休。這無疑是在藉機生事，雖然反對聲浪很大，但最後英國國會還是批准了出兵的請求。而法國方面，因為咸豐六年（一八五六）一位法國天主教傳教士違禁潛入中國內地傳教被廣西知縣處死，法國要求懲凶、賠償遭拒。當時在位的是拿破崙三世，他以好大喜功聞名，也有意生事，遂出兵與英國組成聯軍，打算用武力逼迫清廷修約。美國則並未出兵，而是在外交上支持英、法的行動。至於對中國的土地覬覦已久的俄國，當然不

1805	嘉慶十年	蔡牽自稱鎮海王，攻入臺灣鳳山。
1806	嘉慶十一年	浙江提督李長庚於臺灣大破蔡牽船隊。 英國取得好望角。
1807	嘉慶十二年	李長庚因追擊蔡牽而戰死。
1808	嘉慶十三年	英國藉口保衛澳門免遭法軍占領，派兵占據澳門砲臺，經清廷逼迫而退出。 法國入侵葡萄牙，半島戰爭爆發。
1809	嘉慶十四年	王得祿等率清軍水師圍剿蔡牽，迫其自沉而亡。
1810	嘉慶十五年	命查禁鴉片。
1811	嘉慶十六年	命各省查禁西洋人並禁止民眾信奉天主教。
1812	嘉慶十七年	官員建議令閒散旗人務農以解決八旗生計，帝不准。 拿破崙率六十萬大軍征俄。
1813	嘉慶十八年	天理教首領林清率華北教眾起事，一度攻入紫禁城，後因寡不敵眾而遭殲滅，史稱癸酉之變。

會放過這個大好機會，他們出兵於東北，打算來個趁火打劫。

第一次英法聯軍（下）：懷璧其罪

咸豐七年（一八五七）十二月底，英法聯軍以僅約四千人的兵力輕易攻陷廣州，兩廣總督葉名琛也於數日後遭俘。不久後，四國代表與清廷展開談判，或許是因為廣州遠在天邊，清廷表現出似乎不是很在意的態度，四國代表覺得清廷缺乏談判的誠意，遂決定按原訂計畫出兵直隸。此一洋人慣用伎倆似乎奏效，當英法聯軍拿下北京海上門戶的大沽口時，咸豐不得不派出大學士桂良等人出面談判，最後分別與四國簽訂了《天津條約》。

《天津條約》主要規定：雙方得以互派使節常駐首都，這是咸豐最不能忍受的一條。他認為如此一來外人可以一窺京師的虛實，他甚至願意用關稅全免的條件來換取各國放棄這一條，幸好桂良有點經濟學的常識，知道關稅全免的可怕後果，經其力勸而止；加開通商港口，其中包括臺灣的開港，也就加速了西方文化進入臺灣；洋商的貨物僅需於入關時徵一次百分之二點五的子口稅，便可遍運全中國，不像華商的貨物在經過各省時還要課徵釐捐，無形中增加了洋貨的競爭力；洋人可進入中國各地傳教或遊玩，從此以後，教案不斷；鴉片原本在清廷的默許下走私進口，不得自由販賣，如今可用洋藥之名合法進口，並得自由販賣。至於一心想要中國土地的俄國，則趁著清廷疲於對付英法聯軍時，派軍隊入侵東北，並以武力威嚇黑龍江將軍奕山，逼他簽訂了中國有史以來失地最

單位：年

西元	朝代	帝王年號	大事
1814	清	嘉慶十九年	反法聯軍攻入巴黎，拿破崙被迫退位，遭流放於厄爾巴島，波旁王朝復辟。 歐洲各國召開維也納會議。
1815		嘉慶二十年	拿破崙潛返巴黎，再次稱帝。 反法聯軍於滑鐵盧一役大敗拿破崙軍隊，拿破崙遭流放於聖赫勒那島。
1816		嘉慶二十一年	英國派遣阿美士德率使節團來華，因跪拜禮無法取得共識而遭取消與嘉慶帝的會面。
1817		嘉慶二十二年	雲南夷人高羅衣起事，自稱窩泥王，兵敗遭俘。
1818		嘉慶二十三年	廓爾喀遣使入貢。
1819		嘉慶二十四年	禁止旗人抱養漢人為子嗣。
1820		嘉慶二十五年	嘉慶帝卒，子綿寧繼位，是為宣宗。 回族領袖張格爾在英國的支持下開始侵擾新疆。

廣的《瑷琿條約》。

《天津條約》的簽訂使列強大感興奮，覺得收穫頗豐。但其實要不是南方的太平軍讓清朝焦頭爛額，大概清廷也不會輕易讓步。清廷一心想要趕快消滅這批長毛賊，所以才會大方接受英俄等各國所開出的嚴苛條件，否則太平天國長期占領長江中下游地區，緊握著大清帝國的命脈；英法聯軍又打算進軍北京，直指帝國的心臟地帶；俄國更虎視眈眈地要打進大清的東北老巢，已經腐朽不堪的清朝哪能面對南、北、海路的三路夾擊？一旦處理不好，不但丟了中原，說不定連老家也歸不得了。這可不是危言聳聽，當年明朝就是被清軍及流寇的內外夾擊才丟了江山的，清朝身為參事者，又豈能不銘記這血淋淋的教訓？不過，年輕氣盛的咸豐皇帝難免會覺得堂堂中華上國卻要忍受夷狄之邦的肆意欺凌，實在心有未甘，因此在敵軍退去後，又有點反悔，仍想找機會再一決勝負，他似乎不相信清軍認真起來會打輸英、法兩國。這種游移於和戰之間的心態，有點類似當年遭金兵圍城的宋欽宗，因此之後的結局也有點相近，都是國都給敵軍占了去。

第二次英法聯軍：火燒圓明園

咸豐九年（一八五九），英、法使臣依照《天津條約》的規定前往北京換約，原本清廷請其自北塘上岸，到時會護送他們入京。但是氣燄不可一世的英國公使卜魯斯（Sir Frederick-Bruce）卻堅持一定要從大沽通過，這實在是個無理的要求，清朝官員婉拒此一要求，並好言相向，請其務必配合，但卜魯斯態度

1821 宣宗 道光元年 朝鮮遣使請求更正《皇朝文獻通考》所記載朝鮮史事失實之處，清廷允之。

1822 道光二年 命令海口各關嚴格稽查夾帶鴉片。

1823 道光三年 美國發表《門羅宣言》。

1824 道光四年 命林則徐辦理興修江浙水利工程。

1825 道光五年 張格爾於新疆聚眾為亂，令伊犁將軍慶祥前往平之。

1826 道光六年 張格爾破喀什噶爾城，慶祥率軍攻之，兵敗自殺。

1827 道光七年 伊犁將軍長齡攻下喀什噶爾城，張格爾逃走，年底遭俘處死。

1828 道光八年 命浩罕國將張格爾親屬送至中國，浩罕並不配合，清廷遂禁絕其貿易。

1829 道光九年 命廣東嚴厲查禁鴉片。

1830 道光十年 兩廣總督李鴻賓等遵旨擬定《查禁紋銀出洋鴉片入口章程》。法國爆發七月革命。

強硬而不予理會，最後更開始攻擊大沽砲臺。原本英國以為可以像去年一般輕易拿下砲臺，卻不知咸豐因在大沽戰後深感屈辱，早已命令僧格林沁主持大沽砲臺的修建及防務的加強，戰力非昔日可比，因此僅有一千多名兵力的英軍最後慘敗而去。

勝利的消息傳來，清廷上下人心大快。但是，不知兵事、不明情勢的咸豐竟天真地想要藉由此一勝利來重開談判，而下令取消《天津條約》，並派人前往上海商議新約。其實咸豐也知道向來霸道的英國不可能輕易罷休，他最在意的只是「公使駐京」，只要能取消此一條款，其他大概都願意維持原議。

這次雖然還是英國理虧，但卜魯斯卻騙英國政府說大沽為入京必經之路，整個事件根本就是清朝的預謀挑釁，因此必須以武力來對付才行，雖然有人批評他的魯莽，但滿口生意經的英國政府敲了兩下算盤後，還是出了兵。

咸豐十年（一八六〇）七月，英法聯軍近兩百艘船艦、一萬七千多名兵力集結於大沽口外，不久即於北塘登陸，後來也順利拿下大沽砲臺。咸豐原本指望僧格林沁能再次擊退聯軍，因為他所率領的蒙古馬隊擅長陸戰，沒想到竟然一敗再敗，毫無招架之力。期間雙方不斷展開談判，但始終無法達成共識，咸豐深恨洋人的武力要脅行為，竟下令扣留以巴夏禮為首的英法使節三十九人（有人認為是清廷錯認巴夏禮是英國的首腦人物，希望藉此增加談判籌碼），這是清方所犯下的最大錯誤。雖然在聯軍的強勢要求下，最後還是放了這些人，但或許是中國監獄衛生條件太差，已經有二十人死於獄中。不久，英法聯軍攻入北京，

單位：年

西元	朝代	帝王年號	大事
1831	清	道光十一年	兩江總督陶澍接辦整頓兩淮鹽政。
1832		道光十二年	張丙等天地會員於臺灣嘉義縣起事。
1833		道光十三年	英國通過《國會改革法案》。 福建提督馬濟勝擒斬陳辦等天地會黨人，臺灣亂事平定。
1834		道光十四年	英國派商務監督律勞卑至廣州商議貿易之事，為兩廣總督盧坤所拒，雙方發生不快，英艦砲擊虎門砲臺。
1835		道光十五年	增訂《防範洋商章程》八條。
1836		道光十六年	湖南武岡州青蓮教徒起事，不久即敗。
1837		道光十七年	以白銀外流嚴重，命沿海各省認真查禁白銀出口。
1838		道光十八年	道光帝命林則徐為欽差大臣查禁鴉片。
1839		道光十九年	林則徐於廣州將所收繳的鴉片於虎門銷毀。

咸豐則已先一步以「巡幸木蘭」的名義逃往熱河行宮，留下恭親王奕訢來收拾這個爛攤子，全權負責和談之事。

圓明園被稱為「萬園之園」，歷經清朝皇室一百五十年的經營，已經成為一收藏中國各類精美文化藝術品的寶藏。但在英法軍隊入京後，於園中大肆劫掠，最後為了那二十名被害死的使節人員，英使額爾金下令焚燒圓明園作為報復。國都都給占領了，清廷也只好答應英法兩國所開出的條件，不但互換了《天津條約》，還另外簽了一個續增條約，史稱《北京條約》。英法兩國這次出兵主要是為了逼迫清廷履行《天津條約》，既然目的已達成，不久後也就帶著大批金銀財寶滿意地退了兵。狡詐的俄國則又來趁火打劫，他們向清廷聲稱「調停有功」，要求重畫東北邊界。恭親王雖然知道根本是一派胡言，但為了息事寧人，也只好忍痛與之簽訂了《中俄北京條約》，割讓了烏蘇里江以東的一大片土地。

自強運動（上）：師夷長技以制夷

自從英法聯軍打入北京、燒了圓明園後，中國朝野各界也不得不痛定思痛，開始思欲振作，否則屢戰屢敗，常此下去，眼見就是一場亡國之禍。於是以恭親王奕訢、文祥為首的中央官員，配合在太平天國戰爭中嶄露頭角、逐漸掌握實權的曾國藩、左宗棠、李鴻章等地方大員們，開始進行了一場以富國強兵為目標的大規模改革，因為其內容多以學習西方現代化的事物為主，故又被稱為「洋務運動」。這個運動從咸豐十一年（一八六一）總理各國事務衙門的設置作為

1840 道光二十年 第一次鴉片戰爭爆發，英國艦隊北上攻陷浙江定海、封鎖長江口、侵擾天津外海。

1841 道光二十一年 直隸總督琦善與英國簽訂穿《鼻草約》，遭清廷革職查辦。英軍攻陷廣州、廈門等地。廣州爆發三元里事件。

1842 道光二十二年 英軍攻陷吳淞、鎮江，兵臨南京城下，迫清廷簽訂《南京條約》。

1843 道光二十三年 洪秀全與馮雲山於廣東花縣創立拜上帝會。清廷與英國簽訂《虎門條約》（又名《中英五口通商章程》），為南京條約》的附約。

1844 道光二十四年 美、法兩國分別與清廷簽訂《望廈條約》（又名《中美五口通商章程》）與《黃埔條約》（又名《中法五口通商章程》）。

1845 道光二十五年 比利時、丹麥等國請求通商，准許依《五口通商章程》辦理。英國逼迫蘇松太兵備道宮慕久簽訂《上海租地章程》，取得對畫定區域的永租權，即後來的英租界。

開始，直至光緒二十一年（一八九五）甲午戰敗，核心人物之一李鴻章垮臺後，才宣告結束。

曾經率領滿蒙八旗勁旅殲滅北伐太平軍的僧格林沁與曾國藩並稱為「北僧南曾」，其部隊號稱能戰，是捍衛京城的最後防線，沒想到竟在英法聯軍中一戰而潰。李鴻章在與洋人合力圍剿太平軍的作戰中，也真正地見識到西方武器的犀利，並對之佩服不已。凡此種種，都讓曾國藩等人瞭解到洋槍洋砲的威力。而一八六〇年代初期的中國，太平天國之亂、捻亂都還未平定，因此這個運動初起時，並不單純的只是想抵禦外侮，也想利用西方的槍砲來平定內亂，且恐怕後者要較前者更急迫些。這是因為列強在簽訂《天津條約》及《北京條約》後，已經大為滿意，原本猙獰的面孔也擠成笑臉，既然通商的目的已經達成，也就不至於會動刀動槍的。反而是太平軍與捻軍動亂遍及大江南北，尤其是捻軍飄忽不定、四處亂竄，更讓清廷想起了明朝當年的亡於流寇，深加警惕。況且，給洋人占領京城並不打緊，他們只是想要「擄城勒索」而已，若是給「長毛賊」或「捻匪」打進了紫禁城，恐怕清朝就要滅亡了。對此恭親王奕訢說的好，他認為英國人志在通商，不過是「肢體之患」；俄國不斷蠶食中國的領土，也只是「肘腋之患」；太平天國、捻亂才是真正足以終結大清帝國的「心腹之患」。

總理各國事務衙門算是整個運動的主要機構，原本只是為了應付日漸繁雜的外國事務而臨時設置的，沒想到掌管的範圍日漸擴大，到了後來，一切興辦各類自強事業都歸它管。

此一運動前期重點在「強兵」，故以開辦製造槍

單位：年

西元	朝代	帝王年號	大事
1846	清	道光二十六年	容閎等人赴美求學，為中國第一批留學生。 美墨戰爭爆發。
1847		道光二十七年	英國聲稱其國人於佛山遭辱，派兵入虎門，占領砲臺，經兩廣總督耆英與之交涉後始退去。
1848		道光二十八年	法國爆發二月革命。 美聯社成立。 美墨戰爭結束。
1849		道光二十九年	法國於上海設立租界。
1850		道光三十年	道光帝卒，子奕詝繼位，是為文宗。
1851		文宗 咸豐元年	拜上帝會於廣西桂平的金田村起事，建國號太平天國。 太平軍攻陷永安，洪秀全封楊秀清等人為東、西、南、北、翼王，並頒行曆法、制度，史稱永安建制。 捻匪於河南、蘇北等地起事，捻亂爆發。 路透社成立。

砲、機器、船艦等軍事工業為主，但為了學習西方知識，也設立了同文館之類的教育機構。到了中後期，逐漸感到財源不足，才加入了「富國」的需求，開始有了民生工業、交通運輸事業的發展。由於洋貨日漸侵奪國產品的市場，自然削弱了中國的經濟力量；而「洋務」運動顧名思義，什麼都要跟他們學、跟他們買，只靠關稅收入實在不夠，因此便開辦輪船招商局，做起了貨運事業。而兵船、輪船都要用煤，便開挖起煤礦來，可以不必向外國購買；為了運煤則開始修建鐵路；製槍、造砲、建船、鐵路都要用鐵，遂又辦起煉鐵廠，總之就是儘量用國貨，不再讓洋人壟斷市場。

自強運動（下）：扶得東來西又倒

自強運動雖然看似有模有樣，但甲午一戰，中國慘敗，也宣布了這場運動的失敗與結束。至於失敗的原因有很多，比如：

一、守舊派的反對：鴉片戰爭、英法聯軍及各地的教案四起，難免使部分人士對洋人心生反感。民族主義的作祟，使得這些人「逢洋必反」，即使洋人的東西再好也堅決反對，比如迷信風水的人就會說修鐵路會破壞墳墓，而鼓吹民眾阻撓鐵路的修建；傳統漕運業者為了保有飯碗，反對設立輪船招商局及興建鐵路。

二、領導人物的不合：慈禧太后原本就仇洋，加上她的權力慾極強，因此對於自強運動的兩大舵手恭親王奕訢與李鴻章十分提防。特別是李鴻章，他不但手握淮軍重兵，還深受洋人敬重，時常有洋人要擁他

1852

咸豐二年

太平軍自永安突圍而出，進入湖南，馮雲山、蕭朝貴戰死。

張樂行（張洛行）被捻匪推舉為首領，起事於安徽。

路易拿破崙建立第二帝國。

1853

咸豐三年

曾國藩奉命於長沙辦理團練，開始建立湘軍。

太平軍破南京，改名天京，定都於此。

向榮於天京城外建江南大營，琦善於揚州城外建江北大營。

洪秀全命李開芳等率軍北伐，石達開指揮西征行動。

天地會開始於福建、廣東起事，其分支小刀會劉麗川占領上海。

日本黑船事件發生。

1854

咸豐四年

湘軍練成，開始東征。

日本與美國簽訂《神奈川條約》，結束鎖國時期。

克里米亞戰爭爆發。

1855

咸豐五年

北伐之太平軍全數遭清軍殲滅。

張樂行被捻匪推舉為盟主。

杜文秀於雲南起事，雲南回變爆發。

為帝的謠言傳出（西方讚譽李為東亞第一政治家）。因此慈禧不敢讓他擁有太大的權力，能辦的事業自然受限。深懂為官之道的李鴻章也知道慈禧對他的猜忌，如遇慈禧對某事有意見，他也就不敢堅持己見，而會遷就於她，如此一來，成效必然大打折扣，比如貪圖享樂的慈禧將打造北洋艦隊的錢挪用於修建頤和園，李鴻章明知不妥，但也不敢反對，無形中降低了海軍的戰力。

三、主事者的識見不足：自強運動一開始就是因為李鴻章等人有鑑於西方的船堅砲利，興起想學習效法的心態。因此，他們認為洋人就只是器物這一點比較強而已，其他部分中國未必輸給他們，因此改革僅限於「強兵之道」。卻不知道西方之強是因為有較良好的政治、經濟、社會、文化等條件配合才能達成的。像電腦一樣，光有好的硬體卻沒有好的軟體是不行的。例如，官員老是貪汙，所經手的工程必然偷工減料，槍枝卡彈、膛炸或砲彈自爆的比例必然增高，戰力也就大打折扣。

四、列強的自私：洋人雖然不斷鼓勵清廷推行自強運動，看似好心，還不是貪圖中國的錢。因為一切東西都要跟他們買，即使聘請他們來教導中國人如何製造槍砲，也有問題。畢竟懂外國事務的人不多，凡事只能依靠洋人，所請的人未必有精良的知識技術，無法保證能造出好的船砲。某些洋人雖然深悉內情，但也不願點破，如果中國能造出好的東西，那他們的東西不就沒人買了，所以大家心照不宣，一起來大賺中國的錢。

李鴻章在他晚年所說的一段話完全道出了這場運

單位：年

西元	朝代	帝王年號	大事
1856	清	咸豐六年	楊秀清連破江北、江南大營，解天京之圍。 廣州爆發亞羅船事件。 太平天國內鬨，爆發天京事變，楊秀清、韋昌輝遭殺害，太平天國元氣大傷。 克里米亞戰爭結束。
1857		咸豐七年	石達開遭洪秀全疑懼，憤而自天京率軍西走。 第一次英法聯軍之役，廣州淪陷。
1858		咸豐八年	英法聯軍北上，攻占大沽砲臺，揚言進軍北京，清廷被迫與俄、英、法、美簽訂《天津條約》，臺灣開港。 俄國逼迫黑龍江將軍奕山簽訂《瑷琿條約》。 和春與德興阿於天京城外、浦口建立第二次江南、江北大營。 陳玉成、李秀成合破江北大營。 德川幕府與美國簽訂不平等條約。

動的本質：

「我辦了一輩子的事，練兵也，海軍也，都是紙糊的老虎，何嘗能實在放手辦理，不過勉強塗飾，虛有其表，不揭破，猶可敷衍一時。如一間破屋，由裱糊匠東補西貼，居然成一間淨室，雖明知為紙片糊裱，然究竟決不定裡面是何等材料。即有小小風雨，打成幾個窟窿，隨時補葺，亦可支吾對付。乃必欲爽手扯破，又未預備何種修葺材料，何種改造方式，自然真相破露，不可收拾，但裱糊匠又何術能負其責？」

捻亂（上）：太平天國的守護者

捻亂之起雖可上推至乾隆末年，但一般指的是咸豐、同治年間於黃淮流域下游一帶所爆發的大規模民變。因為黃河、淮河時常泛濫，導致這一地區生活環境惡劣，民不聊生，自然易起變亂。捻亂的爆發大約與太平天國之起同時皆為一八五一年，因為受到太平軍西征、北伐的影響，捻軍也趁勢而擴大其規模。咸豐二年（一八五二），安徽北部的大地主張樂行被捻眾推為首領，咸豐五年（一八五五），並被各地捻軍首領推為盟主，轄下捻軍達數十萬之眾。此後各地的捻軍領袖多與太平軍互通聲氣，也接受洪秀全所賜的封號，但實際上並不聽命指揮，也就是「聽封不聽調」，即使是盟主張樂行也未必調得動他們。

前期的捻軍主要盤踞在安徽、河南一帶，咸豐十年（一八六〇），英法聯軍攻陷北京，捻軍遂趁著北方局勢混亂而攻進山東，因已近直隸，清廷眼見情勢危急，只好再度起用僧格林沁，負責剿捻任務。但

1859 咸豐九年 英法美三國公使為換約而前往北京，英軍與清軍於大沽口發生衝突，英軍遭到挫敗。

1860 咸豐十年 第二次英法聯軍再度北上，咸豐帝北走熱河承德行宮，聯軍攻陷北京，火燒圓明園，清廷與英、法、俄簽訂《北京條約》。陳玉成、李秀成合破江南大營，解天京之圍。

1861 咸豐十一年 清廷設立總理各國事務衙門。湘軍攻陷太平天國軍事重鎮安慶，天京門戶大開。咸豐帝卒，子載淳繼位，是為穆宗，遺命肅順等八人為輔政大臣，明年改元祺祥。慈禧太后與恭親王奕訢發動辛酉政變，輔政八大臣或死或貶，慈禧太后與慈安太后垂簾聽政，改祺祥年號為同治。總稅務司李泰國因傷返回英國，指派費資賴與赫德共同負責，實際由赫德主持。

由於捻軍機動力極強，行蹤飄忽不定，清軍追逐捻軍宛若捕風，只能疲於奔命於北方諸省。僧王雖然打不過英法聯軍，但畢竟仍有一定的實力，同治二年（一八六三），攻入捻軍老巢雉河集，捕殺了盟主張樂行。

張樂行死後，捻軍由其姪張宗禹及任化邦統率；同治三年（一八六四），太平天國滅亡，轉戰於湖北一帶的遵王賴文光也率領太平殘軍加入了捻軍，此人工於謀略，成為捻軍一大戰將。重整後的捻軍身手果然不凡，不但屢挫僧軍，次年五月，更在山東曹州設下埋伏，一舉擒殺僧格林沁。其死訊傳來，震驚了倚賴僧王如「移動長城」的清廷。既然「北僧」已死，只好急忙起用「南曾」，於是剛剿滅太平天國的兩江總督曾國藩不得不硬著頭皮接下這個燙手山芋。雖然他底下的湘軍已經解散大半（因擔心清廷懷疑他擁兵自重），且多為南人，並不適應北方的地形氣候，但幸好他留了一手，當太平天國亡後，曾國藩知道捻軍甚為畏懼淮軍，故保留了大部分的淮軍，以供剿捻之用，如今總算派上用場了。

捻亂（下）：肆虐於帝國腹心

曾國藩在分析了捻軍的作戰模式並記取僧格林沁敗亡的教訓後，決定放棄追擊戰，改採「以靜制動」的圍堵戰，因為以僧格林沁的蒙古馬隊都奈何不了來去自如的捻軍，更何況是向來以步兵、水師為主的湘軍？只是淮軍將領及各省官員並不全力配合他的戰略，成效自然大打折扣；加上捻軍馬隊的確有一套，他們「以快打慢」，還是不斷地突破曾國藩所布下的

單位：年

西元	1862	1863
朝代	清	
帝王年號	穆宗 同治元年	同治二年
大事	同文館於北京成立。 陳玉成遭清軍俘虜處死。 馬化龍於寧夏起事，陝甘回變爆發。 臺灣爆發戴潮春事件。 中俄簽訂《陸路通商章程》。 為了解除天京之圍，李秀成與李世賢等人率領太平軍猛攻位於天京城外雨花臺的曾國荃大營，雙方激戰四十六日，太平軍始終無法擊退曾國荃的湘軍，只好撤兵，是為「雨花臺之戰」。	石達開於四川遭清軍俘虜處死。 捻軍首領張樂行遭清軍俘虜處死。 赫德實授總稅務司。 馬德新自封雲貴總督。 清廷於上海設廣方言館。 上海的英、美租界合併，被稱為「公共租界」。 太平軍起內鬨，康王汪安鈞等人殺害蘇州主將譚紹光後向淮軍投降。 李鴻章設計以款待之名，將汪安鈞等太平軍降將殺死，此一「殺降」之舉惹來統率「常勝軍」的英國將領戈登的不快，一度拒絕助戰。 戴潮春之亂遭平定。

包圍網。

同治五年（一八六六）底，因為師老無功，曾國藩自動請辭，清廷改派李鴻章擔任剿捻主帥。此時捻軍已一分為二：張宗禹率軍前進陝、甘，聯合當地的回軍，以牽制清軍，是為西捻；賴文光則與任化邦留在中原，是為東捻。李鴻章仍繼續採取圍堵戰略，只是加以改良，並配合「堅壁清野」的策略。捻軍馬隊之所以來去如風並非人人騎的都是汗血寶馬，而是因為他們每人都配備好幾匹馬，因此可以極速飆馬，累死就沿途搶掠，不愁缺乏馬匹、糧食；清軍則官馬不多，也不能隨意亂搶，因此就不敢加鞭狂飆，糧食亦需花時間去買，速度慢、效率低，當然只有望塵興嘆的份。圍堵策略的目的就是要讓捻軍搶不到馬匹糧食，雖然李鴻章統率的湘、淮軍彼此不合，其子弟兵淮軍更是軍紀敗壞，但靠著升級版的圍堵戰略及他最倚重的洋槍、洋砲，最後還是把東捻逼到了絕境。

張宗禹為救援東捻而重返中原，並且從山西入直隸。同治七年（一八六八）初，竟然直逼離北京不遠的保定、天津等地，京師為之震動，清廷急忙調動禁軍主力神機營出城戒備。不過最後張宗禹還是被逼得往山東流竄，由於此時東捻已遭平定，因此西捻必須獨自面對李鴻章的淮軍及緊追在後的左宗棠湘軍。同年七月，張宗禹終於被大水困於山東西北部，逼得他只好投河自盡，結束了前後長達十七年的捻亂。

捻亂自始至終都與太平天國關係密切，雖然各地捻首並不聽命於天王，但實際上有不少捻軍是時常配合太平軍從事於聯合作戰的，尤其是天京事變後的太平軍，若無捻軍之助，恐怕局面更不樂觀。而且後期

1864

同治三年

分散各地的太平軍接到天王詔令，前赴天京救援。

洪秀全病死，子天貴福繼位。

曾國荃破天京，太平天國亡。

新疆回亂爆發。

廣州設立同文館。

清廷與曾國藩皆命令李鴻章配合曾國荃合攻南京，李有意讓曾國荃獨占攻陷南京的功勞而推託不去。

清朝代表明誼與俄方代表札哈羅夫依據《中俄北京條約》簽訂《中俄勘分西北界約記》，喪失了四十四萬多方公里的土地。

太平軍賴文光與捻軍張宗禹於湖北、河南等地屢敗僧格林沁。

1865

同治四年

清軍名將僧格林沁於山東遭捻軍擊敗。

江南製造局於上海設立。

慈禧太后以目無君上等罪名將恭親王免職，因群臣力爭，不久後又命令其重掌軍機處及總理各國事務衙門。

四川發生第一次酉陽教案，法國傳教士被殺。

捻軍馳騁於華北平原上，不時逼近京師，給予清廷很大的精神威脅，自然必須調兵遣將用以追剿捻軍，如此一來，可說是有效地牽制住清軍，減輕了太平軍的沉重壓力。而且在太平天國滅亡後，各地殘餘的太平軍，如賴文光之流加入捻軍者不在少數，有人認為就是因為這批太平殘軍的加入，才增強了捻軍的實力，而能一舉狙殺清軍名將僧格林沁，因此後期的捻軍在某種程度上是延續著太平軍的反清行動的。故一般認為，捻亂結束才真正宣告了太平天國的滅亡。

同治三大回變（上）：漢回不兩立

咸豐、同治年間，清廷被國內的大小亂事搞得焦頭爛額，太平軍盤踞於南方的長江流域中下游，扼住了帝國的經濟命脈；似鬼魅般的捻軍則在黃淮平原一帶移形換影，使帝國心臟的京畿地區飽受驚嚇；雲南、陝西、甘肅、新疆等地又陸續爆發一波波的回變，真是屋漏偏逢連夜雨，若無湘軍及淮軍的轉戰四方，恐怕大清帝國要提早被終結。太平軍與捻軍部分已詳如前述，接著要談的是回變部分。

由於清廷對於以信仰伊斯蘭教為主的回民並不友善，甚至還有點種族、宗教歧視的意味，地方官在處理漢回糾紛時經常偏袒漢人，甚至在刑罰上也有差別待遇，因此聚居於中國西北、西南地區的回民多半積壓了一肚子氣，漢人與回民間也就衝突不斷。加上咸豐年間清廷開始抽調駐守於當地的軍隊去打太平軍或捻軍，防務頓時變得薄弱，這使得回民有機可乘，將原本可能只是個稀鬆平常的小事件，像滾雪球般，演變成打殺官府、占地為王的大規模起義。

單位：年

西元	朝代	帝王年號	大事
1866	清	同治五年	捻軍分而為二，東捻由賴文光率領入山東，西捻由張宗禹率領入陝西。 左宗棠於廣東剿滅偕王譚體元部隊，江南的太平軍至此全滅。 回軍攻陷新疆伊犁。 英國向清廷建議廢除凌遲之刑。 清廷接受左宗棠建議於福州馬尾設立福州造船廠。 法國以傳教士遭殺害為由派兵進攻朝鮮，不久即退兵。 總理衙門製定大清國旗，一般稱之為黃龍旗，是中國最早的國旗。 上海發生首次金融風暴。
1867		同治六年	美軍進攻臺灣恆春一帶，遭高山族擊退。 江南各省因為多年來的戰亂，導致古籍大半毀失，清廷命令各省督撫將倖存書籍購補整理，並加以刊刻出版，以廣流傳。 任化邦遭部下殺害，東捻元氣大傷。 日本幕府時代結束。

咸豐五年（一八五五），雲南首先發難，為了礦權問題，漢回爆發激烈衝突，在當地回民領袖馬德新的幫助下，杜文秀攻陷大理，馬如龍則猛攻昆明，對清廷造成了很大的威脅。後來馬如龍因與杜文秀鬧得不愉快，在官員岑毓英的策反下，投降了清朝。不過，杜文秀因深知漢人勢大，而採取漢、回聯合的政策，有效地鞏固了他的政權，一時之間，倒也無人奈何得了他。不過，太平天國滅亡後，清廷調派湘軍將領劉嶽昭擔任雲貴總督、岑毓英擔任雲南巡撫，再加上個馬如龍，終於在同治十一年（一八七二）攻入大理，杜文秀自盡，雲南回變平。

受到太平軍及捻軍的影響，與漢人關係更為不睦的陝甘回民也不斷揭竿而起，不過一般是以同治元年（一八六二）馬化龍於寧夏金積堡的舉兵起事，作為陝甘回變正式爆發的時間。起初，清廷所派出的多隆阿表現不俗，大力掃蕩了陝西境內的回軍，但好景不常，他在同治三年（一八六四）負傷而亡，回軍也趁勢展開反攻，並且後來還與開進陝西的西捻軍合流，聲勢更為壯大。幸而此時太平天國已滅，清廷遂於同治五年（一八六六）調派左宗棠為陝甘總督，希望倚靠這位湘軍名將來討平捻軍、回軍。左宗棠擬定了「先捻後回」的戰略，先於同治七年（一八六八）與淮軍聯合滅了捻軍；再於同治十年（一八七一）解決了陝甘回變的主力馬化龍勢力；最後終於在同治十二年（一八七三）掃平各路回軍，陝甘回變平定。

同治三大回變（下）：疆獨先驅

新疆的情勢則更為複雜，因為這片遼闊的土地是

1868

同治七年 賴文光於揚州遭清軍俘虜處死，東捻平。

張宗禹遭淮軍圍困，投河自盡，西捻平。

臺灣鳳山縣民眾拆毀英、法、西班牙教堂，是為鳳山教案。四川發生第二次酉陽教案。

清廷與美國簽訂《天津條約續約》，亦稱《蒲安臣條約》。

英國以鳳山教案為藉口，派兵艦入侵臺灣安平港。

日本明治天皇開始西化改革，史稱明治維新。

1869

同治八年 慈禧太后寵臣太監安德海因擅自出京，遭山東巡撫丁寶楨斬殺。

酉陽教士為了報復糾集兩千多人，殺害平民百餘人。

貴州發生遵義教案，教民毀炎帝廟，鄉民亦損毀法國教堂。

蘇伊士運河開通。

在乾隆年間才納入清帝國的版圖，對於清朝的向心力也就自然薄弱。受到陝甘回變的影響，新疆從同治三年（一八六四）起開始便不斷出現割據政權，最後來自中亞浩罕汗國的野心家阿古柏掃平群雄，他所建立的洪福汗國於同治九年（一八七〇）控制了新疆大部分地區，並得到英、俄兩國的承認。

眼見新疆就要脫離中國，清廷如何不急？但此時群臣間卻出現了不同意見，也就是「海防」與「塞防」之爭。原來當時擔任直隸總督的李鴻章認為，每年花於新疆的軍費高達幾百萬兩，不如乾脆放棄，將錢用於沿海的兵備，因為他認為東方新興的日本才是「腹心之大患」；但左宗棠卻提出「重新疆所以保蒙古，保蒙古所以衛京師」的塞防意見，而且他認為如果將來阿古柏守不住新疆的話，不是英國就是俄國入主，到時候還不是要花大把銀子於邊境守軍上面，若如此輕易放棄新疆不但大失國威，也不利於海防。最後清廷採納了左宗棠的意見，同意出兵新疆，光緒二年（一八七六），左宗棠率領數萬湘軍展開西征。因為他深知新疆多荒漠不毛之地，故在出兵前已做好萬全的後勤補給工作，擬定了「緩進急戰」的策略。雖然阿古柏能征善戰，英、俄也不時有些干擾的小動作，但仍如其規畫，一路順利挺進，最後終於在光緒三年（一八七七）收復了天山南北路，阿古柏自殺，餘黨則逃入俄國，除了伊犁仍在俄國手中（後經談判收回），新疆大致上皆已收復。此戰也讓清廷深刻體會到英、俄對新疆的覬覦之心，因而有光緒十年（一八八四）的新疆建省之舉。

單位：年

西元	朝代	帝王年號	大事
1870	清	同治九年	阿古柏控有天山南北路。 兩江總督馬新貽遭刺身亡，為清末四大奇案之一。 天津教案爆發，民眾焚毀英、美教堂及法國領事館，殺害洋人二十名，各國脅迫清廷嚴辦此案。 清廷指派曾國藩查辦天津教案。 普法戰爭爆發，法皇拿破崙三世於色當一役中被俘，第二帝國亡，第三共和成立。 義大利完成統一。
1871		同治十年	馬化龍投降清軍，被遭處死。 上海至倫敦的海底電線架設完成。 俄國占領伊犁。 德意志完成統一建國。 法國喪失了亞爾薩斯、洛林。
1872		同治十一年	曾國藩卒。 清廷派首批幼童赴美留學。 英國人美查在上海創辦《申報》。 石達開部將李文彩在貴州牛塘為清軍擊潰，太平軍至此全滅。 清廷請求俄國交還伊犁，俄國以清廷無力保護伊犁為理由，拒絕交還。 清軍攻陷大理，杜文秀自盡。

實錄與檔案中的虛構（上）：噶爾丹之死

自古以來，不管是統率百萬雄兵的歷代名將，還是縱橫大江南北的強盜巨寇，在被逼至絕境、走投無路之際，常常是以自殺來畫下句點。通常我們會認為這些人的自殺是理所當然的，因為他們終究難逃一死（有些人則是不願受辱），不如自我了斷，免得死前還要受精神或肉體上的折磨。但是，真的每個人都是自殺的嗎？那可未必，就像社會新聞常報導凶手將死者布置成自殺狀以逃避刑責一樣，歷史上也有類似的「假自殺」事件。

雄才大略的康熙皇帝為了擊敗由噶爾丹統治的北方大敵準噶爾蒙古，曾經三次領兵御駕親征，最後終於消滅這個強悍的對手。根據《清實錄》記載：撫遠大將軍費揚古奏報「（康熙三十六年）閏三月十三日，噶爾丹至阿察阿穆塔臺地方，飲藥自盡。」所以一般都說噶爾丹是服毒自殺的。

但是，根據費揚古的滿文奏報卻說：「噶爾丹於三月十三日晨得病，至晚即死，不知何病。」此外，當時的〈訊問丹濟拉使者齊奇爾寨桑供詞〉也稱「噶爾丹於三月十三日病死」，由此看來，《清實錄》的記載是有誤的。那為何編纂《清實錄》的史官要寫噶爾丹是自殺呢？按理說這麼一件重大的事是不大可能出錯的，對此大陸學者提出的看法是：因為康熙皇帝曾經預言噶爾丹最後必定會被逼得走上自殺之路，但結果卻不是如此，為了維護康熙皇帝的英明，也只好昧著良心動點手腳了。日本學者則有另一種解釋：因為噶爾丹在蒙古有很大的影響力，信佛教的蒙古人相信這位偉大領袖在英勇死亡後必定會輪迴轉世，不

1873

同治十二年

東、西宮太后撤簾，同治帝親政。

清廷設立輪船招商局。

岑毓英攻占騰越，平定雲南回亂。

左宗棠肅清甘肅回軍，平定陝甘回亂。

法國將領安鄴攻占越南河內。劉永福率黑旗軍於河內擊敗法軍，安鄴陣亡。

1874

同治十三年

牡丹社事件爆發。

奕訢、奕譞等人上奏請求同治帝停止重修圓明園，帝不予理會，後因同治帝卒而停工。

同治帝卒，醇親王子載湉繼位，是為德宗，仍由兩宮太后垂簾聽政。

1875

德宗 光緒元年

英國公使翻譯馬嘉理於雲南遇害，中英滇案爆發，亦稱馬嘉理事件。

清廷派郭嵩燾為出使英國的欽差大臣，為正式派遣駐外使臣之始。

日軍艦砲轟朝鮮江華島砲臺，並焚毀永宗城，是為江華島事件。

左宗棠奉命督辦新疆軍務。

清廷於臺灣北部增設臺北府。

久後將再次領導他們反抗清朝，為了讓這些蒙古人徹底絕望，所以史官們配合康熙帝的指示，將其死因寫成「飲藥自盡」，佛教徒犯了自殺的規戒，從此萬劫不復，不能輪迴，一代英雄噶爾丹也就不可能再出現了。

實錄與檔案中的虛構（下）：洪秀全之死

根據太平天國後期主將李秀成的親供手跡，天王洪秀全是在南京城破前服毒自殺而死的，因此曾國藩在向朝廷奏報其下場時，也是一再地強調洪秀全在官軍的圍攻下，被逼得服毒自盡。因為李秀成在太平天國中擁有「一人之下，萬人之上」的身分地位，他不可能不知道洪秀全是怎麼死的，所以在一九六〇年代以前，大都相信洪秀全是自殺的。不過還是有人心生疑問，因為洪秀全死後，其幼子繼位，又過了一個多月，清軍才破城而入，選在這個時間點自殺實在不合常理，一般都是在最後關頭才會選擇自殺，如果洪秀全真的是覺得大勢已去而自殺，把這個爛攤子留給小孩子去收拾，不管是身為一國之君或是一個父親，都不應該會如此沒有擔當。不過或許因為洪秀全晚年已陷入宗教狂亂、近於精神失常之境，因此學者們會認為他如此違背常理也不是不可能。

但是，一九六三年，曾國藩的曾孫曾約農把他們家傳近百年從湖南老家帶至臺灣的《李秀成親供手跡》在臺北影印出版，這下子大家才發現原來之前的版本內容不但較少，也被曾國藩更改過，因為在這個最原始的版本中，洪秀全最後是病死的，並非服毒自殺；此外，曾國藩的幕僚趙烈文也在日記中提及當時

單位：年

西元	朝代	帝王年號	大事
1876	清	光緒二年	為解決中英滇案，清廷與英國簽訂《煙臺條約》。英商怡和洋行自行興建淞滬鐵路，為中國第一條鐵路，因惹起民怨，隔年遭拆除。
1877		光緒三年	日本與朝鮮簽訂《江華島條約》。阿古柏死，左宗棠平定新疆回亂。臺南到高雄的電報線架設完成，為中國最早自行架設的電報線。俄土戰爭爆發。
1878		光緒四年	俄國與土耳其簽訂《聖斯泰法諾條約》，俄土戰爭結束。德國召開柏林會議以解決近東問題。
1879		光緒五年	崇厚為取回伊犁擅自與俄國簽訂《里發的亞條約》。日本併吞琉球。德、奧簽訂兩國同盟。
1880		光緒六年	清廷將崇厚革職查辦，改命曾紀澤赴俄另訂新約。清廷與美國簽訂《中美續修條約及續補條約》。
1881		光緒七年	曾紀澤與俄國簽訂《中俄改訂條約》。慈安太后死。唐胥鐵路通車，為中國官方所籌建的第一條鐵路。

確有洪秀全病死的情報傳出。那曾國藩為何要作這一番篡改呢？因為非此不足以顯示清軍之奮勇向前，他們必須要塑造出一幕洪秀全因為眼見清軍攻勢太凌厲而絕望自殺的畫面，所以曾國藩在奏報時才會強調洪秀全是在官軍的「猛攻」、「急攻」下服毒自盡的，這是朝廷比較樂見的結果。如果照實情以報說洪秀全是病死的，朝廷中央那批不知打仗辛苦的高官們必然會覺得清軍不夠賣力，沒能把敵軍逼至絕境，其腦海中難免會浮現出一幅官兵散漫的圖像出來，甚至還會懷疑曾國藩等人是否在耍「養寇自重」的官場老把戲（也就是放敵人一條生路，因亂事未平，遂得以有名義持續掌握軍事及政治上的實質權力），一生以謹慎聞名、深諳官場文化的曾國藩為了避免朝廷不快，才對相關檔案動了手腳，以免惹來功高震主的猜疑。

中法戰爭：十九世紀的越戰

自一八五〇年代末期開始，法國便開始侵略越南，打算將它作為在亞洲的根據地，越南無奈，只好像中國一般，割地賠款了事。同治十二年（一八七三），法國派安鄴率軍大舉入侵越南北部，準備一舉占領，以便控制中國西南門戶。面對此一危急存亡之秋，越南只好就近向駐紮於其境內由劉永福率領的黑旗軍求助。黑旗軍號稱能戰，不負所託，於河內大破法軍，並擊殺其主帥安鄴。法國雖然一時受挫，但仍不死心，繼續以外交手段對越南施壓，雙方最後簽訂了《西貢條約》，越南成為法國的保護國。

身為越南老大哥的中國，如何能忍受法國對越南的恣意妄為？不斷對法國申明中國在越南的權利，中

1882

光緒八年

馬偕於淡水設立牛津學堂。

清廷與俄國簽訂《中俄伊犁界約》及《中俄喀什噶爾界約》。

義大利與德、奧締結三國同盟。

1883

光緒九年

清廷為了宣示對越南的宗主權而與法國開戰，是為中法戰爭。

劉永福率黑旗軍進攻河內，於紙橋擊敗法軍，並殺其主將李威利，是為紙橋大捷。

1884

光緒十年

法軍在孤拔的率領下，於馬尾海戰大破福建水師，占領基隆，並封鎖臺灣，但於進攻淡水時，遭湘軍將領孫開華擊敗。

新疆正式建省，以平定新疆回亂的湘軍名將劉錦棠為首任巡撫。

恭親王奕訢遭慈禧太后罷黜，免去一切職務。

以奕劻主持總理各國事務衙門。

《點石齋畫報》在上海創刊。

清廷與俄國簽訂《續勘喀什噶爾界約》。

法國與越南簽訂《法越和平條約》，越方在簽約儀式上銷毀清朝頒發的封冊、玉璽。

朝鮮開化黨陰謀勾結日人奪取政權，後失敗，是為「甲申事變」。

法兩國就這樣為了越南問題吵了好些個年頭。光緒九年（一八八三），雙方關係開始緊張，法國先派李威利進軍河內，堪稱法國剋星的劉永福率黑旗軍再破法國軍隊，並殺其主將李威利。同年底，不死心的法國再遣孤拔率軍前來，並與駐紮於越南北部的清軍發生衝突，面對法國的一再逼迫，清廷無可避免，只好開戰。

起先，清廷以滇、桂軍配合劉永福的黑旗軍迎戰法國大兵。黑旗軍雖然戰績輝煌，但滇、桂軍大半是吞雲吐霧的鴉片鬼，戰鬥指數低到不行，在孤掌難鳴的情況下，清軍在開戰之初，就吞了幾次大敗仗。

而法國打的如意算盤是：先占領中國幾處沿海領土，再對清廷予取予求。光緒十年（一八八四），法國艦隊突襲福州的馬尾船廠，在馬尾海戰中，大破福建水師後，揚長而去。

志得意滿的法軍隨即向基隆進攻，此時他們面臨的是淮軍名將劉銘傳。曾經南征北討的銘字營表現非凡，硬是與前來赴援的臺灣民團擋下了法軍的猛烈攻勢。但是，劉銘傳得到法軍砲轟滬尾（淡水）的消息後，心想不妙，因為滬尾與臺北城間地勢平坦，滬尾一失，法軍便可沿著淡水河水陸兩路齊入臺北城，因此他決定放棄基隆，將大部分軍隊撤往滬尾及臺北城。於是法軍輕鬆拿下基隆，隨即進攻滬尾。沒想到，法國的海軍陸戰隊卻被湘軍將領孫開華打得落荒而逃。法軍只好改變戰略，他們決定封鎖臺灣，使駐在臺灣的清軍無法取得來自大陸的後勤補給，但這也不大管用，反而因為擋人財路而引發英、美各國的不滿。而法軍雖然占領了基隆，但冬雨綿綿，加上傳染

單位：年

西元	1885	1886	1887
朝代	清		
帝王年號	光緒十一年	光緒十二年	光緒十三年
大事	法軍占領澎湖。 馮子材於鎮南關一役大破法軍，並收復諒山等地，法國茹費理內閣因而垮臺。 中法戰爭結束，雙方簽訂《中法新約》，清朝失去對越南的宗主權，西南門戶大開。 清廷宣布臺灣建省，以中法戰爭督辦臺灣軍務有功的淮軍名將劉銘傳為首任巡撫。 英軍俘虜緬甸國王，緬甸亡，清廷派曾紀澤與英國商議。 清廷設立總理海軍事務衙門，簡稱海軍衙門，以醇親王奕譞為總理。	英國宣布緬甸屬於英國所有，中英簽訂緬甸條約，清朝喪失對緬甸的宗主權。 重慶居民反對英美於當地建造教堂，官府未接受陳情，民眾憤而燒教堂，並搗毀英國領事館。	劉銘傳籌建從基隆到新竹的鐵路，並完成臺灣與福建海底電報線的鋪設。 劉銘傳在臺北設立臺灣西學館。 臺灣正式建省。

病盛行，士兵病倒的比戰死的還多，臺北城也始終打不下來。法軍便在光緒十一年（一八八五）三月，決定放棄基隆，並花了三天時間用狂轟猛炸的砲火拿下駐軍不多的澎湖以作為補償。

此時，越南戰場卻出現了大逆轉，清軍在老將馮子材的指揮下，於鎮南關大破法軍，並且繼續推進，收復了諒山，史稱諒山大捷。可惜，這個勝利影響不大，因為雙方的談判早已暗中進行。在戰局互有勝負、彼此都沒有必勝把握的情況下，清廷抱著見好就收、息事寧人的態度簽下了《中法新約》，把越南拱手讓給了法國。不過，這場戰爭也讓清廷體認到美、日、法各國都想吞下臺灣這塊大肥肉，當年（一八八五）馬上就宣布臺灣建省，從此影響了臺灣的歷史走向。

甲午戰爭：東星耀揚

明治維新後的日本，渴望能「脫亞入歐」，像西方列強一般，擁有一些殖民地及令人不敢輕視的國力。一八七四年的牡丹社事件及一八七九年日本的併吞琉球，都不難看出其狼子野心。不過，為了完成征服中國的長遠目標，他們必須先拿下朝鮮這個踏板才行。一八七六年的《江華島條約》及一八八五年的《中日天津條約》，先是讓日本在朝鮮取得與中國平起平坐的地位；光緒二十年（一八九四）六月，日本藉著平息東學黨之亂的名義出兵朝鮮，平亂後又拒不撤兵，並挾持朝鮮國王，計畫以發動戰爭來迫使中國割地賠款，作為其厚植國力的資金來源。

此時的情勢緊張，已進入備戰狀態，國際間則

1888 光緒十四年 北洋艦隊於李鴻章的籌畫下正式成立。
西藏地方軍隊與英軍發生武力衝突，是為隆吐山之戰。

1889 光緒十五年 光緒帝親政。
奕譞上奏自本年起，每年可由海軍衙門撥銀三十萬兩用於修建頤和園。

1890 光緒十六年 清廷與英國簽訂《煙臺條約續增專條》及《中英會議藏印條約》。
德相俾斯麥下臺。

1891 光緒十七年 基隆與臺北之間的鐵路建成。安徽發生蕪湖教案。
湖北發生武穴教案、宜昌教案，英法等國將兵艦開往宜昌威脅清廷速辦此案。
熱河發生金丹教起義，參與者達數萬人之多，後遭平定。

1892 光緒十八年 湖廣總督張之洞查辦湖南長沙民間所刊布之「滅鬼歌」及攻擊基督教的揭帖、圖書。

1893 光緒十九年 張之洞於武昌設自強學堂。
清廷與英國簽訂《中英藏印條款》，自此西藏門戶大開。

是一致看好中國必將獲勝，唯有李鴻章因深知中國的軍隊只是銀樣蠟槍頭（比喻外表很好看，實際上不中用），而不斷尋求列強勢力的介入干涉，以平息這場事端。七月二十五日，日本不宣而戰，派出戰艦突襲中國的運兵船，雙方在朝鮮的豐島海面展開激戰，清軍力戰而敗；數日後的陸戰亦以敗北收場。

八月一日，中日正式宣戰。陸戰方面，日本在平壤大破清軍，清軍總統（總指揮）葉志超棄城而走；海戰方面，海軍提督丁汝昌所率領的北洋艦隊在黃海亦遭日艦擊敗。幾場敗戰下來，清廷已有謀和的打算，請出已遭罷黜的「鬼子六」恭親王出馬，希望靠著他與列強的友好關係，邀請各國出面調停。

初出茅廬的日本沒料到中國如此不堪一擊，就像條嚐到鮮血滋味的鯊魚一般，哪裡肯鬆口？隨即兵分兩路，一路渡過鴨綠江，打進清朝的老巢奉天；另一路則登陸遼東半島，幾乎沒遇到什麼抵抗，就占領了大連、旅順這兩個戰略地位極為重要的港口，並在旅順展開血腥的大屠殺（全城僅有三十六人因為要負責埋葬屍體而得以存活）。清朝當年就是從東北一路打到北京，怎麼會不瞭解日本的盤算？只能一面加強防備，一面派出使臣前往日本求和。

但日本藉口使臣的全權不夠，要求清廷必須派出恭親王或李鴻章這類最高等級的官員才願談和，其實是想再多占土地，甚至攻下北京，來增加談判的籌碼。光緒二十一年（一八九五）一月，日軍攻陷北洋艦隊的基地——威海衛，並擊沉數艘清軍船艦，丁汝昌等將領不降而死，其餘的船艦也就落入了日軍手中，李鴻章苦心經營的北洋艦隊至此宣告全滅。奉天

單位：年

西元	朝代	帝王年號	大事
1894	清	光緒二十年	甲午戰爭爆發，清軍海陸兩戰皆遭日軍擊敗。 孫中山上書李鴻章，提出變法自強等主張。 孫中山於檀香山創立興中會。 法、俄簽訂軍事協約。 法國爆發德雷福事件。
1895		光緒二十一年	北洋艦隊遭日軍殲滅。 李鴻章奉命赴日求和，與伊藤博文簽訂《馬關條約》，割讓臺灣、澎湖及遼東半島。 唐景嵩、丘逢甲等人成立臺灣民主國，同年遭日軍擊潰滅亡。 康有為聯合十八省舉人於北京發動「公車上書」，請求變法。 福建發生古田教案。 廣州起義失敗，陸皓東等人被捕殉難。 梁啟超等人在北京創立「強學會」，後遭查禁。
1896		光緒二十二年	李鴻章赴俄簽訂《中俄密約》。 張之洞派人赴日本留學，為留日教育的開始。 梁啟超等人在上海創立《時務報》。 現代第一屆奧運在雅典舉行。

一路的日軍雖遭遇到頑強的抵抗，但仍繼續往山海關挺進。另一路則進軍臺灣，攻下了澎湖。面對屢戰屢敗的惡劣情勢，清廷只能硬著頭皮派出李鴻章前往日本去接受對方的漫天喊價，最後簽下了條件苛刻且影響深遠的《馬關條約》。

戊戌變法與政變：無奈亢龍變潛龍

甲午一戰，堂堂中華上國竟然打不過幾十年前還是和自己一樣任洋人宰割的東洋番邦，這不禁讓年輕氣盛的光緒皇帝深感悲憤。光緒二十四年（一八九八），受到了康有為等人的影響，光緒皇帝決定開始全面改革內政，是為戊戌變法。他甚至還向慈禧太后要求給予其充分的權力，不然寧可退位，他是不願當個亡國之君的。

我們不能否認，光緒皇帝和康有為等人的確有一股想讓中國富強的熱情，可惜，這波改革太過劇烈，既要裁撤許多無用的機關，又要廢除八股文，許多人的飯碗因而不保，牽連實在太廣，因此反對聲浪大起，特別是一些受慈禧寵愛的官員，他們在丟官後紛紛跑到太后跟前去向她哭訴，抱怨改革的不是。原本答允讓光緒放手去做的慈禧此時也反悔了，她開始安插自己的人馬進入一些重要機關，逐步削減光緒的權力，並不斷表現出反對改革的態度。光緒從小就怕這個阿姨，他知道黨羽遍布朝野的慈禧是絕不會善罷干休的，康有為等人也瞭解情況不妙。此時又謠傳在十月十九日當日於天津舉行閱兵典禮時，慈禧將會把光緒廢掉，另立新君。為了自保，以光緒為首的帝黨決定發動政變，譚嗣同密訪在天津訓練新式軍隊的袁世

1897

光緒二十三年

山東發生「鉅野教案」，亦稱「曹州教案」，德國傳教士遭民眾殺害。

德國占領膠州灣、俄國占領旅順、大連，列強開始畫分勢力範圍。

國籍選擇日到期，沒有選擇大清國籍的臺灣人，皆成為日本國民。

1898

光緒二十四年

法國租借廣州灣。

英國租借威海衛。

光緒帝起用康有為、梁啟超等人，推動戊戌變法，亦稱百日維新，同年遭慈禧太后剝奪一切權力，遭軟禁，六君子遭殺，變法失敗，史稱戊戌政變。

清廷開辦京師大學堂，為北京大學的前身。

《女學報》於上海創刊，為中國最早的婦女報紙。

美西戰爭爆發。

1899

光緒二十五年

美國提出門戶開放政策，中國免於被瓜分的命運。

凱，請其率軍殺后黨領袖榮祿，並包圍慈禧的住所頤和園，事成後便由他出任直隸總督。袁世凱表面上答應，私下卻去向榮祿密告，慈禧知悉帝黨的密謀後，隨即於九月二十一日發動政變，宣布訓政，除了將光緒軟禁外，也將帝黨一派或殺或貶，最有名的便是被斬首示眾的「戊戌六君子」，康有為與梁啟超則在英、日兩國的保護下逃往海外。由於這場變法只維持了一百零三天，所以又稱為「百日維新」。

義和團之亂與八國聯軍（上）：失控的民族主義

光緒二十三年（一八九七），德國以教士被殺為由強占了山東的膠州灣，自此而後，英、俄等列強便像強盜坐地分贓一般，各自在中國這塊大餅上畫分出一塊塊的勢力範圍，雖然後來由美國出面（英國於背後支持，因為她也不希望中國被瓜分，如此就失去了一個廣大市場），提出了門戶開放政策，使得中國得以脫離被瓜分的命運，但是列強如此囂張、視中國如無物的行徑，教中國人民如何能忍？一股民族主義的暗潮就在各地悄然地漫流著。加上咸豐八年（一八五八）的《天津條約》允許外人進入內地傳布基督教後，不少惡劣的傳教士和教民們，仗著洋人的勢力魚肉鄉民，地方官也不敢得罪這些狐假虎威的教民，民眾憤而自己動手砸教堂、殺教士教民，因而各省各地教案頻傳，這都是中國老百姓在求訴無門的情況下被激起的自然反應。

山東素來民風強悍，具有反抗精神的白蓮教在當地亦頗盛行，其中有一分支名為八卦教，他們所練的拳稱為義和拳，自稱可以降神附體、刀槍不入。這

單位：年

西元	朝代	帝王年號	大事
1900	清	光緒二十六年	英美各國要求清廷嚴厲取締義和拳與大刀會。義和團拳亂爆發，慈禧太后下令對各國宣戰，八國聯軍占領北京。美國成為世界最大的工業經濟體。
1901		光緒二十七年	李鴻章與各國簽訂《辛丑和約》。梁啟超於日本創立《新民叢報》。俄軍於黑龍江畔大肆屠殺中國居民，史稱「海蘭泡慘案」及「江東六十四屯慘案」。俄軍占領東北三省重要城市及交通線。李鴻章卒。清廷在西安下詔變法，清末的新政自此開始。最後一批八國聯軍從北京撤退。准許滿人與漢人通婚，並鼓勵漢族婦女去除纏足習俗。
1902		光緒二十八年	《大公報》創刊。清廷下詔廢止八股文。清廷與俄國簽訂《中俄交收東三省條約》，約定俄軍於十八個月內陸續撤兵。英日同盟成立。

批強悍的拳民屢屢與教民發生衝突，因數任山東巡撫對他們毀教堂、殺教民的暴行都予以縱容，使得其勢力日益龐大。直到袁世凱擔任山東巡撫後，才開始打壓義和拳的囂張氣燄，迫使他們在光緒二十六（一九〇〇）開始往天津、北京這兩個有不少洋人居住的城市前進。

其實從一開始，義和拳就受到慈禧太后的暗中保護，因為她對於洋人同情變法、干涉皇帝廢立（她本要廢掉光緒，因洋人反對而止）及強占港口城市的舉止不滿已久，而想藉此殺洋人銳氣，以洩其憤，因此再三命令山東歷任巡撫（包括袁世凱）對於義和團的剿辦不可急切，以免引起騷亂。

而義和團入京後，自然是老實不客氣地大殺洋人、燒洋貨、毀電線，凡是與西洋有關的人、地、物，都是他們攻擊的目標，即使是京城高官也不放過，只要給你扣個「二毛子」（即崇洋媚外的假洋鬼子）的大帽子，就可以光明正大地行姦淫擄掠之舉。演變到後來，慈禧也覺得鬧得太過火了，打算以武力制止拳民們的無法無天，但是談何容易？因為連軍隊中都有不少的義和團分子。

義和團之亂與八國聯軍（下）：向全世界宣戰

就在義和團大鬧北京的同時，又發生了一個戲劇性的變化，原來慈禧得到一則似真似假的消息，即各國要求她歸政於光緒皇帝。這對於掌權近四十年的慈禧來說，等於是制其於死命，於是怒不可遏的她在光緒二十六年（一九〇〇）六月十七日下了一個可怕的命令：向全世界宣戰。不過南方各省督撫並不買老

1903

光緒二十九年 黃興、宋教仁等人於湖南成立華興會。

俄國於約定時限到期後拒絕自東北撤兵，上海、東京、北京等地紛紛出現反俄風潮，要求清政府對俄發動戰爭。

「蘇報案」爆發，章太炎、鄒容被捕入獄。

1904

光緒三十年 《東方雜誌》在上海創刊。

蔡元培等人成立光復會。

日俄戰爭爆發。

《英法協約》簽訂。

1905

光緒三十一年 廢止科舉制度。

同盟會於東京成立。

《民報》創刊。

因為美國拒絕簽訂得以改善華工待遇的新約，上海總商會決議發起抵制美貨運動。

日本頒布「取締清國留學生規則」，對於留日學生的言行多所限制，部分學生憤而退學回國。

清廷廢除凌遲之刑罰。

佛爺的帳，認為這是受義和團脅迫而下的「亂命」，聲言拒不受命，他們還與洋人達成了和平協議，稱為「東南互保」，北方省分也多數採抗命態度，所以戰場主要僅集中在北京、天津一帶。慈禧面對各省幾近叛變的行為，也只好把姿態放低。然而，義和團在北京城內的勢力實在太大，他們又幾近瘋狂，連她也有些害怕。所以慈禧的態度搖擺不定，一下請各省督撫出兵助戰，一下又請使臣對各國說明中國將繼續保護外國使館，並懲治亂民；一下獎賞義和團，殺死主和派大臣，一下又制止對使館區的攻擊。她處處兩面討好，希望可以不出亂子，但該來的還是來了，八月四日，八國聯軍開到。

以日、德、英、美、法、俄、義、奧八國為主的聯軍，迅速擊潰烏合之眾的義和團及戰力不強的清軍，占領北京，慈禧則與光緒提前一步裝扮成鄉下人往西逃走了。四十年前英法聯軍攻陷北京，只占領了十八天，這一次卻長達十三個月。

北京在各國的分區占領下，遭到聯軍恣意地燒殺擄掠。狼狽竄逃的慈禧也知道惹下滔天大禍，急忙電請李鴻章去北京與各國談和，後來雙方簽訂了《辛丑和約》，清廷需支付高達四億五千萬兩的賠款，此一數字是為了懲罰中國四億五千萬的人民，要他們一人出一兩來撫卹各國在此事件中喪生的幾百條性命。各國原本要懲辦罪魁禍首的慈禧，另立新君或瓜分中國，後來在利益的考量下，才打消了念頭。慈禧知道各國願意饒恕她，如釋重負，從此以後，百般討好洋人，因為她知道自己的命運取決於各國的喜怒，那個仇外的慈禧已經一去不復返了。

單位：年

西元	朝代	帝王年號	大事
1906	清	光緒三十二年	盧漢鐵路正式通車。 清廷下詔預備立憲。 南昌知縣江召棠被法國傳教士逼迫自刎，引發數萬南昌民眾燒教堂、殺洋人之激烈舉動，是為南昌教案。 日本在中國東北設立南滿洲鐵道株式會社及關東都督府，作為日本侵略東北的大本營。
1907		光緒三十三年	東三省改為行省。 英人斯坦因自敦煌運走大批古文物。 《英俄協約》簽訂。
1908		光緒三十四年	光緒帝與慈禧太后卒，醇親王載灃子溥儀繼位，是為宣統帝，載灃為攝政王監國。 臺灣縱貫鐵路全線通車。 美國宣布退還庚子賠款。
1909		宣統帝 宣統元年	舉行各省諮議局選舉。
1910		宣統二年	日本併吞朝鮮。

武昌起義與辛亥革命：帝國輓歌

宣統三年（一九一一）的中國，有一種山雨欲來風滿樓的氛圍，這是因為許多人對清廷在立憲運動上的敷衍了事深表不滿，甚至憤而加入了革命黨，可以說各地都充斥著不滿的聲音，只待有人揭竿而起。十月九日，機會來了，一群革命黨人在漢口俄租界製造炸彈，卻不慎爆炸，機關因此被破獲。俄國巡捕把名冊、印信等關於革命黨人的資料都給搜了去，轉交清朝官員處理。因情勢所迫，革命黨不得不選定次日於武昌提前發動起義。由於此時湖北的軍隊有不少都被調往四川去鎮壓保路運動，兵力略顯薄弱；加上清軍中支持革命的也不在少數，因此這場臨時發難的革命行動竟然一舉成功，革命黨僅花了一夜時間就順利占領了武昌城，並接連光復漢陽、漢口。

清廷聞知丟失了武漢三鎮，急忙調動軍隊前往剿亂，並加強京畿地區的防衛，同時也起用已遭罷黜但在北洋軍中有極大影響力的袁世凱來主持平亂工作。而中國各地的革命黨知道武昌起義成功後，紛紛與立憲派人士合作起事反清，如烽火燎原般，各地燒起了一把又一把的革命巨燄，江西、山西、雲南、貴州、江蘇、浙江、廣西、四川等地接連宣布獨立。

袁世凱身為李鴻章臨死前指定的接班人，當然是個狠角色，他一方面派兵進攻湖北，奪回漢口，使得氣勢如虹的革命軍銳氣為之一挫，其用意是要讓革命黨人瞭解到有他袁世凱在，打垮滿清可不是那麼簡單的事，更何況北方各省還在清廷的掌握之中；另一方面袁世凱則運用自己在北洋軍、立憲派中的影響力及各國對他的好印象，意圖逼迫清室退位。

1911

宣統三年

革命黨於廣州發動黃花崗起義（又稱廣州三二九之役）失敗。

清廷宣布鐵路國有政策，保路運動爆發。

武昌起義爆發，各省紛紛獨立，清廷與革命軍代表舉行南北和議。

孫文當選中華民國第一任臨時大總統。

俄國唆使外蒙獨立。

英國唆使西藏獨立。

1912

中華民國

民國元年

孫中山在南京就職。中華民國正式成立。

宣統退位。

袁世凱被選為中華民國第二任臨時大總統。

革命黨的精神領袖孫中山，以其革命資歷而被推舉為中華民國第一任臨時大總統，於一九一二年一月一日在南京就職，中華民國正式成立。二月十二日，六歲的宣統小皇帝在隆裕太后所頒布的〈退位詔書〉中宣布退位，結束了清朝在中國二百六十八年的統治。既然北方的宣統皇帝都退了位，南方的孫中山也得下臺讓賢，於是袁世凱如其所願在各界的支持下被選為第二任中華民國臨時大總統。

民國時期

西元一八九四年，孫中山創立興中會，號召推翻滿清、建立共和；西元一九一一年十月十日，辛亥革命成功；次年溥儀宣布退位，中華民國正式成立。孫中山先是就任臨時大總統，隨後則由袁世凱接任。孰料，袁世凱不安於責任內閣制，積極尋求恢復帝制時期統治者的絕對權力，後有張勳擁溥儀推動復辟，這不僅干擾現代國家的運作，也讓北洋軍閥有繼續維持獨斷專權的藉口。

再者，由於清末時期西方國家不論是採取經濟或武力入侵，都想分食中國這塊大餅，特別是日本，當時袁世凱為了圖謀自己的勢力，居然答應日本簽訂了喪權辱國的《二十一條款》，時值民國四年（一九一五）五月九日，史稱「五九國恥」。後另有「五卅慘案」與「濟南慘案」，都是列強為了阻止中國統一所發動的凶殘舉動。孫中山為了保持革命成果，決定展開「護法運動」，並尋求與蘇聯的合作；後有蔣中正於民國十五年（一九二六）宣布「北伐」。

在中國內政處於紛亂之際，國際上歷經了兩次世界大戰，中國國民黨與中國共產黨雖然因社會目標不同、理念不合，曾發生多次爭戰，尚有清黨、寧漢分裂等事件，但在維護國家利益的前提下，曾經出現兩次國共合作，共同抵禦外侮。只是，外患結束之後，兩黨之間的鬥爭仍持續下去。

由於西方文化的引進，一度有「中學為體，西學為用」的理念，後則由陳獨秀、胡適等人推行的「新文化運動」，倡導白話文、新詩寫作，以及宣揚民主價值、科學價值。民國八年（一九一九）五月四日，捍衛國家權益的「五四運動」於焉誕生。這時期在考古學領域甚有斬獲，上古文化遺址紛紛出現，具代表性的研究人員有傅孟真、顧頡剛、董作賓等。另有推行「國語」運動，俾使中國出現統一的語言，以利全國人民溝通與交流。

單位：年

西元	民國	大事
1911		辛亥革命，也稱武昌起義。
1912	元年	溥儀退位，中華民國成立。頒布《中華民國臨時約法》。
1913	二年	二次革命敗，袁世凱任大總統。
1914	三年	第一次世界大戰開始。
1915	四年	袁世凱稱帝，蔡鍔組織護國軍。
1916	五年	袁世凱死，黎元洪任總統。段祺瑞握有北洋政府實權。
1917	六年	張勳擁溥儀復辟失敗，孫中山展開護法。
1918	七年	第一次世界大戰結束。
1919	八年	五四運動。上海首次大規模罷工。中華革命黨改組為中國國民黨。
1921	十年	中國共產黨成立。
1923	十二年	孫中山又建軍政府，聯俄容共。
1924	十三年	國共第一次合作，設黃埔軍校。
1925	十四年	孫中山逝世，廣州國民政府成立。五卅慘案，日本屠殺中國軍民。
1926	十五年	蔣中正平定中山艦事件。國民政府北伐開始。

北伐與國共合作：需要靠攏、也需要距離的關係

一九一二年清室宣布退位後，中國的大局在南北各方勢力的拉鋸中緩慢前進；要讓中國透過一場革命就接受民主立憲政體，畢竟是有困難的，掌握大權的軍閥莫不有個皇帝夢，例如袁世凱稱帝、張勳擁溥儀復辟。北洋軍閥段祺瑞出面結束這場皇帝夢，重新掌握北洋政府的實權，但這不代表段祺瑞支持民主立憲，他反而主張「一不要約法，二不要國會，三不要舊總統」。於是乎，段祺瑞的北洋政府成為國民黨的新目標，孫中山在廣州另立軍政府，展開「護法運動」（一九一七至一九二二）。

一九二一年，中國共產黨成立時，已經認知到軍閥勢力之大，會影響工人運動的推行，因此尋求與國民黨合作組成「革命統一戰線」，一致對抗北洋軍閥。孫中山當時積極爭取列強的支持，鑑於俄國革命的成功，決定採用「聯俄容共」的策略；同時也接受共產黨員可以個人身分加入國民黨，強化彼此間的關係。此外，孫中山在蘇聯的協助下建立黃埔軍校，這是後來北伐的主力軍。

在這段時間，北方軍閥之間相當不平靜，發生了一次直皖戰爭、兩次直奉戰爭。第二次直奉戰爭由奉系獲勝，馮玉祥和張作霖還是推選段祺瑞為「臨時執政」，並決定要終止《臨時約法》和取消國會，這自然不符合孫中山的建國理念。因此孫中山抱病、親自前往北京議事，孰料在此過程中卻過世了，時間是民國十四年（一九二五）三月十二日。

孫中山逝世後有兩件事情，一是國民黨在廣州成立國民政府、建立國民革命軍。民國十五年

年份	民國	事件
1927	十六年	寧漢分裂，國民黨展開「清黨」。
1928	十七年	濟南「五三慘案」。東北易幟，國民黨完成北伐。
1931	二十年	九一八事變，日本侵略東北。共產黨成立中華蘇維埃共和國。
1932	二十一年	一二八事變，日本攻占上海。日本設滿洲國，溥儀二次復辟。
1935	二十四年	共產黨舉行遵義會議。
1936	二十五年	西安事變失敗，張學良被軟禁。
1937	二十六年	國共第二次合作。七七事變中日戰爭爆發。八一三松滬會戰。日本進行南京大屠殺。
1938	二十七年	臺兒莊大捷。武漢會戰，國民政府遷都重慶。
1939	二十八年	日軍炸重慶、西安、成都等地。第二次世界大戰爆發。
1941	三十年	日本偷襲珍珠港，引發太平洋戰爭。
1943	三十二年	同盟國發表對日作戰開羅宣言。
1945	三十四年	第二次世界大戰結束，日本降。
1946	三十五年	國共內戰開始。

（一九二六）蔣中正就職總司令並誓師北伐，當時段祺瑞已在北洋軍閥的內鬥中下臺，所以北伐的策略是「打倒吳佩孚，聯絡孫傳芳，不理張作霖」。第二件事情是，國民黨與共產黨理念不合、作風不同，差異日趨白熱化，國民黨甚至決議「清黨」，造成了「寧漢分裂」的局勢，共產黨掌握了武漢政府，國民黨則在南京另立國民政府。

國民黨的北伐首要目標是殲滅以湖南為根據地的吳佩孚，吳佩孚則是發出「退卻者殺無赦」的軍令，展現維護地盤的雄心；在雙方互有勝敗的過程中，北伐軍最後在一九二六年九月將火力集中在武漢三鎮、給吳軍致命的一擊，吳佩孚終於大敗、逃往河南信陽。北伐軍接著向江西追擊孫傳芳，在南昌時，雙方有異常激烈的爭戰，總司令蔣中正還為此加派了兩萬名援軍，終於在同年十一月第三次進攻南昌時，攻克孫傳芳，這可說是北伐以來最大規模的戰役。

北伐軍與孫傳芳主力作戰之時，閩南地區卻出現孫傳芳的助力，福建五省聯軍總司令周蔭人，趁機出兵攻打廣東，試圖瓦解北伐軍的根據地。幸由當時鎮守廣東的何應欽，整合了當地可用的兵力，包括黃埔軍校的學生，成功擊潰閩軍。

北伐軍出兵到山東時，日本還一度介入、暗中幫助軍閥張宗昌，殺害交涉員蔡公時，史稱「五三慘案」。北伐軍為避免衝突擴大，一方面向日本抗議，另一方面決定繞過濟南，繼續北走。張作霖見情勢不對、決定撤出山海關，卻在瀋陽附近的皇姑屯被日本人炸死。一九二八年十二月二十九日，張學良在東北宣布效忠南京國民政府，北伐方宣告成功。

單位：年

西元	民國	大事
1947	三十六年	臺灣發生二二八事件。
1948	三十七年	蔣中正當選中華民國總統。
1949	三十八年	國共和談破裂，政府遷都臺北。金門古寧頭戰役。
1950	三十九年	韓戰爆發。
1951	四十年	四十八國簽訂《舊金山和約》。
1953	四十二年	中華民國不承認外蒙古的獨立。
1955	四十四年	孫立人事件，孫立人被軟禁。
1958	四十七年	金門發生八二三炮戰。
1960	四十九年	自由中國雜誌案，雷震被判刑。
1965	五十四年	美國停止對臺援助。
1970	五十九年	保衛釣魚臺運動。
1971	六十年	中華民國退出聯合國。
1972	六十一年	中華民國與日本斷交。
1975	六十四年	蔣介石逝世，嚴家淦繼任總統。越戰結束。
1977	六十六年	桃園縣長選舉發生中壢事件。

八年抗戰與國共分合：前一秒就是歷史，兩岸的現在進行式

國民黨北伐成功之後，轉而是面對各方勢力的內戰，共產黨也開始積極發展，發動了數次大規模的群眾運動。然而民國二十年（一九三一）九月十八日，日本為了擴大在華利益，藉故侵略東北，引發了「九一八事變」。稍早前，蔣中正還主張「攘外應先安內」，不料就發生這樣的變故；而同年十一月七日，共產黨創建中華蘇維埃共和國，定都在江西的瑞金。

「九一八事變」後，各地出現反日風潮，民國二十一年（一九三二）日本便以上海抵制日貨為藉口而出兵，是為「一二八事變」；同年則在東北建立「滿洲國」，由溥儀擔任執政，以維護在東北的利益；民國二十二年（一九三三），日本退出國際聯盟，準備擴大對中國的侵略行動。民國二十五年（一九三六），因張學良、楊虎城扣押蔣中正，引發史稱的「西安事變」，這事件終於促成國共兩黨的合作，雙方同意先停止內戰、共同合作抗日。在此之前，國民黨領導的國民政府已經直搗共產黨的陝北根據地（北伐後開始的第一次國共內戰），現在只好停下，這一停，讓歷史也轉彎了。

民國二十六年（一九三七）七月七日，日軍以一名士兵失蹤為理由，在北平附近挑起「盧溝橋事變」（「七七事變」），中日戰爭隨即全面爆發。事實上，西安事變之後，共產黨代表與國民黨代表，便進行多次有關兩黨合作抗日的談判。緊接著，同年八月十三日，日軍大舉進攻上海（「八一三事變」），宣

- 1979 六十八年 中美斷交，美麗島事件爆發。
- 1986 七十五年 民主進步黨成立。
- 1987 七十六年 政府宣布解嚴，可大陸探親。
- 1988 七十七年 蔣經國逝世，李登輝繼任總統。
- 1991 八十年 廢止《動員戡亂時期臨時條款》。波灣戰爭。
- 1993 八十二年 辜振甫、汪道涵展開會談。新黨成立。
- 1994 八十三年 宋楚瑜當選首次民選省長。
- 1996 八十五年 李登輝當選首任民選總統。
- 1999 八十八年 九二一大地震。李登輝提兩國論。
- 2000 八十九年 陳水扁當選第十任總統。
- 2001 九十年 九一一事件。
- 2002 九十一年 加入世界貿易組織WTO。
- 2008 九十七年 馬英九當選第十二任總統。
- 2009 九十八年 兩岸定期直航啟動。
- 2010 九十九年 兩岸ECFA正式簽訂。
- 2011 一〇〇年 中華民國建國一〇〇年。

稱「三月亡華」。國民黨在國家利益至上的前提下，同意將共產黨的紅軍改編為國民革命軍之一，共同抗日，這是國共第二次合作。

民國二十七年（一九三八）臺兒莊大捷，這是國民革命軍抗日的第一場勝利，意義非凡。民國三十年（一九四一）日本發動太平洋戰爭，西方各國捲入第二次世界大戰，中日戰爭亦成為大戰的一部分。民國三十四年（一九四五）八月九日，蘇聯出兵協助中國，八月十五日，日本宣布無條件投降。而國民黨與共產黨在中國的爭勢，因為大戰的結束而更加猛烈（第二次國共內戰）。民國三十八年（一九四九）共產黨控制了中國大部分地區，建立中華人民共和國，國民黨則將中華民國政府撤往臺灣地區，臺灣海峽將彼此分開至今。

〈跋〉學術與通俗之間的鴻溝

楊士朋

胡適，這位白話文學的大師、五四運動的舵手，在文史哲等各領域皆有開創性的成就，但稍懂學術行情的人就知道他大半輩子做的都是歷史的東西，晚年的胡適曾說：「像歷代帝王的年號，漢武帝、武則天都有許多年號，從前都是硬記的。歷代帝王的年號，我可以記得百分之九十五、六，這一個年號在那個世紀也要記住，我花了多少的時間！如世界年表、人名大辭典、地名大辭典，各種有關的類書，都先要買起來。」（胡頌平編著《胡適之先生晚年談話錄》頁二三六。）

我輩凡夫俗子處於資訊爆炸的二十一世紀，大概也不必像他那樣硬背那麼多的年號，只要手邊有一本中國歷史年表，大概也就夠了。但坊間的年表有一大弊病，就是太過文言，原因無他，就是偷懶。因為中國歷史中許多字詞有其特殊意義，想將之轉譯為白話，若對歷史無相當程度的瞭解，一不小心就會以文害意，算是蠻費工夫的，不如就直摘原典，輕鬆寫意又不會出錯，何樂而不為？為了方便讀者，在年表部分已儘量將「歷史語言」改寫為通俗易懂的白話文，稱得上是本書的一個特點，也算是對胡適的一番致敬吧！

畢業後，陸續在國中、高中等學校或長或短地當了兩三年的代課老師，也幫康軒出版社編過七八年的教科書參考教材，說實在話，對於現今的歷史教育實在有點失望，打個比喻，就像金庸小說《倚天屠龍記》中曾有一段敘述了九歲的張無忌在冰火島上被金毛獅王謝遜猛呼巴掌、苦練功夫的場景。原來謝遜知道其武學太過精深，是年紀幼小的張無忌所無法在短時間學得來的，只好要他硬背口訣，待他日武學有成後再自行領略體會。

金毛獅王就像那群編寫中學教科書的專家學者們一樣，他們秉持著「國可滅，史不可滅」的孤心苦詣，一心想把整部人類歷史濃縮再濃縮然後灌進無數個小張無忌的腦袋瓜子裡，但誰曉得書中那些概括式的通論、解釋、分析式的東西在這些學生畢業後還能記得多少？張無忌以後還會繼續沉潛於武學之道，所以金毛獅王的那一套對他而言是有用的；但絕大多數的學生將來能用到歷史的機會實在少之又少，那是否有必要讓他們苦讀這些太過高深的東西？（近年來的教科書為了去除人名、強調歷史解釋，似有日益艱深的趨勢，遣詞用字亦與學術論文相去無幾，這種抽象化的內容教那些沉迷網路、人文素養日益低下的學生們如何理解、如何能感興趣？）

我也知道這些老師輩的歷史學家耗費數十載功力精煉出來的「大歷史」相當重要，但缺乏好聽的故事、性格分明的人物以及生動活潑的語言文字，若不是為了求個好成績，有幾個人愛讀？歷史上有許多頗值一述的人物故事，其精彩程度不亞於戲劇小說，這原本是歷史的獨門絕學，可以增添學生願意親近歷史的動力，無奈卻被主流歷史學家們視為「見樹不見林」之淺薄小道，寧可自廢武功，也要讓學生們讀他們認為重要但卻有點無聊的「林蔭大道」。這下子可苦了那些中學老師了，上課要說故事、講笑話，出題也要絞盡腦汁出些充斥著魯夫、喬巴、海綿寶寶、小丸子、哆啦A夢、時光機、周杰倫、蔡依林的情境題，這些東西看似有創意，頗能博得一般無知民眾的喝采，但在我看來，不過是打蛇不打七寸、降龍不擒首的白費工夫，只要教科書那些曲高和寡的內容一日不改的話，這些老師的努力無疑只是緣木求魚、徒勞無功。

教科書中的歷史可以不必長篇大論地講著歷史架構、脈絡、趨勢變化，但也不必是一本只求有趣的故事集，中西歷史本即有夾敘夾議兼帶優美文風的敘事傳統，但這數十年來受「科學派史學」的影響，此種風格被學院派視之為不科學而不屑一顧，近年來受到後現代主義浪潮的衝擊，敘事史學似有復興之象，若能搭配上中國歷史悠久的說書藝術（此主要指的是黎東方、唐德剛等史界前輩及近年大陸盛行的論壇講史的文字風格，並非要求老師擁有茶館說書那般舌燦蓮花的功力），前景似大有可為，但要在有限的頁數中以生動的文字來敘述有趣的史實，並帶出史家眼中的重要歷史，實非易事。我相信那些編寫教科書的學院派人士中並不乏這等文史素養深厚的優秀人才，但真要動筆的話，不但耗日費時，亦需注入不少巧思，書成後恐怕還要惹來某些食古不化的人士之酸葡萄批評，此種吃力不討好的苦差事，誰肯為之？

本書限於體例，自然無意亦無能力完成上述之崇高目標，但已儘量在「學術」與「通俗」之間取得平衡，希望能以一種親近讀者的面貌去呈現本書的內容，其中舊石器時代至五代部分由雷敦淵負責撰寫，筆者負責的則是宋至清的部分，因為篇幅所限，所以有些地方無法著墨太多，但可以對中學教科書作一史事的補充，對照著教科書那些輕描淡寫的文句，隱約能看見背後一幅幅的歷史圖像，以及一幕幕的歷史場景；對一般民眾而言，也能從中讀到與當年唸書時的課本不大相同的另一種歷史；即使是學歷史的人，還是可以看到一些老師可能沒有教過的東西，如洪大全其人、洪秀全及噶爾丹之死等，大略地指出了檔案的一些盲點，也算是個人待了故宮博物院及檔案管理局這幾年間、沉浸於無數檔案中的有感而發吧！

參考書目

謝壽昌、陳鎬基等編、陳正祥續編，《中國古今地名大辭典》，臺北：商務印書館，一九六〇。

學生書局編輯部編，《五千年中國歷代世系表》，臺北：學生書局，一九八四。

程光裕、徐聖謨主編，《中國歷史地圖》，臺北：私立中國文化大學出版部合訂本，一九八四。

梁啟超，《中國歷史研究法》，臺北：里仁書局，一九八四。

張存武、陶晉生編，《歷史學手冊》，臺北：食貨出版社，一九八六。

華世出版社編輯部編，《中國歷史大事年表》，臺北：華世出版社，一九八六。

陳致平，《中華通史》，臺北：黎明文化事業公司，一九八七。

方豪主編，《雲五社會科學大辭典—歷史學》，臺北：商務印書館，一九八八。

黃仁宇，《赫遜河畔談中國歷史》，臺北：時報文化出版企業股份有限公司，一九八九。

錢穆，《國史大綱》，臺北：商務印書館，一九九〇。

伊藤道治等著，吳密察等譯，《中國通史》，臺北：稻鄉出版社，一九九〇。

楊碧川、石文傑編，《遠流活用歷史手冊》，臺北：遠流出版事業股份有限公司，一九九〇。

鄺士元，《國史論衡》，臺北：里仁書局，一九九二。

費正清著，薛絢譯，《費正清論中國》，臺北：正中書局，一九九四。

蕭璠著，傅樂成主編，《中國通史》（先秦史），臺北：眾文圖書股份有限公司，一九九四。

國立編譯館主編，《中等學校本國歷史地圖集》，臺北：國立編譯館，一九九七。

夏商周斷代工程專家組編，《夏商周斷代工程一九九六—二〇〇〇年階段成果報告簡本》，北京：世界圖書出版公司北京公司，二〇〇〇。

岳南，《考古中國：史記遺落的一二〇〇年歷史》，臺北：商周出版，二〇〇七。

李宗侗註釋，《春秋左傳今註今譯》，臺北：商務印書館，二〇〇九。

楊伯峻編，《春秋左傳注》，臺北：洪葉文化事業有限公司修訂本，一九九三。

司馬遷著、裴駰集解、司馬貞索隱、張守節正義，《太史公書（史記）》，臺北：商務印書館據上海涵芬樓影印宋寧宗慶元年間（一一九五～一二〇〇）黃善夫刻本景印，二〇〇一；又一部，臺北：鼎文書局新校本，一九九五；又一部，白話史記編輯委員會主編，《白話史記》，臺北：聯經出版事業股份有限公司，一九九六。

班固等，《漢書》，臺北：鼎文書局新校本，一九九七。

范曄，《後漢書》，臺北：鼎文書局新校本，一九九九。
陳壽，《三國志》，臺北：鼎文書局新校本，一九九五。
房玄齡等，《晉書》，臺北市：鼎文書局新校本，一九九五。
沈約，《宋書》，臺北市：鼎文書局新校本，一九九八。
蕭子顯，《南齊書》，臺北市：鼎文書局新校本，一九九八。
姚察、姚思廉、魏徵，《梁書》，臺北：鼎文書局新校本，一九九九。
姚察、姚思廉、魏徵，《陳書》，臺北：鼎文書局新校本，一九九八。
魏收，《魏書》，臺北：鼎文書局新校本，一九九八。
李百藥，《北齊書》，臺北：鼎文書局新校本，一九九六。
令狐德棻，《周書》，臺北：鼎文書局新校本，一九九八。
延壽，《南史》，臺北：鼎文書局新校本，一九九八。
李延壽，《北史》，臺北：鼎文書局新校本，一九九九。
崔鴻原著、湯球輯補，《十六國春秋（輯補）》，附於鼎文書局新校本晉書之後（第六冊），一九九五。
魏徵等，《隋書》，臺北：鼎文書局新校本，一九九七。
劉昫、張昭遠等，《（舊）唐書》，臺北：鼎文書局新校本，一九八五。
宋祁、歐陽修等，《（新）唐書》，臺北：鼎文書局新校本，一九八五。
褚人穫，《隋唐演義》，臺北：三民書局，二〇〇九。
（景教僧）景淨撰、泰西（明）（天主教）耶穌會士陽瑪諾（Emmanuel Diaz, Jr.）註，〈景教流行中國碑頌正詮〉，上海慈母堂清刻本，收錄於王美秀、任延黎主編，《中國宗教歷史文獻集成之三：東傳福音》，安徽省合肥市：黃山書社，二〇〇五。
司馬光等、胡三省注，《資治通鑑》，臺北：世界書局新校本，一九八七。
朱熹撰、清聖祖御批，《（御批資治）通鑑綱目》，臺北：世界書局據國立故宮博物院藏清攡藻堂欽定四庫全書薈要正本景印，一九八六。
劉子健，《兩宋史研究彙編》，臺北：聯經出版事業股份有限公司，一九八七。
陶晉生，《中國近古史》，臺北：東華書局，一九七九。
金毓黻，《宋遼金史》，臺北：商務印書館，一九九一。
王明蓀，《宋遼金元史》，臺北：眾文圖書股份有限公司，二〇〇一。
游彪，《正說宋朝十二帝》，臺北：聯經出版事業股份有限公司，二〇〇九。
龔書鐸、劉德麟主編，《圖說宋朝》，臺北：知書房出版社，二〇〇九。

陶晉生，《宋遼關係史研究》，臺北：聯經出版事業股份有限公司，一九八四。
寺地遵著，劉靜貞、李今芸譯，《南宋初期政治史研究》，臺北：稻禾出版社，一九九五。
龔書鐸、劉德麟主編，《圖說元朝》，臺北：知書房出版社，二〇〇九。
孟森，《明清史講義》，臺北：里仁書局，一九八二。
陳時龍、許文繼，《正說明朝十二帝》，臺北：聯經出版事業股份有限公司，二〇〇五。
龔書鐸、劉德麟主編，《圖說明朝》，臺北：知書房出版社，二〇〇九。
李光璧，《明朝史略》，臺北：弘文館出版社，一九八六。
當年明月，《明朝那些事兒》，臺北：大地出版社，二〇〇八。
吳晗，《明朝大歷史》，西安：陝西師範大學出版社，二〇一〇。
樊樹志，《萬曆傳》，臺北：商務印書館，一九九六。
閻崇年，《明亡清興六十年》，臺北：聯經出版事業股份有限公司，二〇〇七。
陳捷先主編，《清史事典》一—十二冊，臺北：遠流出版事業股份有限公司，二〇〇五—二〇〇八。
魏斐德著，陳蘇鎮等譯，《洪業—清朝開國史》，南京：江蘇人民出版社，一九九五。
唐博，《清朝皇帝回憶錄》，臺北：遠流出版事業股份有限公司，二〇一〇。
陳捷先，《康熙寫真》，臺北：遠流出版事業股份有限公司，二〇一〇。
著者不詳，《清朝史話》，臺北：木鐸出版社，一九八八。
佩雷菲特著，王國卿等著，《停滯的帝國—兩個世界的撞擊》，北京：三聯書店，一九九三。
《劍橋中國史—晚清篇》，臺北：南天書局有限公司，一九八七。
史景遷著，溫洽溢譯，《追尋現代中國》，臺北：時報文化出版企業股份有限公司，二〇〇一。
郭廷以，《近代中國史綱》，香港：中文大學出版社，一九八九。
史景遷著，朱慶葆等譯，《太平天國》，臺北：時報文化出版企業股份有限公司，二〇〇三。
《臺灣全記錄》，臺北：錦繡出版事業股份有限公司，二〇〇〇。
羅爾綱，《困學集》，北京：中華書局，一九八六。
羅麗馨，〈元軍征日—日本的備戰與應戰〉，收入《中國歷史學會史學集刊》第三十六期，二〇〇四七月。
陳捷先，〈回顧與展望：故宮檔案與清史研究〉，收入《文獻足徵—第二屆清代檔案國際學術研討會》，臺北：國立故宮博物院，二〇〇五。
陳捷先，〈談雍正其人〉，收入《雍正：清世宗文物大展》，臺北：國立故宮博物院，二〇〇九。
赫伯特．喬治．威爾斯（Herbert George Wells）著，梁思成譯，《世界史綱》（*Outline of World*

history），臺北：水牛圖書出版事業有限公司，二〇〇五。
亨德里克・威廉・房龍（Hendrik Willem van Loon）著，劉緣子、吳維亞等譯，《人類的故事》（*The Story of Mankind*），臺北：志文出版社，二〇〇三。
恩斯特・宮布利希（Ernst Hans Josef Gombrich）著、張榮昌譯，《寫給年輕人的簡明世界史》（*Eine kurze Weltgeschichte für junge Leser*），臺北：商周出版，二〇一〇。
李功勤、陳逸雯、沈超群著，《西洋史大事長編》，臺北：幼獅文化事業股份有限公司，二〇〇八。
卡爾登・海士（Carlton Joseph Huntley Hayes）、湯姆・蒙（Parker Thomas Moon）編著，世界書局編譯所譯，世界史中古編（中古世界史），臺北：世界書局，一九七六。
穆特（George Fox Mott）、第（Harold M. Dee）著，葉愷譯，西洋中古史（*An Outline-History of the Middle Ages*），臺北：教育部出版、世界書局發行，一九七八。
林明德，《日本史》，臺北：三民書局，一九九〇。
劉景輝《西洋文化史》，臺北：學生書局，一九八九。
王曾才《西洋近世史》，臺北：正中書局，一九八九。

中央研究院計算中心，兩千年中西曆轉換（http://sinocal.sinica.edu.tw/）。
中央研究院歷史語言研究所，漢籍電子文獻（瀚典全文檢索系統）（http://hanji.sinica.edu.tw/）。
教育部國語推行委員會編纂，重編國語辭典修訂本（http://dict.revised.moe.edu.tw/index.html）。
教育部電子計算機中心委託、國立臺灣師範大學製作，歷史文化學習網（http://culture.edu.tw/）。
行政院文化建設委員會，臺灣大百科全書（http://taiwanpedia.culture.tw/web/index）。
故宮〔寒泉〕古典文獻全文檢索資料庫（http://210.69.170.100/s25/）。
私立中國文化大學，中華百科全書，典藏版（http://ap6.pccu.edu.tw/Encyclopedia/index.asp）、多媒體版（http://ap6.pccu.edu.tw/Encyclopedia_media/）。
大英百科全書（http://www.britannica.com/）。
大英百科全書線上繁體中文版（智慧藏百科網）（http://daying.wordpedia.com）。
文淵閣四庫全書電子版——原文及全文檢索版，香港：迪志文化出版有限公司，一九九九電子版（光碟資料庫）、二〇〇六內聯網版。

國家圖書館出版品預行編目資料

用年表讀通中國歷史 / 雷敦淵, 楊士朋著. -- 初版. --
臺北市:商周,城邦文化出版:家庭傳媒城邦分公司發行,
2011.06
面：公分. --（縱橫歷史：5）

ISBN　978-986-120-826-8（平裝）

1. 中國史　2.年表

610.5　　100008894

縱橫歷史 5

用年表讀通中國歷史

作　　者／雷敦淵、楊士朋
責任編輯／程鳳儀

版　　權／林心紅、翁靜如
行銷業務／朱書霈、蘇魯屏
總 編 輯／楊如玉
總 經 理／彭之琬
發 行 人／何飛鵬

法律顧問／元禾法律事務所　王子文律師
出　　版／商周出版　城邦文化事業股份有限公司
台北市104民生東路二段141號9樓
電話：(02) 25007008　傳真：(02)25007759
E-mail:bwp.service@cite.com.tw
發　　行／英屬蓋曼群島商家庭傳媒股份有限公司 城邦分公司
台北市中山區民生東路二段141號2樓
書虫客服服務專線：02-25007718；25007719
服務時間：週一至週五上午09:30-12:00；下午13:30-17:00
24小時傳真專線：02-25001990；25001991
劃撥帳號：19863813；戶名：書虫股份有限公司
讀者服務信箱：service@readingclub.com.tw
城邦讀書花園：www.cite.com.tw
香港發行所／城邦（香港）出版集團有限公司
香港灣仔駱克道193號東超商業中心1樓
E-mail：hkcite@biznetvigator.com
電話：(852) 25086231　傳真：(852) 25789337
馬新發行所／城邦（馬新）出版集團【 Cite (M) Sdn. Bhd.】
41, Jalan Radin Anum, Bandar Baru Sri Petaling,
57000 Kuala Lumpur, Malaysia.
Tel: (603) 90578822　Fax: (603) 90576622　Email: cite@cite.com.my

封面設計／徐璽
排　　版／唯翔工作室
印　　刷／韋懋實業有限公司
經 銷 商／聯合發行股份有限公司
新北市231新店區寶橋路235巷6弄6號2樓
電話：(02) 29178022　傳真：(02) 29110053

■2011年08月04日初版
■2022年02月14日初版22.5刷

城邦讀書花園
www.cite.com.tw

ISBN　978-986-120-826-8

定價／320元